경북 북부지역 방언사전

경북 북부지역 방언사전

서보월 외 지음

한국문화사

▎사전을 펴내며 ▎

　경북 북부지역 방언사전은 국어 연구와 후진 양성에 힘써 오신 서보월 선생님의 정년 퇴임을 기념하여 제자들과 함께 뜻을 모아 편찬하였다.
　선생님과 늦은 밤까지 공부하며 토론하던 것이 어제와 같은데 벌써 정년이 되셨다니 실감이 나지 않는다.
　생각해보면 선생님으로부터 지역 언어와 문화에 대한 강의를 받던 시절이 떠오른다. 문화에 관한 연구는 문화를 이루는 여러 하위 구성 요소에 관한 연구가 선행되어야 하고, 그 하위 요소 중의 하나가 방언이라고 말씀하셨다. 그리고 방언은 그 지역의 인간 정신의 소산으로 지역 문화를 이루는 가장 기본이라고 하셨다. 그러한 의미에서 정년 퇴임을 기념하여 경북 북부지역 방언사전을 편찬하는 것이 더욱 의미가 크다고 하겠다.
　방언은 지역이 가진 보수성과 전통성 그리고 특수성을 지닌 언어로 국어 역사 연구의 전체적인 성격을 파악하는 데도 중요한 역할을 한다. 선생님께서는 경북 방언을 대체로 3개의 하위 방언권으로 구분하셨다. 그 하나가 경북 북부 방언권이었는데, 영주, 봉화, 울진, 안동, 영양, 의성, 예천, 청송 일부, 영덕 일부 등이 이 방언권에 해당한다고 보셨다.
　경북 북부지역 방언사전을 편찬하면서 우리 지역의 역사적인 특수한 면을 생각하지 않을 수 없었다. 경북 북부지역은 고구려와 신라의 접경 지역으로 두 세력이 끊임없이 충돌하여 때로는 신라의 영토였고, 때로는 고구려의 영토였다. 그래서 이 북부지역은 고구려와 신라 두 계통의 문화적 특성을 함께 가지게 된다. 이에 따라 방언 역시 특수성을 지니고 있다. 이러한 특수성을 지닌 경북 북부지역 방언의 조사는 지역민의 의식과 문화를 조명하는 데도 도움이 된다. 나아가 지역 국어의 사용을 풍부하게 하는 데 일조할 것으로 본다.

　경북 북부지역의 방언사전 편찬은 지역어 연구의 기초가 된다는 점에서 매우 중요한 의미를 지닌다. 지역 방언은 그 지역에 거주하는 주민이 생활하는 데 중요한 매개체이므로 이에 관한 연구는 전통문화의 성격을 밝히는 데도 중요한 역할을 하기 때문이다.

　선생님은 한국 방언학사에서 여러 연구 성과를 내셨다. 선생님의 이러한 활동은 제자들과 후학들에게 늘 자극을 주었으며, 학문에 정진할 수 있게 도움을 주셨다. 선생님께서 앞으로도 우리 곁에서 늘 건강하신 모습으로 변함없이 지도해 주시기를 기원한다.

　이 경북 북부지역 방언사전이 우리나라 방언 연구에 기초가 되기를 바란다. 또한, 방언을 이해하려는 독자에게 연구방법을 제시하고 그 길잡이의 역할을 하길 기대한다.

　끝으로 이 책을 출판할 수 있도록 해 주신 한국문화사의 김진수 사장님과 사전이란 특수한 상황이지만 꼼꼼하고 짜임새 있게 편집해 주신 담당자님께도 감사의 말씀을 드린다.

2019년 5월
제자 일동

경북 북부지역 방언사전

가꿓다 图 가꾸다. 채소를 가꿓다.

가느다라다 阌 가늘다. 손가락이 가느다라다.

가느리하다 阌 가느다랗다. 머리카락이 가느리한 기 디기 곱네.

가는거름 图 풀이나 겨, 재, 그을음 따위에 인분을 썩힌 데다 흙을 섞은 부드러운 거름. 가는거름 내다 뿌리라. 올개는 밭에 가는거름을 마이 뿌려 놨으이 농사가 잘 될기래.

가늠베 图 가르마. 가늠베를 탔디만 자꾸 삐뚤어지네. 가늠베 타가 곱기 빗어 비녀 찌르지. / 가름배. 가름패. 가름마. 가리마.

가대기가대기 图 가닥가닥. 머리를 가대기가대기 잘 땄네. 새끼줄을 가대기가대기 잘 꽜다.

가둫다 图 가두다. 닭장에 닭을 가둫고 왔다.

가람치다 图 메주로 간장을 담근 후 소금을 더 첨가하다. 장이 싱거우면 가람을 더 치면 되니더.

가래풀 图 길쌈을 할 때 먹이는 풀. 길쌈 할 때 가래풀로 쏘가 미겨야 돼.

가랫장 图 가랫밥. 가랫장에 흙을 쪼매씩 해야 낭주에 힘이 덜든대이.

가렛비 图 갈빗대. 기침을 마이하이 가렛비가 아프니더. 가렛비가 뿌라졌다. / 갈비뻬. 갈비삐.

가로 閔 매우. 야야, 가로 늦게 어델 그래 싸댕기다 오노. / 디게. 디기. 마이. 억시기.

가루술 图 휴대하기 위해 담근 가양주. 옛날에사 밖에서 먹는 술도 집에서 가루술로 담가가 갖고 다녔지러.

가뤃다 图 가리다. 눈부시니 햇빛을 가뤃고 있어라.

가르메기 图 가르마. 여자아들이사 가르메기를 타가 양쪽으로 머리를 땋아 내맀지러. / 가리매. 가름배.

가름베 图 가르마. 가름베를 삐딱하게 타노.

가리덮다 图 뒤덮다. 먹구름이 하늘을 가리덮은 기 보이 비가 곧 쏟아질기래. 눈이 내리디만 온 데 가리덮어 하얗다.

가리떡술 图 백설기에 누룩을 섞어 담근 술. 백설기 쪄가 가리떡술 담가 먹어도 괘안치.

가리이다[동] 속이 부대끼다. 소오기 가리이가주구 신트럼이 자꾸 올러오네. 지름에 티긴 음석마 묵우머 쉐에기 가리이니더.

가리장[명] 간단하게 담은 된장. 쌈 싸 먹을라고 가리장을 담아 냈다.

가리토시[명] 근육이 뭉쳐 아픈 것. 일을 했더니 가리토시 났다.

가리페[명] 가르마. 가리페 가 삐뚜니더. 가리페 타서 머리를 양짜로 갈라 땋느라 시간이 마이 걸렀네. / 가르패. 가름패. 가르매. 가리매.

가릿세[명] 가로대. 비틀에 가릿세를 단디 연결해야 비 짤 때 비틀이 안 움직이지러.

가마[부] 가만히. 남이 말할 때는 가마 잘 들어 봐야 하는 기라. 둘이 가마 뭐라디만 언제 나가고 없대. / 가마이.

가마꿈[부] 가만히. 가마꿈 생각하이 내가 마이 잘못했더래이.

가마이[명] 가마니. 가마이에 쌀을 넣으래이.

가마이[명] 남 모르게. 이 일은 가마이 해야 한대이.

가마이떡[명] 밀전병. 가마이떡을 해 먹었다.

가많다[형] 멀다. 거리가 많이 떨어져 있다. 하늘이 아득히 가맣다.

가망이[명] 가마니. 나락 담그러 가망이 갖고 온나. 가망이 고방에 옮기 놔라.

가망이때기[명] 가마니때기. 가망이때기에 고추 좀 피니라. 콩 디지할라미민 가망이때기 먼저 피라.

가매[명] 얼레. 가매를 감았다 풀었다하디 연이 쑥 올라가대. 연을 날릴라만 가매 조절을 잘 해야 된대이.

가무끼[명] 주근깨. 햇빛을 많이 봐가근동 생기갖고 우예노. / 까무깨. 까문깨. 거무깨.

가무사리[명] 가뭄 기운. 가무사리 들어 올게 논바닥이 다 갈라진다.

가무술래다[형] 어려움, 놀람, 충격 따위로 한동안 정신을 잃다. 얘기를 듣자마자 고마 가무술래가아 깜짝 놀랬니더. 바른 낮에 일을 하디만 가무술래가아 병원에 실리 갔다카대. / 자무술래다. 까무술래다.

가문사리[명] 가뭄. 여름에 가문사리 들어서 작물이 다죽었다. 가무살이가 들어 저수지 물이다.

가물⟨명⟩ 고함. 가물을 질러도 대답도 안하고 가대. 바로 옆에서 가물 지르는 통에 귀먹을 뻔했니더.

가물⟨명⟩ 햇무리. 비 올라나 해에 하얗그러 가물이 들었다. / 해무니. 해문. 해물. 해지미. 해집. 햇머리. 햄매. 햄문. 햇태.

가물춫다⟨통⟩ 숨기다. 물건을 얼매나 잘 가물차놓는지 찾을라카만 한참 걸리. 저 사람 또 온다. 얼른 가물차라. 다갖고갈라. 딸은 다 도둑이라고 딸이 오만 가물차 놓은것도 다 갖고 가잖아.

가물치다⟨통⟩ 삐다. 일하다가 손목이 가물치다. 헛발을 디디가 발목을 가물쳐 뿌랬대이.

가미⟨명⟩ 얼레. 가미를 돌리민서 연 날리 봐라. 연줄이 안 끊길라카만 가미를 잘 조절해야 하니더. / 가매.

가방⟨명⟩ 길흉사 때 음식을 준비하는 곳. 이번 잔치에 가방 보느라 고생 많았니더.

가부⟨명⟩ 동업. 혼자 하는 줄 알았디만 가부로 한다카대.

가부띠이⟨명⟩ 대님. 한복에서, 남자들이 바지를 입은 뒤에 그 가랑이의 끝 족을 접어서 발목을 졸라매는 끈. 요새는 가부띠이를 끈으로 안 묶고 고리 끼도록 나오대.

가부리⟨명⟩ 나비가오리. 바다에서 가부리를 잡다.

가부재기⟨명⟩ 진드기. 가부재기가 피 다 빨아먹기 전에 소 등떼기 긁어주그래. 소 등떨이에 가부재기가 붙어 피 빨아먹는데이. / 가분다리. 가분던지. 까부든지. 까분대기.

가분던지⟨명⟩ 진드기. 가분던지가 소 등떼기에 붙어 갖고 피 빨아 먹잖나. 소에 가분던지가 있으이 자주 긁어주래이.

가분테⟨명⟩ 가운데. 가분테 있으이 딴 사람이 지나가도 못하잖나. 마당 가분테 들마리가 있으이 앉아 놀기 좋디더.

가브진지⟨명⟩ 진드기. 소 엉디에 가브진지 붙어 있더라.

가뿍⟨명⟩ 가득. 분량이나 수효 따위가 어떤 범위나 한도에 꽉 찬 모양. 상자에 물건을 가뿍 담다.

가사윷[명] 편을 갈라 양 편이 하나씩 섞어 앉아서 번갈아가며 노는 윷. 가사윷 놀아 점심 내기 하시더.

가상[명] 과줄. 가상을 지지다.

가새[명] 두름. 조기 따위의 물고기를 짚으로 한 줄에 열 마리씩 두 줄로 엮은 것, 고사리 따위의 산나물을 열 모숨 정도로 엮은 것. 고사리를 가새로 엮어라. 조기는 가새로 사 온나. 두름. 조기 따위의 물고기를 짚으로 한 줄에 열 마리씩 두 줄로 엮은 것을 세는 단위. 고사리 따위의 산나물을 열 모숨 정도로 엮은 것을 세는 단위. 제사라케가 고사리 한 가새 가 왔니더. 조기를 한 가새나 사 왔니더.

가새고장주우[명] 말기 아래를 구멍나게 잘라낸 속바지. 알라들이사 가새고장주우를 입히면 좋지럴. / 다리바지. 다리고쟁이.

가새채[명] 빼곡채. 봄에 가새채를 꺾어 자에 무치 먹으만 맛이 좋대이.

-가설라[어] -어서. 바깥 어르이 몸이 아파가설라 꼼짝을 못 한다카디더. 나락 찌러 갔디만 주인이 어데 가 없어가설라 한참 기다렸니더. / 가. 가주설랑. 가주우.

가시나아[명] 계집아이. 가시나아가 태어나다. 가시나이가 소꿉놀이를 하다.

가시랑차[명] 토목공사를 할 때 토사를 운반하는 궤도(軌道) 수레를 속되게 이르는 말. 가시랑차를 끌다.

가시배기[명] 가시버시. 둘이 가시배기라고 같이 다니는가배.

가실[명] 가을. 가실에 추수를 하지.

가실걷이[명] 가을걷이. 가실걷이 끄나믄 농삿일도 거지 끝나지럴.

가실설거지[명] 겨울이 되기 전에 겨울을 나기 위해 집안팎을 정리하는 것. 결 오기 전에 가실설거지 해야될다. 어제부터 가실설거지 한다고 바쁘다.

가실칼이[명] 가을갈이. 농사 그만 둔다카디만 가실칼이를 하는 거 보이 또 질란갑지. 시간 있을 때 가실칼이라도 해놔야 손이 덜 가니더.

가심[명] 옷감. 옷가심을 마이 끊어야지.

가심때기[명] 가슴팍. 다쳤다캐가 걱정했디만 가심때기에 멍만 쪼매 들었더라.

가아[명] 어떤 대상의 둘레. 접시의 가아가 깨지다.

가아가다 됨 가져가다. 학교에 가방을 가아가다.

가악재 팀 갑자기. 가마이 있다가 가악재 나오이 깜짝 놀랬잖나. 가악재 안 간 다카만 일을 못하니더.

가앗 명 경계에 가까운 바깥쪽 부분. 하늘 가앗에 구름이 끼다.

가야부리하다 톙 야위어서 가는 상태를 말한다. 얼매나 가야부리한동 밥 좀 마이 먹어라.

가양 명 개암. 가양이 몸에 좋다캤사 주 왔니더. 꿀밤 주러 간다카다디 가양을 주 왔노.

-가여 젭 -아서. 아들이 하도 떠들어가여 소리를 못 들었네. 장날 고등애가 싸가여 샀니더.

가엽하다 톙 가엾다. 애고, 작년에 아비 잃고 올해 어매까지 보냈으이 참 가엽하고 안됐데이.

-가옷 젭 -가옷. 수량을 나타내는 표현에 사용된 단위의 절반 정도 분량의 뜻을 더하는 접미사. 떡 하는 데 콩 되가옷 너라. 콩 말가옷 가 온나.

가외 명 어떤 대상의 둘레. 가외로 향하다.

가우 팀 거의. 어느 한도에 매우 가까운 정도로. 일찍 출발했으이 가우 도착할 때 다 됐을다. 이제 공부 가우 다 해 간다.

가이 명 넓은 괭이. 꾸데이 파그러 가이 갖고 온나. 못판 준비하게 삽하고 가이 좀 챙기라. 거기는 가이로 파래이.

가이다 됨 가게 하다. 눈도 오고 해가 일찍 가있니더. 암꾸도 안 주고 가있디만 안됐다.

가잉거리 명 가슴걸이. 말의 가슴에 걸어 안장에 매는 가죽끈. 소의 가슴에 걸어 멍에에 매는 끈. 가잉거리 헐거우만 올라가다 짐 다 쏟긴다. 짐 다 실었으만 가잉거리 보고 단다이 묶어래이.

가작 명 뒷간. 집이 좁아서 가작을 뺐다.

가잠 명 가자미. 가잠 갖고 식혜도 만든다카이. 내가 우옜는데 가잠매로 눈을 가느리하이 해가 있노. / 까재미. 까재비.

가재이 명 가지. 나무나 풀의 원줄기에서 뻗어 나온 줄기. 마른 가재이 좀 꺾어

13

온나.

가종질 [명] 모를 심은 후 포기가 빠진 곳에 추가로 심는 일. 모냉기 하고 나서 우예든동 빨리 가종질을 해 뿌래야 마음이 편치. / 머들이.

가주니 [부] 가지런히. 여럿이 층이 나지 않고 고르게. 누가 신발을 가주니 정리했노? 책 좀 이래저래 던지 놓지말고 가주니 정리해라.

가죽 [명] 참죽나무와 참죽순을 통틀어 이르는 말. 가죽 새순 나가 삶아 물라꼬 해 왔니더. 가죽이 맛은 조온데 내애미가 쫌 그러니더.

가지 [명] 전부. 돈이 이게 가지껴? 음식이 이게 가지이껴? 여기 있는 게 가짓시더.

가지구 [명] 가재. 가잿과의 하나. 물에서 가지구를 잡다.

가지껀 [부] 힘껏. 나는 가지껀 땡깄니더. 짐이 풀어지지 않그러 끈을 가직끈 묶어야 된대이.

가지풀 [명] 강아지풀. 가지풀을 꺾다.

가직다 [동] 가까움. 거기는 아주 가직대이.

가짓꼴 [명] 거짓으로 행동하는 것. 가짓꼴로 자고 그러노.

가짓쪼디 [명] 거짓말. 가짓쪼디 대답하믄 안되니더. 가짓쪼디 놀리다가 다글키만 혼난대이.

가짜배기 [명] 돌팔이. 가짜배기가 물건을 팔다.

가짢다 [동] 같잖다. 가당하지도 않다. 지 부모한테도 대들고 아가 가짢지도 않해.

가초가초 [부] 갖추갖추. 여럿이 모두 있는 대로. 서류에 가초가초 적을라카이 엉가이 신경쓰이네. 딸아 혼인시기는데 가초가초 해가 보낼라믄 돈이 마이 든데이.

가치 [명] 쥐치. 쥐칫과의 바닷물고기. 가치 말라가 포 맨들 쓰믄 된다. 가치가 해파리도 잡는다꼬.

가칙다 [형] 가깝다. 어느 한 곳에서 다른 곳까지의 거리가 짧다. 아들네가 가칙은데 사이 좋네. 운동도 할 겸 가칙은 데는 걸어 댕기라. / 가잡다. 가꿉다.

가친거리다 [동] 살짝 스쳐지나가다. 이래 가친거리이 우예 생긴지도 몰다. 차를 타고 가민서 보이 가친거려 구경을 지대로 못 했니더.

가푸랍다⑬ 너무 길어서 발에 채이는 것을 말함. 치마가 가푸라서 넘어질라 카네.

각⑬ 그물코. 그물에 뚫려 있는 구멍. 각이 멀어져가 그물 손질하러 가니더.

각갓 ⑬ 삿갓. 비나 햇볕을 막기 위하여 대오리나 갈대로 거칠게 엮어서 만든 갓. 노인이 각갓 쓰고 지패이 짚고 가. 땡뺑 일할라마 각갓 쓰고 일 하소. / 갈미. 사갓. 삭깟.

각단지기⑬ 모조리. 하나도 빠짐없이 모두. 배차 놔나 봐야 서리 오만 못 쓰이 각단지기 뽑아 뿌리. 곡식을 각단지기 꺼내 노믄 되니더.

각시⑬ 각시. 조그맣게 색시 모양으로 만든 여자 인형. 각시는 다 맹글어가 놀았지. 봄에는 물래가주구 각시로 맹글기도했는데……

각시고기⑬ 놀래깃과의 바닷물고기. 각시고기사 물편에 사람들이 먹고 저쪽 내륙사람들은 없어 못먹었지.

각주⑬ 갑자기. 각주 돈 내 노라카만 어에나. 아재가 각주 와서는 미칠 있다 가 갔니더. / 각중에.

간⑬ 반찬. 찬장에 간 갔다 놔라. 도시락 간 맛있었나? 가방에 간물 안 흘렀나?

간검하다⑬ 간검하다. 두루 살피어 검사하다. 저울질을 간검하게 하라카이.

간고디⑬ 자반고등어. 간고디 하나만 있으만 밥 한 그륵 게눈감추듯 먹어 치웠지. / 간재미.

간나이⑬ 계집아이.'여자아이'를 낮잡아 이르는 말. 간나이가 밤늦게 댕기이 걱정이다. 간나이가 우예 공만 차고 노노.

간낭배차⑬ 양배추. 십자화과의 두해살이풀. 간낭배차 쩌가아 쌈 싸 먹으믄 맛 있니더. 산삐알에 마카 간낭배차대.

간대기⑬ 수제비. 간대기도 못 먹는 사람도 많은데 이거라도 오감은 줄 알아라.

간댕이⑬ 긴 막대기. 간댕이로 장난하다가 다친대이.

간미기⑬ 말린 청어. 청어과의 바닷물고기를 말린 것. 간미기 머얼 때 미역에 싸 머면 좋지. 포항 간미기 함 잡사 보소. / 과메기.

간보⑬ 간. 간보가 작다. 그래 간보가 작아가 어예 큰일을 하노.

간소롬하다⑬ 가느스름하다. 조금 가늘다. 산에 가 간소롬한 짝대이 하나 구해 오소. 손가락이 간소롬한기 이쁘네. / 가느리하다. 가느다란하다. 가녀

수룸하다.

간숫물[명] 간수. 간숫물 빠지그러 푸대 밑에 돌 받차놔라. 두부를 맨들 때 간숫물을 부라.

간자부리하다[형] 가느다랗다. 아주 가늘다. 옛날에는 국시가 다 굵다꿈하지 간자부리한 건 없었어. 간자부리한 건 요새 다 나왔지. 실이 억시 간자부리해서 잘 안 보이네. 그 사람은 간자부리한 국시는 별로 안 좋아해데.

간자부리하다[형] 가느다랗다. 아주 가늘다. 옛날에는 국시가 다 굵다꿈하지 간자부리한 건 없었어. 간자부리한 건 요새 다 나왔지.

간재미[명] 가자미. 간재미회 먹으러 가자.

간재비[명] 염장을 한 생선. 맛은 간재비가 생물보다 낫지.

간조브리하다[형] 음식의 간이 적당하다. 나물이 간조브리한 게 맛있다.

간조증나다[형] 마음이 조마조마 하다. 우예될동 아직 모른다카네. 간조증나서 못 기다릴다. 앉아 있을라그이 간조증이 나서 못 있을다. 간조증나게 하지 말고 얼른 말해라.

간조증나다[형] 마음이 조마조마하다. 우예될동 아직 모른다카네. 간조증나서 못 기다릴다.

간주리[부] 가지런히. 여럿이 층이 나지 않고 고르게. 끝을 간주리 썰어 놔라. 현관에 신발 좀 간주리 정리 해라.

간지[명] 간시. 강아지. 누집 간지가 따라오노? 옆집 개가 간지를 여덟 마리나 놨다네.

갈[명] 가루. 쌀을 빠면 갈이돼. 쌀을 빠서 갈을 맨드러가 떡을 하지. 쌀갈을 쪼매빻서 떡을 하지. 새알 비비그러 쌀갈 좀 빠 온나.

갈가시[명] 가시. 음식물에 생긴 구더기. 음식을 먹다 뒀디만 갈가시가 생기가 다 버렸니더.

갈겊다[형] 곤궁하다. 초록싸리 필 때가 한참 갈겊을 때라.

갈구래이[명] 갈래. 그 집에 갈라카믄 저 짜 세 갈구래이길에서 아랫녘으로 가야 된대이.

갈그치다[동] 거슬리다. 순순히 받아들여지지 않고 언짢은 느낌이 들며 기분이 상하다. 비가 안 와가 우산을 들고 다닐라그이 갈그치네. 갈그치께 좀 비키라. / 걸그치다.

갈기[명] 가루. 밀갉이 너무 적다. 밀갉을 더 너야지.

갈래[명] 밤톨. 갈이 되니께 저짜 음지에 갈래가 억쓰로 많이 생겼데이.

갈마당[명] 가을마당. 가을걷이를 하고 낟알을 털어 내는 마당. 갈마당으로도 나락이 엄치미 나디더. 집에 갈마당 한다고 멍석 깔아놨디더.

갈맹이[명] 공기놀이. 이전에는 갈맹이도 하고 그랬어. 야들아, 갈맹이 하자. 돌 주 놓고 갈맹이 하고 놀았지.

갈모[명] 물레가 마찰되어 마모되는 것을 막기 위해 꽂는 견고하고 단단한 둥근 엽전 모양의 나무. 물레가 잘 안 닳그러 든든한 남기로 갈모를 꽂으면 좋대이.

갈무리다[동] 숨기다. 하마 갈무렀는 동 보네.

갈미[명] 삿갓. 비나 햇볕을 막기 위하여 대오리나 갈대로 거칠게 엮어서 만든 갓. 갈미 쓰고 가노? 갈미 쓰만 해뼈 가리지.

갈미키다[동] 감추다. 뭐 생깄다그만 갈미키놨사 못 산다.

갈바리[명] 구두쇠. 그 사람이 갈바리라. 남한테 돈 쓰는 걸 못 봤네. 돈이나 재물 따위를 쓰는 데에 몹시 인색한 사람. 그 사람이 갈바리라 돈 쓰는 걸 못 봤네. 갈바리 아니랄까봐 그래 돈을 애끼나.

갈방이[명] 서캐. 요새도 아~들한테 갈방이가 있다카대. 이전에 머리 대고 있으만 갈방이가 금방 옮아 갖고.

갈보리밥[명] 꽁보리밥. 이전에는 갈보리밥 마이 해 먹었다.

갈부랑비[명] 가랑비. 아적에 갈부랑비가 내리디만 인제는 엄치미 마이 내리네.

갈비이[명] 가랑니. 서캐에서 깨어 나온 지 얼마 안 되는 새끼 이. 아 머리에서 갈비이가 나왔대이. 요새 아드른 갈비이가 머언지 알라?

갈설거지[명] 가을설거지. 갈설거지 한다꼬 어설픈 거 다 치우이 집이 훤하다. 타작도 해야되이 갈설거지 좀 해라. / 가실설거지.

갈채다[동] 상대편이 아직 모르는 일을 알도록 일러주다. 그꼬 갈챘는데도 안죽도 못 하나. 길을 갈채주만 찾아 감시더.

갈피리[명] 몸이 몹시 야윈 아이를 비유적으로 이르는 말. 아가 빼짝 말래가 갈피리라커드라. 혼자 살드니만 몬 먹어가 갈피리가 됐네.

감바가치[명] 쇠죽바가지. 감바가치로 소죽 퍼 소죽통에 여라.

감박재기[명] 쇠죽바가지. 쇠죽을 푸는 바가지. 감박재기 가와 소죽 퍼라. 소죽 끼리그러 감박재기로 거 있는기 퍼 너라.

감정지[명] 가마솥이 있는 부엌. 감정지 가믄 국 있다. 감정지서 물 끼리그래이.

감주밥[명] 감주에 들어 있는 밥. 감주를 하는데 감주밥을 이래 마이 하노? 감주밥에 물을 쪼매만 너라.

감직다[동] 감추다. 또 달라카이께네 고마 감직어 노라. 낭중에 혼자 먹을라고 몰래 감직어 났지. / 감지기다. 감지키다.

감쫄개[명] 간짓대. 대추 따그러 감쫄개를 가주고 와야 될따. 감 딸라만 감쫄개가 있어야 되는데 어데갔노? / 감쪼래.

감춯다[동] 감추다. 물건을 감춯다.

감푸다[동] 거추장스럽다. 옷이 감푸이 일하기 힘드네. 치마를 입어보이 감파서 줄이야 될다.

갑갑이[부] 갑갑히. 일이 뜻대로 되지 않아 답답하게. 말귀를 못 알아 들으이 갑갑이 생각하는 거라. 오죽 갑갑이 생각되만 그래 했노. / 갑갑히.

갑대기[명] 대님. 한복에서, 남자들이 바지를 입은 뒤에 그 가랑이의 끝 쪽을 접어서 발목을 졸라매는 끈. 갑대기 매는 데 하루종일 걸렀다. 갑대기를 첨 매보이 자꾸 풀리디더. / 단님. 댐. 발댕이.

갓[명] 산림. 범은 청치 말고 갓을 짓궈라.

–갓[접] -가웃. 올해 참깨를 다섯 말갓 했니더.

갓대가리[명] 갓모자. 갓양태 위로 우뚝 솟은 원통 모양의 부분. 갓대가리 털어드리라. 갓대가리가 다 눌러졌니더.

–강[어] -ㄴ가. 어제 학교에 안 나오는 거 보이 어데 아픈강? 올개 농사는 잘 되는강 싶으이. / -감.

강구벌레[명] 바퀴벌레. 아까 보이 강구벌레가 보이데 약 놔야될따.

강그떼이[명] 밥뚜껑. 강끄떼이 덮어라.

강낭가리[명] 강낭가루. 옥수숫가루. 강낭가리로 빵 맨드러 보자. 그짜 걸어논 거는 강낭가리 맨들 거이래.

강낭구[명] 옥수수. 강낭구는 삶아 먹어도 좋지만 꼬지에 끼와가 꿉어 먹어도 좋제. / 강낭.

강낭수꾸[명] 옥수수. 밭에 가 강낭수꾸 가 온나. 참에 강낭수꾸 삶아가 먹자.

강다듬이[명] 강다짐. 억지로 또는 강압적으로 함. 아를 강다듬이를 해서라도 꼭 델꼬와래이. 일은 강다듬이를 한다고 되는 기 아이다.

강샌이[명] 강아지풀.

강선[명] 혼서(婚書). 오늘 신랑집에서 예단과 함께 강선이 왔니더.

강엿[명] 강정. 겨울게 가지가지 강엿 맨들어 놓고 입 궁금할 때 먹으먼 좋제. / 오꼬시.

강창[명] 공기를 통하게 하는 작은 창. 공기 통하라고 쪼만하게 내는 게 강창이지. 강창 내 노만 햇빛도 들어오고 좋지.

개고사리[명] 고비. 고사린 줄 알았디만 개고사리라 카디더. 개고사리는 우예 해 묵나?

개골[명] 골짜기. 나무하러 간다고 가디만 짚은 개골로 갔나 이꼬 안 오노. 개골로 드가믄 개가 마구 짖어.

개구랍다[형] 가렵다. 모구한테 물린 자리가 마이 개구랍네. / 지렵다. 지거럽다.

개구신[명] 행패. 술에 취한 사람이 개구신을 부린다.

개구영[명] 개구멍. 개구영이라도 드가야지 챙피해서 안 될다. 고애이가 어데로 드 오나 싶었디만 개구영으로 드오네.

개구영바치[명] 개구멍받이. 저 집이 개구영바치를 기르더니 복을 받테.

개궂다[형] 짓궂다. 머슴아만 있어가 아들이 얼매나 개궂은동 말도 못해. 어른들 있는 데서 개궂은 짓을 하만 안된다. / 개구지다.

개궂다[형] 아니꼽다. 치사하다. 얼매나 개궂은 동, 니 알아서 다 해라. 개궂그러 이게 뭐로. 지만 좋은 거 아 하고. 개궂그러 지들끼리만 모이서 맛있는 거 먹으러 갔다카대.

개글가지[명] 개호주. 간지인 줄 알았디만 인제보이 개글가지세. / 개호까지. 호까지. 납닥바리. 개호지. 개오지. 갈가지.

개꽃® 물푸레나뭇과의 낙엽 활엽 관목. 봄에는 머라캐도 개꽃이 이쁘지러.

개나리® 말나리. 개나리는 꽃도 이쁘고 나물해가 먹어도 좋지럴.

개다® 개개다. 새신이래가 쪼매 걸어도 발뒷꿈치가 개이가 살이 삐끼졌다. 지게를 졌디만 어깨가 개이가 벌개졌다.

개다리® 땅바닥이 움푹 패어 빠지기 쉬운 구덩이. 마당에 개다리 좀 메꾸지 다니기가 얼매나 불편한 동. 개다리 조심해라. 뛰 가다가 넘어질라. 개다리 좀 메꾸라카이 아직도 안 했나.

개다리판® 개다리소반. 잔치 때 손님마당 각각 개다리판에 음석 담아가 내 갔니더.

개대가리나물® 단풍취. 봄이 되가 산에 가이 개대가리나물이 마이 났디더.

개뚜베이® 주발 뚜껑. 주발에 밥 다 펐으만 개뚜베이 덮어라. 개뚜베이 덮은 거 열어 놔라. 상에 오릴 때는 개뚜베이 덮어 갖고 올리라.

개락® 많다. 거라아 돌삐가 개락이다.

개랍다® 다랍다. 줄라만 좀 낫게 주지 고걸 주나 개랍그러. 개랍게 그걸 준다고 불렀나. 됐다 고마. 줄라면 좀 낫기 주지 개랍시럽기 이기 뭐로.

개룧다® 가리다. 콩을 개룧다.

개릉개릉® 목구멍에 가래 따위가 걸려 숨을 쉴 때 자꾸 가치작거리는 소리. 고 뿔입동 기침도 나고 개릉개릉 숨쉬기도 힘들대이

개리다® 고르다. 콩타작을 우예 했는동 돌만 개맀니더. 썩은 거 없나 잘 보고 개리라. / 개룧다.

개망디이® 개망나니. 개망디이 그치 하이 사람대접도 못 받는 기라. 아가 개망디이래노이 부모가 속이 썩는다카데.

개멀구® 개머루. 개멀구라 머면 안 된대이. 개멀구를 어데다 쓸라꼬?

개물지다® 해가 져서 어두워지다. 날 개물지기 전에 일찍 일 마쳐라. 개물지만 일 못하이께네 얼른 마무리 지아라.

개미구영® 개미구멍. 개미구영서 개미 나오는 거 처다보이 재미나다. 개미가 얼매나 나오는동 개미구영을 미쿻든지 해야된다.

개미허리® 버선바닥의 가운데 굴곡이 진 부분. 개미허리가 너무 좁으만 발이

불편하이께네 신어 보고 사소. 버선이 작나 개미허리에 끼이가 드가질 않네.

개밥뚜기[명] 바퀴. 개밥뚜기 잡을라고 약을 나 났는데 못 잡았니더. 음식 남은 거 깨끄시 안 치으만 개밥뚜기 온다.

개밥삐기[명] 개밥그릇. 옹구 잘 못 된 거는 개밥삐기하지.

개부치다[동] 논매기하다. 논에 가서 개부치느라 옷을 다 베렸다. 논에 피가 많은 거 보이 개부치야 될다.

개비[명] 개비. 담배 한 개비 피고 가자. 통에 성냥이 한 개비 도 없대이.

개비이다[동] 고이다. 떠날라커이 눈물 개비인 눈으로 날로 치바더보디더. 자동차가 웅티에 개비임 물로 팍 팅기고 지내가늠 바람에 옷마 베렸니더.

개비진지[명] 진드기. 소한테 개비진지가 붙어 있어갖고 자주 긁어줘야 돼.

개뿔[명] 감기. 올 겨울에는 개뿔 때문에 고생 좀 했니더. 이번 개뿔은 디기 독하데. / 고뿔.

개사바리[명] 개밥을 담아 주는 그릇. 그릇 찌그래진 거 개사바리 할라고 뒀디만 누가 치왔나? 개가 배가 마이 고팠는동 개사바리가 깨지도록 핥아 먹네.

개살시럽다[형] 심술스럽다. 고집이나 심술을 부리는 마음이 있다. 지 마음대로 못 한다고 개살시럽기 그는 거 봐라.

개시고무[명] 지우개. 글씨 잘못쓰면 개시고무로 지왔지.

개아주미[명] 호주머니. 돈 이자뿌지 말고 개아주미에 단디 너 갖고 가래이. 개아주미서 지갑을 꺼내디만 용돈 주시이더. / 개앗주메이. 갯주메이.

개올가지[명] 버들가지. 개올가지 물 오르만 호띠기 맨들어.

개와개주멍이[명] 호주머니. 바지중우에 개와개주멍이가 째저가 돈이 다 흘렀뿌랬니더. 가는 노상 지 개와주뭉이만 채울라꼬 눈이 시뻘겄니대이. / 개와주뭉이.

개작지그리하다[동] 개을러서 씻지도 않고 다듬지도 않아 지저분하다. 세수도 안 했나 개작지그리하게 해 갖고 다니그러.

개죽주근하다[형] 모습이 지저분하고 더럽다. 옷 좀 갈아 입고 이발도 좀 해라. 젊은 사람이 그래 개죽주근크러 해 댕기지 말고.

개지미[명] 개짐. 여자아덜이사 나이가 되면 어무이가 개지미 준비해 줬니더. /

달거리포.

개진달래꽃[명] 철쭉. 개진달래꽃 꺾어다 꽂아노이 집이 훤하네. 산에 갔디만 개진달래꽃이 하마 폈대.

개쪼가리치다[동] 토끼다. 아가 지 잘못했는지는 아는지 개쪼가리쳐가 오지를 않네. / 티끼다.

개찰밥[명] 도깨비바늘. 개찰밥이 어데서 묻었는동 옷에 항거 붙었니더. 따가 갖고 보이 개찰밥이디더. / 까시바늘. 깐치바늘. 도꼬마리. 도둑눔바늘. 두껍찰. 찹밥띠기. 찹살때.

개참꽃[명] 철쭉. 참꽃 피고 조금 있으마 개참꽃이 마이 피이. 참꽃은 먹어도 개참꽃은 못 먹어. / 개진달래. 개진달래꽃. 개창꽃.

개촌수[명] 일가 관계가 되지만 존비를 가리기 어려운 먼 촌수. 그 집하고는 일가래도 개촌수래. 개촌수래도 동기보다 더 개참게 지내지.

개포구[명] 개포도. 개포구로 술 쪼매 담갔니더. 개포구 따무띠만 덜 익어가 그런지 새그랍드라.

개피리[명] 어린 피라미. 얼라 때 개울게 가서 고무신으로 개피리 잡고 놀았제. 개피리도 잡았으이 매운탕 끼리 먹자. 물고기 잡는다카디 개피리만 잡았다.

개호까지[명] 개호주. 개가 터래기가 꼭 개호까지 긋드라. 오새는 산에 개호까지두 없어

객광시럽다[형] 새삼스럽다. 엉뚱하다. 다 말한 걸 객광시럽게 또 묻노.

객구바가지[명] 민간 주술에서 객귀를 담아내는 바가지. 객구바가지를 대문밖에 쏟아라.

갬[명] 개암나무의 열매. 가을게 산에 가며는 갬이 얼매나 많이 떠러져 있는동 주스러간다꼬 야단이래.

갬치[명] 개미취. 산에 갬치 하러갔다 발목을 다치가 꼼짝을 못하니더. 산나물 캐러 갔다가 갬치만 한 바구니 해 왔니더.

갯깨미[명] 묵은 기와조각. 갯깨미를 잘 빠아 가지고 그릇을 닦아라.

갱물[명] 간장을 담글 때 메주에 스며든 물. 장물 맹글 때 갱물 안 생기거러 미주를 단디 빛어야 되니더.

갱물 [명] 제사를 지내는 과정에 갱을 내고 그 자리에 올리는 맑은 물. 갱물 내오라 캐라. 갱물 올리고 밥 세 번 말아라캐.

갱식이 [명] 밥, 콩나물, 김치 등을 넣고 끓인 죽. 오늘 점심에는 갱식이 해 먹자.

갱자리 [명] 풀을 말려 땔감으로 사용하는 것. 불 때그러 갱자리 갖고 온나. 할 일 없으만 갱자리 할 것좀 갖고 온나. 인제 엉가이 익었으이 갱자리 덜 너라.

갱피 [명] 낌새. 우예 그래 갱피를 알아차리지 못했는동 몰따.

갱핀꾼 [명] 개평꾼. 갱핀꾼이 돈을 얼매나 번다고 그노? 돈이 없으이 갱핀꾼이라도 해가 노름판에 붙어 있을라카대.

갱핀돈 [명] 개평돈. 갱핀돈 받아 얼매나 모은다고 그러고 있나. 노름해서 갱핀돈 주고 나이 남는 것도 없다.

거 [접] 들. 복수(複數)'의 뜻을 더하는 접미사. 저거 모여 있다.

-거게 [접] -에게. 엄마거게 전화 한 통 못 드렀네. 친구거게 선물 줬나?

거궁하다 [형] 거창하다. 일의 규모나 형태가 매우 크고 넓다. 집만 거궁하만 뭐하노. 드가도 못 하게 하고. 집을 거궁하기 질라카만 돈이 마이 들다.

거깽이 [명] 지렁이. 거깽이가 기어가다.

거느름하다 [형] 어스레하다. 일하다가도 거느름해지만 집에 온다. 거느름해서 밭설거지하고 왔니더.

거덜 [부] 거듭. 어떤 일을 되풀이하여. 거덜 찾아가도 만내주질 않으이 우예노. 자아 가만 빵 좀 사오라꼬 거덜 말했디만 잊아뿌고 그냥 왔나.

거덜라 [어] -거든. 집에 가거덜라 잘 도착했다고 꼭 연락해래이. 할배 보거덜랑 낼 우리집에 점심 드시러 오시라 그소. / 거들랑.

거도 [부] 그래도. 비가 많이 내렸다카대. 거도 일 있다그이 가 봐야지 안 될라. 니 말이 맞다. 거도 어른한테 그카만 안 된대이.

거두 [명] 흑두. 거두 놔 뒀다가 한 번씩 밥에 넣어 먹어도 괘안치. / 이팥. 약팥.

거두우다 [동] 거두다. 하던 일을 멈추거나 끝내다. "굳시기 사러라" 커꼬느 고마아 수우멀 거두우더라니이더. 아아 거두우는 이일마 해애도 파짐치가 댈파이시더. / 거두다.

거둠하다 [동] 가을하다. 집집이 거둠하느라 여가가 없니더. 타작하고 거둠하고 이제 쫌 쉴시더.

거둫다[동] 거두다. 비 올라카이 멍석에 널어 놓은 꼬추 다 거둫고 일 보래이. 비 오기 전에 콩 타작 한 거 거둫거래이.

거들[부] 거듭. 어떤 일을 되풀이하여. 거들 말해도 소용없다. 거들 부탁을 해 보래이. / 거덜.

거들빼기[부] 연속으로. 오늘은 안좋은 일이 거들빼기로 두 번이나 일어나네.

거랑[명] 냇물. 비가 마이 와가 거랑이 넘칠시더.

거렁지[명] 그림자. 골묵 안에는 사람 거렁지도 없디더. 아가 알꼬 나디 똑 물에 거렁지 거떠라.

거르매[명] 그리마. 거르매는 독이 없어.

거르매[명] 그림자. 물체가 빛을 가려서 그 물체의 뒷면에 드리워지는 검은 그늘. 어른 거르매는 밟지 마래이. 해가 질라그이 거르매도 질다.

거름물[명] 초가지붕의 짚이 썩어 흘러내리는 낙수물. 지붕이 오래되면 거름물이 떨어지지.

거릇팥[명] 그루팥. 그루팥으로 죽 좀 끓이 봤니더.

거머쥐이다[동] 거머쥐다. 틀어잡거나 휘감아 쥐다. 얼라아가 보기버다 거머쥐이는 심이 보토이 아이다.

거메[어] 것이네. 니들이 싸운 게 나 때무이 아인 거메. 동생이 잘못한 기 아이라 니가 잘못한 거메. / 거네.

거모래[명] 그글피. 거모래가 다가오다.

거섭[명] 국의 건더기. 어예 국물은 없고 거섭만 있노.

거슥하다[동] 많이 낳다. 닭이 이번에는 거슥하네.

거슥하다[형] 머쓱하다. 무안하거나 귀에 거슬려 거북하다. 오랜만에 만난 사람끼리 거슥한 소리는 하지 마래이. 거슥한 소리한다고 삐져가 지 방에 드가뿌맀다. 남한테 거슥한 말들으만 기분이야 안 좋지.

거슬게다[동] 거슬리다. 솜씨 없이 이으면 이어진 부분이 매듭이 져 도드라지기 때문에 눈에 거슬겐다. 오늘은 어매가 하는 말이 와 이리 거슬게는지 몰따.

거저나무[명] 자작나무. 자작나뭇과의 낙엽 활엽 교목. 거저나무가 허연 기 신기하잖나. 거저나무 가쟁이느 여언능강?

거주[부] 거의. 어느 한도에 매우 가까운 정도. 인제 거주 다 와 간다. 일이 거주 다 됐다. / 거진. 거짐. 거지.

거죽꼬재이[명] 겹으로 지어 홑고쟁이 위에 입는 고쟁이. 한복에 거죽꼬재이가 터져가 자꾸 흘러 내린대이.

거지탕[명] 여러 음식을 한 솥에 넣어서 다시 끓인 탕. 명절에 음식 남으면 거지탕 낋이 먹으면 되지러.

거짐[부] 거의. 거짐 다 해가니더. 거짐 다 낫네.

거짓소리[명] 거짓말. 사실이 아닌 것을 사실인 것처럼 꾸며 대어 말을 함. 거짓소리 자주하만 아무도 안 믿어준대이. 그 사람 거짓소리에 속은 사람이 만드래이.

거짓조디[명] 거짓말. 거짓조디 함부로 했다가는 큰 코 다친대이. 참말이라 카디만 또 거짓조디로? / 가짓쪼디.

거짓조딩이[명] 거짓말. 거짓조딩이를 하면 안 된대이. 또 거짓조딩이 하만 감안 둔대이.

거치문[명] 거적문. 거울게 뒷간에 볼일 볼라치믄 거치문 새로 찬바람이 숭숭 들어왔제.

거클[부] 그렇게. 돈을 거클 쓰만 안 되니더. 배 고프다고 거클 머면 배탈난대이. / 그쿠로. 그꾸.

거타치[명] 간섭. 일에 거타치를 하다.

거푸세이[명] 마른 풀. 거푸세이를 모아 불을 지피다.

건걸[명] 빌어 먹는 귀신. 건걸 들랐나. 왜 저꾸 먹노. 건걸 들린 거매로 얼매나 마이 먹는동. 먹을 때 건걸 들린 것처럼 머면 안 된대이.

건구[명] 금줄. 아들 낳았다고 건구 걸어 놨대. 이전에사 얼라를 나먼은 대문에 건구를 쳤제.

건네상이[명] 사팔뜨기. 건네상이매로 눈을 왜 그라노.

건덩일[명] 정성을 안 들이고 건성건성한 일. 요새는 건덩일빼끼 없네.

건바 걸바. 무엇을 매거나 걸어서 끌어당기는 데 쓰는 밧줄. 나무 벤 거 건바로 옮기 보소. 얼매나 무거운동 건바로 땡기도 안 되네.

건박 말린 박. 건박 내다 햇빛 좀 보이라. 건박 내가 물에 담가 놨대이.

건생기 건삶이. 논에서 건생기를 한다.

건주 거의. 보이 건주 비슷한 거 긋다. 농삿일은 건주 동상이 다 하니더.

건지기 건더기. 국이나 찌개 따위의 국물이 있는 음식 속에 들어 있는 국물 이외의 것. 건지기는 하나도 없이 뭐 먹으라고 남가 놨노.

건진국시 밀가루와 콩가루를 반죽해서 가는 채로 썰어 끓는 물에 삶아 건진 다음 따로 준비한 장국물에 말아 고명을 얹어 내는 국수. 경상북도 안동지방의 고유한 음식. 올 잔차라고 건진국시를 했나? 잔찻집에 왔으이 건진국시 먹고 가시더.

건진그릇 껍질을 벗긴 싸릿개비나 버들가지 따위의 오리를 울과 춤이 거의 없이 둥글넓적하게 결어 만든 채그릇. 건진국시 할라믄 면을 삶아가 우선 건진그릇에다가 담아놔야지.

건충건충 건들거리며 걷는 모양. 건충건충 걷지 좀 마래이. 건충건충 걷는 거 보이 성실해 비지는 않드라.

건치면 걸핏하면. 건치면 화내는 사람하고는 말 섞기가 싫대이. / 거치믄. 거치미.

걸 개울. 골짜기나 들에 흐르는 작은 물줄기. 여는 비가 오만 걸이 넘쳐 다리가 장개 뿌래. 빨래는 걸에 가 하래이. / 거랑.

걸거질 음식이나 재물 따위에 욕심을 내는 행동. 그래 걸거질 하다 잘 되나 보자.

걸구적대다 거치적거리다. 일하는 데 걸구적대지 말고 좀 가라.

걸굼티 거름을 모아 놓은 곳. 걸굼티 갖다 버리라.

걸깡 개울. 이전에는 걸깡에서 빨래 했지.

걸들리다 걸신들리다. 굶주리어 음식을 탐하는 마음이 몹시 나다. 밥을 걸들리게 먹으이 맘이 안 됐다.

걸띠 굴대를 고정시키는 구부러진 쇠 띠. 걸띠 단디이 확인해래이. 걸띠 지대로 있는지 보래.

-**걸라** ㉢ -거들랑. 바쁘걸라 오지 말거래이. 친구거들랑 드 온나 캐라.

걸량 ㉠ 방향. 한 걸량으로 매매 문질러야 매끈하대이. 길 갈 때사 앞을 잘 보고 걸량을 잘 잡아야 된대이.

걸레기 ㉠ 걸레. 걸레기 갖고 방 쫌 닦아라. 옷이 다 떨어져가 걸레기나 해야 될다.

걸롱다 ㉥ 걷게 하다. 걸리다. 아이를 걸롱다.

걸망하다 ㉧ 나이보다 더 들어보이다. 엉크렇게 큰 사람이 나이보다 더 들어보이는 걸 걸망하다 그래. 걸망하게 생기서 나이가 더 들어 보여.

걸먹다 ㉥ 거저먹다. 가마이 있다가 걸머얼라꼬 대드는 것 쫌 봐라.

걸부새이 ㉠ 거지. 걸부새이매로 남 먹는 거는 왜 그꼬 쳐다보노.

걸불 ㉠ 솔가리로 불 땔 때 나는 불티나 검정. 불 땔 때 걸불 안 티그러 내다 앉아라. 불쏘시게 한다고 갈비 너이 걸불이 발갛다.

걸비탕 ㉠ 민물에서 잡은 여러 가지 잡고기에 면을 넣고 끓인 탕. 개울에서 물고기 잡아 그 자리에서 걸비탕을 끓이 먹으면 그 맛이 일품이제. / 거지탕.

걸삼시럽다 ㉧ 성질이 드세고 거칠다. 그쿠 설삼시러우만 누가 좋다그나. 얼매나 걸삼시러운동 안 싸운 사람이 없다이더.

걸신하다 ㉧ 만족하다. 가가 일을 걸신하게 했는동 다 좋다 하대. 더 안 먹는다 카는 거 보이 걸신한 갑다.

걸채 ㉠ 발채. 곡석 져가 옮길라먼 지게에 걸채를 걸어야 되니더.

걸티 ㉠ 그루터기. 걸티에 좀 앉아 해래이.

검거주춤하다 ㉧ 이저리지도 저러지도 못 하고 어정쩡한 상태이다. 아주 앉지도 서지도 아니하고 몸을 반쯤 굽히고 있다. 검거주춤하이 서 있지 말고 이리 와 앉아라. 해야될 지 안해야 될지 결정을 못 내리고 검거주춤해 있다.

검두 ㉠ 짙은 보라색의 콩. 검두를 너가 밥을 해 먹으도 좋지러.

검들지 ㉠ 무를 잎사귀 째 넣고 파, 마늘, 생강을 채 썰어 주머니에 담아 봉해 익힌 김치. 검들지를 담가 먹으면 별미지.

검맥 ㉠ 멱살. 싸움하는데 검맥버터 잡고 소리부터 지르대. 쪽째비가 달 검맥을 물디이 놓지를 않아가 죽대.

검잡다㊦ 검잡다. 손으로 휘감아 잡다. 도망가는 놈을 검잡아 패대기를 치대. 호메이를 검잡고 했디만 손목이 아프다.

겅구㊜ 금줄. 그 집에는 아들 낳다고 겅구 걸었더라.

겅궁다지㊮ 공중에서 그대로. 겅궁다지 자빠졌다.

겅궁윷말㊜ 윷말과 말판이 없이 말로 쓰는 윷말. 예전에는 윷 놀만 이래 말판도 없이 겅궁윷말로 했어.

겅기줄㊜ 금줄. 겅기줄 쳐진 거이 벌써 몸 풀었다. 동제 지낼 때 동네 앞에 겅기줄 치잖나.

겉꼬재이㊜ 겹으로 지어 홑고쟁이 위에 입는 고쟁이. 겉꼬재이는 뒤갸 타져가 꼭 속에 딴거를 입어야 된대이.

겉들어보다㊦ 사람이 왔는데 무안크러 우예 겉들어보지도 않니껴.

겉어보다㊦ 거들떠보다. 마카 겉어보지도 않으이 기양 있다 가디라. 얼매나 눈이 높은데 그런 사람은 겉어보지도 않애. / 거떠보다.

게궂장스럽다㊗ 아니꼽고 치사하다. 쪼매 산다꼬 저래는 거 보이 개궂장스럽워가 말도 하기 싫니더.

게글밧다㊗ 게으르다. 저래게 글바사가 어예 살라그노.

-게나㊍ -거나. 올개까지 농사를 짓게나 할라그이 자슥들이 말리니더. 잠을 자게나 일을 하게나 하시더.

-게네㊏ -니까. 비가 마이 오이게네 살사이 다니래이. 니가 그래 말을 안하이게네 오해를 사는 기다. / 까네.

게딴㊮ 헛튼. 게딴 소리하지 마라.

게랍㊜ 겨릅대. 삼 껍질 베끼고 남은 게랍이사 엮어가 곡석 말릴 때 쓰면 좋대이. / 제립.

게리다㊦ 가리다. 콩을 잘 게리냐야 더부를 만들지러.

게리다㊦ 볏짚이나 나무를 차곡차곡 쌓다. 장작을 패 가 마이 게리 놓으이 맴이 편하니더.

게살궂다㊗ 행동이 막되 먹었다. 사람이 행동이 게살궂다.

게알받다 톙 게으름을 피우거나 그러한 습성. 게알받게 일하면 안 되지.

게영이 튄 공연히. 게영이 쓸데없는 말을 해가 일을 맨드노. 게영이 해 준다캐 가 기대하게 하노.

게을밧이 몡 게으름뱅이. 늦두룩 잠만 자고 일도 안하이 게을밧이 따로 없대이. 게을밧이매치 꿈지럭거리민서 일을 안하이 니 혼자래도 해야할 거 아니라. / 게글배이. 게을배이. 깨럼배이. 께글배이. 기글배이. 기을배이.

-게이 젭 -게. / 낼 우리 농사 좀 도와 주게이. 어서 오시게이.

게타분하다 톙 게으르다. 게타분하게 있지말고 청소 좀 해라. 다 큰 처자가 지 방청소도 안하고 아가 왜 그꼬 게타분하노.

겟주이 몡 호주머니. 돈은 겟주이에 잘 너 두소. 어르이 겟주이에서 돈을 꺼내 주디더. / 개와이. 개와주밍이. 개앗주메이. 봉창. 갯주머이. 갯주마이. 갯주무이. 갯주미. 갯주뭉이.

겡가리 몡 껑거리끈. 가다 안 넘어지기 겡가리 단다이 짜매라. 질매 뮤그러 겡가리 갖고 왔디더. / 가잉거리. 철거지끈. 껑거리. 강거리.

겨룽다 톙 겨루다. 서로 힘을 겨룽기 한다고 저래 독을 쓰고 있다.

겨슬 몡 겨울. 올 겨슬은 춥다카대. 찬 바람 불기 전에 겨슬 차비해 놨니껴. / 겨읅. 결ː. 젎ː. 져ː을. 겨실.

겨양하다 톙 겨냥하다. 잘 보고 겨양해야 맞출 수 있대이. 우리를 겨양해서 말한 기 분명타.

겨울뱅이 몡 게으름뱅이. 겨울뱅이맨치로 방에서 꿈쩍을 안노? 겨울뱅이래노 이 농사도 그 모양이지.

겹간장 몡 장독에서 간장을 떠낸 후 남은 된장에 다시 메주를 넣어 담근 장. 간장 모자리면 겹간장 담그면 되지럴. / 덧장.

경사 몡 서울말. 경사 쓴다고 서울사람 되나. 서울서 쪼매 살다 왔다고 경사 쓰나.

경어 몡 서울말. 서울 및 달 살았다고 경어 씨는 거 보래. 어데서 온 사람인동 경어를 씨데.

곁넣다 톙 가마의 벽 쪽 창구멍에 불을 넣다. 가마에 불을 곁넣을 때 불 조절을 잘 해야 되니더.

곁미 몡 곁망치. 쇠붙이 뚜드릴 때 앞미하고 곁미하고 손이 맞아야 일지 되지.

계 몡 가문(家門). 우리계에서는 그런 풍습이 없지.

계사돈 몡 곁사돈. 계사돈들한테 인사 잘 하그래이. 자아 갔다 계사돈을 만냈니더.

고내고내 꽌 섬마섬마. 어린아이가 따로 서는 법을 익힐 때, 어른이 붙들었던 손을 떼면서 내는 소리. 얼라 고내고내 해 볼라그이 안죽도 못할시더. 얼라를 손 위에 올리고 고내고내 하만 고만 서. / 따로따로.

고냉이 몡 고양이. 고냉이 한 마리가 밥을 좀 줬디만 그질로 따라댕기네. 고냉이 우는 소리에 잠을 못 잤니더.

고네기 몡 고양이. 고넥이가 부뚜막에 올라갔다.

고눟다 동 가누다. 얼라는 목을 제대로 고눟지 못하께네 목을 잘 받차야 된다. 할매가 연세가 많으시가 몸을 고눟지 모해 저래 눕어가 계시니더.

고다리 몡 고리. 긴 쇠붙이나 줄, 끈 따위를 구부리고 양 끝을 맞붙여 둥글거나 모나게 만든 물건. 고다리 잡고 장난치만 창문 떨어진다. 고다리가 고장나서 문을 못 여니더. / 골개이. 고래기.

고달 몡 까닭. 니 무슨 고달이 있나? 얼굴이 안 좋네. 고달이 있으이 그래 재촉하지 말고 진득하이 기다리 봐라. 일이 그래 된 데에는 고달이 있을기다.

고닳하다 혱 고달프다. 골닳해도 자식 크는 거 보만 풀리니더. 사는 기 얼매나 골닳한지 몰시더.

고대 몡 고등어. 고대 구워 밥 무우라. 자아 가 고대 한 손 사오소. / 고드에. 고등에. 고드어. 고두어. 고디이.

고두룸떡 몡 쑥에 쌀가루를 묻혀서 찐 떡. 봄에 쑥 뜯어가 고두룸떡 해 먹으먼 맛도 좋고 몸에도 좋애. / 쑥버무리.

고두멍석 몡 짚으로 만든 멍석. 고치를 널어 말리거러 고두멍석 하나 짜 주이소.

고두박 몡 고지박. 고지박 따서 속은 나물해 무쳐 먹고 박은 말리가 바가치로 맨들어 쓰제.

고두방석[명] 한가운데가 불룩 올라와 푹신푹신한 방석. 고두방석에 앉다.

고둘개[명] 오디. 뽕나무의 열매. 고둘개를 마이 먹었디만 입이 퍼렇다. 뽕 따러 갔다가 고둘개만 따가 먹고 왔다. / 뽕오디. 뽕포두. 뽕포도. 포구. 오두.

고드레김치[명] 고들빼기김치. 고드레김치를 담가 먹으면 쌉싸리한 게 입맛 돋구지.

고드에[명] 고등어. 올적 찬은 고드에시더. 자가서 고드에 한손 사왔니더.

고들깨[명] 고들빼기. 고들깨는 매 울가내야지 덜 써. 봄에 입맛 없을 때 고들깨 먹으만 입맛이 돌아와. / 신내이. 씬나물. 씸바구. 서우새. 고들빼기. 꼬들치. 꼬들지. 고털깨, 꼰들개.

고디[명] 다슬기. 여름에 고디를 잡아 국을 끓여 먹는다.

고디이[명] 다슬기. 고디이를 줍다. 냇가 바우에 고디이가 많이 붙어 있네. 이전에사 고디이 잡아가 삶아가 마이 먹었니더. / 골부리, 꼬부리, 골베이.

고라다[동] 흘기다. 고라 보는 기이 엉가이 못됐다. 와 자꾸 고라 보노. / 꼬라보다.

고락세이[명] 꼬락서니. 어데서 뭐했길래 고락세이가 그 모양이로? 해다니는 고락세이 좀 보래.

고랑태[명] 골탕. 사람을 이유 없이 오라 가라 그래 고랑태를 믹이노.

고랭이[명] 고리. 문 고랭이 잡고 장난치믄 문 빠진대이. 얼매나 추운동 문을 열라그이 고랭이가 얼음이다. / 골개이. 고래기.

고랭이[명] 방고래. 고랭이가 불에 잘 들어야 방이 뜨시제. / 불골.

고롬[명] 학질. 고롬에 걸리가 죽는 사람도 있나? 고롬에 걸리믄 열이 마이 난대이. / 도독놈병. 도둑놈. 미나리새미. 이털거리. 지거. 초질. 초짐. 초핵. 하리거리.

고룽다[동] 흙 따위를 평평하게 하다. 판을 잘 고룽고 모종을 심어야 한다.

고리[명] 고리. 키버들의 가지나 대오리 따위로 엮어서 상자같이 만든 물건. 주로 옷을 넣어 두는 데 쓴다. 이전에는 고리에 옷 너 놨어.

고리고리[부] 고루고루. 떡을 고리고리 돌리고 온나. 아들이 못하는 기 없이 고리고리 다 잘하이 좋으시더.

고마[명] 고구마. 고마 쪼매 삶아 오래이. 올개는 고마 농사가 잘 됐니더.

고마이[명] 고마리. 마디풀과의 한해살이풀. 예전에는 고마이가 그래 많애도 눈이 안갔는데 인제 고마이 꽃도 이쁘디더. 물가에 고마이가 마이 폈대.

고모아지매[명] 고모. 고모아지매한테 들러가 고마 쪼매 갖다 드리라. 고모아지매는 통 안 오시는 거 보이 어데 안 좋으신 거 아이라?

고무조우[명] 비닐봉지. 떡 담아 주그러 고무조우 갖고 온나.

고방[명] 여물을 넣어두는 광. 짚단 거더 고방에다 재와 나라. 소죽 끓이그러 고방서 짚 꺼내 온나.

고배이[명] 무릎. 어제 마이 걸었디만 고배이가 아프다.

고배이[명] 언덕. 지게 지고 고배이를 올라갈라그만 얼매나 힘든동 몰래.

고브다[형] 고달프다. 삶이 고브다.

고사리[명] 용왕에게 지내는 기우제. 너무 오래 가물어가 고사리라도 지내야 될따.

고새다[동] 고스러지다. 비가 마이 왔긴 왔는갑네. 나락이 다 고샌 걸 보이. 원래 나락에 비료를 마이 주만 잘 고샌다. 논에 나락이 다 고새서 타작할 때 고생 좀 하겠구만.

고새풍[명] 높새바람. 고새풍이 부능 거 보이 날이 가물겄다. 고마 고새풍이 불어오이 추와지드라.

고생이[명] 문절망둑. 망둑엇과의 바닷물고기. 고생이 잡아다 메운탕 끼리 묵자. 오랜만에 낚시 갔다 고생이를 잡았니더.

-고설라[어] -고서. 오라해 놓고설라 왜 말이 없노?

-고설랑[어] -고서. 사람을 불러 놓고설랑 왜 지는 가 버리노? 젓가락만 들고설랑 밥은 안 먹고 애기만 하는기라. / -구설랑.

고수대머리[명] 곱슬머리. 고수대머리는 고집이 쎄다 카더라.

고약[명] 자두. 그 집 마당에 고약이 마이 달렸던데.

고약을팔다[동] 헛소리를 늘어놓다. 그이 고약 파는 것에 질렸다. 그 사람은 항시 고약을 팔고 있다.

고오내기[명] 고양이. 고오내기가 쥐는 안 잡고 잠만 자드라. 쥐로 자버야 고오내기 아니라. 쥐도 모온 짭능 기이 고오내기도 아이다.

고오냉이[명] 고양이. 내는 고오냉이 안 키우겠니더. 고오냉이가 많아가 근동 쥐가 한 마리도 안 보이니더.

고옹지기🅟 공작. 그 고옹지기는 꼬랑대기가 참 대단타. 고옹지기도 수컷이 더 화려하다케.

고이써리🅟 논밭을 반반하게 고르는 데 쓰는 써레의 일종. 고이써리는 자갈이나 흙을 밀어내는 데 쓰먼 좋애.

고이타🅗 고약하다. 아참 고이타.

고자🅟 고지기. 일정한 건물이나 물품 따위를 지키고 감시하던 사람. 이전에는 동네 일 나만 고자가 집집이 댕기민서 알리주고 그랬지. 잔차할 때 고자한테 일 좀 부탁해야 되다.

고장구🅟 고쟁이. 얼매나 급했으만 고장구 바람으로 나오겠노? 고장구만 입으만 춥대이. / 고깨이. 고장이. 고장주. 고장중우. 고재이. 고쟁이. 고정이. 꼬개이. 꼬깨이. 꼬당주우. 꼬장주우. 꼬장중우. 꼬제이. 단소꽂. 속곳.

고주배기🅟 그루터기. 저짜 고주배기에 앉아 쫌 쉬시더. 썩은 고주배기맨치로 힘이 없네. / 글텅이. 끌테기. 끌테이. 꼬주배이. 고두배이. 꼬지배기. 꼬자배기. 고지바기.

고지🅟 고지박으로 만든 바가지. 대접하그러 고지 가주가가 마당에 장 떠 오소. 물동우에 고지 있으야 물 떠 내래지.

고지름🅟 고드름. 날이 얼매나 추운동 처마 끝에 고지름이 다 얼었네.

고지리미지리🅟 고주알미주알. 들었다봤다 고걸 금방 고지리미지리 다 일러바치나.

고지배이🅟 말라 죽은 나무 그루터기. 산에 고지배이 캐러 가자.

고추남자리🅟 고추잠자리. 고추남자리 잡는다고 안죽도 안 들어왔나? 고추밭에 고추남자리가 마이 있드라.

고추메주🅟 메주 띄운 것을 갈아 놓은 것. 고추메주 띠아가 장을 담갔니더. / 꼬장미주.

고크러🅗 그렇게. 니는 뭐가 고크로 좋아 입에 귀에 걸렸노. / 그크러. 고키. 그케.

곡개이짓🅟 일부러 남을 웃기위한 행동. 사람이 항거 모옜는데 곡개이짓을 해서 시컨 웃었다.

곡개이[명] 일부러 남을 웃기기 위해 하는 행동. 사람이 항거 모였는데 곡개이짓을 해서 시컨 웃었다. 저 사람 왜 저래 곡개이짓을 할까. 그 사람이 곡개이짓하는 나불에 실컷 웃었니더.

곡깨이[명] 괴짜. 얼골이 곡깨이로 생기서 부끄라. 행동은 곡깨이 그치 해도 나쁜 사람이 아이다.

곡설[명] 제사상에 올릴 과일의 가짓수가 많아 둥글게 곡선으로 진설하는 것. 젯상에 올릴 과실이 많으먼 곡설로 차리가 올리먼 된대이.

곤다끼[명] 고들빼기. 곤다끼는 씹쌀한기 마이 울카내야 돼. 밖에 가보이 곤다끼가 지천이래.

곤데데하다[형] 정신이 멍하다. 자고 일났디만 곤데데하네.아까 술을 좀 했디만 곤데데한 기 머리가 아프네.

곤드랍다[형] 위태롭다. 짐을 왜 이꼬 곤드랍게 실었노.

곤무꾸[명] 무 말린 것. 골짠지를 할라그만 곤무꾸를 머여 해야지.

곤배연배[부] 곰비임비. 술을 앉아서 곤배연배 마시다보이 마이 취하네. 한번만 가져가라 캤디만 곤배연배 와서 대구 들고 가네. 아:를 곤배연배 낳다보이 9남매를 낳았다카대요.

곤배연배[부] 곰비임비, 어떤 일이나 상태가 끊이지 않고 계속되다, 또는 어떤 일이나 상태가 끊어지지 않게 계속하다. 술을 앉아서 곤배연배 마시다보이 마이 취하네. 한번만 가져가라캤디만 곤배연배 와서 대구 들고 가네. 아:를 곤배연배 낳다보이 9남매를 낳았다카대요.

곤지[명] 무말랭이. 무꾸 썰어 말 리가 곤지 맨들어 찬으로 먹으면 맛있제. 날씨가 좋아 곤지가 잘 말라 가네. / 골굼짠지. 골짠지. 골룸짠지. 곮짠지. 무꾸골래이. 무꾸곤지.

곤지랍다[형] 간지럽다. 몹시 어색하거나 거북하거나 더럽고 치사하여 마음에 자리자리한 느낌이 있다. 무엇이 살에 닿아 가볍게 스칠 때처럼 견디기 어렵게 자리자리한 느낌이 있다. 아가 노래 부르는 기 곤지럽기도. 벌레가 기 가는 거이 곤지라서 못볼다.

곤지럽다圈 어린아이가 하는 행동이 귀엽고 앙증맞다. 징그럽다. 지 엄마를 얼매나 곤지럽게 부르는지. 노래 부르는 거 보면 곤지라서 못 봐줘. 손 모으고 인사하는 기 얼매나 곤지란동.

곤지메레미閨 어린 방어. 곤지메레미 잡히마 매운탕 끼리자.

곤지벌거지閨 모기의 애벌레. 곤지벌거지가 내주 커며는 모게이가 돼.

곤지짠지閨 무말랭이로 만든 김치. 곤지짠지를 담그다. / 골짠지.

곤짠지閨 무말랭이로 만든 지. 무말랭이로 곤짠지를 만들었다.

곤하다閨 곤하다. 낮에 일 좀 했디만 곤하다. 봄에 저어여를 묶꼬 나머, 다아 곤하지. 어르이 하도 곤하기 지무시길래, 기양 왔니더.

곤우다閨 곧추다. 몸을 곤우고 서 봐라. 허리를 곤우고 바리 앉아라.

곧은바람閨 서풍. 곧은바람이 부는 거 보이 이제 가을이네. 샛파람 불만 비오고 곧은바람 불만 날씨가 맑다캐.

골가지閨 골마지. 간장, 된장, 술, 초, 김치 따위 물기 많은 음식물 겉면에 생기는 곰팡이 같은 물질. 김치에 골가지가 잔뜩 꼈대. 장뚜깨를 안 열어놨디만 고새 골가지가 마이 꼈니더. / 꼬개이. 곳다치. 골때기. 꼬까지. 꼭가지. 꼬가지. 골개이. 곰바구. 곰사구. 곰패이.

골갱이閨 고리. 골갱이 잘 잠그고 다니래이. 아무도 없는동 골갱이를 암만 흔들어도 안 나와. / 고랭이.

골고지閨 실감개. 실타래 갖고 와서 골고지에 실을 감아 놔라.

골굼짠지閨 무우말랭이로 담은 김치. 골굼짠지 하거러 무꾸 말린 거 갖고 오래이. 무꾸를 그꼬 썰어도 골굼짠지 할라그이 얼매 안되네. / 골짠지. 골금짠지.

골궇다閨 고르게 하다. 밭에 흘을 골가라.

골궇다閨 곯게 하다. 쪼글쪼글하게 말리다. 무꾸를 썰어갖고 골궇게 해빝에 말리야지.

골때기閨 골딱지. 골때기가 나서 씩씩거리고 있니더. 얼라맨치 골때기 부리만 우쨰나.

골때기閨 골마지. 된장에 골때기 핀 거는 들어내고 묵으라. 고치장에 하얗그러 골때기 피면 우째노. / 골가지. 골갱이. 꼬까지. 곳다치.

−골라[어] -고. 아가 자꾸 울어가 업골라 밖에 나갔드만 자네. 어매 얼굴만 잠깐 보골라 가이 서운하제.

골롷다[동] 골게 하다. 무꾸를 잘 골롷는 기 중요하데이.

골리이다[동] 곯리다. 배나 골리이지 않고 잘 챙기라. 얼매나 골리이시며 남이 묵따가 내삔 거꺼정 다 묵껜나.

골목짝[명] 골목. 동제 지내만 금줄 처 놓고 골목짝부텀 못 오그러 막는대이. 하도 안 오길래 골목짝꺼정 나가 기다리다가 왔니더.

골몽[명] 골무. 골몽 못 봤나? 양말 꼬멜 때 손에 끼는데 어데 뒀는동 몰쎄.

골문하다[동] 고생하다. 그래 골문해도 알아주난 이 없다. 일찍부텀 골문해서 아픈 데가 많잖애.

골물[명] 몰골. 그런 골물로 어델 그래 댕겨오니껴.

골물들다[형] 행색이 형편없다. 사람이 고생을 마이 하먼 골물이 든대이.

골물시럽다[형] 처리할 일이 많아 바쁘고 피곤하다. 할 일이 마내서 골물시럽다. 하도 골물시라서 지실이 뚝뚝 뜯는다.

골미[명] 가래떡. 설에 떡국 만들려면 골미를 빼야지.

골미[명] 고름. 상처난 걸 놔 뒀디만 곪아서 골미를 짜내야 겠니더.

골미떡[명] 인절미. 인절미는 골미떡이라 하고 가래떡은 그냥 가래떡이라고 했어.

골바닥[명] 온돌방바닥. 골바닥에 등 지지만 찜질바이 따로 없잖애. 굼불을 좀 낫기 땠디만 골바닥이 뜨끈뜨끈하네.

골방하다[동] 굶다. 미칠 골방한 거그치 해도 깡다구는 있대. 아침부터 골방했디만 힘이 하나도 없니더.

골배팔[명] 곰배팔이. 팔이 꼬부라져 붙어 펴지 못하거나 팔뚝이 없는 사람을 낮잡아 이르는 말. 골배팔이래노이 지대로 몬 잡아. 우리가 이쁘다고 골배팔로 과자를 주마 얼매나 무서워했는동. / 고매팔. 외팔째이.

골보[명] 화를 잘 내는 사람. 야, 골보맨치로 화만 내고 있을끼라.

골복징이[명] 개복치. 골복징이가 큰 일에 우애 빠지나. 골복징이로 회 떠도 맛있고 찜으로 해도 맛있니더. / 안진복. 골복짱이.

골부리[명] 다슬기. 골부리 삶아가 국 끼리 먹으만 맛이 좋다. 냇가에 골부리 잡으러 나가자. / 고디. 꼴배이. 사고디.

골삐[명] 고삐. 풀 띠끼러 갈 때 소골삐 잘 잡아래이.

골수배기[명] 정수리. 정수리를 잘못 맞아 정신이 빼적 들더래이.

골팽이[명] 고삐. 골팽이 단디 잡고 소 몰고 가래이. 소 꼴 띠끼러 갈 때는 골팽이 단디 잡고 가잖나.

곯룷다[동] 곯리다. 무 썰어 널어가 곯룷고 곤지 담그지러.

곯짠지[명] 무말랭이. 예전에는 골짠지가 도시락 간으로 제일 이랬는데.

곰[명] 고욤. 곰은 맛은 그래 좋지는 않지러.

곰궇다[동] 곰기다. 관리를 잘 못해서 상처를 곰궇다.

곰바구[명] 곰팡이. 방이 눅눅하믄 곰바구 피이께네 불 좀 너라. 음식 찌끄레이에 곰바구가 끼네. / 곰사구. 곰박사이. 곰패이.

곰박사이[명] 곰팡이. 메주에 곰박사이가 잘 피야 자이 맛이지럴. / 시.

곰박사이[명] 쥐벼룩. 비와 놨던 바에서 잤더니 곰박사이에 물리가 온 몸이 매란도 없대이.

곰배[명] 흘레. 낼 쯤 개 곰배 붙일라꼬. 소든 돼지든 곰배를 붙이야 새끼를 놓지.

곰배상애[명] 귀상어. 곰배상애로 제사상에 돔배기 올리믄 좋지럴.

곰사구[명] 곰팡이. 떡에 곰사구가 피 갖고 낭패났니더. 빵을 먹다 나 뒀디만 곰사구가 폈다. / 곰바구. 곰박사이. 곰패이.

곱새[부] 그새. 그래 곱새를 참지 못해 이래 난리를 치나. / 그당새.

곱판[명] 가운데. 곱판으로 모이다.

공구[명] 식구. 공구가 많으께네 먹을 때도 마이 묵었어. 딸린 공구가 많으이 벌어도 남는 것이 없다.

공구다[동] 괴다. 돌을 잘 공가라.

공구다[동] 벼르다. 사람을 공구다.

공굼대[명] 우차(牛車)에 싣는 짐이 앞뒤로 기울지 않게 앞뒤 고리에 박아 세우는 한 자 정도의 막대기. 공굼대가 있으이 물건이 쏠리지는 않을게시더. 출발

하기 전에 공굼대부텀 확인해래이.

공굶다⑧ 괴다. 나락 더미 넘어지지 않크러 잘 공궁는 중이시더.

공그미 곤도미⑲ 고임돌. 한데 가서 공그미 할 꺼 좀 갖고 온나. 농문이 잘 안 닫기는 거 보이 높이가 안맞나 보네.

공똘배이⑲ 동그라미. 공똘배이 및 개 기렀노? 성을 모르이 꼭다리는 빼묵고 공똘배이 하나만 기래 냈니더.

공뺑이⑲ 공짜. 공뺑이 바라만 머리 벳게진다. 공뺑이 술이 더 맛있대이. / 공짜배이. 공거.

곶감호두말이⑲ 껍질을 벗긴 호두를 납작한 곶감으로 말은 음식. 곶감호두말이를 맨들카먼 손이 많이 가지러.

과거⑲ 홍역. 과거 할 때 암 데도 못 끌끄러 해래이. 과거 하니라고 매란도 없다.

과다⑧ '과하다'의 준말. 그래 심하게 말하만 우째나. 과다고 생각 안하나? 씀씀이가 좀 과도 해푸지는 않다.

과메기⑲ 꽁치를 차게 말린 것. 과메기 할라고 꽁치 손질해가 너느라 정신 없니더. 과메기는 김에다 싸 무만 더 맛이 좋제.

관절⑲ 관솔. 관솔에 불이 붙으만 불꽃이 탁탁 치며 잘 타지럴. / 솔가지.

괘다⑧ 괴다. 위로 괘 놓기만 하지 말고 정리 좀 해라. 젯상에 올리는 음식 괠 때는 조심해야 된대이.

괘보리⑲ 귀리. 괘보리 빻아가 가리 맨들어 나. 밥 할 때 괘보리를 선낱 너으만 변비에 좋아. / 귀리. 귀이밀. 기리. 기에. 귀버리. 기버리.

괭이⑲ 거위. 괭이가 밤눈이 밝대이. 괭이가 뒤뚱거리며 가디 어데 갔는동 못찾을세. / 거우. 거이. 게유. 규우.

괭이짝⑲ 괭이자루. 겨우내 언 땅이 아즉 안 녹았는동 괭이자루가 뿔가져 부랬데이. / 괭짝.

괴기다래미⑲ 고기를 아주 좋아하는 사람. 괴기다래미하고 고기 같이 무만 마이 못 먹는다. 괴기다래미 바라.

괴따다⑧ 괴팍하다. 그 사람이 괴딴 데가 있긴 해도 악하지는 않애.

괴똥스럽다⑱ 성격이 억세고 까다롭다. 사람이 참 괴똥스럽기도 하지.

괴래기⃞ 고양이. 동네에 괴래기가 마이 돌아다니. 음식 찌끄레이를 대문간에 뒀디만 괴래기 다 모있다. / 고내이. 고냉이. 괴내기. 괴냉이.

괴발나무⃞ 고로쇠나무. 괴발나무에 물 받아 먹으믄 몸에 좋다 하대요.

괴비다⃞ 고이다. 땅이 꺼져갖고 물이 늘상 괴베 있어. 비만 오만 물이 괴베가 댕기는 데 마했니더. / 고이다.

괴비진지⃞ 진드기. 개의 몸에 붙어서 피를 빨아 먹는 진드기. 그 사람은 괴비진지 같으데. 개한테도 괴비진지 있으이 만지지 마래이.

괴얄띠⃞ 허리띠. 괴얄띠 안 하믄 바지가 흘러내렸사 안 돼. 괴얄띠가 넘 커서 구멍을 더 내야될다. / 허리끝네기. 허리빵. 헐끈. 헐띠. 헐띠끈. 헐바.

굉이⃞ 공연히. 굉이 그런 말을 해가 불란을 만드노. 좋으민서 굉이 싫은 척 하고 있는거잖나. / 고여이. 공여이. 개이.

구두⃞ 국자. 구두로 국 풀그레이. 국 풀라그이 구두가 안 비네.

구둘막⃞ 구들. 추분데 구둘막 놔야 안 될라? 땅을 다지고 구둘막을 놔야 방이 따시. 구둘막이 뜻뜻하이 여 앉으소. 추불텐데 구둘막에 앉으이소. / 구둘목.

구둘뻬이⃞ 구들. 구둘뻬이 널찍한 걸로 여남은 장 떠 오래. 하루 점도록 구둘뻬이 짊어지나. / 구둘장. 구둘뻬이. 구둘뻬. 구들뻬. 구들뻬기.

구들삐⃞ 구들. 구들삐 해노이 방이 절절 끓네. 구들삐에 누야 몸이 따시.

구러미⃞ 계란꾸러미. 달걀 안 깨지그러 구러미에 담아 온나. 알 나 났거든 구러미에 잘 담거래이. / 꾸러미.

-구로⃞ -게. 내 모리구로 너찌리 모할 라고 그노? 밥상 있다 치우구로 저짝 놔둬라. / 구로. 그러. 그로. 거러.

구리고사리⃞ 뱀고사리. 아직이사 산에 구리고사리는 안났을께래.

구리띠이⃞ 가마에서 깨져서 나온 돌맹이. 가마 안에 구리띠이 치와라.

-구마⃞ -ㅂ니다. 도와 줄라케도 도와 주도 못하고 미안하구마. 형제간에 그래 잘 지내이 보기 좋구마.

구무연⃞ 방패연. 구무연 맨들어갖고 연날리기 하러 가자.

구무직히다⃞ 몸이 둔하고 느리게 움직이다. 니는 누구를 닮아가 그래 구무직

히고 재바르지를 않노.

구부다 🖾 바퀴처럼 돌면서 옮겨 가다. 비가 마이 와가 산에 방구가 구부고 난리가 났니더.

구부러지다 🖾 자빠지다. 뭘 보고 걸었는데 구부러져가 무릎꼬배이를 이꼬 갈아부칬노.

구부르다 🖾 바퀴처럼 돌면서 옮겨 가다. 아재가 경운기에 짐 실고 오다가 고마 구부러서 마이 다쳤다니더.

구불추다 🖾 넘어뜨리다. 체구도 적은 사람이 그꼬 큰 사람을 구불촜다 그이 빌일이네.

구빠라지다 🖾 구르고 자빠지다. 발을 잘못 디디가 구빠라지뿌랬니더.

구수재이 🖾 나락나물과 비슷하게 생긴 나물. 구수제이는 나락나물하고 비슷해 같은 과래. 쪼빗하게 생겼는데 봄에 캐 먹었어. 구수제이하고 왈래이하고 캐 와가 나물 삼아 해 먹지.

구슬 🖾 홍역을 둘러 표현한 말. 구슬을 한다카디 개않나? 구슬을 하만 죽기도 했어. / 과거. 녹두손님. 손. 손님. 호욕. 혼진. 홍짐. 구실.

구싱구싱 🖾 구시렁구시렁. 아깨부터 구싱구싱 해샀는다. 불만이 있는동 구싱구싱 그라기만하니더.

구유 🖾 물레방아의 굴대에 달리 물을 담아서 올리는 움푹패인 도구. 구유에 물이 차면 방애가 돌아간대이.

구적 🖾 구석. 구적에 앉지 말고 이리 나오소. 보이는 데만 닦지 말고 구적까지 매매 닦그래이.

구젓 🖾 굴젓. 짐치 담글 때 구젓도 넣데. 짐치에 구젓 너으이 맛이 시원하디더. 아가 구젓을 보내 왔는데 맛 좀 보소.

구정뱅이 🖾 장사판에 물을 붙여 돈이나 물건을 얻어 쓰는 사람. 구정뱅이 그치 남한테 돈이나 얻어 쓰만 어짜노? 시장판에서 구정뱅이로 먹고 사는 사람이니더.

구지기 🖾 구석. 이 구지기 저 구지기를 함 찾아보래. 저짜 쌀푸대 좀 고방 구지기에 갖다 두래이.

구지렁거리다ᐥ 구시렁거리다. 심부름 좀 하라캤디만 구지렁거리고만 있으이. 구지렁거리믄서 언더막길을 오르네.

구지렁구지렁ᐥ 구시렁구시렁. 구지렁구지렁 그지 말고 여 와 보래이. 구지렁구지렁 먼 불만이 그꼬 많노?

구직ᐥ 구석. 방 구직에 앉지 마라.

구체ᐥ 도리. 지가 그꼬 한다그이 구체 없어 하라 그랬디더. 아부지 명령인데 우짜노. 구체 없다꼬.

구케구디ᐥ 진흙탕. 어데 댕기다가 구케구디에 빠진매이로 몰골이 왜 그렇노.

구피ᐥ 다시마. 피가 깨끗해지그러 구피 마이 무으라. 구피 따온 거 피가 말리라. / 다스마. 다시매. 타시매. 곤패. 곤피.

국개ᐥ 개흙. 국개가 얼굴에 티다. 그까지 미꾸리 잡는다꼬 온 전신에 국개칠을 해가 들어왔나. / 국캐.

국단지ᐥ 간장이나 고추장 등을 담아두는 작은 단지. 장물은 국단지에 담아 놓고 쓰지러.

국시꼬래이ᐥ 국수반죽을 밀 때 잘라내는 것. 국시꼬래이 짤라 주면 부엌에 가서 꾸면 방글방글 일라. 먹으면 바삭바삭하고 맛있어.

국해ᐥ 진흙. 미꾸라지 잡는다카디 온 데 국해칠만 해가 왔네. 국해에 빠져가 신하고 옷하고 다 배렀다. / 구에. 국개흘. 국개.

군두리ᐥ 고삐. 소가 딴 데로 갈라카만 군두리를 땡기라. 소에다 군두리 해가 나갔다 온나. / 곱삐. 꼬빼이. 꼬삐. 쾌뜨래기. 꼴빼이. 꾼지. 소고삐. 소꼬빼이. 세꼬빼이. 이까리. 이타리. 이까래. 소타리. 소이까리. 소붓줄. 코꾼지. 타래기. 꾼디이. 꼰디이.

군들ᐥ 그네. 아들이 군들 띨라. 군들 띨라만 군들줄 매야 안 되나. / 군디. 군대. 군데.

군딧줄ᐥ 그넷줄. 단오날에 큰 낭게 군딧줄 매 놓고 군디 띠고 했는데 요새는 단오에 군디 띠는 걸 못 봤어. 이전에는 군딧줄을 새끼로 맨들었지.

군정대다ᐥ 구시렁거리다. 군정대지만 말고 불만 있으만 말을 해라.

군지ᐥ 코뚜레. 소 코에 끼는 굽은 나무.

군지렁거리다[동] 깨죽거리다. 비 맞은 중매로 군지렁거리 샀지만 말고 밥 묵자. 군지렁거리기만 하지 말고 일 좀 거들어라. 자꾸 군지렁거리갖고 일을 못할다. / 구싱거리다. 구지렁거리다.

군지저분[명] 군것. 군지저분을 마이 먹으먼 입맛 없어진대이.

굳업다[형] 믿음직하다. 아가 억시 듬직하고 굳업은지 몰라.

굴[명] 담뱃잎이나 고추 등을 건조시키기 위해 만든 모든 집이나 건조기계. 고추굴. 담뱃굴.

굴다꿈하다[형] 굵다랗다. 사과가 굴다꿈한 기 맛도 좋네.

굴딴하다[형] 굵직하다. 나무 둥치가 굴딴하다.

굴판[명] 가마에 그릇을 쌓는 곳. 굴에 불 잘 들거러 굴판에 그릇을 잘 재야 된대이.

굴패[명] 큰 비로 땅 흙이 패여 나간 곳. 이번 비에 굴패가 마이 났니더.

굵다굼하다[형] 굵다랗다. 올게는 무가 굵다굼한 게 농사가 잘됐니더.

굼니다[동] 몸이나 몸의 일부를 자꾸 움직이다. 안 죽으이 계와 굼니고 사네. 몸이 아프지만 이래라도 안 굼니이 집이 매란이 없어.

굼벙[명] 수렁. 길 복판에 굼벙이 있어가 바퀴가 빠졌어.

굼불리다[동] 굴리다. 내가 위에서 굼불릴테이 니사 밑에서 잡아래이.

굼비[명] 굼벵이. 굼비매로 그래 느리터지서 우예 일을 하노. 굼비매로 꾸물거니지 말고 피따기 온나. / 굼비이. 굼베이. 굼비기.

굼티기[명] 구더기. 굼티기 그치 꿈지럭거리지 말고 온나. 장작 더미 밑에서 굼티기가 기 나와가 깜짝 놀랬니더. / 구더기. 굼베이. 굼비. 귀더기. 귀더리. 귀데기. 기더기.

굽다[동] 곯다. 학교 댕길 때 마이 아파가 한 해 굽었니더.

궁개[명] 궁궁이. 산에 있는 거는 개궁개고 집에 있는 거는 참궁개라 해. 단오날 머리에 궁개 꼽잖애.

궁개[명] 아궁이. 궁개 군불 좀 떼라.

궁구메어[명] 둥우리. 암달기 알 품는다고 궁구메어서 꼼짝 않고 있니더. 삐아리 잘 있는동 궁구메어 가 보고 온나. / 궁주리. 달가우리. 달구통. 두우리. 둥구리. 둥구메기. 둥구미. 둥기미. 둥꾸리. 둥어리. 둥에리. 둥주리. 둥지리. 드멍. 드뭉. 둥거리. 둥구메어. 달구둥어리. 달구둥지리. 달구둥치. 둥거리. 둥구메기. 둥구메어. 부동. 알통.

궁기 몡 구멍. 궁기 좀 뚫어라.

궁없다 헹 흉하다. 니사 그래 궁없게 해도 나는 니 속 다 안대이.

궉 몡 구석. 방 궉에만 있지말고 좀 나온나. 어따 뒀는동 잘 치아놨는데 이 궉 저 궉 살피봐도 찾질 못할세. / 꾸석. 구식. 구적. 구지기. 꾸껑. 꽥. 구억. 꿔억. 꾸억. 꾸역.

귀거리 몡 귀덮개. 배 끝에 나갈 때는 귀거리를 하고 나가거라.

귀망하다 헹 깐깐하다. 그 사람 성격이 귀망해서 그래 아무따나 하만 같이 일 못 한대이.

귀머리 몡 괴머리. 가락 얹을라며는 귀머리가 든든해야 되니더.

귀머리기둥 몡 괴머리기둥. 귀머리기둥이 뽈때져서 물레가 고마 쓰지를 모하게 됐니더.

귀멀 몡 괴머리. 귀멀이 병이나면 가락을 얹지를 모해.

귀채이 몡 귀지. 귀채이를 자주 파면 귀에 병난대이. 기후비개 갖고 귀채이 쫌 후비다고. / 귀챙이. 귀채.

귀티 몡 구석. 떠나야 하이 마음 한 귀티가 허전허네. 귀티에 앉지 말고 이짜로 오소.

규우 몡 거위. 곁에 있는 규우 두 마리가 누네 꺼로? 자아 가 규우 한 마리 사가 왔나. / 게사니. 게사이. 게오. 게우. 기우.

그걸싸나 뮈 그나마. 그걸싸나 나물 했다고 들고 왔나. 아가 고집이 얼매나 씬동 그걸싸나 말이라도 잘 들으면 덜하지. 그걸싸나 지가 언니라고 동생 뭐라카고 있데. 그걸싸나 먹으라고 주더라만 꼬라지보이 먹지도 못 할더라.

그걸싸나 뮈 그나마. 그것이나마. 그걸싸나 나물 했다고 들고 왔나. 아가 고집이 얼매나 씬동 그걸싸나 말이라도 잘 들으면 들하지.

그꾸 헹 그렇게. 그꾸 그이 시끄럽다하지. 좀 조용히 해라. 그기 그꾸 하고 싶나?

그단에 뮈 그 사이에. 벌써. 가마이 좀 있지 그단에 일을 저지나.

그란에도 뮈 그렇지 않아도. 그란에도 내가 전화 한 번 할라캤는데 이래 전화

하싰네요.

그래이[부] 그러하니. 니가 놀리고 그래이 가가 화를 내는 기다. 형이 그래이 동생도 따라 그러지. / 그라이께네. 그라이.

그륵시[명] 그릇. 반찬 해 놓은 거 그륵시 그륵시 담아 상을 차래라이.

그릉지[명] 그늘. 그렁지 찾아서 앉자.

그리커내[준] 그러니까. 그리커내 암말 마고 내말만 따르소.

그마이[부] 그만큼. 그마이 얘기했는데 어예 일을 그래하노.

그이[부] 근근이. 베농사 쪼매 지가 그이 먹고 사니더. 가뭄에 그이 그이 버텨 왔구만.

그적새[부] 그제야. 그때에야 비로소. 뭐라캤디만 그적새 와 가지고 말을 하대.

그지사[부] 그제야. 그때에 이르러서야 비로소. 내가 따졌디만 그지사 지가 사과를 하대.

그쿠[부] 그렇게. 그쿠 자고 또 자고 싶나? / 그케.

근대[명] 무게. 고추가 보기보다 근대가 마이 안 나가네. 근대 좀 달아 봐라. 근대가 마이 나가 비네. 올해 농사가 잘 됐나 보네.

글쩍[명] 그믐께. 음력 글쩍이 되만 길이 어둡어가 댕길 때 조심해야 된대이. 설 준비 하느라 섣달 글쩍은 늘 바쁘다.

글타나[부] 그렇다고 해서. 글타나 가가 집을 나갈라꼬. 가는 엄마 떨어져 잘 잔다카대.

긇고[부] 그렇고. 그건 긇고 자는 언제 가니껴?

긇다[형] 그렇다. 사램 사는 일이 다 글치.

금[명] 그믐. 금적께 줄테이께 돈 좀 주소. 섣달 금에 제삿상 들어 정신이 없니더.

금구[명] 금줄. 그 집 대문 금구에 고추 걸린 거 보이 아들 낳는갑네.

금날[명] 작은설, 그믐. 섣달 금날 저녁에 제사가 있어 설준비 할라만 바쁠따.

금마[명] 그 사람. 금마가 그랬다 카대. 내사 가마 있는데 금마가 자꾸 뭐라 해가 그래 싸웠니더.

금정기[명] 그믐게. 음력 그믐께 잽히는 금정기는 맛이사 별로제.

금조[명] 황포. 금조를 짜다. 금조는 맨들기가 수월찮애 구하기가 마이 힘들대이.

긍거이⓱ 간장. 긍거이 따렀나 뭔 냄새로? 싱거면 긍거이로 간 해 머어라. / 장물. 지렁.

기그름⓱ 게으름. 그래 기그름 피다가 우옐라꼬. 그꼬 기그름을 피아대만 오늘내로 마칠라. / 게그름. 께그름. 께으름.

기글베이⓱ 게으름뱅이. 기글베이 그치 손도 꼼짝 않디더. 옆에서 해 달라는 걸 다 해줬디만 기글베이가 됐네. / 게글배이. 께글배이. 께을배이.

기다꿈하다⓱ 길다랗다. 이래보고 고치가 기다꿈한 거는 골리 내라.

기대기⓱ 오줌을 담아 밭에 내는 그릇. 밭에다 오줌 낼 때는 기대기에 담아 내지.

기대기⓱ 오줌장군. 밭에다 오줌 낼 때는 기대기에 담아 내지. 기대기에 오줌 담아 내라. 밭에 가그러 기대기 갖고 온나.

기랄⓱ 계란. 아들 온다카이 기랄 좀 삶았니더. 이우제서 기랄을 조 갖고 왔다. / 달알. 계랄. 기란.

기래기⓱ 길이. 바지 기래기가 얼매나 긴동 방을 다 쓸고 다니네.

기럭지⓱ 길이. 이 바지가 기럭지가 짧아서 쪼매 이상타.

기럽다⓱ 아쉽다. 기러운 거 없이 포시랍게 자라서 고생을 몰랐니더. 자슥들도 다 시집 장개 갔으이 인지는 기러블 끼 없니더. / 기릅다.

기럽다⓱ 아쉽다. 겨울이 되니 과일이 기럽다.

기롱다⓱ 기르다. 짐승을 기롱다.

기리다⓱ 골다. 코를 얼매나 시기 기리는 동 옆에 사람이 자다가도 깜짝 놀란다니까.

기명물통⓱ 개숫물. 설거지를 하면 기명물이 생기지. 기름 묻은 거는 기명물이 많으이 따로 넣어래이. / 기물.

기묵나무⓱ 느티나무. 저 기묵나무 아래에서 좀 쉬었다 가시더.

기물시럽다⓱ 까다롭거나 기괴하다. 그냥 먹으만 될긴데 디기 기물시럽기 그네.

기불놀이⓱ 달집태우기. 정월대보름이 되마는 강빈에서 기불놀이 마이 했제.

기설⓱ 기슭. 논뚝 한 쪽 기설이 터졌다더. 앞산에 눈 내린 지 미칠이 지났는데도 안죽 기설에는 눈이 있네. / 기서리. 기설기. 기슭. 지슭. 지설기.

기시다⓱ 숨기다. 남이 모르도록 물건을 기신다.

기와집⒨ 뒷짐. 니는 어른도 아닌 아가 와 이래 기와집을 지고 있노.

기점술⒨ 귀밝이술. 깐치보름이 되면 찰밥도 묵고 기점술도 먹고 그랬제.

기지리⒨ 기저귀. 기지리를 갈아 놓으이 금방 오줌을 싸 놓디더. 아 키울라만 기지리 빠는 것도 일이라그이. / 기저구. 기조구. 기지개. 기지기. 두대기. 두디기.

기직⒨ 기척. 암만 부러도 기직이 없어 그냥 갔니더.

기집아초리⒨ 고추잠자리. 기집아초리가 색이 젤로 곱지럴.

기챈이⒨ 귀퉁이. 골목 기챈이에 있는 집이 그 집이니더.

기총⒨ 귀지. 귀가 간질한 게 기총 좀 후비야 될다.

기치기⒨ 귀이개. 귀 후비고 나 놨는데 기치기 못 봤나. 기치기 좀 갖다 도고. / 귀잠. 기개. 기체이히비개. 기호배기. 기호부개. 기후비. 기후비개. 기히비개.

기태기⒨ 뺨따귀. 가마이 있다가 기태기를 얻어맞으이 정신이 하나도 없니더. 하도 성질이 나가 기태기를 한 대 때렸뿌랬니더. / 기퉁배기. 기퉁사배기. 기때기.

기티⒨ 귀퉁이. 누가 빵을 한 쪽 기티만 먹고 놔 뒀노? 이불을 잡아 댕기디만 기티 다 타졌다. / 기서리.

기평이⒨ 지팡이. 할배요, 길 가실 때 기평이 짚고 가이소.

기피다⒨ 괴다. 논에 물이 좀 기필라그이 빼가고 해가 물이 없니더. 비만 오만 집에 물이 기피 우짜노. / 고이다. 괴비다. 체이다. 게비다. 게피다. 고피다. 괴피다.

긴날⒨ 뱀날. 긴날이 되다. 장 담글 때사 긴날은 피해야 되니더.

긴흙⒨ 진흙. 긴흙이 옷에 묻었다.

길궇다⒨ 기르다. 옛날에사 남자들은 수염을 마이 길궇고 그랬제.

길리다⒨ 긁히다. 가시에 길리면 쓰리고 아프대이. / 길궇다.

길씨⒨ 길이. 길씨가 마춘거매치로 우예 이꼬 딱 맞노. 바지가 길씨가 길어가 줄가야 될다. / 기래기. 기리. 끼리. 지래기. 지장. 질이. 찌래기. 찌리.

길이다지⒨ 어떤 물체에서 길이가 긴 방향. 이불을 길이다지로 개면 힘이 든대이.

김⒨ 개암. 김 까 무라. 김도 마이 묵으만 배 부르다. / 깨끔.

김[명] 고욤. 김낭게 감나무 접붙이지.
김국[명] 생김을 찢어 넣어 만든 냉국. 날 더운데 정심에 씨원하게 김국이나 해가 먹어야 될따.
깃때기[명] 뺨. 깃때기를 맞았다.
깃싸배기[명] 뺨. 깃싸배기를 후려 쳤다.
–까[조] -와. 개는 늑대까 안 비슷하나. 주말에 친구까 영화 봤다. / -캉.
까구숳다[동] 바꾸다. 그 집 꼬치하고 우리집 깨하고 까구숳시더.
까궇다[동] 까다. 외상진 거 까꽇고 계산하시더. 오늘 일한 걸로 어제 품값은 까궇니더.
까깨이[명] 팔짱. 젊은사람이 어른 앞에서 까깨이 끼고 있으만 보기 안 좋재.
까끄라기[명] 가시랭이. 볏단을 날랐디만 옷에 까끄라기가 다 묻었네. 옷에 붙은 까끄라기 때매 따가 죽을시더. / 가시래이. 까시래기. 끄스레기. 끄스레이. 까끄레기. 까끄레이. 꺼끄레이.
까꾸질렁하다[형] 자세나 태도가 바르지 않고 꾸부정하다. 우리 할매사 어깨가 마이 까꾸질렁하대이. / 꾸꾸당하다. 꾸꾸정하다. 꾸불렁지다. 꺼꾸정하다. 꼬꾸장하다. 꾸부리하다.
까꿉다[형] 갑하다. 니는 일을 이래 까꿉게 해가 사람 속을 태우노.
까꿉하다[형] 갑갑하다. 옷을 마이 입어 그렇나 왜이리 까꿉하노.
까끄리하다[형] 깔끄럽다. 뭔동 매끄리하지 않고 까끄리하네. 밭일 했가 그렇나 손이 까끄리해졌네. 천이 까끄리해서 까니까 따꼼하네.
까끌받다[형] 깔끔하다. 그 집 미느리사 까끌받다게 살림을 잘해.
까끌받다[형] 거칠다. 채로 쳤는데도 까끌받네.
까끔질[동] 박음질. 까끔질로 꾸매야 튼튼하지 대충 얼기설기 해 노만 연해 떨어진다.
까끼[명] 갈기. 말은 까끼를 잘 씨다듬어주만 말을 잘 들어. 말이 달릴께네 까끼가 날린다. / 갈게. 까악지. 깔기.
까드락스럽다[형] 까다롭다. 그 사람은 성질이 까드락스럽지.
까디이[명] 그루터기. 밭에 깨 비고 나먼 까디이가 많애가 댕길 때 조심해야 된대이. / 껄개.

까딩⃝명 뿌리째 뽑은 마른 그루터기. 콩 까딩 말리가 불 뗄 때 쓰먼 잘 타고 좋애.

까랍때기⃝명 가랑잎. 까랍때기는 불이 잘 붙는다.

까래비다⃝동 다른 사람이 못 되도록 욕하거나 흉보다. 남을 까래비고 댕기면 못 쓴대이. 맘에 안 든다고 까래베 쌓지 마라. / 해코지하다. 해꼬지하다. 까리비다.

까래비다⃝동 할퀴다. 살짝 까래비도 살이 파있네. 얼굴을 이래 까래비갖고 흉터 생기만 우야노. / 홀키다. 까리비다.

까랭이⃝명 잠자리. 들에 나가 보이 까랭이가 천지뻬가리네. 그래도 잡기는 쉽지 않지. / 남자리. 마래이. 앉은뱅이. 어러리. 오다리. 저리. 철구. 철개이. 철기. 철배이. 초래이. 초리. 촐랭이.

까리⃝명 물집. 까리가 나다. 먼길 다니왔디마 발꾸락에 물집이 잽혔대이.

까리비다⃝동 남이 잘되는 것을 시기하여 나쁜 말로 해치다. 남 잘 되는 기 부럽나. 왜 까리비샀노. 자네가 그 사람이 마했다고 까리비고 댕긴다메. / 해코지하다. 해꼬지하다. 까래비다.

까리비다⃝동 꼬집다. 아까 내 팔을 까리비디 멍 들었대이. 까리비갖고 따가 죽겠네. / 까래비다.

까마기⃝명 주근깨. 아 얼굴이 깨끗하디만 클수록 까마기가 나데. 얼굴에 까마기가 나가주고 엉가이 신경 쓰인대이. / 거무끼. 거문깨. 거문딱지. 까만딱지. 까무깨. 주군깨. 지기미. 까막깨. 까막끼.

까마무리하다⃝형 거무레하다. 하루 종일 땡빝에 걸었디마 얼굴이 까마무리해졌대이.

까막깐챙이⃝명 까막까치. 우리는 어예 까막깐챙이도 아인데 이래 힘이 들게 사니껴.

까막바리⃝명 반디나물. 반디나물 데쳐가 딘장 너가 무치 먹으면 향도 좋고 맛도 좋애. / 까막발. 그랑대.

까막점⃝명 기미. 우리 어매사 밭에 나가 일을 마이 해가 그런동 까막점이 많대이. / 지미.

까무슬래다㉘ 까무러치다. 너 어매 알만 까무슬랜다. 말하지 마라.
까물씨다㉘ 까무러치다. 아 사고 났다는 소식 듣디만 그 자리서 까물씨부릤다. 얼매나 울다가 고마 까물씨뿌드라. / 까무슬래다. 장가지다. 장구지다. 자물시다.
까믈하다㉘ 아득하다. 불이 희미해갖고 글씨가 까믈하다. 생각이 날 듯한데 까믈하네. / 까맣다. 까마득하다. 아덕하다. 가물하다.
까발시다㉘ 까발리다. 비밀 따위를 속속들이 들추어낸다. 그 일을 까발시면 내가 뭐가 되겠노.
까부단지㉘ 진드기. 소 등따리에 붙어 있는 까부단지 잡아라. 소가 까부단지 때매 꼬리를 가마이 두지를 않네. / 가부재기. 개비진지. 개비던지. 부던지. 비던지. 소비든지. 소빈대. 소빈지. 까부던지.
까부세다㉘ 서로 주고받을 것을 비겨 없애다. 전번일은 요번에 내가 일해 주는 걸로 까부세시더. 주고마고 할 것 없이 까부세시더. 갚고마고 할 거 뭐 있나. 이걸로 까부세지뭐.
까부세다㉘ 엇셈하다. 서로 주고받을 것을 비겨 없애다. 전번일은 요번에 내가 일해 주는 걸로 까부세시더.
까부숳다㉘ 없애다. 지난번에 빚진건 이걸로 까부수코 이제 없니더.
까분대기㉘ 진드기. 나물에 까분대기 꼈다. 까분대기매로 붙어가 떨어지지도 않네. 가지에는 원래 까분대기가 마이 낀다.
까분대기㉘ 진드기. 까분대기 꼈다. 까분대기매로 붙어가 떨어지지도 않네.
까불락거리다㉘ 방정맞게 가불거리다. 독바로 안 걷고 가불락거리며 걷다가 큰이 난대이. 오빠한테 가불락거리다가 혼난다.
까뿟하다㉘ 곤궁하고 힘들다. 가쁘다. 그 집은 먹고 사는게 까뿟하다.
까사미㉘ 가재미. 아가 까사미눈을 해 갖고 보는데 얼매나 못됐는동.
까삼㉘ 가자미. 까삼으로 전을 부친다.
까삼하다㉘ 깔끔하다. 멋지다. 옷을 그래 차려 입으이 까삼하네.
까시㉘ 된장의 꾸더기. 까시신다. 딘장 뚜껑 열어라.
까시독사㉘ 독 있는 뱀의 일종. 밭에서 까시독사에 안 물리게 조심해라.

까시래기[명] 거스러미. 손까시래기가 마이 생겨 일할 때 불편하대이. / 까시. 터시래기.

까시래이일궇다[관] 상대방이 하는 말을 그대로 받아들이지 않고 자기대로 해석해서 딴지를 걸다.

까시레이[명] 가시랭이, 풀이나 나무의 가시 부스러기. 말을 만들어 일을 만드는 것. 별 것도 아닌 것을 말을 맨들어서 까시레이 일궇는다 그래. 그냥 지나가도 될 걸 까시레이 일가서 말썽시럽게 하고 그렇지 왜.

까시쟁이[명] 가시덤불. 나무하러 갔다가 까시쟁이에 넘어져갖고 다 까졌니더.

까을그리다[동] 갈근거리다. 담배를 그꼬 피아대이 가래때매 목이 까을그리지. 어지밤에 가래때매 목에 까을그리가 잠을 못 잤니더. 지 먹을 거 다 먹어 놓고 왜 형한테 가가 까을그리고 있노. 아가 배고파가 까을그리는 거 보이 안 됐네.

까재비다[동] 뒤집다. 장난한다고 일부러 눈을 까재비고 있잖나.

까잽이다[동] 꼬집다. 동생을 까잽이면 안된데이. 아가 까잽이디만 멍이 들었네. 까재빈다 그는 걸 꼬집는다 그래.

까찐[명] 가죽신. 누나 까찐이 다 헤졌네.

까치발[명] 바디나물. 까치발이사 잎은 나물해가 먹고 뿌렁지는 약해 먹고 하지러.

까치풀[명] 도깨비바늘. 산에 갔다왔디마 온몸에 까치풀이 매란도 없대이. / 찰밥때.

까칠복상[동] 야생으로 자라는 복숭아. 까칠복상을 따가 설탕이랑 같이 오래 재났다가 먹으먼 약이 된대이.

까푸락지다[형] 가파르다. 뒷산은 디기 까푸락지다.

깍개[명] 가위. 머리 자를라그이 깍개가 안 들어가 대강 잘라뿌렀다. 깍개 갖고 와가 실 좀 잘라라. / 가새. 가시개.

깍새[명] 딱새. 깍새가 쬐매하고 이쁘지럴.

깍지[명] 갈고랑이. 안 씨는 거는 깍지에 걸어가 달아나라. 깍지로 북띠기 좀 긁어 모아라. / 갈고래이. 갈고리. 갈구라지. 갈구랑이. 갈구래이. 갈쿠리. 까꾸래이. 까꾸리. 깔꾸래이. 깔지.

깍짓간图 여물을 저장하는 곳간. 꼴 비 온거하고 짚풀떼기하고 콩깍지랑 마카 깍짓간에 모다 놨다 소죽 끼리면 좋지.

깍짜구리图 통가리. 깍짜구리 해 갖고 감자 너라.

깐나图 갓난아이. 깐나가 하도 울어갖고 탈 난 줄 알았다. 깐나를 업고 추운데 왜 나와 있노. / 깐난재이. 깐언나.

깐달지다图 성격이 까다롭다. 성질이 얼매나 깐달진동 지 마음에 들어야 한다네. 그꼬 깐달지게 그만 남들이 좋아하나.

깐대거리图 까짓것. 깐대가리 올 못 하만 낼 하만 되지. 깐대거리 신경쓸 거 없다. / 깐년. 깐년의꺼. 깐놈의꺼.

깐돌이图 인색하고 약삭빠른 사람. 저 사람 돈이 많애도 깐돌이라 좋은 소릴 듣지 못 하재.

깐얼라图 갓난아이. 우리 깐얼라 뒤꾸머리가 발갛게 까져 부랬데. 깐얼라 있는데 큰 소리로 떠들면 놀랜다. 조용해라.

깐주래기图 가지런히. 신발 좀 깐주래기 좀 해 놔라. 그릇 정리 좀 하랬디만 이꼬 깐주래기 잘 해 놨나.

깐중되다图 가지런하게 하다. 뭐든 엮을 때는 우선은 깐중되고 모지리로 없애지요.

깐중이图 길이가 짧게. 고사리 질만 깐중이 썰어갖고 볶아래이. 머리 끊으러 가거든 앞머리 좀 깐중이 끊어 달라캐라. / 깐총이.

깐중이图 가지런히. 책 좀 깐중이 못 꼽나. 텃밭에다 가지가지로 깐중이 숭가 났네. / 깐주래기. 깐초롬이. 깐초롬이. 깐추랭이.

깐질박거리다图 상대편을 놀리어 약을 올리다. 사람이 깐질박거리면서 약올리만 되나.

깐쭝하다图 가지런하다. 들쭉날쭉하지 않고 가지런하다. 책상에 책 좀 깐중하게 꼽아라.

깐채이图 까치. 손님 올라카나 아침부터 깐채이가 짖네.

깐총하다图 가지런하다. 머리를 깐총하게 묶으이 얼매나 이쁘노. 미나리 다듬어서 밑둥거지 깐총하게 잘라라. / 가주런하다. 간쭈레이하다. 깐쭝하다.

깐추렝이 🖲 가지런히. 손님 온다그디 봉당에 신발이 깐추렝이 놓있데. 메주를 깐추렝이 메달아 났네. / 깐중이. 깐주래기. 깐초롬이. 깐추룸이.

깐치나무 🖲 도깨비바늘. 깐치나무 열매 따가 던지만 옷에 가마이 붙어 있잖아. 그거 갖고 마이 놀렀다.

깐치밥 🖲 찔레나무의 열매. 가을게 깐치밥 달리먼 아덜이 그거 따 먹고 놀았제.

깐치보름 🖲 음력 정월 열 나흘날. 깐치보름이 되며는 찰밥하고 나물하고 귀밝이술하고 먹고 그랬제.

깔꾸리 🖲 검불이나 곡식 따위를 긁어모으는 데 쓰는 기구. 한쪽 끝이 우그러진 대쪽이나 철사를 부챗살 모양으로 엮어 만든다. 산에 갈비하러 가그러 깔꾸리 챙기라.

깔꾸막지다 🖲 가풀막지다. 거는 땅이 깔꾸막져서 못 쓴다. 그짜는 길이 깔꾸막져서 올라가기 힘들다 이짜로 온나. 깔꾸막진 데다가는 밭을 못 만들지.

깔꾸막지다 🖲 가풀막지다. 땅이가파르게비탈져있다. 거는 땅이 깔꾸막져서 못 쓴다.

깔끔바시 🖲 깨끗하게. 깔끔바시 잘 정리해라.

깔따분하다 🖲 일이나 상황 등이 마음대로 안 되어 마음이 답답하다. 일도 안 되고 깔따분해서 밖에 좀 나갔다가 와야 겠니더. 깔따분해서 담배만 피워대고 있니더.

깔딱요구 🖲 초요기. 배가 얼매나 고픈동 깔딱요구나 하고 하세. 깔딱요구를 해가 그런동 별로 밥생각이 없네. 깔딱요구치곤 너무 마이 먹는거 아이라. 배가 딸깍 고팠는데 깔딱요구라도 하이 낫다.

깔딱요구 🖲 초요기. 끼니를 먹기 전에 우선 시장기를 면하기 위하여 음식을 조금 먹음. 배가 얼매나 고픈동 깔딱요구나 하고 하세.

깔때질 🖲 딸꾹질. 물을 잘 못 마싰디만 깔때질 하네. 아:들은 추우만 깔때질 한다. 깔때질은 놀래키만 멈춘다.

깔때질 🖲 딸꾹질. 물을 잘 못 마싰디만 깔때질이 나네. 아:들은 추우만 깔때질 한다.

깔뜨레기圈 딸꾹질. 아 깔뜨레기한다. 이불 덮어줘라.
깔래놀이圈 공기놀이. 야들아 우리 돌주갖고 깔래놀이하자.
깔리다圈 상추 등 채소를 할 때 뿌리까지 뽑는 것이 아니라 잎만 떼어낸다. 쌈 싸 먹게 텃밭에 가서 상추 깔리 온나. 비가 와가 나물이 얼매나 잘 됐는동. 먹을 만치 깔리 가소.
깔바놓다圈 긁어놓다. 콩 타작하고 남은 콩대 깔바놓았다가 불 땔 때 쓰먼 좋대이.
깔방니圈 가랑니. 이보다 깔방니가 더 문다. 씨가리가 있는 거 그태서 머리를 히시보이 깔방니도 있데. / 갈방니.
깔방얼라圈 갓난아이. 깔방얼라 데불고 어데 갈라카노. 깔방얼라 때는 먹고 자고빼이 안 하이 수월하지. / 깐얼라. 깐언나.
깔적다圈 깔끔하다. 생김새 따위가 깔밋하고 매끈하다. 솜씨가 야물고 깔깔하다. 그 사람이 참 깔적지. 젊은 사람이 일을 얼매나 깔적게 잘 하는 동. 새댁이가 손이 야무져서 깔적게 한다고 소문났잖니껴.
깜둥나락圈 검은색 벼. 올게는 깜둥나락 농사를 쪼매 했니더. / 흑미.
깜디圈 깜부기. 올개는 버리에 깜디가 마이 졌다. 와 얼굴이 깜디 그치 까맣노. / 깐디기. 깜배기. 깜비기.
깜바구圈 깜부기. 우짜노, 논에 나가보이 나락에 깜바구가 마이 비네. / 까무지. 깜북.
깜질받다圈 품새가 빈틈이 없고 맵차다. 자는 하는 일마당 일처리가 깜질받고 영글대이.
깡圈 국자 위에 설탕을 뿌려 불에 녹인 후에 소다를 넣어서 먹는 과자. 아덜이 깡을 맹글어 먹는다꼬 국자을 다 태워 먹었뿟댔대이. / 달고나.
깡총하다圈 길이가 짧다. 나물을 깡총하게 다듬고.
깨갈받다圈 게으르다. 깨갈받게 바서 딩굴지만 말고 일 좀 거들어래이. 이래 깨갈받아서야 어데 쓰겠노. / 게을받다.
깨구랭이圈 개구리. 논에서 깨구래이가 한 마리 띠 나와가 깜짝 놀랬잖나. 밤에 나가만 깨구래이가 얼매나 요란시리 우는동. / 깨구락지. 깨구리. 깨구래.

깨구리 [명] 찹쌀가루를 반죽하여 볶은 콩가루에 꿀을 버무린 소를 넣은 다음 끓는 물에 삶아 깨가루를 묻힌 떡. 깨구리사 손이 마이 가지만 맨들어 먹으만 참 맛나지럴.

깨굼돌 [명] 망. 얼라 때 깨굼돌 차며 사방치기 참 마이 하고 놀았대이.

깨글받다 [형] 게으르다. 깨글받그러 하루종일 암꾸도 안 한다. 깨글받아갖고는 안죽도 자나. / 게그르다. 게을받다. 기글받다. 낄하다. 깨갈받다. 깨을받다.

깨금 [명] 깻묵. 깨 짜고 나온 깨금으로 걸금을 하면 참 좋니더. / 깨찌끼.

깨금 [명] 소꿉놀이. 깨금 살자.

깨금 [명] 외다리로 뛰는 행위. 깨금질.

깨깔스럽다 [형] 까다롭다. 깨깔스러운 사람 비위 맞차 살라만 여간 고상이 아니라. 깨깔스럽그러 그냥 가만 될 거를 꼭 탈을 잡아야겄나. / 까탈시럽다. 깐다랍다. 깐달지다. 꾀까랍다. 꾀까달스럽다.

깨깡시럽다 [형] 새삼스럽다. 깨깡시리 밥 돌라카지 마라. 깨깡시리 다 지난 일은 왜 또 말을 꺼내노. 깨깡시리 인제 그캐봐야 소용없다.

깨깡시럽다 [형] 새삼스럽다. 하지 않던 일을 이제 와서 하는 것이 보기에 두드러진 데가 있다. 깨깡시리 밥 돌라카지 마라. 깨깡시리 다 지난 일은 왜 또 말을 꺼내노.

깨꿓다 [동] 깨우다. 아를 얼른 깨까서 밥 믹여 학교 보내야 된대이.

깨끄랍다 [형] 가파르다. 계단이 마이 깨끄랍고 높으이 잘 보고 딛으소.

깨끄지 [부] 깨끗이. 방 좀 깨끄지 닦아라.

깨끌밧다 [형] 가파르다. 언덕이 마이 깨끌밧아가 올라가기가 을매나 힘든동 몰따.

깨끌새 [명] 꾀꼬리. 뒷산에 깨끌새가 우는 소리는 들리는데 깨끌새는 안 보이데. 깨끌새 그튼 목소리로 노래를 부르이 인기가 많애.

깨동나무 [명] 개암나무. 깨동나무 열매 말리 놨다가 부럼으로 깨물고 그랬제.

깨두이 [명] 나무 베고 난 후 썩은 그루터기. 나무를 벴디만 깨두이가 됐네.

깨드랑그리다 [동] 가드락거리다. 조금 거만스럽게 잘난 체하며 자꾸 버릇없이 굴다. 자꾸 깨드랑그리이 누가 좋아하나. 이장한다고 깨드랑그리지 좀 마래.

깨뚝까리 뚜깔. 봄에 산에 가가 깨뚝까리를 어린 잎 꺾어가 나물해가 먹었니더. / 개미치.

깨리다 뜯어내다. 겨울게 방이 안 따시가 구들을 깨리고 다시 놔야 될시더.

깨묵 개암. 가을게 산에 가가 밤도 따고 깨묵도 따고 했니더.

깨묵그치 함부로. 니는 말을 우예 깨묵그치 하노. 깨묵그치 그지 말고 밥이나 먹어라.

깨바구 꾀보. 얼라가 우에 그래 깨바구맨키로 영그노.

깨방치다 훼방놓다. 자는 심술보가 있는동 남 하는 일을 그양 못 보고 저래 깨방치고 그란대이. 남의 일에 깨방치지 마라.

깨보시이 깨소금. 볶은 참깨에 소금을 치고 빻아 만든 양념. 나물 무치고 깨보시이 뿌리라.

깨어리 깨강정. 명절에 묵을라꼬 깨어리 쫌 맨들어 놨지러.

깨주매기 보리등겨를 발효시킨 덩어리. 딩겨장 맹글 때 깨주매기를 말리가 빻아가 썼제.

깨지매기 누룩. 집에서 술 담글라카먼 깨지매기를 잘 띠워야제.

깨쪼배기 깻단을 묶어 넉 단씩 서로 맞물리도록 세워 둔 것. 날 좋을 때 깨쪼배기를 세워 말리가 깨 타작해야 될따. 올 날씨가 조으이 깨쪼배기좀 세와라.

깨팔자 팔자가 편한 상태. 깨팔자네. 놀러도 다 다니고.

깰받다 게으르다. 행동이 느리고 움직이거나 일하기를 싫어하는 성미나 버릇이 있다. 아가 와 그리 깰받노. 원채 깰받아서 일 하는 걸 저꼬 싫어하네.

깽깨이 꽹과리. 푸꾸먹고 놀 때 깽깨이가 빠지면 안 되지러. / 깽매기, 깽개미, 깽매, 매구.

깽깨이 시끄럽고 수다스러운 사람. 깽깨이그치 얼마나 말이 많은 동. 쓸데없이 말만 많고 깽깨이라. 그 사람은 깽깨이매로 말만 하데.

깽메 꽹과리. 풍물놀이 할 때사 깽메가 맨앞에 서지러. / 깽매기. 깽개미. 깽깨이. 매구.

깽상거리다 깽상거리고. 깽상거리서. 상대편을 놀리며 약을 올리다. 자꾸 앞에서 깽상거리니까 화를 더 내잖나.

깽새[명] 꽹과리. 깽새 치고 한번 노시더. 깽새가 제일 앞에서 치만 북하고 장구하고 징하고 따라 오잖나. / 깽가리. 깽깨이. 깽마구. 깽매. 깽이. 껭게미. 매구.

깽하다[형] 진하다, 깨끗하다. 연필 좀 깽한 것 없나? 안경을 끼니깐 좀 깽하게 보인다.

꺼꾸지[명] 지렁이. 우예 꺼꾸지 기 가는 거 그치 써 놨노. 꺼꾸지도 밟으만 꿈틀거린다고. / 꺼시이. 꺼깨이. 껄깨이. 끌깨이. 지래이. 꺼꾸리.

꺼끄렁베[명] 품질이 안 좋은 거친 베. 꺼끄렁베는 꺼끌한 기 별로 안 좋으께네 따로 모다 놔라.

꺼끄리하다[형] 깔끄럽다. 매끄럽지 못하고 깔깔하거나 까칠까칠하다. 뭔 옷인데 옷이 매끄리하지 못하고 꺼끄리하노.

꺼끄리하다[형] 매끄럽지 못하고 깔깔하거나 까칠까칠하다. 뭔 옷인데 옷이 매끄리하지 못하고 꺼끄리하노. 손이 막 갈라지고 해서 만지면 손이 꺼끄리해. 옷에 뭐 묻었나. 왜 이꼬 까끄리하노.

꺼먼자새[명] 검은자위. 얼라가 꺼먼자새가 반짝반짝하이 참말로 영글어 보인대이.

꺼먼자새[명] 눈동자. 아랫집 손자는 눈에 꺼먼자새가 유달리 많테.

꺼멍[명] 그을음. 초가 안 조아가 끄으름이 올라온다. 꺼멍이 끼 갖고 천장이 시커멓다. / 꺼림. 꺼램. 꺼멍. 꺼스름. 꺼시램. 끄지름.

꺼무리하다[형] 약간 검은 기운이 있다. 감주를 할 때 꺼무리하이 수가 있어.

꺼뭉[명] 검댕. 손에 꺼뭉 무치가 얼굴에 바르는 장난을 마이 하니더. 굼불 때는 데 있다 꺼뭉 묻는다. 절로 가거라. / 꺼멍.

꺼부래지다[동] 꺼꾸러지다. 자아 갔다가 고마 꺼부래져서 다쳤다카니더. 띠가다 고마 돌에 걸리 꺼부래졌다. / 자빠지다.

꺼부지지[명] 검불. 꺼부지지 긁어 모아가 불 붙일 때 쓰면 좋애.

꺼시기[명] 지렁이. 꺼시기 나온다. 비가 오만 꺼시기가 마이 나오잖애. 꺼시기 밟아가 죽을다.

꺼시기[명] 지렁이. 꺼시기 나온다. 비가 오만 꺼시기가 마이 나오잖애.

꺼시렁[명] 거스러미. 손에 꺼시렁 난 걸 띠만 따갑다. 손에 꺼시렁이 나가 신경 쓰인다. / 까끄래기. 까끄래이. 까시. 까시래기. 까치래기. 꺼끄래기. 꺼치래기.

꺼언하다[형] 꺼림칙하다. 큰일 앞두고 우째 이리 맴이 꺼언하고 편치를 않노.

꺼죽하다[형] 모습이나 행동이 모자란 듯하고 바보 같은 데가 있다. 사람이 언가이 꺼죽해 비네. 사람 하는 짓이 꺼죽하이 하는 기 영 별로데. 꺼죽해 비면 대접 못 받는데이.

꺼죽하다[형] 바보스럽다. 모습이나 행동이 모자란 듯하고 바보 같은 데가 있다. 사람이 언가이 꺼죽해 비네.

꺼줗다[동] 꺼뜨리다. 연탄을 고마 안 갈아가 불을 꺼줗뿠대이.

꺼지럼[명] 그을음. 난로에 꺼지럼이 마이 난대이. 꺼지럼 때매 냄비가 새까매졌다.

꺼추리하다[형] 껄떡하다. 눈꺼풀이 힘없이 열려 있고 눈알이 푹 들어가 있다. 일이 마이 힘드나. 얼굴이 마이 꺼추리해 비네. 전에는 밥도 못 먹은 사람처럼 꺼추리해 다니디만 요새는 좀 사람같네. / 꺼치리하다. 꺼칠하다.

꺼치[명] 거적. 물건을 덮을 수 있게 짚으로 엮어 자리처럼 만든 물건. 얼지 않도록 꺼치로 배추를 덮었다.

꺼치럽다[형] 거칠다. 손이 꺼치럽어가 옷에 자꾸 꺼실린다. 장갑을 안 끼고 설거지를 했디만 손이 꺼치럽어졌다. / 거치다. 까끄랍다. 꺼꾸럽다. 꺼꺼럽다.

꺽저구[명] 볼락. 입맛이 없으이 꺽저구 사다 꾸 묵자. 꺽저구가 생긴 거는 못생기도 맛은 개않다.

껀숯[명] 뜬숯. 고기 꾸버먹거러 껀숯이 있는 동 찾아보소.

껄깨이[명] 지렁이. 뭔 글시를 껄깨이 기 가는 거 그치 써 놨노.

껄때기[명] 탈곡을 끝내고 남은, 잎을 제외한 나머지 부분. 콩 타작하고 남은 껄때기사 불쏘시개로도 쓰니더.

껄티기[명] 말꼬리. 남의 말 껄티기 잡아서 말한다.

껌푸애기[명] 검부러기. 옷에 껌푸애기가 묻었는동 따가 일을 못 할다. 껌푸애기를 묻히오이 방을 치아도 소용없어. / 검부세이. 껌부락지.

껍띠 몡 껍질. 과일이사 껍띠까지 먹으면 좋제. 콩 껍띠 벗겨야 될다.

껍지 몡 살갗에서 저절로 일어나는 꺼풀. 볕에 나가 일했디만 살이 타가 껍지가 벗겨지니더.

껍칠 몡 껍데기. 강냉이 껍칠 벳기가 삶아래이. 이불 빨그러 껍칠 벳기가 내 나라. / 껍데이. 껍디기. 껍디이. 깝지. 껍주리. 껍지. 껍찔.

껑뚱거리다 동 설치다. 자는 한 곳에 점잖게 못 있고 저래 설치고 다닌대이.

께두기 몡 그루터기. 다리 아픈데 께두기에 앉아 쉬 가시더. 께두기 가 삐죽해 가 넘어지만 다친대이.

께엘받다 형 게으르다. 사람이 바지런해야지 께엘받아서는 못 쓴데이.

꼬개이 몡 고쟁이. 얼매나 급했는동 꼬개이만 입고 나왔네. 누가 오만 우옐라 고 꼬개이 바람으로 돌아댕기노. / 꼬장주우. 고재이.

꼬까 몡 색깔이 있는 구슬. 머슴아들은 꼬까 갖고 맞차가 따먹기하고 놀았어. 알록달록하이 해빛에 있으만 꼬까가 더 이쁘네. / 구설. 구쓸. 구씰.

꼬까리 몡 우산나물. 봄에 꼬까리를 꺾어 된장에 쌈 싸 먹으먼 향긋하이 좋애.

꼬깨미 몡 도깨비. 밤에 혼자 길 가만 고깨미가 나타나가 사람들한테 해꼬지 한다고 못 댕기그러 했어.

꼬깽이 몡 마늘종. 꼬깽이로 반찬을 만들다.

꼬꾸랑하다 형 꼬꿀랑하다. 꼬부래진 모양을 말한다. 꼬부래진 모양을 해바라 기 꼬부래진 게 꼬꾸랑하다고 해.

꼬꾸래미 몡 꽁치를 반쯤 말린 것. 과메기라고도 한다. 꼬꾸래미 사다가 반찬 해 먹어야 될따.

꼬꾸장하다 형 꼬부장하다. 소가지가 못돼갖고 안죽도 꼬꾸장해 있는 거 보 래. / 꼬구랑하다. 꼬꾸랑하다. 꾸불렁지다. 꾸꾸당하다. 꾸꾸정하다.

꼬꿀랑하다 형 꼬부랑하다. 허리를 그래 꼬꿀랑하이 해가 있으이 키가 안 크 지. 허리를 꼬꿀랑하게 해가 고치를 따이 허리가 마이 아프지. / 꼬꾸랑하 다. 꼬끄랑하다. 꼬구랑하다.

꼬꿀시다 동 꼬부리다. 말을 못하이 손가락을 꼬꿀시가 알게주대. 철사를 꼬꿀시 갖고 맥힌 데를 쑤싰디만 뚤리디더. / 꼬구리다. 꼬굴시다.

꼬끄래미[명] 양미리. 겨울에 꼬끄래미 꾸 먹으면 맛있대이.

꼬다[동] 성나다. 니 보고 싶은 거 안 봤다고 꼬나? 꼰다고 맘대로 하만 되나. / 썽나다. 꼴다.

꼬다리[명] 꼬투리. 부모 몰래 지 하고 시픈 거 하다가 결국 꼬다리 잽혔다카대.

꼬도박[명] 조롱박. 물바가치 하그러 꼬도박 갖고 온나. 꼬도박 잘라 속 파낸 거 갖고 온나. / 골지름. 도롱박. 돌박. 조그랭이박. 쫑글박. 쫑구리. 고두박.

꼬두메[명] 산골. 꼬두메사 전기도 수도도 안 들어와가 사는 기 불편치.

꼬두바리[명] 꼴찌. 달리기 하다 넘어져가 꼬두바리 했니더. / 꼬두바리. 꼬바리. 꼬지. 꼬라배기. 꼬말. 꼬바리. 꼬베이. 꼬비. 꼬두배이. 꼬드배이. 꼰땡이. 꼼바래이. 꼰디. 꼰딩이. 꼬바래이. 꼼배이. 꼼빼이. 꼼삐. 꼬뱅이. 꼬빙이. 꼼삐이. 꼰디이. 끄티.

꼬드깽이[명] 씀바귀. 고들빼기. 꼬드깽이를 무치만 쌉싸름하데이.

꼬드께[명] 고들빼기. 꼬드께나물.

꼬드랍다[형] 까다롭다. 난은 기르기가 꼬드랍어. 성질이 원캉 꼬드랍어 노으이 사람들이 안 어울릴라 그지. / 까치랍다. 까탈시럽다. 깐다랍다. 꼬꾸랍다.

꼬들께[명] 씀바귀. 고들빼기. 꼬들께 하러 가세. / 꼬들치

꼬들치[명] 고들빼기. 꼬들치 캐가 김치 담가 먹으만 쌉싸리한 게 입맛 돋는대이. / 꼬들께

꼬디[명] 고둥. 냇가에 까만 꼬디가 많애가 한 바가치는 금방 주우. 꼬디 주우가 대번 국 끼리만 된대이. / 골베이. 골부리.

꼬라배기[명] 꼴찌. 달리기만 했다카만 꼬라배기 한다네. / 꼬말. 꼬바리. 꼬베이. 꼬비. 꼬두바리. 꼬두배이. 꼬드배이. 꼰땡이. 꼼바래이. 꼰디. 꼰딩이. 꼬바래이. 꼼배이. 꼼빼이. 꼼삐. 꼬뱅이. 꼬빙이. 꼼삐이. 꼰디이. 끄티.

꼬랑쟁이[명] 꼬락서니. 비에 젖은 꼬랑쟁이 좀 봐라. 해 댕이기는 꼬랑쟁이 하고는.

꼬리하다[형] 음흉하다. 그래 꼬리하게 웃는 거 보이 뭔가 꿍꿍이가 있는 갑다.

꼬마디[명] 꼬마둥이. 시집을 와 보이 신랑이라카니가 꼬마디래. 어린 아가 꼬

마디래도 야무지대이. / 쪼매이. 꼬마이.

꼬말 [명] 꼴찌. 공부를 그꼬 안 하이 맨날 꼬말 아이라. 달리기를 하도 못해 꼬말인 줄 알았디만 꼬말은 아이네. / 꼬라배기. 꼬바리. 꼬베이. 꼬비. 꼬두바리. 꼬두배이. 꼬드배이. 꼰땡이. 꼼바래이. 꼰디. 꼰딩이. 꼬바래이. 꼼배이. 꼼빼이. 꼼삐. 꼬뱅이. 꼬빙이. 꼼삐이. 꼰디이. 끄티.

꼬바리 [명] 꼴찌. 니는 옛날에 뜀박질만 하면 맨날 꼬바리였다. / 꼬라배기. 꼬말. 꼬베이. 꼬비. 꼬두바리. 꼬두배이. 꼬드배이. 꼰땡이. 꼼바래이. 꼰디. 꼰딩이. 꼬바래이. 꼼배이. 꼼빼이. 꼼삐. 꼬뱅이. 꼬빙이. 꼼삐이. 꼰디이. 끄티.

꼬박다 [동] 처박다. 자전거 타고 가다가 고랑에 꼬박아서 이가 뿌러졌다네. 장롱에다가 꼬박아 두고 몰래 꺼내다가 들킸부렀대이. 그 양반 어젯밤에 술 드시고 집에 오다 논에 꼬박힜다카디 괜찮다니껴? 나무를 한 짐 해가 와서 꼬박아 놓고는 어데 갔는동 없다.

꼬발 [명] 꿩의다리. 꼬발이 잎사구 줄기 모도 물에 울가 먹니더.

꼬방시다 [형] 고소하다. 남 안 되는 기 그꼬 꼬방시나? / 꼬시랍다.

꼬베이 [명] 꼴찌. 달리기만 하만 꼬베이라. / 꼬라배기. 꼬말. 꼬바리. 꼬비. 꼬두바리. 꼬두배이. 꼬드배이. 꼰땡이. 꼼바래이. 꼰디. 꼰딩이. 꼬바래이. 꼼배이. 꼼빼이. 꼼삐. 꼬뱅이. 꼬빙이. 꼼삐이. 꼰디이. 끄티.

꼬부랍다 [형] 까다롭다. 사람이 얼매나 꼬부랍게 그는동 쪼매만 봐 주만 될 낀데 안 봐 주대.

꼬부질랑하다 [형] 고부장하다. 마음이 조금 틀어져 있다. 꼬부질랑하게 있지 말고 마음 풀거래이. 허리가 꼬부질랑한 노인이 지패이 짚고 가디더. / 꼬꾸랑하다. 꼬꾸장하다. 꾸꾸당하다. 꼬부장하다.

꼬숳다 [동] 꾀다. 자가 저래 달콤한 말로 남을 꼬숳는 데는 일등이대이.

꼬시락머리 [명] 곱슬머리. 고불고불하게 말려 있는 머리털. 또는 그런 머리털을 가진 사람. 끝이 오부리한 거 보이 꼬시락머리인가 보네. / 꼬시매. 꼴또시.

꼬시랍다 [동] 고소하다. 그꼬 잘난 체를 하디만 꼬시랍다. / 꼬방시다.

꼬시매 [명] 곱슬머리. 머리가 꼬시매래노이 암만 빗을라캐도 차분하게 안 되네. / 꼬시락머리. 꼴또시.

꼬시메머리㈱ 고수머리. 심한 꼬시메머리 손질하기가 쉽지 않대이.

꼬시메재이㈱ 곱슬머리를 가진 사람. 꼬시메재이는 고집이 세다는 말이 있는데 꼭 그렇지는 않지럴.

꼬시키다㈱ 꾀이다. 할매들이 선물 준다는 말에 꼬시키 갖고 약을 마이 사왔쟎니껴.

꼬이장㈱ 고추장. 매운탕 끓일 때사 꼬이장을 좀 풀어야제 얼큰한 기 좋대이. / 꼬장. 꼬치장.

꼬작빼기㈱ 고집쟁이. 저 꼬작빼기 보래. 지 고집대로 해야 직성이 풀리지. 자아는 누굴 닮아 가지고 저꼬 꼬작빼기로? 꼬작빼기매로 얼매나 고집이 씬동.

꼬장케이㈱ 고챙이. 꼬치가 많이 달리가 휘지드라. 꼬장케이로 세와 나라. 빼짝 말라가 꼬장케이 같드라. / 꼬징개이. 꼬재이.

꼬재비다㈱ 꼬집다. 손톱이 길어 갖고 꼬재비만 얼매나 아프다고.

꼬지㈱ 꼴찌. 니는 우예 쪼춤바리할 때마다 꼬지로. 일등 좀 해라. 지름 짜는 데 사람이 얼매나 많은동 우리가 꼬지래가 마이 늦었다. / 꼬두바리. 꼬드배이. / 꼬라배기. 꼬말. 꼬바리. 꼬베이. 꼬드배이. 꼰땡이. 꼼바래이. 꼰디. 꼰딩이. 꼬바래이. 꼼배이. 꼼뼁이. 꼼삐. 꼬뱅이. 꼬빙이. 꼼뻬이. 꼰디이. 끄티.

꼬지꼭다리㈱ 고추꼭지. 꼬치 빨라만 꼬지 꼭다리를 잘 따야 한대이.

꼬지락비㈱ 장대비. 각중에 꼬지락비가 쏟아지는 바람에 옷 다 베렸다.

꼬직이㈱ 똑바로. 어느 쪽으로도 기울지 않고 곧게. 장대가 삐딱해졌드라. 꼬직이 세와 나라. 꼬꾸장하게 있지 말고 꼬직이 서 있어라.

꼬치갈기㈱ 고춧가루. 이번에는 꼬치갈기를 매운 걸 좀 섞었디만 김치가 마이 맵네. 꼬치갈기를 빠야 김장을 할 긴데 꼬치 따듬을 시가이 없네. / 꼬치가리. 꼬치갈.

꼬치초리㈱ 고추잠자리. 고치는 안 따고 꼬치초리 잡으러만 댕기나? 올개는 꼬치초리가 마이 날라댕기네. / 꼬치남자리. 꼬치잠자리. 꼬치철개이.

꼬칫대㈱ 으아리. 꼬칫대를 꺾어가 데쳐가 무치 먹고 그랬니더.

꼭닥시럽다㈱ 성격이 까다롭다. 그 사람은 꼭닥시러버서 같이 일하기가 힘들어.

꼭닥시리㈜ 어쩔 수 없이. 그꼬 달라는데 꼭닥시리 내놓을 수밖에 없지. 꼭닥시리 그걸 우예 안 내놓나. 꼭닥시리 동생 다 해 줬다.

꼭두배기㈱ 산봉우리. 산에 올라갈 때는 힘들어도 꼭두배기에 서 있으만 속이 시원하잖네. 해 뜨는 거 볼라만 꼭두배기까지 올라가만 돼. / 마랭이. 매봉우리. 봉두리. 산만데이. 산만디기. 산말레이. 산봉두리.

꼭자리㈱ 꼭지. 잎이나 열매가 가지에 달려 있게 하는 짧은 줄기. 곶감은 감꼭자리에 실을 엮어 갖고 매달아가 말룫지.

꼭지㈱ 여자아이가 태어날 경우, 남자 아이를 낳으려고 여자아이를 부르는 말. 남동생 볼라만 꼭지라 불러야 한다캐가 집에서는 꼭지로 불러. 자를 꼭지라 캐라. 그래야 아들 논다. / 종말이.

꼭지사개㈱ 크기가 작은 버치. 장독 두벵이 할라머는 버지기도 좋고 꼭지사개도 좋대이.

꼰두기㈱ 고누. 어릴 때 금을 긋고 꼰두기를 마이 했지러.

꼰드랍다㈱ 중심이 잘 안잡혀서 넘어질까 위태하다. 얼라가 걷는 기 꼰드랍대이.

꼰디㈱ 번데기. 꼰디를 우예 먹노. 이전에 누에를 마이 미길 때는 꼰디가 많애가 아무데서나 꼰디를 팔았는데 요새는 잘 없데. / 뻔디기. 분디기. 꼰데기. 꼰디기.

꼰땡이㈱ 꼴찌. 달리다 고마 넘어져가 꼰땡이 했다. 살필 거 안 살필 거 다 보고 가이 꼰땡이 하지. / 꼬두바리. 꼬두배이. 꼬바리. 꼼바래이. 꼬지. 꼰디. 꼰딩이. 꼬라배기. 꼬말. 꼬베이. 꼬드배이. 꼬바래이. 꼼빼이. 꼼뺑이. 꼼뻬. 꼬뱅이. 꼬빙이. 꼼뻬이. 꼰디이. 끄티.

꼰질창㈱ 큰창자. 얼라가 이것저것 아무거나 주워 먹디 꼰질창에 탈이 났는 동 배가 아프다고 야단이대이.

꼰치㈱ 가래떡. 설이 되면 방깐에 가 꼰치 빼 와가 꾸덕꾸덕할 때 썰어가 떡국 끓이 먹고 그랬제. / 골비. 골미.

꼴깍질㈱ 딸꾹질. 꼴깍질 날 때 찬물 먹으만 금새 그친대이. / 깔딱질.

꼴깨미[명] 호미. 소쿠리하고 꼴깨미 한 자리하고 가주 가가 쑥 해 온나. 꼬치 밭 매그러 꼴깨미 가 온나.

꼴꾸레이[명] 소죽을 저을 때 사용하는 도구. 소죽 젓게 소죽 꼴꾸레이 갖고 온나.

꼴다[형] 굳다. 송편 빚을 때 반죽이 꼴 수 있으께네 비니루 덮어 놔라. 인지는 몸이 꼴아 허리 굽히는 것도 힘들다.

꼴또바리[명] 고두머리. 도리깨 짝대이 묶었는 거를 우애다가 감아갖고 구영에 찡궇는 거 있어. 그게 꼴또바리를 찡가 갖고 해.

꼴또시[명] 곱슬머리. 옛말에 꼴또시는 고집이 세다는 말이 있재. / 꼬시락머리. 꼬시매.

꼴뚜[명] 도리깨 장대에 달린 것으로 도리깨 회초리가 돌아가게 하는 연결 고리. 도리깨 장치에 손가락그치 궁글 뚫어 가지고 꼴뚜해서 꼴뚜에 도리깨 이퍼리 찡가. 꼴뚜가 고장이 났나 도리깨가 잘 안 돌아가네. 꼴뚜에 도리깨 찡가라.

꼴무기[명] 꼴뚜기. 어물전 망신은 꼴무기가 시갠다 안카나. 자아 가거든 꼴무기 마룬 것 좀 사오소. / 꼴띠기.

꼴방생이[명] 꼬락서니. 어데 있다 왔는동 꼴방생이가 가관이대이. / 꼬라지. 꼬랙세이. 꼴새.

꼴방쥐[명] 생쥐. 방에 꼴방쥐가 들어 와가 놀랬대이. 올개는 밤이 마카 꼴방쥐 마한 거 뿌이네.

꼴새[명] 꼬락서니. 그 꼴새로 어데 갈라카노? 꼴새를 보이 빼짝 말라 갖고는 매란도 없어. / 꼬라지. 꼬랙세이. 꼴방생이.

꼴술[명] 꽃술. 버리가 호박꽃에 가디만 꼴술에 앉았네. 화전할 때 꼴술은 두고 꽃이파리만으로 하그래이. / 꼰눌. 꽃수실. 꽃수염. 꽃쑤이.

꼴시럽다[형] 꼴사납다. 가마이 보고 있자니 니 나대는 꼴이 꼴시럽워가 못 볼따.

꼴치기[명] 골마지. 고이장에 꼴치기 낀 거 들어내그래이. 장뚜깨 열어 놓는 걸 이자뿌리 갖고 고마 꼴치기가 하얗게 끼다. / 골개이. 골때기. 꼬까지. 꼴까지. 꼴때기.

꼴티[명] 궁벽한 시골. 여는 차도 안 댕기는 거 보이 꼴티는 꼴티대이. / 묏골.

꼼바래이🏷 꼴찌. 올개도 꼼바래이 했나? 우예 달렸다카만 꼼바래이로. / 꼬라배기. 꼬말. 꼬바리. 꼬베이. 꼬지. 꼬두바리. 꼬두배이. 꼬드배이. 꼰땡이. 꼰디. 꼰딩이. 꼬바래이. 꼼뺑이. 꼼삐. 꼼바래이. 꼬뱅이. 꼬빙이. 꼼삐이. 꼰디이. 끄티.

꼼배이🏷 꼴찌. 달리기만 하만 꼼배이라. / 꼬라배기. 꼬말. 꼬바리. 꼬베이. 꼬지. 꼬두바리. 꼬두배이. 꼬드배이. 꼰땡이. 꼼바래이. 꼰디. 꼰딩이. 꼬바래이. 꼼뺑이. 꼼삐. 꼬뱅이. 꼬빙이. 꼼삐이. 꼰디이. 끄티.

꼼비먹다🏷 호미씻이하다. 농사일 끝나며는 동네 사람들이 모이가 꼼비먹고 놀았니더. / 나다리. 마당떼기. 망울지섬. 시무거리. 품꾼먹이. 초연. 초염먹다. 초염먹이. 푸꾸. 푸꾸래. 풀꾸. 함추. 서리치묵다. 솜모둠먹다. 푸꾸먹다. 푸굿먹는다. 푸꾸매기하다. 초염먹다. 히추먹다. 히추하다.

꼼뺑이🏷 꼴찌. 밥을 하도 천처이 묵으이 늘상 꼼뺑이로 묵는다. 이번 시험도 꼼뺑이라. / 꼬두바리. 꼬두배이. 꼬바리. 꼰디. 꼬지. 꼼바래이. 꼼배이.

꼼삐🏷 꼴찌. 내가 꼼삐로 왔는갑네. 맨날 달렸다카만 꼼삐밖에 모하나. / 꼬두바리. 꼬두배이. 꼬바리. 꼬배이. 꼰디. 꼼바래이. 꼬지. 꼬라배기. 꼬말. 꼬베이. 꼬드배이. 꼰땡이. 꼰딩이. 꼬바래이. 꼼뺑이. 꼬뱅이. 꼬빙이. 꼼삐이. 꼰디이. 끄티.

꼼사우🏷 곰팡이. 벽에 꼼사우 피가 얼룩졌네.

꼽사🏷 곱사등이. 꼽사맨크로 등 좀 굽히지 마라. / 꼽세.

꼽삼다🏷 삼다. 삼을 꼽삼아야 길게 이어지지. 짚을 꼬아가 짚신을 꼽삼아래이. / 꼽비비다.

꼽세🏷 곱사등이. 꼽세맨크로 굽히지 말고 등 좀 펴라. / 꼽사.

꼽재이🏷 아주 적음. 선날 꼽재이만큼 줘 놓고 유세부리기는 내가 꼽재만큼 갖고 놀다 줄게. 동생한테 과자 좀 주라캤더만 꼽재이만큼 뜯어 주대. 뭐 줄라캐 놓고 선날 꼽재이 주더라.

꼽쟁이🏷 곱절. 게우 뒤 꼽쟁이 남가 나 놓고는 생색내지기는. 올개는 나락이 작년보담 꼽쟁이는 되네. / 꼽재기.

꽃배이🏷 달팽이. 비가 와가 근동 꽃배이가 나왔대이. 우물가 돌틈 새 꽃배이가 붙어 있드라. / 할망고리이. 할매고동이. 널패이. 늘팽이. 달피이. 달파이. 덜패이. 들피. 털패이.느글팽이. 널팽이. 단둥이. 달팡이. 달패. 동바리. 무당. 문디골베이. 아마고디. 하마고둥이. 할마고등이. 달팡구리. 댄댄무시. 댄댄이모시. 문둥골뱅이. 하마고지. 하매.

꽁갱이[명] 오금. 오래 앉아 있었디만 꽁갱이를 못 펼따.

꽁다대기[명] 꼬랑이. 나물 다듬을 때 꽁다대기는 떼야 된대이.

꽁대기[명] 꽁지. 무꾸는 꽁대기를 따로 놔래이. 참외 서리 갔다가 주인한테 다글키 갖고 꽁대기 빠지게 도망갔드라. / 꽁다대기. 꽁댜대이. 꽁대이.

꽁치다[동] 혼동하다. 몰랬는 게 아이고 꽁쳐서 그랬다.

꽁타리[명] 사마귀. 손가락에 꽁타리 났다. / 사마구. 사매구. 사망구. 항굴레.

꽃[명] 찰벼를 튀겨 낸 것. 유과 만들라카먼 꽃을 만들어가 무치야 된대이.

꽃나물[명] 약모밀. 뱃속에 있는 껄께이 잡을라카먼 꽃나물 캐가 따리 먹으먼 좋대이.

꽃다대[명] 십자화과의 두해살이풀. 숭년이 들며는 꽃다대도 잎을 따가 먹었어여.

꽃망아리[명] 꽃망울. 날이 마이 풀랐는동 꽃망아리가 맺힜네. 어제만 해도 꽃망아리 가 고대로 있디만 오늘 보이 꽃이 피네. / 꽃매주미. 꽃맹아리. 꽃몽우리. 꽃미아리.

꽃매주미[명] 꽃망울. 물을 미칠 안 줘가 꽃매주미가 떨어져 삐랐네. 꽃이 필라는갑다. 꽃매주미가 맺힜네. / 꽃맹아리. 꽃몽우리. 꽃미아리. 꽃망아리. 꽃매주미.

꽤때미[명] 까끄라기. 타작하는 거 거들었디만 옷에 꽤때미가 항거 묻었네.

꾀조[명] 꾀쟁이. 꾀가 많은 사람. 아가 얼매나 영악한동 꾀조래 꾀조. 저 꾀조 보래. 지가 해 놓고 야단 맞을까 봐 가마이 있는 거 봐라. / 꾀배기. 꼬조배기.

꾀조배기[명] 꾀쟁이. 일을 안 할라고 꾀만 살살 부리는 기 꾀조배기라. 꾀조배기 그치 말하는 기 얼매나 영근동. / 꾀조. 꾀배기.

꾸구름쌀[명] 주름살. 우리 어매 얼굴에 꾸구름쌀이 이래 마이 생깄다. 이마에 꾸그름쌀을 보이 고상을 마이 했는갑다. / 주륵살. 쭈구럭살. 쭈굴살. 쭈글살. 쭈룸살. 꾸그럭살.

꾸구리다 图 꾸부러뜨리다. 꾸구리만 뿔개질지 모르이께네 조심해래이. 짝대이가 안 드가만 꾸구리 갖고 너어라. / 꾸불시다. 꾸불치다. 꾸부리다. 꾸불리다.

꾸그럭살 圀 주름살. 옷으께네 꾸그럭살이 잽히네. 자네도 나이 드이 얼굴에 꾸그럭살이 생깄네. / 쭈굴살. 쭈글살. 주륵살. 쭈룸살. 쭈그럭살. 꾸그름살.

꾸껑 圀 구석. 한짜 꾸껑에 가 있거라. 저쪼 꾸껑가 숨어라. / 꾸께. 구적. 구지기. 꾸석. 꾸세이. 꾸억. 꾸역.

꾸께 圀 구석. 정신없이 그지 말고 한짜 꾸께 가 있거라. / 꾸껑. 구적. 구지기. 꾸석. 꾸세이. 꾸억. 꾸역.

꾸꾸정하다 图 꾸부정하다. 아가 키가 커 갖고 꾸꾸정하게 해 갖고 다닌다. 꾸꾸정하게 앉지 말고 똑바로 앉아라. / 꾸꾸당하다. 꾸불렁지다. 꺼꾸정하다. 꼬꾸장하다. 까구질렁하다. 꾸부리하다.

꾸덕살 圀 굳은살. 일을 얼매나 했는동 손에 꾸덕살이 다 배깄네.

꾸룸하다 图 구름이 많이 끼어 날씨가 흐리다. 날씨가 꾸룸해서 빨래 널어도 안 마를따. 비 올라카나 날씨가 꾸룸하네. 꾸룸한 거 보이 뭔따나 올라나 보다. / 꿀무리하다.

꾸물떡꾸물떡 圀 꿈틀꿈틀. 미꾸라지가 꾸물떡꾸물떡 그리디만 이제 가마이 있네. 아 글씨 좀 봐래이. 지레이가 꾸물떡꾸물떡 기 가는 것 그치 써 났대이. / 꾸물럭꾸물럭. 꾸물턱꾸물턱.

꾸부리하다 图 꾸부정하다. 나이 먹으께 자꾸 허리가 꾸부리해진대이. / 까구질렁하다. 꾸꾸당하다. 꾸불렁지다. 꺼꾸정하다. 꼬꾸장하다. 꾸부리하다.

꾸부질렁하다 图 구부렁하다. 길이 꾸부질렁해가 다니기가 수월찮대이.

꾸불치다 图 꾸부러뜨리다. 굼불 좀 지필라믄 산에서 해 온 삭다리 꾸불쳐 너만 된다. 철사가 가늘어가 근동 꾸불치이께네 끈키뿐다. / 꾸부리다. 꾸불시다.

꾸세이 圀 구석. 청소 했다카디 꾸세이에 먼지 좀 봐라. 꾸세이에 처박아 둔 게 뭐로? / 구적. 구지기. 꾸석. 꾸억. 꾸역. 꾸껑. 꾸께.

꾸역 圀 구석. 물건을 넣을라 캐도 빈 꾸역이 없네. 양말 벗어가 꾸역에 놔 두지 마라. / 구적. 구지기. 꾸석. 꾸세이. 꾸억. 꾸껑. 꾸께.

꾸지럼휑 꾸중. 아버지께 꾸지럼 들었대이.

꾸직찌그리하다휑 구지레하다. 살림이라고는 꾸직찌그리한 거밖에 없노.

꿀꿀하다휑 기분이나 어떤 일의 상태가 좋지 않다. 날이 흐려가 그런동 기분이 꿀꿀한 기 영 기운이 안 난대이.

꿀다래미휑 귀뚜라미. 밤에 꿀다래미 소리때매 잠 못 잤니더. 꿀다래미가 우는 거 보이 갈인갑다. / 끼뚜라미. 끼뚜래미. 꿀뚜래미.

꿀뚜래미휑 귀뚜라미. 꿀뚜래미 우는 거 보이 갈기네. / 끼뚜라미. 끼뚜래미. 꿀다래미.

꿀뚜름하다휑 마음이 동하다. 아까는 가기 싫다 그디만 선물 준다 그이 꿀뚜름한가 보지.

꿀러바치다휑 일러바치다. 남의 잘못 따위를 다른 사람에게 알리다. 아들한테 자꾸 꿀러바치쌌대.

꿀리다휑 얼음판이나 물건 등에 올라타서 눌려 흔들리게 하다. 나뭇짐을 꿀려야 많이 뮺지.

꿀무리하다휑 구름이 많이 끼고 흐리다. 아적부터 꿀무리하디 곧 비가 쏟아질따. 오늘은 꿀무리해서 고추도 안 마를따. 비 올라카나 날씨가 꿀무리해지네. / 꾸룸하다.

끗빼기휑 구두쇠. 끗빼기처럼 돈 쓰는 걸 못 봤네.

끄나까리휑 끈. 고추작대이 뮺그러 끄나까리 갖고 온나. 짐을 끄나까리로 단다이 뮺어라. / 끄나파리. 끄나푸리. 끄나풀. 내기. 끄내끼. 끈가리. 끈다리. 끈타리. 끈테기. 꿍가리. 꺼내끼. 끼내끼.

-끄네- -니까. 우리집 아가 이따 저녁 나불에 갈 테끄네 부탁한 거 맡겨 주소.

끄떼이휑 자치기. 어릴 때사 끄떼이 마이 하고 놀았니더. / 자재기. 마데이.

끄래기휑 부리망. 소를 부릴 때에 소가 곡식이나 풀을 뜯어 먹지 못하게 하려고 소의 주둥이에 씌우는 물건. 밭 갈 때 소 끄래기 해야 안 그러만 소가 풀 뜯어 먹을라꼬 일이 안 된다.

끄러피다휑 긁히다. 벌초 갔다가 까시덤풀 있는 데로 가서 다 끄러팼다. / 끄질리다. 끝치다.

끄심개 圀 베를 맬 때, 실을 켕기는 기구. 어여 비 매거러 끄심개로 갖다 놓거래이.

끄지름 圀 그을음. 아궁이에 끄지름이 생겼다.

끄직다 동 끌다. 신발을 그케 끄직고 다니만 금방 닳는대이.

끄질다 동 그을다. 불에 옷을 따 끄지렀다.

끄질리다 동 그을리다. 점두룩 밖에서 놀디만 얼굴이 쌔카맣게 끄질렀네. / 끄러피다. 끝치다.

끄질리다 동 긁히다. 산에 나무하러 갔다오디만 온 데 다 끄질리 왔네.

끄징게 圀 번지. 끄징게로 논 팬하게 고라야 돼. 그고 나서 모 숭구잖나.

끄트메기 圀 끄트머리. 동네 끄트메기에 서낭당이 있디더. / 끄타리. 끄터리. 끄테기. 끄트마리. 끄트막. 끄트매기. 끄트매이. 끄트배기. 끈트매이. 끈트머리. 끝다리. 끄티. 끈티.

끄티 圀 꼴찌. 우리 아들은 우예 달렸다카만 끄티로 들어 오노. 인자 끄티만 하지 말고 일등 좀 해라. / 꼬두바리. 꼬바리. 꼬뱅이. 꼬빙이. 꼬지. 꼰디이. 꼼삐이. 꼬말. 꼬베이. 꼬비. 꼬두배이. 꼬드배이. 꼰땡이. 꼼바래이. 꼰디. 꼰딩이. 꼬바래이. 꼼배이. 꼼뺑이. 꼼삐.

끄티 圀 끄트머리. 마루 앞을 때는 끄티 앉지 마그래이. 끄티 남은 배차는 니가 뽑아라. / 끄타리. 끄터리. 끄테기. 끄트마리. 끄트막. 끄트매기. 끄트매이. 끄트배기. 끈트매이. 끈트머리. 끝다리. 끈티. 끄트메기.

-끈 젭 -껏. 이적끈 밥 안 먹고 머 했노. / -끔. -끗.

끈기 圀 끈. 고추 다 담았으만 끈기로 짜매라. 꼬추때궁 끈기 갖고 무까라. / 끄나까리. 끄네끼. 끄나파리. 끄나풀. 끈가리. 끈다리. 끈타리. 끈다리.

끈다리 圀 끈. 고추나무 묶거러 끈다리 좀 가온나. / 끄나까리. 끄네끼. 끄나파리. 끄나풀. 끈가리. 끈다리. 끈타리. 끈기.

끈지벅하다 혱 끈질기다. 하기 싫다는데도 저꼬 따라 댕기민서 조르네. 끈지벅하기는.

끊어좋다 동 끊어지게 하다. 짐을 너무 많이 묶어가 줄을 끊어좋대이.

끌강낭 圀 수확 후 남은 마른 옥수수 줄기. 강냉이 따고 남은 끌강낭 잘 말리가 불 땔 때 쓰먼 좋지럴.

끌개[명] 고무래. 나락 히시 놓그러 끌개 갖고 온나. 벅에 재 끌개로 끄러 갖고 걸금티에 갖다 놔라. / 밀개.

끌떡붓[명] 몽당붓. 끌떡붓이래가 근동 글씨가 잘 안 쓰인다.

끌떼기[명] 그루터기. 이짜 끌떼기 뽑아가 깨 찔 자리 맨들어라. 깨 비고 나만 다닐 때 끌떼기 조심하래이. / 끌테기. 끌티기. 끌티이. 끌띠기. 끌띠.

끌룽다[동] 끄르다. 보자기 묶을 적에 끌룽기 쉽게 단디 묶어야 된대이.

끌치다[동] 긁히다. 긁다의 피동형. 산에 갔다가 나뭇가지에 끌쳤다. 어데 갔는데 이꼬 끌쳤노? 고추밭에 고추 따러 갔다디만 이꼬 끌치 갖고 왔나. / 끄러피다. 끄질리다. 끌치다.

끎다[동] 끓다. 감기에 걸렸는동 가래가 끎고 기침도 마이 난다. 바랗고 섰다가 국이 끎고 하만 불 꺼래이.

끝달갱이[명] 성대. 성댓과의 바닷물고기. 끝달갱이 사다 찌개 끓이야 될다. 끝달갱이는 지느러미가 화려해.

끝바라미[명] 부스럼. 끝바라미 나을라는동 근지러버워 못 살따.

끝사리[명] 끝물. 고추도 이젠 끝사리시더.

끼[명] 꾀. 그래 끼 부리다가는 혼난대이. 끼가 말짱한 기 우는 척 하는 거 봐라. / 께.

끼깔맞다[형] 성품이나 일에 호흡이 맞다. 자들 둘이는 늘상 저래 끼깔맞게 붙어 다닌대이.

끼꼬래이[명] 꾀꼬리. 산에 가만 끼꼬래이 소리가 들리. 목소리가 끼꼬래이 같네. / 끼꼬리.

끼꾸룸하다[형] 꺼림칙하다. 그런 소리를 들으이 괜히 끼꾸룸하네.

끼꿈하다[형] 몸을 씻지 않아 간지럽다. 목욕을 안했더니 몸이 끼꿈하다.

끼리다[동] 포대기나 이불 따위를 말다. 아 운다. 포대기 끼리라.

끼리미[명] 액막이 방법의 하나. 짚을 추려서 양쪽을 묶고 그 안에 밥과 반찬을 넣어 사람들이 많이 다니는 길에 던진다. 집에 안 좋은 일이 자꾸 생기면 끼리미를 해가 액맥이를 하기도 했지러. / 양밥.

끼미장몡 소고기를 잘게 다져서 물과 간장을 넣고 끓인 음식. 떡국 먹을 때 양념한 끼미장 끓이가 얹어 먹으면 맛이 좋대이. / 꾸미장.

끼버들다동 게염나다. 형한테 신을 사 줬디만 끼버드나 보네.

끼처입다동 껴입다. 올 날씨가 대단하이더. 옷을 이꼬 끼처입었는데도 춥네. 옷을 끼처입고 우데 가노? / 끼입다. 더깨입다.

낄하다형 게으르다. 안죽도 안 일어나믄 우야노. 낄해빠져 갖고 머가 될라 그라노. 이꼬 낄해노이 일이 되나.

낏거리몡 끼니때를 메울 먹을거리. 먹을 것도 없는데 낏거리가 어디 있니껴.

낑구다동 끼우다. 단추도 못 낑구는 아한테 혼자 옷 입으라 하만 입나. 지 맘대로 할라그이 낑가 주나. 문 좀 낑가 달라고 했디만 안죽도 안 해 놨네. / 낑궇다.

낑궇다동 끼우다. 찬바람 안 들어오거러 구멍에 뭐 좀 낑가야 될따. / 낑구다.

-ㄴ나에 -너라. 이리 나온나. 퍼뜩 갔다 온나.

-ㄴ동에 -ㄴ지. 가가 요새 잘 슬픈동 표정이 영 더두버.

-ㄴ중에 -지. 가는중 알았디만 안 가데? 차 소리가 나가 퍼뜩 왔디만 안죽 안 왔네.

나근나근하다형 연하다. 햇보리밥 금방 해서 먹으면 나근나근하고 베리베리하고 그랬어.

나나놓다동 내려놓다. 장봐 오다가 너무 덥워가 낭게 그늘게 짐 나나놓고 쉬어 왔니더. 보따리는 나나놓고 이것 좀 먹어라.

나다리몡 호미씻이. 여름에 농사 끝나며는 집집마당 음석해가 나다리하고 그랬지럴. / 마당떼기. 망울지섬. 시무거리. 품꾼먹이. 초연. 초염먹다. 초염먹이. 푸꾸. 푸꾸래. 풀꾸. 함추. 꼼비먹다. 서리치묵다. 솜모둠먹다. 푸꾸먹다. 푸굿먹는다. 푸꾸매기하다. 초염먹다. 히추먹다. 히추하다.

나드레상어몡 곱상어의 어린 새끼. 나드레상어는 살이 연해가 회로 먹으면 참말 맛있대이.

나락끌팅몡 벼의 그루터기. 논에서 장난치다가 나락끌팅에 걸리가 넘어졌다.

나락나물몡 벼룩이자리. 나락나물로 넣고 딘장 끓이며는 맛이사 몰래도 먹을 만은 하니더.

나락등게[명] 등겨. 굼불 널 때 나락등게 쪼매 너라. 나락 찔 때 나락등게도 담아 달라캐라. / 덩게. 등게. 딩기. 덩거리.

나락바리[명] 타작을 하고 난 뒤 볏단을 실어 나르는 통나무배. 나락바리 없어진 지는 꽤 됐어. 그 전에는 나락바리, 소바리가 있었는데. 강 건너에 농사지을 때는 나락바리에 나락 싣고 모국하러 갔지.

나락벼까리[명] 낟가리. 나락벼까리에 올라갔다 널찌만 큰일난대이. 논마다 타작 끝내고 나락벼까리 재이 논 거 보이 풍연인갑다. / 나락가래. 나락가리. 벳가리. 나락빼까리.

나락저[명] 왕겨. 나락저 다 밭에 뿌리라. 밤은 나락저 속에 넣으만 벌레가 안 생기. / 나락쭉찌기. 내구미게. 새겨. 새째. 왕지. 나락겨.

나락쭉대기[명] 왕겨. 나락농사 지도 나락쭉대기마 남네. 소마구에 나락쭉대기 갖다 뿌리라. / 나락겨. 나락저. 내구미게. 새겨. 새째. 왕지.

나락훌끼[명] 벼훑이. 나락훌끼 가 온나. 나락훌끼로 나락 훑어가 말래. / 나락찝개. 베훌께. 베훌끼. 찍개. 찝깨. 호리개. 홀깨. 홀끼. 나락훌깨.

나래기[명] 날개. 참새가 나래기를 다쳤는동 날지를 못 해. 큰 새가 나래기를 쫙 피고 날아가는 거 보만 좋아. / 날감지. 나래미. 날래. 날쎄기. 달개. 날래기. 나래기. 날가지. 날감지.

나래미[명] 날개. 공작새가 나래미를 쫙 피만 엉가이 이쁘지. 새가 나래미를 펴고 휙 날아가드라. / 나래기. 날가지. 날래. 날래기. 달개. 날감지.

나리[동] 나누다. 올해 농사진 것도 딸네들 아들네들 집집마다 나려 주고 남아 나는 것도 없니더. 동네 잔치 한다고 집집마다 얼매씩 나린다카던데. 얼매씩 나리는동. 떡 조금 해가 동네 나리 주고 나이 한 접시 남네. 실을 감을 때 얼른 못 감으만 이래이래 바구니다가 살살 나리놔. / 논갈리다. 농갈리다. 분추다. 짜갈리다.

나마니[명] 나마이. 나이가 많은 사람. 노인. 일철에는 나마니도 다 바빠. 나마니라고 이꼬 대접을 해 주네.

나모랭이[명] 놀. 나모랭이 질 때면 온 세상이 빨갛게 된대이. 집에 오는데 나모랭이 지는 걸 보이 이쁘데. / 나불. 널. 누리. 뽈세. 나구리. 나모리. 나오리. 나오래이. 나울. 나우리. 나오랭이.

나모리 몡 놀. 서쪽 하늘에 나모리 서머 비가 온다캐. 새복그치 나가서 나모리 질 때꺼정 일을 해도 다 못 끝냈다. / 널. 누리. 뽈세. 나구리. 나모랭이. 나오랭이. 나오리. 나우리. 나울. 나불.

나무가부리 몡 홍어. 나무가부리가 귀한 음식이래. 나무가부리는 삭카 무야 더 맛있대이. / 호어.

나무비게 몡 목침. 여름에 나무비게를 비만 시원해가 잠이 잘 와. 할베 주무시게 나무비게 갖다 드리라. / 목치미. 몽치미. 몽침. 디침. 먹띠기. 복침. 태치미. 티치미. 티침. 태침.

나바리 몡 농약을 칠 때 약이 분사되는 부분에 매다는 나팔 모양의 플라스틱으로 만든 기구. 농약 칠 때 나바리를 달아야 딴 데로 약이 안 퍼지제.

나박짐치 몡 나박김치. 무가 맛있쓰면 나박나박하게 썰어가 미나리, 파 넣고 나박짐치 담가 먹으먼 맛있지러.

나발 몡 아가리. 그륵 나발이 깨진 건 본대 쓰는 게 아이대이.

나배다 동 뒤지다. 들추거나 파 헤치다. 땅을 그꼬 나배고 있노. 일하라캤디만 흙만 나배고 있네.

나벵이 몡 나비. 나벵이 잡는다고 채 맨들디만 잡았나? 요새는 나벵이가 날아 댕기는 기 잘 안 보이. / 나부. 나후. 나뱅이.

나부닥불 몡 잿불. 나부닥불에 밤 구 먹고 고구마 구 먹고 했지.

나부락 몡 무슨 일에 더불어 일어나는 기세. 저래 야단스럽게 나대는 나부락에 정신이 하나도 없니더.

나부리 몡 물결. 여게 거랑은 물이 나부리가 하도 처사아 궤기는 함바리도 몬 잡았어.

나부손 몡 눈썹대. 베틀 나부손에 줄을 걸고 잉앳대를 된대이.

나불에 몡 바람에. 니가 소리지르는 나불에 나와 뿌랬어.

나생이 꽃 필 때 친정 가지 마라 몡 냉이꽃이 필 때는 보릿고개라서 식량이 곤란할 때라 설령 친정엘 가더라도 서로 입장만 난처하니 가서는 안 된다. 먹고 살기 어려블 때 봄만 되만 나생이 꽃 필 때 친정 가지 마라 했대이.

나수리다 图 지나간 일이나 사건을 끄집어 내 곱씹다. 지나간 일을 와 자꾸 나수리고 그카노.

나숳다 图 낮게 하다. 고뿔쫌 나숳고 나오지 그러노.

나이 图 개(個). 오이냉국 해 먹거러 텃밭에 가가 오이 서너 나이만 따 와래이.

나잘일 图 나절 단위로 하는 일. 나잘일을 했디 벌써 저녁때가 다 됐니더.

나장물 图 소금을 덜 넣은 간장. 나장물에 양님 해 가 따순 밥에 김 꾸가 싸 먹으먼 별미제.

나후 图 나비. 사람이 죽으먼 나후가 된다 카더라. / 나부. 나뱅이. 나벵이.

낙 图 놀이에서 선 밖으로 나가서 무효가 되는 것. 사방치기 할 때 납작돌이 낙이 안되거러 잘 차야 된대이.

낙엽솔 图 잎갈나무. 겨울게 불쏘시개 할라꼬 늦가게 아덜이 마른 낙엽솔 마이 해가 놓았지.

난다리 图 흠이 난 과일이나 채소. 어젯밤에 우박이 내리서 난다리가 마이 생깄니더.

난다이 图 제멋대로 구는 사람. 자는 난다이매치로 저래 고집을 부린대이.

난대나무 图 초피나무. 난대나무 열매 빠가 미꾸리탕 끓일 때 너만 비린내 안 나지럴.

난뎃사람 图 뜨내기. 이 동네에는 언제부텀인지 난댓사람이 마이 들어와 산데이. / 난지사람.

난디 图 분디. 물고기로 국 끓일 때 비린내 덜 나거러 난디 가리 넣어 먹으먼 좋대이. / 난도. 난두.

난제 图 나중에. 난제 만나시더. 난제 후회하지 말고 열시미 해래이. / 낭제. 낭주.

날감지 图 날개. 날감지 그튼 옷을 입고 어데 가노. 까치가 날감지를 퍼득거리며 날아가데. / 나래기. 나래미. 날래. 날래기. 달개. 날가지.

날개미 图 날개가 달린 개미. 날개미가 저래 날아다닌대이.

날개미 图 비가 오려고 할 때 나타나는 징후. 비가 올라는 동 날개미가 난대이.

날꼬지 图 송곳. 날꼬지로 찔러 보래. 날꼬지 갖고 구멍 쫌 내라. / 솟굿. 송곱.

송곳.

날나리[부] 가지런히. 가지런하게. 고추 말룽게 날나리 피 놔라.

날등[명] 능선. 산 탈 때 날등 따라 가면 된데이.

날땅콩[명] 삶거나 볶지 않은 땅콩. 날땅콩이사 껍질 까가 그냥 먹어도 되지만 꿉어가 먹으먼 더 맛있지럴.

날물[명] 끓이지 아니한 생수나 빗물 따위의 물. 술독이나 장단지에 날물 들어가만 안되이 단디 조심하새이.

날상이[명] 날틀. 비 짤 적에 날상이로 실을 뽑아 낸대이.

날샘하다[형] 때에 맞지 않게 기온이 낮다. 날이 날샘하이 그런 동 왜 이래 춥노.

날수[명] 곡식을 타작해서 나는 수확량. 올해는 벼 날수가 형편없네.

날오리[명] 피륙이나 그물을 짤 때, 세로 방향으로 놓인 실. 씨오리하고 날오리가 만나야 비가 되니더. / 날올.

날올[명] 피륙이나 그물을 짤 때, 세로 방향으로 놓인 실. 날올이가 바디에 들어가며는 이제 새가 결정이 나여. / 날오리.

날콩갉[명] 생콩을 빻아서 만든 가루. 날콩갉을 국수 밀 때 반죽에 너가 국수 끓이 먹으먼 맛이 구수하이 좋제.

날파래기[명] 날파리. 여름에 풀섶에 가만 날파리가 막 달겨든대이.

남구다[동] 남기다. 음식을 쪼매 남가 놔래이.

남기[명] 나무. 감 따러 남게 올라갔다 떨어져가 다리를 다쳤니더. 산에 남기 많으만 선하지.

남사람[명] 놉. 사과 농사를 마이 지가 사과 딸 적에 남사람을 사가 써야 될씨더. 올해도 이우제 남사람해야 될따.

남창남창[부] 넘실넘실. 바람이 부이 파도가 남창남창하네.

남파리[명] 손잡이가 없는 아주 작은 단지. 금방 쓸 양님은 남파리에 담아 놓고 먹제.

납닥모래기[명] 크기가 작은 뚝배기. 곰탕 끓이가 납닥모래기에 담아가 먹으먼 다 먹을 때꺼정 뜨끈한 게 좋애.

납닥바리[명] 개호주. 납닥바리라캐도 조심해래이. 산에 납닥바리 한 마리 못 봤다. / 갈가지. 개오지. 개호지.

납실납실하다[형] 반죽을 밀어서 얇게 썰어 가늘고 납작하다. 국수 가락이 납실납실한 기 참 맛나니더.

납작방어[명] 잿방어. 납작방어 잡을라카다 낚시줄만 끊어졌대이. 납작방어는 가을게 먹어야지.

납작보다[동] 업신여기다. 날 납작보고 하는 소리지. 사람을 납작보고 그렇게 하면 안 되지. 날 납작보느라고 그런 소리 하는 거 아이라.

납작빠리[명] 살쾡이. 산에 가만 납짝빠리 만낸다. 납짝빠리 때매 달글 풀어 놓지를 못하네.

납쪼래기[명] 납줄갱이. 납쪼래기랑 잡어 너가 매운탕 끓이면 맛있니더. / 납조래기.

낫새[명] 나이. 낫새가 들어가 우예 그래 행동하노.

낭개[명] 호박. 낭개 갖고 죽 끼리야 될다. 낭개 썰어 말라라.

낮촣다[동] 낮추다. 골방에 드갈 때 몸을 낮촣고 들어가야 된대이.

낯보[명] 멱목(幎目). 소렴(小殮)할 때 낯보로 얼굴을 싸지러.

낯선어마이[명] 의붓어미. 낯선어마이가 전처딸을 끄꼬 고생시키는 이야기도 있대이. 낯선어마이 눈치보느라 밥도 지대로 못 먹는다카대. / 기모. 다시애미. 다신어마이. 으붓어매. 다신엄마. 새어매.

낯설이[명] 낯가림. 얼라가 낯설이를 한다.

낱[명] 쯤. 이따가 울집에 와가 콩이나 한 되 낱 가져가소.

내구미게[명] 왕겨. 마구에 내구미개 좀 뿌리라. / 나락겨. 나락져. 나락쭉대기. 새겨. 새째. 왕지.

내깡[명] 내. 가물어가 내깡에 물이 다 말랐네. 내깡에서 뺄가벗고 같이 놀던 친구시더. / 거랑. 냇가.

내노리[명] 겉옷. 밖에 나갈 때사 내노리를 걸쳐야제.

내다[동] 키우다. 질금 쫌 내지 그러노. 제사가 얼마 안 남았는데 빨리 콩질금 내야 될다.

내다서다[동] 물러서다. 있던 자리에서 뒤나 옆으로 비켜서다. 냄비가 디기 뜨거운데 딜라. 내다서라. 바짝 매달려 있지 말고 좀 내다서라.

내다지[명] 바깥쪽. 흙 묻은 물건을 방에 둘르면 우예노. 내다지에 놔둬야지.

내다지[부] 내내. 아들네 온다고 내다지 삽짝걸에 나와 섰네요. 내다지 밖에 나가 사는 편이라.

내두룩[부] 줄곧. 적까지 내두룩 깨를 졌디만 억시 디네.

내둘[부] 처음부터 끝까지 계속해서. 가을게 장마매이로 이래 비가 내둘 오노.

내뤃다[동] 내리다. 안즉 짐을 내뤃지 마이소.

내리놀다[동] 자신보다 아래 또래의 사람들과 어울리거나 놀다. 아가 순해가 동생들과 잘 내리논대이.

내미락[명] 낭떠러지. 저짜 내미락에서 떨어지만 위험하이 그쪽으로는 가지마래이. 영.

내부랍다[형] 맵다. 고춧가루를 을매나 넣는동 김치가 을매나 내부라분줄 몰따.

내새미[명] 가자미. 내새미 사가 찌지 먹으만 맛있어.

내애미[명] 냄새. 타는 내애미가 마이 난대이. 거름 내애미가 코에 뱄네.

내졸기다[동] 내달리다. 뭐 그리 급해가 마구 내졸기노.

내품[명] 내색. 가는 좋은 일도 그고 싫은 일도 모도 내품을 안하이 속을 몰씨더.

낵[명] 뿐. 시기는 대로 할 낵이지. 잔치를 하만 돈 들 낵이지.

낸드레미[명] 맨드라미. 기지떡 위에 낸드레미도 올리고 했어. / 기지. 달구베실. 달구벼슬. 달구비실. 만도라기. 만다래미. 민들레미. 베시. 벳꽃. 변두.

낸장[감] 젠장. 이런 낸장. 일이 와 이래 되는 기 없노. 낸장. 확 다 치워 뿌랬으만 좋을따.

낸장맞일[감] 젠장맞을. 낸장맞일 이번에사 일이 다 글렀니대이.

낸중[명] 얼마의 시간이 지난 뒤. 궁금해도 쫌만 참으며는 내가 낸중에 다 이애기 해 주꺼러.

낼바다보다[동] 넘어다보다. 방에 앉아서 뭘 그꼬 낼바다보고 있능교?

냉타랑[명] 찬방. 방에 불 안 넣었나. 왜 이꼬 냉타랑이로? 냉타랑으로 해 놓고 있노. 불 좀 너라. 그 방은 불을 안 넣어 갖고 냉타랑이시더.

너가지[명] 잔가지. 과실 낭구사 너가지를 쳐 내야 과실이 올케 달리니더.

너래[명] 너럭바위. 거랑에 서답하머는 너래에 빨레를 널어가 말룽니더.

너래기[명] 옹기로 만든 큰 그릇. 버지기보다 큰 게 너래기지. 너래기에 쌀 담아 놨니더.

너르차다[형] 너그럽고 크다. 인심도 후하고 속도 너르차서 동네 사람들이 다 좋다카지.

너리기[명] 장독뚜껑. 너리기로 장독을 덮어래이.

너부래지다[형] 긴장했던 마음이 풀어지다. 큰일 다 끝내고 나이 이래 너부래진 대이.

너불메기[명] 늘메기. 율모기. 너불메기는 독이 없어. 들에 갔디만 너불메기가 지나가대. / 너불래기.

너불뱀이[명] 물뱀. 저게 거랑에 너불뱀이가 있어가 시껍했니더.

너얼찌다[동] 떨어지다. 산에 꿀밤이 너얼쪄가 개락이디더.

너푸다[동] 어떤 일에 생각 없이 나서거나 끼어들다. 다른 사람의 일에 와 그리 너푸고 야단이로.

넉다구리[명] 너구리. 넉다구리가 내리와가 밭을 다 파제끼 났다. 그 사람 넉다구리 그테. 속을 알 수가 없어.

넉동뱅이[명] 넉동내기. 윷 넉동뱅이 해가 지는 핀이 술 한 잔 내시더.

넉바리[명] 느림보. 움직임이 굼뜨고 느린 사람. 자는 넉바리매이로 행동이 얼마나 굼뜬지. 뭐 좀 시킸디만 넉바리라 이꼬 느리네.

넌달래[명] 철쭉. 이 동네 산이사 봄이 되만 넌달래가 지천으로 피제.

넌치리[명] 넌출. 넌치리가 밭을 다 덮었뿌랬다. 넌치리가 늘어져 어설푸이. / 넌칠게이.

널[명] 넋. 널 놓고 있으만 우짜노. 널이라도 있으만 꿈에라도 한번 와 보소. / 넉. 넝. 얼.

널개다[동] 늘이다. 끈을 더 널개라. 짜를깨네 더 널개라. 바지길이 늘개라. / 늘궁다. 늘쿻다.

널궁다[동] 넓히다. 방이 좁아가 널궁는다. 그 집에는 땅 널궁는다꼬 흙을 그꼬 파헤치 놨대. 마을 들어가는 입구가 마이 솔디만 길을 널가노이 신작로가 됐네.

널딴하다ⓗ 평평하게 넓다. 고추 말루게 널딴한 판대기 갖고 온나. 마당이 널딴한 기 좋네.

널러리ⓗ 넓게. 방이 넓어서 널러리 누도 될다.

널미ⓐ 워워. 가마이 있으라. 널미. 소가 삐딱하게 밭을 가노? / 널미. 오미미. 워어미.

널바다보다ⓗ 내려다보다. 산꼭두배이에 올라가면 온 동네를 널바다볼 수 있대이.

널쫗다ⓗ 떨어뜨리다. 널쫗지 말고 조심해서 잘 들고 가래이. 감 딴 거 들고 가다 널쫗디만 다 터졌네. / 늘궁다. 늘쿵다.

널찌다ⓗ 떨어지다. 물건이 널찌니 조심해라.

널치ⓗ 넌더리. 그 말이사 널치가 나도록 마이 들었니더.

널치나다ⓗ 몸살이 나다. 김장을 혼자 다 하디만 널치났는가 보네.

널쿻다ⓗ 늘리다. 알뜰히 살디만 저래 살림을 널쿻대이. / 널롷다.

널쿻다ⓗ 넓히다. 열심히 개간해서 산간 밭을 널궁다니더.

넓적전ⓗ 오지그릇이나 질그릇의 넓적한 모양의 아가리. 그륵이 크고 아가리가 넓적전이면 음석 담고 꺼내기 편치. / 둥글전.

넘겨좋다ⓗ 넘겨주다. 니는 니 물건을 왜 남한테 그래 헐값에 넘겨좋고 그러노?

넘궁다ⓗ 넘기다. 목감기에 걸맀는동 침 넘궁는 것도 힘들대이. / 넝구치다.

넘어좋다ⓗ 넘어뜨리다. 와 무다이 가마 있는 물건을 건드리가 넘어좋고 그라노?

넙더그레지다ⓗ 넙덕해지다. 감이 너무 익은 거는 지대로 떨어져 고마 넙더그레져.

넙덕가이ⓗ 넓적괭이. 도랑 낼라카먼 넙덕가이로 흙을 모아야제. / 가이.

넙덕감ⓗ 납작감. 우리 동네사 넙덕감이 마이 나니더.

넙떡삽ⓗ 모삽. 땅을 고를 때 넙떡삽을 쓰먼 좋지럴.

넙떡치ⓗ 넓적다리. 넙떡치가 얼매나 굵은동 씨름 선수 같네.

넝⃝ 넋. 넝 놓고 있지 말고 우예 좀 해 보소. 넝 나간 사람그치 왜 그라노. / 얼. 혼. 널.

넝구치기⃝ 넘겨짚기. 남의 생각이나 행동에 대하여 지레짐작으로 판단하는 것. 넝구치기 해가 넘어 가 버려 다 얘기 해 뿠다. 말하다가 넝구치기 해 가지고 고마 다 넘어 갔뿌따. 그 사람은 넝구치기를 얼매나 잘 하는 동 속일라 캐도 넝구치기 하다보면 들통 나가 속이지도 못 해.

넝구치다⃝ 넘기다. 사과를 각중에 넝구치면 고마 목에 콱 걸린대이. / 넝궁다.

넝치럽다⃝ 넉넉하다. 우리 형편이 넝치러운 것도 아니고 남 하는 거 다 따라 할라카만 되나.

노가리 까다⃝ '대화하다'의 비속어. 사람 없는 데서 노가리 까지 마라.

노각시⃝ 노래기. 감나무 이파리를 치울라고 보이 노각시가 나와 깜짝 놀랬니더. 이월 초하리에 노각시 쫓을라고 집안 곳곳에다 부적을 써 부치. / 곡상각시. 곡상이. 꼬등각시. 노내각시. 노래각시. 노래기. 노래이. 노랙지. 노리게. 노애각시. 노애기. 복성각시.

노각장아찌⃝ 늙은 오이로 만든 장아찌. 노각을 딘장에 박아가 장아찌 해 가 먹어도 좋제.

노그리해지다⃝ 눅어지다. 젊을 때 꽐꽐한 성질도 나가 들면 노그리해지디더.

노나깨이⃝ 노끈. 상자 묶그러 노나깨이 갖고 온나.

노내각시⃝ 노래기. 노내각시 건드리지 마래이. 볏단 속에 노내각시가 있드라. / 곡상각시. 곡상이. 꼬등각시. 노각시. 노래각시. 노래기. 노래이. 노랙지. 노리게. 노애각시. 노애기. 복성각시.

노달기⃝ 농한기. 노달긴데 동네회관에서 윷놀이나 하시더. 노달기엔 좀 쉴 수 있니더. 요새는 노달기가 어데 있나. 철마다 일이 많지.

노란떡⃝ 노란 콩으로 고물을 한 시루떡. 지사 지낼 때 쓴다꼬 노란떡을 쫌 했니더. / 노란시루떡.

노란알⃝ 노른자위. 계랄 노란알이 땡글땡글한기 싱싱해 빈다. 지단할 때 계랄 노란알은 따로 부치야 된대이. / 노란자. 노란자이. 노란자새. 노란조시. 노란창. 노란채. 노랑재. 노래이. 노른쟁이. 노린재. 노린챙이.

노란채⃝ 노른자위. 계랄 노란채는 퍽퍽하다고 안 먹는다캐. 계랄이 덜 삶긴 는가 노란채가 덜 익었다. / 노란알. 노란자. 노란자이. 노란자새. 노란조시. 노란창. 노란채. 노랑재. 노래이. 노른쟁이. 노린재. 노린챙이.

노랑고물⃝ 볶은 콩이나 생콩을 갈아서 찐 고물. 찹쌀로 인절미 맨들 때 노랑 고물을 입히야 맛있제.

노랑물⃝ 녹두를 물에 불려 갈아서 삼베보자기에 걸러 가라 앉힌 윗물. 녹두 갈 아가 노랑물 걸러 내고 묵 만들어 묵제.

노래이배추⃝ 속이 유난히 노란색이 나는 배추. 노래이배추가 맛이 더 고소하지러.

노르무리하다⃝ 노르스름하다. 노란물을 들이니까 색깔이 노르스름한 기 이쁘대이.

노른쟁이⃝ 노른자위. 산 땅이 노른쟁이라. 우째 노른쟁이만 쏙 빼 먹노.

노리⃝ 도리깨 장대 끝에 매달린 회초리. 도리째 노리를 꼴뚜에 찡가 갖고 돌리면 빙빙 돌아가.

노린자새⃝ 노른자위. 우예 그리 노린자새 일만 할라 그라노? 지가 노린자새 다 차지해뿌렀다. / 노른쟁이.

노린재이⃝ 노래기. 노린재이가 콩대궁을 빨아 머가 콩이 안 열리니더. 짚에 노린재이가 나와 다 태와 버렸니더. / 곡성각시. 꼬등각시. 노각시 노내각시. 노래기. 노래각시. 노래이. 노랙지. 노리게. 노애기. 노애각시. 노른쟁이.

노비다⃝ 되내이다. 그 말을 자꾸 노비깨네 이상하네.

노빼다⃝ 쏙 빼 닮다. 우예 하는 짓마다 저 아부지 노뺐노. 손자가 어른 노빼 닮았니더.

노삼⃝ 아주 억세고 품질이 좋지 못한 삼. 여게는 겨울게 자리 칠 때사 노삼으로 짰니더.

노이다⃝ 노느다. 골고리 노이야 말이 없대이. 농사 지가 자슥들한테 똑같이 노이 주고 나이 선날 남았니더. / 노누다. 나리다. 농가르다. 농갈리다. 농개다. 농구다. 농기다. 분추다.

노전⃝ 오지그릇이나 질그릇의 둥글게 만든 아가리. 우리 지역에는 옹구는 모두 노전으로 만드니더.

노점[명] 폐결핵. 노점에 걸리만 매란도 없대이. 노점에 걸린 사람그치 기침을 해 대노. / 핏빙.

노판구[명] 다래. 노판구가 다래순 뜯어 먹는 거 같이 그런 거 있어. 예전에 우리 클 때는 먹을 게 없으이 노판구도 억시 먹었어.

녹꾸리[명] 옆구리. 장작을 팼디만 녹꾸리가 땡기네.

녹노그래지다[동] 몹시 반가와 좋아하다. 오래간만에 보이 녹노그래지네.

녹두손님[명] 홍역. 녹두손님 한다고 얼굴에 꽃이 이꼬 폈나? 녹두손님 옮을라. / 과거. 구실. 떠래. 손. 손님. 호역. 호욕. 홍진. 홍짐. 흥진. 떠래. 뜰항긋.

녹두질금[명] 숙주나물. 그집이사 요새도 집에서 녹두질금 내 먹는다꼬 하디더. / 녹디나물.

녹디나물[명] 숙주나물. 콩나물 없으만 녹디나물 갖고 해도 된다. / 녹두질금.

녹로[명] 돌림판. 흙으로 그릇 맹글 때 녹로에 올려놓고 맹글면 수월치. / 물레.

녹칠기[명] 물이 오른 칡넝쿨. 녹칠기가 너무 자라먼 산에 나무가 못 자란대이.

녹쿻다[동] 녹이다. 냉동고기를 녹콰가 해라.

논갈리다[동] 나누다. 니 내하고 구슬 논갈릴래? / 농갈리다.나리. 농갈리다. 분추다. 짜갈리다.

논골부리[명] 논에 사는 다슬기. 이전에사 논에 나가 논골부리를 마이 잡아 먹었지럴. / 논고디. 논골뱅이.

논나락[명] 논벼. 모숭기 할 때 모판에 모 띠가 논나락을 심었지럴.

논드람쟁이[명] 강에 사는 미꾸라지. 논드람쟁이 잡으로 가자.

논보풀[명] 논에서 자라는 보풀. 논에 전다지 논보풀이 나가 매란이 없대이.

논지[명] 재래식 소주 내리는 기구. 우리 동네사 논지로 소주 내랐는 집이 드물었니더.

논코[명] 논꼬. 물이 어지가이 찼으이 논코 막으소. 논에 물이 마이 찼니더. 논코 틀어 물 빼소.

놀구[명] 노루. 겨웅기 소리에 놀구가 놀래가 고마 자부래졌니더. 산에서 놀구가 내리 와가 밭을 다 해집어놨니더. / 놀개이. 노로. 노리. 놀기.

놀궇다 图 놀리다. 놀게 하다. 아덜은 마이 놀구야 된대이. / 놀롫다.

놀기새 图 원추리. 놀기새 잎 따다가 나물 무치 먹지.

놀롫다 图 놀리다. 놀게 하다. 아를 얼매나 놀룷는지 저래 곤하게 잔대이. / 놀궇다.

놀지방 图 메주를 다는 장소로 처마밑을 가리키는 말. 바람이 잘 통하는 놀지방에 미주 달아 노만 좋니더.

놉하다 图 일꾼을 사다. 고추 딸라만 너덧 놉해야 될다. 놉해 가주고 일해야 될다.

놋날같이 图 쏜살같이. 아가 걸음이 을매나 빠른동 아랫동네를 놋날같이 다니왔대이. 밭에 나갔다가 보이 노루가 놋날같이 내빼대.

놋양푼 图 놋쇠로 만든 양푼. 밥 비비거러 놋양푼이로 나물 담아 오니라.

놋절나물 图 홀아비꽃대. 놋절나물은 촛대맨치로 꽃 이삭이 하얗게 나제.

농가르다 图 노느다. 골고리 농가르라. 동생하고 농갈라 먹어래이. / 나노다. 나놓다. 나리다. 농개다. 농구다. 농기다. 분추다. 농갈리다.

누그리하다 图 눅눅하다. 비가 와서 그런동 방이 누그리하네. 고추 빨라고 했디만 누그리해서 안될다. 해빝에 좀 내 놔라.

누끼하다 图 누지다. 장마래가 방이 누끼하다.

누런국 图 누런국. 호박 등 야채를 넣고 물을 많이 넣어 끓인 칼국수. 올 점심에는 호박 넣고 누런국 끓이야 될다.

누렁거지 图 누룽지. 누렁거지에 물 부라. 누렁거지 있으만 좀 도고. / 누렁지. 누룽지.

누렁호박 图 청둥호박. 여자가 얼라를 나먼 청둥호박을 고와가 그 물을 마시먼 부기도 빠지고 좋니더.

누렁호박찜 图 늙은 호박의 껍질을 벗겨 썬 것에 들깨즙을 풀어 쫀득하게 익힌 음식. 누렁호박 껍질 벳기가 들깨즙 풀어 찜 맨들어 먹으먼 별미제.

누름국시 图 건진국수와는 달리 국수를 삶은 물에 애호박이나 청야채를 넣고 장국에 삶아서 그대로 먹는 음식. 누름국시 해가 참 내 가야 할다. 누름국시 할 때 미르치나 다시마 안 옇고 국수만 해.

누리이 图 누런 호박. 이집에는 누리이가 참하네.

누박[명] 우박. 지난번 내린 누박 때메 배추 농사 다 망쳤니더.
누베씨[명] 누에씨. 그 집은 이번에 누베씨로 마이 받았나?
누베체[명] 누에채반. 이번에 누베 키울라며는 누베체로 다시 맨들어야 돼.
누벳장[명] 누엣장. 누베 키울라며는 젤로 먼저 누벳장을 깔고 씨를 받애.
누불리다[동] 눌리다. 잠을 잘못 자가 어깨를 누불리가 아파 죽을따.
누불장군[명] 아가리가 배에 붙은 똥장군. 옛날에사 누불장군으로 분네 담아가 밭에 뿌리고 했제.
누옣다[동] 누이다. 일하고 와 피곤해서 들마루에 몸을 누옣다.
누울장군[명] 아가리가 옆으로 난 똥장군. 봄에 누울장군으로 분전 퍼 가 거름으로 마이 썼지.
누지불티[명] 사팔뜨기. 내가 누지불티로 이래 평생을 살라카이 참 힘도 마이 들었지요.
눅세지다[동] 길쌈에서 실올이 서로 엉키다. 베실이 눅세지면 길쌈하기 힘드이 조심해래이.
눈가사리[명] 눈가장. 와 눈가사리가 퍼렇노. 웃으만 눈가사리에 주름이 마이 생기데.
눈가새[명] 눈가. 웃으이 눈가새 주름이 잽히. 눈가새 뭐 났나.
눈가에[명] 눈자위. 가가 마이 놀랬는동 소식 듣더만 눈가에가 고마 다 풀리더래이. / 눈가새. 눈가에. 눈자깃. 눈자국. 눈자욱. 눈자죽.
눈구사리[명] 눈구석. 눈구사리에 뭐 났나. 눈구사리에 낀 눈꼽째기나 띠라. / 눈꺽. 눈기서리. 눈기티. 눈마리. 눈모태이. 눈가사리. 눈가세. 눈구사리. 눈구역. 눈구적. 눈기. 티.
눈구재비[명] 눈곱. 눈구재비가 자꾸 찌네. 니는 눈구재비나 좀 띠라. / 누꼽쟁이. 눈곱재기. 눈곱지. 눈껍. 눈껍지. 눈꼽제이. 눈꼽지. 눈꼽. 눈초제기. 눈초제이. 눈초지기. 초. 초자구. 초재기.
눈기슬기[명] 눈시울. 슬픈 이바구 들었디만 눈기슬기가 뜨거워진대이. / 눈띠불. 눈서불. 서불.
눈기티[명] 눈구석. 눈기티에 눈다래끼가 나가 고생이시더. 눈기티에 눈꼽이 안죽도 안 떨어졌다. / 눈가사리. 눈가세. 눈구사리. 눈구역. 눈구적. 눈기서리. 눈꺽. 눈마리. 눈모태이.

눈까매기 ® 까막눈. 눈까매기 면할라고 야학 안 다녔나.

눈까제비 ® 애꾸. 눈까제비거치 한쪽 눈을 깜고 다니노.

눈깔시럽다 ® 눈에 거슬리 정도로 행동이 얄밉다. 잘난 척하기는. 눈깔시러워서 못 봐 주겠네.

눈대지비 ® 다래끼. 눈대지비 나만 눈썹을 뽑아가 돌에 끼아 놔라. 눈대지비가 나가 밖을 못 나가니더. / 눈사바리. 다라꾸. 다래. 대래끼. 눈사마구.

눈떠부리 ® 눈두덩. 아가 눈떠부리가 부가 눈이 실눈이 됐네. 한참을 울디만 눈떠부리가 퉁퉁 붓다. / 눈꺼풀. 눈두둑. 눈두부리. 눈드디. 눈떠불. 눈뜨물. 눈티이. 눈뚜버리. 눈데이. 눈두더리. 눈두덕. 눈두데기. 눈두뎅이. 눈두둑. 눈두버리. 눈뚱. 눈뗑이. 눈팅이.

눈띠 ® 눈두덩. 어데서 박아가 눈띠가 그꼬? 공에 맞아가 눈띠가 시퍼렇게 멍들었니더. / 눈데이. 눈두더리. 눈두덕. 눈두데기. 눈두뎅이. 눈두둑. 눈두버리. 눈두부리. 눈떠부리. 눈떠불. 눈뚜버리. 눈뚱. 눈뜨물. 눈떵이. 눈팅이. 눈티이. 눈드리.

눈띠블 ® 눈시울. 눈띠불에 대래끼가 났니더. 한참 울었디만 눈띠불이 퉁퉁 부따. / 눈서불. 서불. 눈기술기. 눈띠불.

눈마리 ® 눈구석. 눈마리에 눈꼽깄대이. 우예 눈마리가 빨갛노? / 눈꺽. 눈기서리. 눈기타. 눈모태이. 눈가사리. 눈가세. 눈구사리. 눈구역. 눈구적. 눈마리. 눈모태이. 눈기티이.

눈모태이 ® 눈구석. 밥상 모서리에 부딪히가 눈모태이가 퍼렇네. 언제 일어났는데 눈모태이에 눈꼽 봐라. / 눈가사리. 눈꺽. 눈기서리. 눈기티. 눈마리. 눈가세. 눈구사리. 눈구역. 눈구적. 누기티이.

눈사마구 ® 다래끼. 눈사마구가 생기가 눈도 아프고 앞도 잘 안 보인대이. / 눈대지비. 눈사바리. 다라꾸. 다래. 대래끼.

눈썹마루 ® 툇마루. 눈썹마루 앉아 좀 쉬다 가소.

눈자죽 ® 눈자위. 눈자죽이 벌겋게 충혈된 거 보이 힘든갑다. 술을 마이 마셔가 눈자죽이 벌겋다. / 눈가새. 눈가에. 눈자깃. 눈자국. 눈자욱.

눈질[명] 눈길. 좋은 것에 눈질이 가는 게 인지상정이제.

눈초제기[명] 눈곱. 눈초제기가 양짜 눈에 달린 소가 눈을 꿈벅꿈벅하드라. 세수를 우예 했길래 눈초제기도 안 떨어졌다. / 눈꼽디기. 눈꼽자구. 눈꼽재기. 눈꼽째기. 눈꼽찌. 눈꼽채이. 눈구재비. 눈꼽. 초. 눈초자구. 눈초제이. 초자구. 초재기.

눈카리[명] 눈동자. 돈을 다 이자뿌이 눈카리가 뒤집어져가 난리도 아니라. 눈카리 힘 푸라. / 껌은눈제이. 껌은눈창. 눈알. 눈까리. 눈깔.

눈티[명] 눈퉁이. 얻어 맞았는동 눈티가 시퍼렇네. 엊저어 껌껌한데 넘어져가 눈티 멍이 들었니더. / 눈떠버리. 눈떠부리. 눈두던. 눈뚜버리.

눋꿓다[동] 눌리다. 밥 눋까서 나주에 끓이 먹으면 속 핀하고 좋대이. / 늘꿓다. 눌뤃다.

눌까[명] 눌은밥. 밥이 눌었으만 눌까 해 먹지.

눌꿓다[동] 눌리다. 누렁지를 만들라만 눌꿓는기 좋지요. 죽 끓나 눌꿓지 말고 잘 보고 있어래이. / 눋꿓다. 늘뤃다.

눌누리[명] 버들피리. 수양버들 꺾어 갖고 눌누리 맨들어서 불고 놀았어. 버드나무 빵빵 틀어서 눌누리 맨들어.

눌룰대[명] 눌림대. 비 짤 때 눌룰대가 있어가 실을 누르제.

눌뤃다[동] 눌리다. 밥 눌뤃는다고 한 기 고마 다 태왔네. 아베는 숭늉 탄 기 안 드시니 밥 눌뤃지 마라. / 눋꿓다. 눌꿓다.

눌우다[동] 눌리다. 밥 누라가 숭늉 끼리 머만 구수하대이.

눞이다[동] 눅이다. 아무리 썽이 나도 말 좀 눞이고 하이소.

뉘인이불[명] 누비이불. 날씨가 쌀쌀해졌으이 뉘인이불 꺼내 덥으래이. 뉘인이불이래노이 한개도 안 춥니더.

느글팽이[명] 달팽이. 비 오고 나가 풀숲에 가면 느글팽이를 마이 볼 수 있대이. / 널팽이. 단둥이. 달팡이. 달패. 동바리. 무당. 문디골베이. 아마고디. 하마고둥이. 할마고등이. 널패이. 늘팽이. 달피이. 달파이. 달팡구리. 덜패이. 들피. 털패이. 댄댄무시. 댄댄이무시. 할망고리이. 할매고동이. 꼿빼이. 문둥골뱅이. 하마고지. 하매.

느래춤[명] 가래침. 느래춤을 아무데나 뱉으만 안 되지럴.

느럭느럭[부] 드문드문. 날이 흐린동 별이 느럭느럭 떴대이.

느름이[명] 소고기와 배추김치, 쪽파, 우엉, 다시마, 당근 등을 대꼬챙이에 끼워 달걀을 입혀 기름에 지진 음식. 제사 음석으로 느름이를 꼭 지지야제. / 느름적. 느리미.

느릉국수[명] 메밀국수. 느릉국수는 잔차 전날 맨들어 온 동네가 나누어 먹는 기래. 이따가 국수 밀어 갖고 느릉국수 해먹자. 느릉국수가 가는국수보다 더 맛있니더. 내일 저 집에 잔차인데 느릉국시 먹으러 오라카대.

느린국[명] 칼국수. 느린국 할라만 국시를 밀어야지. 옛날에는 집집이 국시 밀어갖고 느린국 해 먹었지.

-느마[어] -는구먼. 일 마치고 가느마. 참 오랜만에 만내 보느마.

-는공[어] -는고. 니는 그래 언제쯤 집에 가는공?

는앵[명] 은행. 는앵 너무 마이 머만 안 된대이. 는앵은 지내댕기는 사람이 다 주우 가. / 어냉. 언행. 으냉. 으넝. 으능. 은내이. 은향.

는캐도[조] 는커녕. 물놀이는캐도 물가에 가지도 못 했다.

늘걱다리[명] 늙은 짐승. 늘걱다리는 잡아도 맛이 없어.

늘궇다[동] 늘이다. 피곤해가 몸이 엿가락맨치로 축축 늘어진대이. / 널개다. 늘쿻다.

늘궇다[동] 늘리다. 아재가 얼매나 부지런한동 재산을 마이 늘궇니더. / 늘룽다.

늘따구[명] 늙은이의 낮춤말. 늘따구래가 알리껴? 우리그치 늘따구는 일하는데 갈그치기만 하잖는가. / 늘기이. 늘그이. 늘따리.

늘따리[명] 늙은이의 낮춤말. 늘따리래노으이 앉아 놀기만 하이더. 요새 젊으아들이 늘따리하고 살라 그나. / 늘기이. 늘그이. 늘따구.

늘룽다 [동] 늘리다. 두 내외가 열심히 돈 벌어 가 살림을 마이 늘룽니더. / 늘궇다.

늘보리쌀[명] 늘보리를 찧어 겨를 벗긴 낟알. 오늘 저녁에는 늘보리쌀을 섞어가 밥을 했니더.

늘총배기[명] 올을 총총하게 만든 짚신의 종류. 옛날에 처자들이사 늘총배기를 삼아 신었제.

늘치다 튕 늘어지게 하다. 몸을 늘쳐서 일하믄 다친다.

늘쿻다 튕 늘이다. 고무줄을 저래 너무 늘쿻다가 끊어지지럴. / 널개다. 늘궁다.

능구리 명 능구렁이. 능구리그치 기양 넘어갈라그나. 하는 짓을 보이 능구리가 따로 없다.

능까 명 벼랑. 그 어른이 질이 잘 안 보이가 능까에 미끄러져가 허리를 다쳤다카더래이. 능까래가 올라가기 힘들기라. / 베알. 벤달. 비알. 빈달. 편달. 능간.

능장코가 흐르다 관 발등에 불이 떨어져 정신없이 일을 하는 모양. 숙제한다고 능장코가 흘렀네.

능청궂다 튕 능청맞다. 사램이 우예 저래 능청궂게 거짓말을 하노.

능치럽다 튕 능란하다. 능치럽게 일을 얼매나 잘 하는 동. 솜씨가 얼매나 능치러운동. 그 사람은 솜씨가 능치러워서 일을 잘 해.

늦나물 명 참취. 늦나물이사 간장 뀷여 식힌 물에 장앳지 담가 먹어도 맛있지러.

늦서둘다 튕 뒤늦게 몹시 서둘다. 진작 쫌 할 걸 일을 늦서두이 마음이 바빠가 손에 잘 안 잡힌대이.

늦잡치다 튕 늦잡죄다. 그꼬 게글받게 굴다가 다 늦게 늦잡친다고 되나. 빨리 빨리 안하고 늦잡치네.

늦춯다 튕 늦추다. 잔치 날짜를 쫌 늦춰 잡시더.

늬리다 튕 내리다. 여서 늬리라. 비가 언제부터 늬린나? / 느리다. 니리다.

니네도리 명 너나들이. 우리사 니네도리하고 지내는 사이씨더.

-니더 어 -ㅂ니다. 대목이래노이 사람들이 엉가이 많니더. 봉지에 싸이가 뭔동 몰랬디만 보이께네 질금콩이니더.

니뤃다 튕 내리다. 장본 거 차에서 다 니뤃나? 호박은 여다 니뤃지 말고 그냥 싣고 가라.

니름박 명 등성마루. 니름박에서 내리올 때 조심해래이.

니미락내미락 튕 하기 싫어서 서로 미루는 모양. 방청소하라고 시키 놨디만 두 자매가 니미락내미락하고 있네.

니미락치미락하다 튕 무슨 일을 서로 남에 떠넘기다. 너거가 할 일을 그래 니미락치미락하먼 그 일을 누가 하노.

-니이더㈀ -습니. 벌써 저녁밥 먹었니이더.

닝기다㈁ 넘기다. 한쪽에서 다른 쪽으로 가게 하다. 이짜 담기 약토를 옆통으로 닝기라.

다구지다㈁ 무리하게 기어이 하려는 고집을 부리다. 안 될 일에 다구지기지 말고 가마이 있어라. 가는 아가 다구지기고 말도 안 든는다. 다구지긴다고 될 일도 아닌데 고마 들어 온나.

다그리하다㈂ 식물이 생기가 있고 또록또록하다. 가뭄다 비가 오이 풀이 저래 다르기하대이.

다글맞다㈂ 뻔질거리다. 자는 어린 아가 하는 행동이 우예 저래 다글맞은동 몰따.

다글키다㈁ 들키다. 뒷문으로 도망가다가 엄마한테 다글키서 혼났다. / 다들캐다.

-다니더㈀ -답니다. 어무이가 벌써 자에 가섰다니더. / -다디더.

다담시리㈃ 다부지게. 그 집에 아가 참 다담시리 생깄다.

다대끼다㈁ 닥치다. 다대끼면 다 하게 된다.

다들개들다㈁ 달려들다. 말 한마디 잘못했다가 고마 다들개들어 클 날뻔 했니더.

다들치다㈁ 다그치다. 뭐가 잘못돼가 그래 사람을 다들치니껴.

다들치다㈂ 서로 맞닥뜨리다. 안 볼라꼬 피해 댕기디만 결국에는 다들첬다 그대.

다들캐다㈁ 들키다. 저그 어매한테 거짓말했다가 다들캐서 집에서 쫓기 났잖나. / 다글키다.

다등키다㈁ 들키다. 수박 서리하다가 주인한테 다등키갖고 씨기 혼나는 바람에 다신 서리를 안 했잖아.

-다디더㈀ -답디다. 큰집 조카가 왔다니더. / -다니더.

다라치㈁ 다래끼. 일 도와줘가 고맙다고 강냉이를 한 다라치 주데. 다라치 가가 꼬치 좀 따 온나.

다래다[동] 열이 많은 음식을 먹고 난 후 열이 니고 속이 매스껍다. 김장 한다꼬 자구 짜게 먹었디만 다래서 목이 자꾸 마른대이.

다래몽두리[명] 다래나무의 잎. 여름이 되이 다래몽두리가 저래 마이 났대이.

다래미[명] 안달뱅이. 다라운 사람. 다래미 아이라 칼까 봐 그걸 준다고 주는기라. 다래미매로 그지 좀 말고 가마이 좀 있거래이.

다랜다[형] 열이 많은 음식을 먹고 난 후 속에서 열이 나서 미식거리는 것을 말함. 꿀을 찌어 먹었디만 속이 다랜다.

다랭이[명] 다랑어. 다랭이가 해가 갈수록 덜 잡힌다. 횟집에 갔디 다랭이가 나오는데 맛있드라. / 다리미.

다레다[형] 속이 답답하고 거북하다. 뭘 잘못 먹었는동 점두룩 속이 다레서 혼났니더. 배 고프다고 마이 먹디만 다레네.

다렝이[명] 다람쥐. 다렝이가 쳇바꾸 돌리는 거 보만 참 희한하지럴.

다뤃다[동] 다루다. 그 집 아들이 기계를 잘 다뤃니더.

다름[명] 풀을 먹이거나 손질이 제대로 되지 않은 옷을 입을 때 피부가 긁혀 붉게 일어나는 현상. 풀 맥인 옷을 입었디만 까실까실해가 다름이 일고 씨리고 아푸대이.

다리[명] 남. 다리 자아 간다고 니도 갈래? 다리도 다 간다 그는데 가도 안될시껴?

다리몽다리[명] 다리몽둥이. 한 번만 아비 말 안들으면 고마 다리몽다리를 뿔때뿌깨래.

다리미[명] 다람쥐. 요새 다리미사 사람을 봐도 도맹도 안 가. / 다렝이.

다립[명] 다리. 예전에, 여자들의 머리숱이 많아 보이라고 덧 넣었던 딴머리. 머리숱 만애 보이라고 다립 드랬는가배. 이전에는 머리카락이 길만 끊어가 다립이라고 팔았어. / 달비. 대리.

다릿걸[명] 다리 부근. 자아 갈 때 다릿걸에서 보시더. 여름에는 다릿걸에 앉아 있으만 시원하지.

다릿발[명] 사다리. 우예 비가 새는동 지붕 좀 손보거러 다릿발 좀 내와야 될따.

-다매[어] 다며. 지난번에 그래 한다매 와 약속을 안지키노.

-다머[어] 다면서. 가는 늘 공부는 한다머 점수는 어예 오르지를 앓노.

다무⒫ 다만. 내한테 다무 얼마라도 남는 게 있어야지. 다무 이거라도 가주 가만 도움이 될 기다. / 다문.

다배⒫ 또리. 가는 답답지도 않은 동 방에서 다배를 틀고 점들 저래 있노.

다배⒫ 도로. 향하던 쪽에서 되돌아서. 본래의 상태대로. 다배 갖다 놔라. 장에 간다디만 다배 집에 오네.

다배⒫ 무렵. 저녁 다배 너 집으로 가마.

다배다⒟ 갈아엎다. 올게는 모 숨구기 전에 논 다배야 될따.

다부랭이⒫ 뒤웅박. 길 가며는 물로 술로 모도 다부랭이에다가 담아 갔지여.

다부로⒫ 거꾸로. 니는 어예 일을 다부로 하고 있노.

다부살이⒫ 소생. 저 낭구가 지난 겨울게 다 죽어 가디만 봄이 되이 다부살이 하이 다행이네.

다부쟁이⒫ 물건을 사서 그 자리에서 되파는 장사. 그래도 그 사람이 다부쟁이 해서 돈을 마이 벌었다카대.

다부치다⒟ 다그치다. 어린 아가 머 그꼬 잘못했다고 다부치노. 고마 해라.

다북다북⒫ 분량이나 수효 따위가 어떤 범위나 한도에 여럿이 다 또는 매우 꽉 찬 모양. 여럿이 먹그러 음석을 다북다북 담아라.

다붓대⒫ 다올대. 베의 날실을 풀라 카먼 다올대를 밀어서 넘겨야 되지럴.

다신어마이⒫ 의붓어미. 가들 어매가 다신어마이라카대. 어매가 돌아가신 지 얼매 되지도 않앴는데 다신어마이가 들어왔잖나. / 새어매. 기모. 낯선어마이. 다시애미. 다신엄마. 으붓어매.

다신엄마⒫ 의붓어미. 가들 엄마가 다신엄마래도 아덜을 친엄마맨치로 키왔잖네. 그가 다신엄만 줄 몰랬다. / 낯선어마이. 다시애미. 다신어마이. 으붓어매.

-다아⒠ -더냐. 오늘 장아 문어가 나왔다아?

다알⒫ 삼의 열매. 뒷집 아제가 산에 가가 빨간 다알 보고 산삼을 캤다 카더라.

다항⒫ 성냥. 불 때그러 다항 가 온나. 담배 피는 사람이래노으이 다항이 있디더. / 다강. 가항. 당봇. 당성냥. 당황. 승냥. 썽양.

단거리⒫ 벼나 채소 등을 베어 묶은 단. 나락 마이 빌 때 일꾼들이 서로 단거리

마이 해 낼라고 내기하지. 단으로 묶어 내는 거는 다 단거리라. 배추 단거리 해 놨니더.

단님㈘ 대님. 단님을 우예 묶어가 자꾸 풀린다. 저고리 고름 묶는 거 하고 단님 묶는 거 하고는 단디이 배와래이. / 갑대기. 댐. 발댕이.

단석㈘ 다식. 단석 해 갖고 손님상에 올리지.

단수㈘ 세칸으로 된 장롱. 단수는 안방에다 놓고.

단지떡㈘ 수수떡. 얼라 돌이 되면 돌떡으로 단지떡을 해가 먹었니더. / 수꾸떡.

단지랍다㈘ 도량이 좁고 옹졸한 데가 있다. 단지랍게 사람이 몇 명인데 물건을 고래 사가 누가 입에 풀칠하노. 젯상에 올릴 거를 단지랍게 그꼬 쪼매만 샀나?

단참에㈘ 한숨에. 단참에 달리 갔다. 숨 한 번 쉴 새도 없이 단참에 쫓아갔다. 목이 얼매나 말랐는동 단참에 물 한 컵을 다 마시네.

단추고래이㈘ 단추를 거는 고리. 추운데 단추고래이 끼아라.

단출받다㈘ 야무지다. 사람이 행동이 단출받은 기라.

달궇다㈘ 닳게 하다. 니는 어예 댕겨가 산 지 얼매 안 된 옷을 이래 다 달가왔노.

달가리㈘ 달걀. 달가리만 있으만 되니더. 달가리를 나 났길래 갖고 왔니더. / 달개랄.

달가우리㈘ 둥우리. 달가우리에 가가 달걀 갖고 온나. 달들도 해 지께네 달가우리로 드가더더. / 달구통. 달구둥치. 두우리. 둥구리. 둥구메기. 둥구메이. 둥기미. 둥꾸리. 둥주리. 둥지리. 궁구메어. 궁주리. 달구둥어리. 달구둥지리. 둥거리. 둥구메어. 둥구미. 둥어리. 둥에리. 등거리. 드멍. 드뭉. 부동. 알통.

달개㈘ 날개. 저 새사 달개가 얼매나 큰동 무서버. / 나래기. 나래미. 래. 날래기. 달개. 날가지. 날감지.

달개랄㈘ 달걀. 냄비에 달개랄로 수란 만들어 먹으면 꼬시지. / 달가리.

달개이㈘ 달래. 봄 되면 달개이 캐 갖고 먹었지. 달개이 캐 왔는데 새콤하그러 무치 머야 된다. 요새 장에 달개이 났데. 벌써 달개이가 나나 보지. / 다롱개. 달갱이. 달랑구. 달랭이. 달리. 달중개이. 달룬갱이. 달랑개이. 달룽

개이. 달룽구이. 달른갱이. 달룽궁이.

달갱이🖼 달래. 날이 따신게 달갱이 캐러 가만 좋을시더. 댄장 끼릴 때 달갱이 좀 너라. / 달개이. 다롱개. 달랑구. 달랭이. 달리. 달중개이. 달룬갱이. 달랑개이. 달룽개이. 달룽구이. 달른갱이. 달룽궁이.

달구다🖼 달리다. 마음이 급하이 말을 달가 퍼뜩 갔어. 버스가 종점으로 달군다. / 달그다. 달기다.

달구둥어리🖼 닭둥우리. 달들이 달구둥어리서 꼼짝을 않네. 해 지께네 달구새끼들 달구둥어리에 집어 너라. / 궁구메어. 궁주리. 달가우리. 달구둥치. 달구둥지리. 달구통. 두우리. 둥거리. 둥구리. 둥구메기. 둥구메어. 둥구메이. 둥구미. 둥기미. 둥꾸리. 둥어리. 둥에리. 둥우리. 둥주리. 둥지리. 드멍. 드뭉. 등거리. 부동. 알통.

달구둥지리🖼 닭둥우리. 달구둥지리에 달갈 꺼내가 온나. / 궁구메어. 궁주리. 달가우리. 달구둥어리. 달구둥치. 달구통. 두우리. 둥거리. 둥구리. 둥구메기. 둥구메어. 둥구메이. 둥구미. 둥기미. 둥꾸리. 둥어리. 둥에리. 둥우리. 둥주리. 둥지리. 드멍. 드뭉. 등거리. 부동. 알통.

달구둥치🖼 닭둥우리. 암달기 알을 나아가 달구둥치서 꼼짝을 안 하니더. 해 지기 전에 달구새끼 달구둥치에 넣그라. / 궁구메어. 궁주리. 달가우리. 달구둥어리. 달구둥지리. 달구통. 두우리. 둥거리. 둥구리. 둥구메기. 둥구메어. 둥구메이. 둥구미. 둥기미. 둥꾸리. 둥어리. 둥에리. 둥우리. 둥주리. 둥지리. 드멍. 드뭉. 등거리. 부동. 알통.

달구바리🖼 바디나물. 여름에 들에 나가 달구바리 나물 어린잎 따 가 나물해 가 먹기도 하지럴. / 까치발.

달구비실🖼 맨드라미. 기지떡에 달구비실을 얹으래이. 담밑에다 달구비실을 쫄로리 심어 놨다만 이쁘네. / 기지. 낸드레미 달구베실. 달구벼슬. 만도라기. 만다래미. 민들레미. 베시. 벳꽃. 변두.

달구비실🖼 볏. 개 짖는 소리 나이 닭이 달구비실을 세우고 달아나데. 얄굳그러 달구비실맨치로 머리카락을 세우고 댕기노.

달구지🖼 다리. 아가 얼매나 싸돌아다니는지 달구지를 분질러 놓을라캤니더. 키도 쪼매한 기 달구지가 몽땅하네. / 다라지. 다리몽디이. 달구리. 달구몽뎅이. 대리.

달구화리[명] 닭의장풀. 봄에 먹을 거 없으만 달구화리잎 뜯어 갖고 먹기도 해.

달궇다[동] 담그다. 예전에사 빨래할 때 큰 방티에 빨래를 달궇고 빨았제. / 담궇다.

달궇다[동] 달구다. 쇠꼬챙이를 달가가 소 코청 뚫어가 코뚜레를 한대이.

달기다[동] 달이다. 한약 내가 나는 거 보이 누집에서 한약을 달기는 갑따.

달다[형] 조밀하다. 꼬치 모종을 너무 달게 심으면 안 되니더.

달랑구[명] 달래. 달랑구에다가 고치장 너어 무치만 맛이 좋으이더. 들에 달랑구가 마이 났다카더라. / 다롱개. 달갱이. 달랭이. 달리. 달중개이. 달륜갱이. 달랑개이. 달롱개이. 달룽구이. 달른갱이. 달룽궁이.

달랑무꾸[명] 총각무. 달랑무꾸 절이 났다 액젓 너가 김치 버무리 먹으면 아삭아삭 맛나니더. / 달랑무꾸. 달랭이무. 총각무꾸.

달룽궁이[명] 달래. 하매 달룽궁이가 나오네. 달룽궁이 꼬치장에 무치가 무만 입맛이 절로 나. / 다롱개. 달갱이. 달랑구. 달랭이. 달리. 달중개이. 달륜갱이. 달랑개이. 달롱개이. 달룽구이. 달른갱이.

달맏이[명] 같은 항렬에서 생일이 대략 한 달 정도 빠른 형제자매. 동서간에 달맏이를 아를 낳았으이 같이 키우먼 될따.

달매[명] 달무리. 달매 선거 보이 비가 올란갑다. 달 보고 소원 빌라캤디만 달매가 서가 안 될다. / 달말. 달머리. 달무. 달무늬. 달무래. 달무지개. 달무지기. 달문. 달물. 달물리. 달물림. 달지미. 달태. 달매미.

달매기[명] 단추. 옷을 급하게 벗으만 달매기가 떨어진다. 천천이 벗어라. 달매기가 달랑달랑한 기 곧 떨어질라칸다.

달매미[명] 달무리. 달매미 진 거 보이 비가 올따. / 달물. 달문. 달말. 달매. 달머리. 달무. 달무늬. 달무래. 달무지개. 달무지기. 달물리. 달물림. 달지미. 달태.

달무지개[명] 달무리. 달무지개 선 거 보이 낼은 비 올다. 집에 오다 보이 달무지개가 하얗그러 섰디더. / 달말. 달머리. 달무. 달무늬. 달무래. 달문. 달물. 달물리. 달물림. 달지미. 달태. 달무지기. 달매.

달문 [명] 달무리. 하늘에 달문 메웠다. / 달말. 달머리. 달무. 달무늬. 달무래. 달물. 달물리. 달물림. 달지미. 달태. 달무지기. 달무지개.

달물림 [명] 달무리. 달물림 선 거 보이 비가 오겠니더. 달을 보이 하얗그러 달물림이 생깄따. / 달말. 달무. 달무늬. 달무래. 달무지개. 달무지기. 달문. 달물. 달지미. 달태. 달머리. 달물리.

달미 [명] 다리미. 시어무이가 이번 설에 입을 옷을 달미로 대려 주셨니더. / 달비. 다래비. 다리비. 대리미. 대지미. 데지미.

달밝이 [명] 보름날. 달밝이가 되면 밤길 다니기 괜찮지러.

달비 [명] 다리미. 달비로 옷 다릴라카만 조심해래이. 옷 다리그러 달비에 불 담아라. / 다래비. 다리비. 대리미. 달미. 데지미. 대지미.

달비 [명] 가발. 방물장수가 달비를 사러 다닌다.

달비질 [명] 다리미질. 달비질하구로 달비 불 피와 놓고 옷 다 걷어 온나. 옷이 쭈글쭈글한데도 달비질도 안 하고 입나? / 다래비질.

달사무리하다 [형] 달콤하다. 요새 무꾸는 달사무리해서 그냥 먹어도 맛있어. 단 걸 마이 넜디만 달사무리하네.

달지미 [명] 달무리. 오늘 저래 달지미가 지이 내일 날이 궂을따. / 달말. 달무. 달무늬. 달무래. 달무지개. 달무지기. 달문. 달물. 달물림. 달태. 달머리. 달물리.

달짜그리하다 [형] 달다. 홍시가 얼매나 달짜그리한동 마이 먹었니더. 꼬이장이 달짜그리한 기 맛이 좋네.

달짜근하다 [형] 달짜근하다. 그 양바이 음식이 마카 달짜근해 가 근동 별로 먹질 않드라. 떡볶이가 달짜근하이 맛있네.

달태 [명] 달무리. 달태가 찐 거 보이 낼은 날이 흐릴시더. 달태 찐 달에는 소원 빌만 안 된대이. / 달말. 달머리. 달무. 달무늬. 달무래. 달무지개. 달무지기. 달문. 달물. 달물리. 달물림. 달지미.

달팡구리 [명] 달팽이. 달팡구리가 아까부텀 기 가디 안죽도 요쭘밖에 못 갔네. 달팡구리가 비르빡에 붙어 있대. / 널패이. 늘팽이. 달피이. 달파이. 덜패이. 들피. 털패이. 느글팽이. 널팽이. 단둥이. 달팡이. 달패. 동바리. 무당.

문디골베이. 아마고디. 하마고둥이. 할마고등이. 댄댄무시. 댄댄이모시. 할망고리이. 할망고동이. 꼿빼이. 문둥골뱅이. 하마고지. 하매.

닭콩밴대기[명] 닭육수에 닭고기와 찹쌀, 콩나물, 무를 넣고 끓이다가 반죽한 생콩가루를 얇게 빚어 넣어 만든 음식. 여름에 입맛 없을 때 닭콩밴대기 해가 먹으면 맛도 좋고 기력도 회복하고 좋제.

담궇다[동] 담그다. 몸풀고 금방 찬물에 손 담궇지 마래이. 그 집에는 오늘 김장 담궇는다고 배추 사 가대. 장 담궇거든 좀 주게. 뜨신 물에 발을 좀 담궇고 있어라. / 담궇다.

담덤불[명] 담쟁이. 담덤불을 심어노으이 이래 좋네. 담덤불이 담을 다 덮으이 어설프니더. / 담자이. 담재이.

담방구질[명] 헤엄. 냇가서 담방구질쳤나 머리가 다 젖었네. 비가 갑자기 막 퍼부 가 옷을 담방구질 해삐랐네. / 미. 미역. 쉼. 시미. 시미질. 시염. 해미. 해엄. 헤미. 헤암. 헴. 휘염. 히미질. 힘질. 담방구.

담배대꾸바리[명] 담뱃대. 담배대꾸바리 물고 담배 피는 기 누구이껴? 할배가 말댓구한다고 담배대꾸바리로 때리디더.

담뱃조리[명] 담뱃잎을 엮어 건조시키는 작업을 통칭하는 말. 담배를 따고는 담뱃조리를했지.

담봇짐[명] 괴나리봇짐. 요기나 하라고 뭐 쪼매 맨들어가 담봇짐에다 너었대이. 담봇짐 싸가 어데 갈라고? / 담바짐.

담부랑거리다[형] 촐랑거리다. 촐랑대다. 말도 되도 않는 소리하는 걸 담부랑거린다 그래. 담부랑거리기만 하고 제대로 하는 기 없노. 일하는데 담부랑거리지 좀 마라.

답다부리하다[형] 답답하다. 말을 할라만 지대로 해라. 답다부리하게 뜸들이지 말고.

당가리[명] 속겨. 소죽 끼리 그러 당가리 좀 퍼 온나. 이번에는 나락을 찌이 당가리가 마이 나오데. / 당가리딩기. 당갈등기. 댕가루. 댕가리. 덩거리.

당개당개[부] 차곡차곡. 동태 전 부치야 되이 동태에다 밀가리를 당개당개 묻히 놔라. 친정 어매 생신상 차린다고 전을 당개당개해 가 담아 놨대. 내가 갈체 줄 테이 당개당개 해 봐라. 깐쫑하게 당게당게 놔라.

당구㊗ 구슬. 당구 다 따먹히만 우째노. 어릴 때 해점두룩 당구 치기 마이 했지.

당구솥㊗ 발이 없는 솥. 당구솥에 밥을 안친다.

당군㊗ 상여꾼. 장례에선 당군들을 잘 먹여야 해.

당나귀꽃㊗ 산당화. 봄에 당나귀꽃이 뽈또그리하게 피면 디게 보기 좋대이.

당달이㊗ 청맹과니. 니는 당달이도 아인 게 눈에 보고도 물건을 못 찾노.

당당칠갱이㊗ 담쟁이덩굴. 당당칠갱이가 담을 타고 올라가면 담에는 좋지 않아도 보기는 참 좋대이.

당무㊗ 당근. 토끼가 당무를 잘 먹지. 계란찜할 때사 파랑 당무랑 잘게 다져 너만 색고 곱고 맛있대이.

당봇㊗ 성냥. 당봇 갖고 놀다 불 낼라. 불 피우그러 당봇 가 온나. / 다강. 가항. 당성냥. 당황. 승냥. 썽양. 다항.

당지㊗ 목화를 갈 땅. 목화 갈라만 당지가 있어야지.

당타㊗ 야단맞다. 그래 못된 짓 하면 어른들한테 당코 회초리 맞는대이.

대가빠리㊗ 대갈빼기. 대가빠리가 얼매나 단단한동 내 손이 더 아프다. 대가빠리에 피도 안 마른 기이 벌써부터 가짓말만 하고 말야. / 대갈빼기. 대갈빼이. 댁빠리. 대갈삐.

대갈삐㊗ 대갈빼기. 대갈삐가 두 낱인 기도 있는가? 대갈삐 피도 안 마른 기이 담배를 꼬나물고 댕기는 것 좀 바라. / 대가빠리. 대갈빼기. 댁빠리. 대갈빼이

대갈티이㊗ 대갈통. 눈길에 걷다 미끄래져가 벽에 머리를 박았는데 대갈티이가 깨질굿다. 대갈티이가 그래 둔해가 어데 쓰겠노?

대강지㊗ 아이를 업을 때 매는 띠. 아 업그러 대강지 갖고 온나. 아가 자꾸 울어 대강지 갖고 업어야 될다. 아를 우예 업었길래 그꼬 핀찮노. 대강지 팬하게 해 갖고 업어래이.

대개이㊗ 초본 식물의 줄기. 고추가 대개이가 얼매나 약한 동 바람에 금방 뿔때질따.

대고마고㊗ 아무렇게나. 대고마고 심지 말고 쫄로리 줄 맞차서 심어래이.

대구이㉻ 대. 올개는 수꾸 대구이가 휠 정도로 실하네. 우예 대구이만 쭉 올라가고 강내이는 안 열리노. / 대비. 대개이.

대궁㉻ 식물의 말라버린 줄기. 고추대궁을 태웠다.

대궁㉻ 천장. 옛날엔 대궁에 쥐가 왔다갔다하고 그랬지.

대꼬바리㉻ 담뱃대. 어른이 대꼬바리를 땅땅 뚜디리매 큰소리를 치이 꼼짝을 못하고 가마이 있지. 할배는 꼭 대꼬바리에 담배를 너어가 피우시여.

대남자리㉻ 왕잠자리. 대남자리 잡을라카다 장독만 깨뿌따. 요새 날아댕기는 기는 전부 대남자리라. / 왕철개이. 왕철배이. 왕칠개이. 남재리.

대댕기다㉻ 마주치다. 자 가서 옆집 아지매를 우연히 대댕깄니더.

대딜이다㉻ 데치다. 선나물이라 카나 선김치라 카나 살짝 대딜이가 담는 거. 시금치를 살짝 대딜일라 한 기 푹 삶았네.

대랍다㉻ 대담하다. 요새 아들은 겁도 없고 시기 대랍지 왜.

대레비㉻ 다리. 머리카딩이 지다라마 끊어가아 대레비라고 팔았어. 이전에 대레비 팔아서 부모님 봉양한 효녀가 살았다카더라. / 달비.

대매이㉻ 뱀. 들에 대맹이 조심해라.

대발㉻ 버치. 대발이사 자배기보다사 크이 장독 뚜께이로 써여.

대방구리㉻ 큰 소쿠리. 어매가 대방구리에 푸성귀를 항거 따가 왔대이.

대백㉻ 꼭대기. 저 산 대백에 오르면 아랫동네가 보인대이. / 대박.

대봉나락㉻ 이삭이 패기전의 나락. 대봉나락이 하마 올라왔네.

대비㉻ 도배. 벽이 더러워서 대비를 새로 해야 될따.

대빗대㉻ 뱁댕이. 베 짤 때 대빗대를 질러야 날실끼리 엉기지 않지럴.

대석자두㉻ 알이 유난히 굵은 자두. 대석자두는 몇 개만 먹어도 배가 부르지럴.

대설찌㉻ 장죽. 할배는 꼭 대설찌로 담배를 피웠지럴.

대울라지㉻ 성격이 억세어 제멋대로 휘두루는 사람. 가는 대울라지라 상종할 게 못 된대이.

대지미㉻ 다리미. 대지미로 대릴 때 줄을 잘 세와야 대여. / 달미. 달비. 다래비. 다리비. 대리미. 데지미.

대지비㉻ 대접. 막걸리 한 대지비 하고 가소. 입맛 없을 때 대지비에다 밥 넣고 나물 나아가 쓱쓱 비비 머어 바라. / 대집.

대집[명] 아랫눈시울에 나는 것으로 윗눈시울에 나는 것은 다래끼로 구분한다. 대집이 나가 보는 기 참 불편타.

대찔개[명] 장죽의 댓진을 파내기 위한 도구. 대찔개로 댓진을 파 내야 담배가 잘 빨리제.

대추깨꾸리[명] 대추단자. 대추 썰어가 찹쌀갈기 버무리가 대추깨꾸리를 만들면 참 맛있지러.

댄댄무시[명] 달팽이. 가가 댄댄무시매로 얼매나 느린지 답답해가 같이 못 있는데이. 벽에 뭐가 붙어 있길래 보이 댄댄무시드라. / 댄대이모시. 할망고리이. 할매고동이. 꼿빼이. 널패이. 늘팽이. 달피이. 달파이. 덜패이. 들피. 털패이. 느글팽이. 널팽이. 단둥이. 달팡이. 달패. 동바리. 무당. 문디골베이. 아마고디. 하마고둥이. 할마고등이. 달팡구리. 문둥골뱅이. 하마고지. 하매.

댄마리[명] 용마루. 댄마리 올리노이 집이 더 사네. 사람이 안 사이 좋던 집도 댄마리에 지애가 다 부서지고 어설프대. / 용마라미. 용마람. 용마럼. 용마리. 용시이. 집마람. 집마리. 댄마루. 댐마리.

댐[명] 대님. 댐 매는 기 어루와 첨에는 한참 걸렀니더. 한복 바지 입을 때는 댐을 잘 묶어야 된대이. / 갑대기. 단님. 발댕이.

댑바람[부] 금방. 저 양반이 부애가 나서 댑바람에 달려가네.

댓마리[명] 등마루. 댓마리 올라서만 저 먼 데도 다 보이 속이 시원해. 뒷산에 댓마리가 펑펑하이께네 사람들이 마이 올라가. / 등마로. 등마리. 등말기. 등산만데이. 등성마리. 등성마루. 댄마루. 댐마리. 등서이. 등세이. 만데이. 산뜨베이.

댕개장[명] 보리의 속겨를 익반죽하여 쪄서 짚불에 구워 매달아 말린 뒤 가루로 빻아 보리밥을 섞어 삭히고 소금간, 풋고추, 마늘을 넣어 만든 장. 쌈 싸먹을 때사 댕개장이 제격이제. / 집장. 딩기장.

더깨입다[동] 껴입다. 날이 차다케가 옷을 더깨입었니더. 두꺼운 거 한 개 입는 것보다 얇분 거 더깨입는 기 나아. / 끼처입다. 끼입다.

더더부리[명] 말더듬이. 너더부리라 왜 말을 더듬노. 새신랑이 더더부리라카드라. / 더더미. 더덤바리. 더듬이. 더딤이. 말더덤이. 말더터리. 말더더미. 새다래기. 더더버리. 더드부리. 다떠버리. 더투아리. 덜더리. 뜰뜰이. 말먹이. 말머거리. 반버버리. 반부칭이. 다래기. 새짝래기. 터투와리.

더덤하다[동] 가당치 않은 말을 하다. 말을 왜 그래 하노. 더덤하게 하지 마라.

더러[조] 에서. 말래이더러 내려다 보만 동네가 다 보이니더. 밭더러 보이 두릅 딴다고 산에 가드라.

더부렁죽[명] 수제비. 점심에는 호박 넣고 더부렁죽 끼리 묵자. 쌀이 없을 때는 더부렁죽이라도 끼리가 나나 먹어야 되이 배 불리 먹지도 못해. / 수지비. 간대기. 벙드레죽. 푸리이.

더불개[명] 둥우리막대. 질매 등어리에 더불개 걸치라. 뜸새끼를 더불개에 매라. / 가락싱이. 등얼막대. 송이낭구. 왕이막대.

더월[명] 저울. 더월로 재가 나 나라. 꼬치 푸대 달그러 더월 갖고 온나. / 저울. 정월. 지울. 저월.

–더이[어] -더니. 그래 정신없이 먹더이 결국 배탈이 났제?

–더이라[어] -더니라. 전에서 모도 산에 가가 나무를 해가 불을 넣더이라.

–더이마는[어] -더니만. 그래 내말로 안 듣더이마는 저래 고생을 하니더.

더품[명] 거품. 장국을 끓이 유독시래 더품이 많대이.

덕수[명] 몸을 땅에 굴리는 재주. 아가 얼매나 날쌘 동 덕수를 억수로 잘해.

덕시기[명] 덕석. 날씨가 마이 춥네. 소 등에 덕시기 덮어 조야 될따. 멍석을 갖다가 덕시기라 근다. 덕시기 갖고 온나 소 덮어 주그러.

덖다[동] 대끼다. 애벌 찧은 보리를 물을 쬐매씩 쳐 가면서 덖어 밥을 해야 되니더.

던둑[명] 두둑. 던둑에다 콩을 심어 났디만 새가 다 쪼 머었니더. 하매 던둑에 쑥이 소복이 났데. / 두덕. 두던. 두덩. 두둑. 두둠. 두들. 두듬. 두럭. 두럼. 두룩. 둔덕. 둥끼. 뚜룸. 뚝. 뚠덕. 뜨럼. 뜨룸.

던지던지[부] 더덕더덕. 니느 옷에 머를 그래 던지던지 붙이고 댕기노.

덚다[동] 톺다. 길이 미끄라 못 올라가이께네 덚으민서 올라가야 된대이. 아가 어데 숨갔는동 여기저기 한 분 더 덮어 바라. / 더트다. 더터다.

덛들다[동] 건드리다. 순한 사람도 자꾸 덛들며는 썽을 낸대이.

덜겅나무[명] 등나무. 등나무는 꽃도 이쁘고 그늘도 참 시원하지럴. / 떨겅나무.

덜괭이[명] 꾀가 없이 덜렁대는 사람. 덜괭이매로 그꼬 덜렁대노.

덜구[명] 무덤을 만들 때 상여꾼들이 무덤을 다지기 위해 밟는 행위. 덜구를 잘 찧어야 천년 집이 안 무너지지.

덜찌[명] 새끼를 못 낳는 소. 우리소가 새끼를 못 낳는 걸 보이 덜찌라.

덤[명] 두메산골. 누부가 덤으로 시집을 갔니더.

덤바[명] 웅덩이. 비가 마이 오디 길 파인데 덤바가 생깄다. 오다 덤바에 빠져가 신을 다 베렀니더. / 덤벙. 둠보. 덤붕. 둔벙. 둠벙. 둠붕. 둘. 듬벙. 듬붕. 움벙. 웅데이. 웅디. 듬바. 듬버이. 새미. 시미. 움.

덤불싸움[명] 싸움을 말리든 사람까지 말려들어 덤불 엉클어지듯 한 싸움. 쌈을 말리라 캤지 덤불싸움을 하먼 우야노.

덤불양대[명] 덩굴강낭콩. 덤불양대는 덤불 지아가 올라가는 기고 안즐양대하고 달라.

덤불짠지[명] 덤불김치. 배추 지스러기 마이 생겼으이 덤불짠지 해 가 뜨신 밥하고 먹어야 될따.

덤붕[명] 논 주변에 물을 막은 저수지. 가뭄에 덤붕을 만들었다.

덤테미[명] 덤터기. 지가 한 짓을 남한테 덤테미 씌우만 되나. 덤테미를 혼자 다 써 갖고 이래 곤란 안하나.

덧들다[동] 덧나다. 병이나 상처 따위를 잘못 다루어 상태가 더 나빠지다. 감기 덧들어 노면 낫지도 않고 고생만 한 대가. 다 나을라카디 바람 세고는 이래 덧들어서 안 낫네. 덧들면 우옐라꼬 벌써 이래 다니노.

덧방그리[명] 어떤 것 위에 덧 올려놓은 것. 양념이 남았길래 김치 위에 덧방그리로 올려놨대이.

덧어치[명] 걸언치. 덧어치 맨들그러 짚 엉가이 가주 온나. 소 등에 덧어치 깔아야 등이 덜 상해.

덧정없다[형] 질리다. 사람이나 일에 있어 질리도록 질색하여 정떨어지다. 아고

인자는 덧정없다.

덧줄[명] 농작물이 휘거나 꺾이거나 넘어지지 않도록 지지대와 작물을 연결하는 줄을 친 후 다시 생장 정도에 따라 두 번째로 연결하는 줄. 고추 덧줄 칠라면 심고는 두 달은 되어야지.

덩거리[명] 등겨. 나락을로 찧고 받은 덩거리 사 돼지로 먹였지여. / 나락등게. 덩거리. 덩게. 등게. 딩기.

덩걸이[명] 덩굴. 밭 옆에 덩걸이 좀 치와라. 산에 칠덩걸이 많으먼 낭구가 잘 못 자란대이.

덩궇다[동] 흘레붙다. 개가 나갔다 오디 누 개하고 덩구어 새끼를 뱄드라. 개들이 자꾸 덩구는 거 보이 새끼 가질 때가 됐다.

덩덕꾼[명] 꾀 없고 덜 떨어진 사람을 말한다. 아가가 덩덕꾼그치 엄마한테 업혀 가지고 웃는 것 봐라.

덩치[명] 언청이. 아가 덩치라가 발음이 올찮애. 요새는 덩치래도 수술만 하만 개않다. / 어느치. 어르치이. 언처이. 언체이. 언칭이. 얼찡이. 얼칭이. 째보. 창보. 허채이. 헛쟁이. 헛챙이. 헐치. 허치이. 헤창이 헤이. 히채이.

덩치[명] 덤불. 나무에 덩치가 늘어져가 어설푸네. 덩치 때매 길이 없어져가 갈 때매동 애를 먹어. / 넝쿨. 덩굴. 덤풀. 떰불. 틈불.

데데기[명] 두더지. 데데기가 땅을 다 파제키나가 고구마 다 베리났니더. 요새도 데데기가 와가 밭을 망쳤나? / 두두기. 두디기. 디더구. 디데기. 디저구. 디지구. 디제기. 디지기. 뚜지기. 뚜지비. 띠디기. 띠재기. 띠지기. 디디기. 두지. 두지기. 뒤저구. 뒤쥐. 디기. 디저기. 디지. 지지기.

데룹다[형] 속이 이상하다. 오늘 아침을 잘 못 먹었나. 속이 왜이리 데룹노.

데리미[명] 도련님. 내사 시집오이 데리미가 안죽도 얼라래가 그래 키워가 장가꺼정 보냈디래.

데마리[명] 들보. 그짝에는 데마리가 있어가 가마이 나 둬야 되니더. 집이 오래 되이 데마리가 내리 앉을라칸다. / 대덜보. 대들뽀. 뜰보. 사당. 잔등. 뎀마리. 가매부. 덜보. 들반. 뜰보. 배짱. 보짱. 종포. 중천장. 질림.

데알받다[형] 되바라지다. 어린 나이에 어수룩한 데가 없고 얄밉도록 지나치게 똑똑하다. 꾀가 많고 약다. 악또받고 악차고 톡 까인거를 데알받다고 해. 그 아지매는 젊은 사람이 얼매나 데알받는동.

데지미 [명] 다리미. 옛날에사 데지미에 숯불 담아가 데지미질을 했대이. / 달미. 달비. 다래비. 다리비. 대리미. 대지미.

뎅이 [명] 낫갱기. 뎅이가 헐가아서 그란동 낫이 자꾸 빠지네. 자아 가그등 뎅이 영근 낫으로 사 오소. / 낫당개미. 낫댕기. 낫몽태. 낫탱개.

도가리 [명] 두락. 여게는 모도 부촌이래가 농지가 스무 도가리는 집집마덩 있니더.

도가지 [명] 항아리. 물 길어서 도가지 채워라.

도구 [명] 봇도랑. 도구 치이 미꾸라지가 한 대야 나오네. 비가 마이 와가 도구 손 좀 봐야 될시더. / 도끗도랑.

도구치다 [동] 논에 물을 빼기 위하여 골을 만들다. 물 쏙 빠지거러 깊이 도구쳐라.

도꾸마리 [명] 골담초. 우리집 어른이 약 한다꼬 도꾸마리를 키우고 했니더.

도꾸방아 [명] 곡식을 빻거나 찧으며 떡을 치기도 하는 기구. 전에사 김장할라믄 도꾸방아에다가 마늘도 찧고 그랬지.

도끗도랑 [명] 봇도랑. 논물 댄다꼬 도끗도랑에 물꼬 틀고 왔니더. / 도구.

도대 [명] 담뱃대. 도대를 물고 불을 부치이 담뱃내가 나지 않나. 할배가 도대를 들고 들어오시이. / 골연. 궐연. 담배때. 담봇대. 담부때. 대꼬바리. 대롱. 주대

도대 [명] 솥뚜껑. 자꾸 도대를 열며는 밥이 뜸이 덜든대이. / 소두베이. 소두비.

도둑꼬내기 [명] 도둑고양이. 도둑꼬내기가 밤눈 어덥은 줄을 모린다. 음식 찌끄래이를 밖에 나 났디만 도둑꼬내기가 다 히씨 났니더. / 도독고내이. 도둑앵구. 도독고내이. 도둑고애이.

도둑놈병 [명] 말라리아. 도둑놈병에 걸리가 오들오들 떨고 있디더. 도둑놈병에 걸린 사람매로 와 달달 떨고 있노? / 메누리고곰. 메리씸. 미느리심. 초악. 초점. 초질. 초학. 하리거리. 학. 도독놈빙. 도둑병. 도둑놈. 도둥놈.

도둑앵구 [명] 도둑고양이. 왠 도둑앵구가 마이 돌아다니노. 첫새복부터 도둑앵구맨치로 어델가노? / 도독고내이. 도둑고애이. 도독고내이. 도독꼬내기.

도드리하다 [형] 울퉁불퉁하다. 그륵이 손끝에 머가 도드리하게 잡히네.

도디키다 훔치다. 남의 달을 도디캐가 묵었다카대. 원래 지키는 사람 열이라도 도디키는 한 사람 몬 당하는 법이다. / 세비다. 오배다. 도둑키다.

도라 도랑. 도라 미꾸라지 잡으러 간다디만 고마 왔네. 질이 솔아가 겨운기 끌고 가다 도라 빠졌대이. / 도구. 돌캉. 또랑. 돌깡.

도라기 또랑 뙈기. 벼농사를 논 한 도라기 짓고 있니더.

도랑깨 도리깨. 콩 피 놓고 도랑깨로 매애 처래이. 콩타작 하그러 도랑깨 가아 온나. / 도로깨. 도루깨. 도리채.

도래기 도롱이. 도래기 걸치고 논물 보러 가나. 비 오는데 도래기라도 걸치고 나가소. / 도리. 도리끼.

도래이 도롱뇽. 거라서 내 바로 옆으로 도래이가 한 마리 재바르게 지나가 드라고. 땅이 습하께네 도래이가 나오는갑다. / 도랑용. 도롱뇽이. 도롱이.

도랳다 닿다. 아 손 안 도랳그러 높은 데다 얹지 놔라.

도레 얼레. 도레를 풀었다 감았다 해야 연을 높이 올릴 수 있대이. 연을 잘 날릴라만 도레를 잘 돌리야 되지.

도롱농이 도롱뇽. 논도랑 치는데 도롱농이가 나와 잡을랬디만 재발리 내빼디라. 도롱농이도 도마뱀맨치 발이 네 개 달렸대이. / 도랑용. 도롱이. 도래이.

도리 도롱이. 예저에는 비오면 도리 쓰고 일 했어. / 도래기. 도리끼.

도리깻장채 도리깨채. 도리깻장채로 쓸 만한 기 있나 해가 짝대이 좀 보고 왔니더. 콩타작할 때 도리깻장채를 잘 잡고 휘둘러야된대이.

도리끼 도롱이. 논에 물 보러 갈 때 비가 마이 오이 도리끼 쓰고 나가이소. / 도래기. 도리끼. 도리.

도리판 둥근상. 도리판에는 수저 놓기도 힘들지.

도먼저 먼저. 일은 도먼저 해 놓고 안죽 끝을 못 보니껴.

도모 도개. 그륵 만들 때 도모로 속을 마이 뚜드리야 되지럴.

도부쟁이 도붓장사. 우리사 안죽도 정착을 모하고 이래 도부쟁이로 사니더.

도분나다 화나다. 도분난다고 보지도 않고 가 버리면 되나. 아 도분나게 하지 말고 같이 놀아래이. 지 도분난다고 그꼬 소리지르만 우예노.

도분내다[동] 화내다. 도분내더라도 쪼매 참고 그래야제 우째 다 겉으로 표현을 하노.

-도오[어] -더냐. 가가 어제 집에 왔도오?

도우감[명] 아주 큰 감. 도우감은 디기 큰 감이래.

도적[명] 산적. 멩절 젯상에사 살키로 도적 꿉어가 꼭 올리니더.

도지미[명] 그릇을 얹는 선반이나 실겅. 도지미에다 사발 올려놔라.

도찌[명] 도끼. 나무 벨라카이 도찌가 말을 안 들어가 못 할시더.

도통[부] 도무지. 전혀. 뭐라 카는동 도통 몰따.

도트라지[명] 명아주. 여름이 되면 들이나 길가에 도트라지가 저절로 난대이. / 도투라지.

독[명] 고랑을 만들 때 망과 망 사이. 망을 높여야 독이 깊어지지.

독간[명] 채소에 소금을 많이 넣어 절이는 일. 아무리 바빠도 독간을 치고 오래 있으만 양님 아무리 마이 여도 김치가 맛이 없대이.

독누리[명] 독수리. 날짐승 중에사 독누리가 젤로 무섭지러. / 둑수리. 똑소래기. 똑수리. 독새.

독새[명] 독수리. 독새가 잽사그러 내리와가 닭을 채 가아. 독새는 파리 못 잡는다캤다. / 독누리. 둑수리. 똑소래기. 똑수리.

독시가 나다[관] 음식이 맛이 좋아 빨리 없어지다. / 이번 잔치에 국시가 독시가 났니더.

돈나물짐치[명] 돌나물김치. 더울 때 꼬칫물 자박자박하그러 돈나물짐치 담가 먹으먼 맛있지러.

돈내이아재비[명] 쇠비름. 천방둑에 돈내이아재비가 을마내 마이 자랐는동 댕기는 데 갈구챘대이.

돈도배미[명] 도마뱀. 돈도배미는 지 꼬리 자르고 도망가이께 잡을 수가 없어. 돈도배미 쪼맨한 기 디기 빨리 가대. / 도마배미. 도마매암. 도마배미. 도매배미. 도매뱀. 도마배암. 도뱀. 도우뱀. 돔뱀. 동오배미. 돈두뱀.

돈두뱀[명] 도마뱀. 비가 오이 논에 돈두뱀이 나왔디더. / 도마배미. 도마매암. 도마배미. 도매배미. 도매뱀. 도마배암. 도뱀. 도우뱀. 돔뱀. 동오배미. 돈

도매미.

돈드깨미📖 소꿉질. 지지바사 돈드깨미로 놀고 머시마는 마당서 노지요.

돈쟁이📖 돈푼깨나 있는 사람을 가리킴. 돈쟁이처럼 돈을 막 쓰고 다니디만 꼴이 그게 뭐로.

돈적📖 애호박전. 호박이 달렸으이 올 저역에 호박을 따가 돈적 꾸 먹시더.

돋궇다📖 돋우다. 봄나물 무치고 나새이 여가 딘장 꾫이가 먹으면 봄에 입맛 돋궁고 좋제.

돌강지리📖 광주리. 대나무나 싸리로 만든 바구니. 광주리의 일종으로 대체로 반짇고리 등 자잘한 것을 담아 보관하는 데 사용한다. 실꾸리는 돌강지리에 담아 놔라.

돌개📖 도라지. 돌개는 꽃도 예쁘고 나물해가 먹어도 맛있지럴. / 돌가지. 돌개나물. 도랏. 도래. 돌래. 돌개. 돌개이. 돌갱이.

돌갱이📖 도라지. 돌갱이는 물에 담가 놨다 써야 덜 쓰다캐. 지사 때 쓸라고 돌갱이 말리 놨너더. / 도랏. 도래. 돌가지. 돌래. 돌개. 돌개이.

돌고지📖 돌곗. 돌고지에 실을 걸고 비 좀 짜야 될따.

돌구총📖 짚신을 삼을 때 사용하는 틀의 가운데 큰 구멍. 짚신 삼을 때 구멍이 이래 있는데 가운데 있는 구멍을 돌구총이라 그래.

돌까불이📖 대중없이 까부는 사람을 이르는 말. 돌까불이그치 그지 말고 처연하게 있어라.

돌깡📖 도랑. 얼라가 놀다가 돌깡에 빠졌니더. / 도구. 도라. 돌캉. 또랑.

돌나락📖 돌벼. 심구지도 안애도 돌나락이 마구 난대이.

돌다리미📖 하늘소. 얼라들이 돌다리미 잡아가 장난감맨치고 가주고 놀았대이.

돌다물📖 돌담불. 산때배이밭에 돌다물 치우다가 해 지는 줄 알았다.

돌단풍📖 바위취. 불에 디며는 돌단풍 즙을 짜가 바르면 좋애.

돌돈내이📖 바위솔. 돌돈내이사 기왓장 포갠매이로 크너더.

돌뜸거리📖 돌덩어리. 밭에 중간에 있는 돌뜸거리 옮기느라 욕봤대이. / 돌삐이. 돌띠이.

돌리다📖 배추 등을 수확하다. 올개는 배추를 작년보담 마이 돌리가 다행이다.

돌림🖲 김치를 하고 난 뒤에 이 집 저 집 돌아가면서 밥을 해먹는 행위. 김장철이 되가 돌림을 해 가며 밥 해 먹으며 집집마당 김치 맛보는 재미가 있지러.

돌림대🖲 후리채. 알라 때 돌림대로 메뚜기 마이 잡았니더.

돌림뱅이🖲 도붓장사. 그 사람이 돌림뱅이라 동네매둥 안 다닌 데가 없다캐. 돌림뱅이한테 물건을 샀다만 금새 고장이 났니더.

돌망치🖲 돌멩이. 뭔 밭에 돌망치가 이꼬 많노. 우얄라고 돌망치를 사람한테 던지노. / 돌매키. 돌매이. 돌미. 돌빼이. 돌삐. 돌팍. 동밍이. 돌뭉치. 돌띠이. 동밍이. 돌째이.

돌매키🖲 돌멩이. 돌매키 골리 내느라 일 다 보니더. 집 앞에서 놀다 돌매키에 걸리가 넘어져 뿌렀다. / 돌망치. 돌뭉치. 돌매이. 돌미. 돌빼이. 돌삐. 돌팍. 동밍이. 돌째이.

돌미🖲 돌멩이. 저짜 밭은 돌미가 많아 농사짓기 디게 안됐대이. / 돌삐. 돌띠이. 돌망치. 돌뭉치. 돌매이. 돌미. 돌빼이. 돌팍. 동밍이. 돌매키. 돌째이.

돌밀🖲 야생에서 저절로 돋아난 밀. 없이 살 때 구체 없이 먹기도 했지만 돌밀이사 맛은 없재.

돌바람🖲 회오리바람. 돌바람이 불어가 다 날리 갈 뻔 했니더. 돌바람에 날리가 뿌만 몬 찾는다. / 기신바람. 도꿍이. 돌개바람. 해리바람. 호대기바람. 호도라기. 호더래기. 호더락바람. 호두락바람. 호두래기. 회리바람. 회악바람. 돌캐바람.

돌방개이🖲 동그라미. 학교 마치고 운동장에서 돌방개이 그리 갖고 놀았어. / 돌방배이. 동글배이.

돌방배이🖲 동그라미. 돌방배이 그리갖고 잡기놀이 하고 놀았어. 원을 돌방배이라 그래. / 돌방개이. 동글배이.

돌방석🖲 둥근 모양으로 짠 방석. 돌방석에 널어 둔 팥 좀 골리라.

돌방하다🖲 둥글다. 사과 담그러 돌방한 그릇 갖고 온나. 돌방하게 생긴 기 이쁘네. 동그랗게 생긴 걸 보고 돌방하다 그래. 채반도 돌방하잖나. / 둘벙하다.

돌빵구🖲 바위. 높은 산에 돌빵구 새에 석의가 있디더. 돌빵구에 앉아 시있다

가시더. / 바우. 바이. 빙구. 방쿠. 방쿠이. 파구.

돌어매[명] 돌엄마. 우리 시어매는 내가 몸풀고 나서 매일 돌어매로 찾아가 아덜 무병을 빌었니더.

돌짝[명] 돌쩌귀. 문이 잘 안 여닫기면 돌짝에 기름을 쳐 보래이. 집이 오래되가 문지방에 돌짝이 다 떨어졌디더. / 돌쪽.

돌째이[명] 돌멩이. 밤으로 지점하는데 똘째이같이 야물어져. / 돌망치. 돌뭉치. 돌매이. 돌미. 돌빼이. 돌삐. 돌팍. 동밍이. 돌매키.

돌쪽[명] 돌쩌귀. 돌쪽으로 문을 달았니더.

돌찌네[명] 지네. 아까마릿 구석으로 돌찌네가 기 가길래 잡았니더.

돌추자[명] 가래. 돌추자사 껍질 삭쿠고 나서 말리가 손으로 가지고 놀았니더.

돌캉[명] 개울. 아덜은 모도 돌캉에 반두로 고기 잡으러 갔니더.

돌캉[명] 시궁창. 밤주에 돌캉에 안 빠지거러 길 잘 보고 댕겨래이. / 수채. 개골창.

돌캐바람[명] 회오리바람. 봄에 고추 심고 나며는 꼭 돌캐바람이 불어가 비닐이가 걷혀. / 기신바람. 도꿍이. 돌바람. 돌개바람. 해리바람. 호대기바람. 호도라기. 호더래기. 호더락바람. 호두락바람. 호두래기. 회리바람. 회악바람.

돌팔이행세[명] 떠돌아다니면서 제대로 일을 하지 못 하는 해녀. 돌팔이행세매치로 요 갔다 조 갔다 저거끼리 지끼더래이.

돔배기[명] 제수로 장만한 토막 생선. 제사 어물은 돔배기가 빠지면 안 되니더.

돔배배미[명] 도마뱀. 가는 돔배배미매이로 작은 게 얼매나 빠른 동 몰래. / 도마배미. 도마매암. 도마배미. 도매배미. 도매뱀. 도마배암. 도우뱀. 동오배미. 돔뱀.

돔뱀[명] 도마뱀. 도랑에 돔뱀이 나타나가 시껍했잖나. 돔뱀은 지 꼬리 자르고는 도망가 삐리. / 도마배미. 도마매암. 도마배미. 도매배미. 도매뱀. 도마배암. 도우뱀. 동오배미. 돔배배미.

돔비[명] 동부. 돔비사 꽃도 이쁘고 콩을 밥에 안쳐 먹으만 별미제. / 양대. 동불.

돗틀[명] 자리틀. 겨울이 되면 남자들이 사랑바에서 돗틀로 자리를 짰지.

동가르다[동] 토막 내다. 생선은 동갈리가 손질해서 그릇에 담아 놔라. 내사 아구힘이 없어가 사과도 동가르지 모한대이. / 동갈리다.

동가리[명] 싸래기. 없이 살 때사 동가리도 다 먹었디래.

동개다[동] 포개다. 그릇을 잘못 동개 놓으만 깨지기 쉽대이.

동고리[명] 동으로만든소줏고리. 있는 집에서 동고리로 소주 내릿고 그랬제.

동구깨비[명] 소꼽장난. 야들아, 우리 동구깨비 살자. 아들이 친구하고 봉다아 앉아가 동구깨비 하고 노디더. / 각시놀이. 반두깨이. 반지깨이. 새간살이. 새금파리. 손꼼장난. 혼두깨미놀이. 혼두깨비. 돈두깨미. 동두깨비. 동디깨미. 동디깨비. 빵깨놀이. 빤지깨이.

동글배이[명] 동그라미. 그림 그린다 카디 동글배이만 그리놨노. / 돌방개이. 돌방배이.

동꼬동[명] 자배기. 동꼬동에 쌀 담아가 씻어 밥 좀 안쳐래이.

동동이낚시[명] 개울에서 하는 낚시의 일종. 흐르는 물에 수수깡종대를 사용함. 낚시는 동동이가 재밌지.

동띠기[부] 굉장히. 이것도 큰데 그건 동띠기 크다. 이 수박은 딴 것보다 동띠기 크네. 동띠기 큰 거는 들지도 못해.

동마리[명] 동마루. 동마리에 먼지가 뿌옇네. 뭐가 그꼬 바쁜동 신발도 안 벗고 동마리에 걸터 앉았노. / 마래. 마로. 마리.

동빼기[명] 윷놀이. 새해 되만 정월에는 모이만 동빼기했지.

동솥[명] 옹달솥. 식구 적을 때사 가마솥보담 동솥에 밥 해 먹으면 좋제.

동치다[동] 다발이나 묶음의 끝을 가지런하게 베다. 마늘을 묶어가 단을 동치면 일이 빠르제. / 무동치다.

동태[명] 손잡이를 돌리면 바퀴처럼 돌아가면서 실이나 줄 등속이 감기게 되어 있는 연장을 통틀어 이름. 실이든 줄이든 바퀴처럼 감기 돌아가는 걸 싹다 동태라 캐.

동트레[명] 굴렁쇠. 야들아, 동트레 굴리자.

돛대[명] 최고. 돛대그치 설치디만 일만 떠 안았다카대. 지가 머 돛대라고 저카노?

되라지다[형] 어린 나이에 어수룩한 데가 없고 얄밉도록 지나치게 똑똑하다. 나이도 어린놈이 되라져가 어른한테 무슨 말버릇이로.

되짜리[명] 되가웃. 산에 가가 주서 온 꿀밤이 되짜리는 족히 넘을따.

두대기[명] 포대기. 겨울게 그래 두대기가 얇아가 얼라가 춥잖나. / 띠개비. 업울띠. 호대기. 두두기. 두디기. 디디기. 드디기. 두디.

두꺼리[명] 뚜껑. 반찬은 두꺼리 덮어가 냉장고 너래이. 장에 햇빛을 안 보이만 꼬까지 끼이께 두꺼리 열어 빝 좀 보이라. / 개뜨배이. 꾸바리. 두깨. 두꿍. 두베이. 두벵이. 따개비. 따까리. 따꿍. 딱까리. 떠개이. 까리. 떠꺼리. 뚜까리. 뚜깨이. 뚜깨비. 뚜꺼뻥. 뚜께. 뚜께이. 뚜끼. 뚜뚱. 뚜베이. 뜨개. 뜨개이. 뜨그리. 뜨꺼리. 뜨껑. 뜨베. 띠꺼리. 띠께이. 띠끼이. 띠배이. 따까이. 따개비. 따깨이.

두닢덤불[명] 사위질빵. 두닢덤불 잎으로 나물해가 먹을 때 물에 담가 오래 울가야 되니더.

두다락지[명] 두드러기. 음식을 잘못 먹었는동 두다락지가 났네. / 두더기. 두더래기. 두두래이. 두두레기. 두드리. 두디기. 두드리기. 두디레기.

두더기[명] 두드러기. 몸에 두더기가 나가 간지라 못 사니더. 비린 거만 머만 두더기가 나. / 두더래기. 두두레기. 두드리기. 두디레기. 두디기. 두다락지. 두두래이. 두드리. 두디기. 두드리기. 두디레기.

두더륵[명] 두둑. 두더륵에 콩 심어 놨디만 새가 와가 다 쪼묵고 없다. 비 오고 나이 두더륵에 풀이 마이 올라왔을 기다. / 던둑. 두덕. 두던. 두덩. 두둑. 두둠. 두들. 두듬. 두럭. 두럼. 두룩. 두털. 둔덕. 뚜룸. 뚝. 뚠덕. 뜨럼. 뜨룸. 둥끼.

두더지[명] 더덕. 두더지 씻을라만 장갑 끼고 해래이. 뒷산에다 두더지를 심어 놨디만 그기 이래 좋아졌니더. / 더더기. 더덜기. 더데기. 더드기. 더드미. 디디기. 두덕.

두덕[명] 누더기. 그런 두덕은 소덕새기 하만 좋을다. 두덕그튼 옷 좀 벗어 버리래이. / 누더지. 두데기. 두디기. 디디기.

두두기[명] 포대기. 두두기 끼리가 들쳐 업고 일 하러 댕깄다. 두두기도 안 하고 업고 나가만 아 감기 든다. / 두대기. 띠개비. 업울띠. 호대기. 두디기. 디디기. 드디기. 두디.

두두래이[명] 두드러기. 몸에 두두래이가 나서 나가질 못 하니더. 벌레한테 물렀나 했디만 두두래이라. / 두더래기. 두드리기. 두디레기. 두다락지. 두더기. 두두레기. 두드리. 두디기.

두드리[명] 두드러기. 몸에 두드리가 피가 가려버가 죽을따. / 두다락지. 두더기. 두더래기. 두두래이. 두두레기. 두디기. 두드리기. 두디레기.

두들[명] 둔덕. 두들에 올라서만 먼 들까지 다 보인대이.

두듬[명] 두둑. 밭 매놓고 두듬에 콩 심으소. 비가 마이 내리디 두듬이 파있데. / 던둑. 두드럭. 두덕. 두던. 두들. 두럭. 두럼. 두룩. 두털. 둔덕. 뚜룸. 뚝. 뚠덕. 뜨럼. 뜨룸. 두덩. 두둠. 둥끼.

두디[명] 포대기. 아가 울면 두디 끼리 업어라. / 두데기. 두대기. 띠개비. 업울띠. 호대기. 두디기. 디디기. 드디기. 두두기.

두디기[명] 걸레. 두디기로 방 닦아라.

두랭이[명] 홑두루마기. 전에 할배 옥색 두랭이사 참 곱고 좋았디래.

두레전[명] 여러 사람이 먹을 수 있도록 넓게 구운 전. 요깃거리 없는데 두레전이나 꾸가 농갈려 먹으씨더.

–두록[어] -도록. 공부 쫌 하두록 놔뚜지 왜 아를 밭에 델꼬 오니껴.

두루[명] 크기가 큰 멱둥구미. 마늘 심거러 두루에 담아가 밭에 가시더.

두루거리[명] 평상복. 두루거리 차림으로는 삽짝걸에도 안 나가.

두루맹이[명] 두루마기. 낼 잔찻집에 가야 되이께 두루맹이 손질 해 노래. 두루맹이 차려 입고 어데 가시니껴?

두리[수] 둘. 이래 두리가 만낼 줄 몰랬다.

두리빙[명] 주둥이가 잘록한 병, 주로 증류한 소주를 담는다. 소주고리에 소주 내리가 두리빙에 담아 놓고 먹었니더. / 귀때병. 두리미.

두벌꼬치[명] 쌍고치. 꼰디기가 두 개 든 거 보이 두벌꼬치네. 가운데 들어가 있는 거 보이 두벌꼬치네.

두베이[명] 씨 뿌릴 때 쓰는 그릇. 두베이가 궁기가 너무 커만 씨가 마구 나와가 못쓰니더.

두벵이[명] 뚜껑. 비 올라 카이 장독 두벵이 잘 덮어 놔래이. / 개뜨배이. 뚜까리. 따개비. 꾸바리. 두꺼리. 두깨. 두꿍. 두베이. 따까리. 따꿍. 딱까리. 떠개이. 까리. 떠꺼리. 뚜깨리. 뚜깨비. 뚜꺼뻥. 뚜께. 뚜께이. 뚜끼. 뚜똥. 뚜베이. 뜨개. 뜨개이. 뜨그리. 뜨꺼리. 뜨껑. 뜨베. 띠꺼리. 띠께이. 띠끼이. 띠배이. 따까이. 따개비. 따깨이.

두부디기 뎽 뒤웅박. 두부디기에다 씨 담아 뒀다. 박 속만 파래이. 두부디기 하그러. / 뒴박. 두부링이. 드부리이.

두부링이 뎽 뒤웅박. 감자 씨 너어 둔 두부링이 어데 뒀노. 씨 할 거 두부링이에 담아 놔라. / 뒴박. 두부디기. 드부리이.

두부채 뎽 두부를 통째로 냄비에 담아 물을 붓고 소금을 넣어 삶은 음식. 동네에서 시사 지내고 할 때 두부채도 쓰고 했니더.

두불 쥐 두벌. 두불 일 하지 않도록 한 번에 잘해라.

두붕 뎽 두레박. 두붕 가아 물 퍼 올리라. 두붕 올릴라 그만 팔이 마이 아파. / 다루박. 두리박. 드레박. 따루박. 따르박. 따리박. 딸박. 딸베이. 딸베기. 떠럼박. 뚜레박. 뚜룸박. 뚜리박. 뜨래. 뜨래박. 뜨러박. 뜨러백. 뜨럼박. 뜨레. 뜨레기. 뜨레박. 뜨레베기. 뚜루배기. 타루박.

두비 뎽 두부. 두비 사가 오다 고마 넘어져가 다 뭉개졌니더. 장에 넣그러 두비 한 모 사 온나. / 조포. 조피. 더부. 드부. 뚜브.

두털 뎽 두둑. 두털에 풀이 좋던데 풀 좀 비소. 두털에 풀이 좋길래 그냥 거서 띠끼고 왔데이. / 던둑. 두덕. 두던. 두덩. 두둠. 두들. 두듬. 두럭. 두럼. 두룩. 둔덕. 뚜룸. 뚝. 뚠덕. 뜨럼. 뜨룸. 등끼.

둔대미 뎽 밭두둑. 밭에 고추 모 심기 전에 둔대미를 손봤니더. / 등말리. 망두들.

둘 뎽 웅덩이. 흙탕물이 고예 있는 둘에 빠져가 신발하고 옷을 다 베렀대이. / 둠. 둠벙. 새미. 시미. 움. 덤바. 덤벙. 둠보. 덤붕. 둔벙. 둠붕. 듬벙. 듬붕. 움벙. 웅데이. 웅디. 듬바. 듬버이.

둘갱이 뎽 대, 싸리, 버들 따위를 재료로 하여 바닥은 둥글고 촘촘하게, 전은 성기게 엮어 만든 그릇. 둘갱이에 고추 딴 거 담아가 오시소.

둘게 뎽 두레. 품앗이. 지난주 이웃에서 모심기 해 줬으이 우리도 해 주는 게 둘게다.

둘게명[명] 여럿이 모여 품앗이로 무명실을 잣는 작업. 둘게명이사 여러이 모이께네 힘이 덜 드니더.

둘굽[명] 두릅. 둘굽 날 때 꺾어 데쳐 먹으면 입맛이 돌지러. / 둘겁.

둘눕다[동] 드러눕다. 낮에 을매나 일을 마이 했던동 둘눕어가 일어나지를 못할따. / 둘놓다.

둘놓다[동] 드러눕다. 몸이 좀 찌뿌듯해서 좀 둘놓다 나왔디 좀 괘안네. / 둘눕다.

둘러리[명] 둘레. 단지는 둘러리도 닦아야 된다. 숟가락을 둘러리 쭉 돌아가매 놔라. / 가새. 둘배. 둘리. 연두리. 테두리.

둘러빼다[형] 꼭 닮았다. 얼굴을 보이 저거 애비 꼭 둘러뺐네. 말하는 게 저거 애비 꼭 둘러뺐다. 아고로 턱하고 입이 둘 형제가 둘러뺐네.

둘레삼[명] 여러 명이 둘러앉아서 삼는 삼. 저역 먹고 나가 모두 방에 모여가 둘레삼 삼으며 이러저런 애기도 하고 그랬지러.

둘벙하다[형] 둥글다. 그릇이 둘벙하이 쓰기 좋네. / 돌방하다.

둘상투[명] 젖은 머리를 말리려고 정수리 부근에 상투처럼 둘둘 말아둔 머리카락. 머리 감고는 우선 둘상투를 말아 두었다 말리면 된데이. / 된대이.

둠보[명] 웅덩이. 길을 파재키난 데다 비가 오이 당여이 둠보가 생기지. 먼 산 보고 걷다 둠보에 빠져가 신발을 다 베렀대이. / 덤붕. 둔벙. 둠벙. 둠붕. 둘. 듬벙. 듬붕. 움벙. 웅데이. 웅디. 덤바. 듬바. 듬버이. 새미. 시미. 움.

둥게이[명] 소쿠리. 감자 담그러 둥세이 가져 온나.

둥구마기[명] 멱둥구미. 둥구마기에 담아 놓은 거가 씨종자이껴? / 둥구메기. 둥구마리. 둥기미. 봉새기. 봉새이. 봉오애기. 봉태기. 봉티기. 둥구메이.

둥구메기[명] 멱둥구미. 찹쌀 남은 거는 둥구메기에 담아 놔라. / 둥구마리. 봉새기. 봉새이. 봉오애기. 봉태기. 봉티기. 둥구메이. 둥구마기. 둥기미.

둥굴[명] 나무를 적당한 크기로 잘라 놓거나 쪼개어 놓은 것. 결 되기 전에 둥굴 해 나야 맘이 편해. 둥굴 패가 한짜 동개 놔라. / 둥가지. 장재기. 장재이. 장잭. 등거리.

둥굴레고치[명] 무리고치. 누에 칠 때 둥굴레고치 안 맨들라카면 군물 드가지 않도록 조심해야 된대이.

둥기미 [명] 멱둥구미. 나락 멍석에 피 논 거 둥기미에 퍼 담아래이. 찹쌀 쪼매 남은 거 둥기미에 담아 놨디 누가 가 갔나. / 둥구마리. 둥구메기. 봉새기. 봉새이. 봉태기. 봉티기. 둥구마기. 봉오애기. 둥구메이.

둥식이 [명] 멍석. 고치 말룰그러 둥식이 피라. 타작 할 때 둥식이 깔고 하그래이.

뒈리 [부] 도리어. 지가 잘못해 놓고 뒈리 생사람을 잡노. / 드부.

뒤꼬머리 [명] 발뒤꿈치. 새로 산 신발을 신고 마이 걸었더니 뒤지기가 다 벗거졌대이. / 바뒤챙이.발꼼치.

뒤꼬물 [명] 뒤꿈치. 니는 형아 발뒤꼬물맨치 하먼 잘하는 거대이. / 뒤끄미.

뒤꼭댕이 [명] 뒤통수. 남 뒤꼭댕이에다 대고 말하지 말고 앞에서 말해라. 뒤로 발라당 넘어져가 뒤꼭댕이에 혹불이 생깄다. / 뒤통배기. 뒤통세. 뒤통시. 뒤꼭지. 뒤짱배기. 뒤꼭대기. 뒤통생이. 이통수.

뒤꼭치 [명] 꼭뒤. 뒤통수의 한가운데. 뒤꼭치가 땡기는 기 만치로 맴이 안 편테이. 뒤꼭치에 피도 피도 안 마른 놈이 버릇없이 군다카이.

뒤끄미 [명] 뒤꿈치. 신발을 새로 샀디 뒤끄미가 깨물리가 아프니대이. / 뒤꼬물.

뒤디기 [명] 기저귀. 나이가 멫 살인데 뒤디기를 차노. 얼라 뒤디기 안 갈아도 되나 봐라. / 기저구. 기지게. 기조구. 기조기. 지기리. 지저구. 지저기. 두대기. 두두기. 두디기. 디지기.

뒤막다 [형] 융텅성이 없다. 뒤막그러 안그칸다고 그꼬 모르노. 일을 그런 식으로 하면 뒤막다 소리 듣는다. 뒤막그러 그게 뭐로. 옆도 좀 돌아봐라.

뒤발바지 [명] 뒷바라지. 뒤발바지를 해도 안 되는 거는 안 되드라. 자슥들 뒤발바지 하느라 바깥에는 나가 보지도 못 했니더.

뒤비다 [동] 뒤집다. 니는 어예 사람 속을 뒤비고 카노.

뒤안간 [명] 뒤곁. 농사 연장은 모다 뒤안간에 있다 카이.

뒤저구 [명] 두더지. 우야노, 뒤저구가 따을 다 파헤치 놨데이. / 두지. 두지기. 뒤쥐. 디지. 지지기. 데데기. 두두기. 두디기. 디기. 디더구. 디데기. 디디기. 디저구. 디저기. 디제기. 디지구. 디지기. 뚜지기. 뚜지비. 띠디기. 띠재기. 띠지기.

뒤지개 [명] 뒤짐. 지 할매매이로 뒤지개 지고 걷는 폼 좀 바라.

뒤지기[명] 뒤축. 신발을 오래 신었디마 뒤지기가 다 떨아 뿟네. / 뒤짝. 뒤치거리. 뒤칙. 뒤지기. 뒤치기. 뒤추거리.

뒤지다[동] 농기구나 농기계로 땅을 파서 뒤집다. 논이사 가을게 뒤지면 곡석 소출이 많니더.

뒤치거리[명] 뒤축. 뒤치거리를 꺾어 신으만 신 오래 못 신는대이. 버선을 신을라고 보이 뒤치거리가 뜰버져 다른 거 신느라 늦었니더. / 뒤칙. 뒤지기. 뒤치기. 뒤추거리. 뒤짝.

뒤타보다[동] 어떤 사람의 평소 사생활이나 숨겨진 사실, 비밀스런 내용, 비리, 평판 따위를 은밀하게 추적하거나 뒷조사를 하다. 혼인할 때 신부가 어떤가 뒤타보고 그랬지.

뒤통배기[명] 뒤통수. 그놈 뒤통배기가 잘 생깄다. 얼라를 그래 바로만 누이 노만 뒤통배기 납작해진대이. / 뒤통세. 뒤통시. 뒤꼭지. 뒤짱배기. 뒤꼭대기. 뒤꼭댕이. 뒤통생이. 이통수.

뒷입[명] 군것. 겨울게는 밤이 길어가 뒷입거리가 꼭 있어야제. / 주점부리.

뒷퉁스럽다[형] 이야기 주제와 다르게 엉뚱하다. 어예 그래 자꾸 뒷퉁스럽게 야기하노.

드다리다[동] 다루다. 옮기다. 드다리기 힘드만 그냥 놔또라.

드랫돌[명] 고드랫돌. 초석틀에 드랫돌이 엉켜가 푼다꼬 시껍했니더.

드러[조] 한테. 니는 누구드러 말을 함부로 하노.

드로[조] 서. 그래 혼자드로 몰래 머이 맛있나? 둘이드로 손잡고 어데 가노?

드롷다[동] 드리우다. 해가 드이 문에 발을 드라야 될따.

드멍[명] 두멍. 저역에 동이로 드멍에 물을 채워 놔야 마음이 놓이제.

드뭉[명] 둥우리. 드뭉에 달갈 좀 가 온나. 삐가리 드뭉에 집어 너라. / 두우리. 둥거리. 둥구리. 둥구메기. 둥구메이. 둥기미. 둥주리. 드멍. 궁구메어. 궁주리. 달가우리. 달구둥어리. 달구둥지리. 달구둥치. 달구통. 둥구메어. 둥구미. 둥꾸리. 둥어리. 둥에리. 둥우리. 둥지리. 등거리. 부동. 알통.

드배이[명] 윗부분만 조금 도려내고 속을 파내어 말려 그릇으로 쓰는 박. 드배이로 그륵 만들라카먼 속을 잘 파내고 잘 말룧고 해야 된대이.

드부[부] 도리어. 좀 머라캤다고 드부 성을 내이 기가 맥힌다. 지가 잘몬한 줄도 모리고 드부 성을 내뿌리. / 뒈리.

드얼[명] 들. 배추 모중한 거 드얼에 내다 심으로 갔는 갑다. 꼭두새북부텀 드얼에 일하러 갔다네. / 들탠. 덜판. 벌. 버덩. 덜.

-드키[어] -듯이. 뭐 땜시로 이래 사람 잡드키 달가 드노.

득신득신하다[형] 득실득실하다. 버스가 얼매나 득신득신한동 발도 못 넣을따.

든물[명] 진딧물. 가지에는 든물이 마이 찌. 아까 밭에 가보이 든물 쨌드라. 약 좀 처래이. / 떠물. 뜨물. 뜬믈.

듣기다[동] 들리다. 잘 듣기게 말을 좀 크게 해래이.

들가다[동] 밖에서 안으로 향하여 가다. 넌 거기 들가서 기다리거래이.

들구방애[명] 절구. 들구방애에다 콩 좀 찌라. 떡 하그러 들구방애에 찹쌀 넣고 찌래이. / 도구. 동구방아. 도꾸방아. 절고. 절구방애. 정구.

들깐[명] 농기구나 곡식 등을 보관하는 창고. 삽은 들깐에 넣어 둬라.

들껑시럽다[형] 귀가 얇다. 들깡시럽게 남이 얘기한다고 그꼬 쉽게 결정하나. 들깡시럽게 남의 말을 그꼬 잘 믿노. 남 말만 믿고 들깡시럽게 따라하지 말고 잘 생각해 보거래이.

-들랑[어] -든지. 거게 가들랑 맘대로 하소.

들뽛다[동] 들여 놓다. 비 온다 그는데 빨리 안으로 들뽛지 머 하고 있노.

들마리[명] 나무로 만든 것으로 밖에다 내어 앉거나 드러누워 쉴 수 있도록 만든 것. 여름에는 들마리에 앉아서 옥수수 삶은 거 먹는 기 최고야. 마당에 내논 들마리에다가 고추 펴가 말리라.

들반[명] 들보. 그짝 빅에는 들반이 있어가 문을 몬 연다. 집이 오래 되노이 들반이 내리 앉을라캐. / 가매부. 대덜보. 대들뽀. 덜보. 데마리. 뎀마리. 뜰보. 배짱. 보짱. 사당. 잔등. 종포. 중천장. 질림.

들살대다[동] 소란스럽게 떠들다. 야는 잠도 안 자고 왜 이꼬 들살대노.

들시다[동] 들추다. 찬 기운 들어오이께 자꾸 이불 들시지 마래이. / 둘춯다.

들지킴이[명] 농사를 짓는 논과 밭 등의 들을 지켜주는 뱀. 들지키미를 잡으면 우환이생긴다.

들짜㈱ 아이를 못 낳는 여자. 그 집은 미니리가 들짜라가 얼라가 없어여.

들춯다㈑ 들추다. 콩나물 삶을 때 자꾸 냄비뚜껑 들추면 비린내 나서 못쓰지. / 들시다.

들탠㈱ 편평하고 넓게 트인 땅. 어여 점심 먹고 들탠에 가시더.

듬㈱ 벼랑. 발을 헛디디가 고마 듬으로 굴러 마이 다쳤다네. 듬에도 낭기 뻬뚤람해도 잘 자래. / 까끄막. 깔시막. 낭. 낭간. 능간. 능까. 능끝. 배람. 배리. 버락. 베락. 베랑. 병랑. 비리. 비랭. 비륵. 비얄. 빈달. 산비알. 산비얄. 절벽. 절벡. 질벽. 칭덤.

듬기㈱ 쟁반. 음식을 마이 못 나르이께 큰 듬기 가 온나. 과일 깎으만 접시 담아가 듬기에 받차 내래이. / 쟁바리. 정반. 차반. 둠기. 듭기. 뜸.

듬바㈱ 웅덩이. 길 걸을 때 신발 안 젖거러 듬바로 피해가 걸어래이. 덤바. 덤벙. 둠보. 덤붕. 둔벙. 둠벙. 둠붕. 둘. 듬벙. 듬붕. 움벙. 웅데이. 웅디. 듬버이. 새미. 시미. 움.

듬북장㈱ 콩을 일주일 정도 발효하여 만든 된장. 듬북장 끓이면 온 집안에 냄새가 진동을 해.

등거럭㈱ 등걸. 등거럭이 얼마나 큰 동 빈 지 몇 년이 지나도 그대로씨더.

등거리㈱ 장작. 등거리가 담 밑에 쌓여 있으만 삼동날 걱정이사 없지여.

등검쟁이㈱ 등짐장수. 등검쟁이가 온다캐가 마을회관에 가니더. 등검쟁이래도 없는 물건이 없어. / 등금.

등게㈱ 등에. 쇠잔등에 등게가 마이 붙었는 갑다. 좀 쓸어 줘야 될따. / 등구. 딩에파리. 디에. 드애. 딩기파리. 빠리.

등구㈱ 등에. 마구에 등구가 천지가 났니더.

등구㈱ 물두멍. 낼 아직에 쓰거러 등구에 물 가득 채와 놔라. / 등게. 딩에파리. 디에. 드애. 딩기파리. 빠리.

등금㈱ 등짐장수. 장이 머이 웬만한 거는 등금한테 마이 사지. 등금 온다캐가 지달리고 있니더. / 등검쟁이.

등끼㈱ 두둑. 밭에 농사를 지을라카먼 등끼를 잘 쌓아야 되지럴. / 두덩. 둔덕. 뚝. 던둑. 두덕. 두던. 두둑. 두둠. 두들. 두듬. 두럭. 두럼. 두룩. 뚜룸. 뚠덕. 뜨럼.

뜨룹.

등다락겉이 오르다 〈관〉 물건 값이 갑자기 많이 오른 상태를 이름. 맹절이 다가 오이 과일 값이 등다락겉이 올랐대이.

등대 〈명〉 잘게 쪼개어 살을 만든 대쪽을 대어 굳히는 대. 빗의 등대가 부러져가 이제 못 쓸따.

등디 〈명〉 등. 짐을 졌디만 등디가 아파가 파스라도 붙여야 될따. / 더어리. 등그리. 등더리. 등디이. 등따리. 등떠리. 등때이. 등때기. 등서리. 등어리.

등때 〈명〉 등때기. 비가 올라는동 이래 등때가 쑤시네. / 더어리. 덩서리. 등그리. 등어리. 등때기. 등떨배기. 등더리. 등디이. 등따리. 등떠리. 등때이. 등때리.

등때 〈명〉 등성이. 저게 산이사 등때가 급해가 올라가기가 쉽지 않애. / 댄마루. 댐마리. 댓마리. 등마로. 등마리. 등말기. 등산만데이. 등성마리. 등성마루. 등서이. 등세이. 만데이. 산뜨베이.

등때리 〈명〉 등때기. 등때리에 뭐가 나가 눕지를 못 해. 아가 하도 고집을 피아 가 등때리를 때맀니더. / 더어리. 덩서리. 등그리. 등어리. 등때기. 등떨배 기. 등더리. 등디이. 등따리. 등떠리. 등때이. 등때.

등떨배기 〈명〉 등때기. 등떨배기에 아를 업고 일을 할라그이 힘이 드네. 등떨배 기가 굽어서 똑바로 피질 못 하잖나. / 더어리. 덩서리. 등그리. 등더리. 등 디이. 등따리. 등떠리. 등때이. 등때기. 등어리. 등때배기.

등말리 〈명〉 밭두둑. 장마 오기 전에 등말리를 한 번 손봐야 될씨더. / 둔대미. 망 두들.

등서리 〈명〉 등. 등서리 필 틈 없이 일을 했디만 디네. 등서리 피고 똑바로 앉그 라. / 더어리. 등그리. 등더리. 등디이. 등따리. 등떠리. 등때이. 등때기. 등 어리. 등디.

등성마리 〈명〉 등마루. 등성마리 올라가만 앞들까지 다 보이. 등성마리에 정자 를 짓는다네. / 댓마리. 만데이. 산뜨베이. 등세이. 등서이. 댄마루. 댐마리. 등마로. 등마리. 등말기. 등산만데이. 등성마루. 등때.

등시 〈명〉 등신. 등시맨치로 가마 있지만 말고 뭐라고 말 좀 해 보래이. / 빙시. 반충이. 반피. 민구. 팔푸이.

등우⃝ 쇠등에. 쇠등에 등우가 떨어지그러 자주 쇠등을 쓸어 줘야 된대이. / 둥우.

등잔⃝ 사람이나 동물의 몸통에서 가슴과 배의 반대쪽 부분. 쇠뜨기가 물어가 등잔이 가렵대이.

등천하다⃝ 가득하다. 고등어를 꿨디만 냄새가 등천한다.

등테기⃝ 풀이나 나무 따위의 아랫동아리. 동네 들에는 나락 비고 등테기만 삐져 나와 있니더.

등하다⃝ 어리석다. 등하그러 남이 속이는 것도 모르나.

듸루다⃝ 한쪽이 위에 고정된 천이나 줄 따위가 아래로 늘어지다. 여름에 발을 듸라야 방에 파리가 없지러.

딍에파리⃝ 등에. 딍에파리가 달라 붙으이 소가 꼬리로 지 몸을 때리고 있다. 딍에파리도 소한테 붙어가 피 빨아 먹어. / 디에. 드애. 딩기파리. 등게. 등구. 빠리.

디⃝ 되. 요새 깨 한 디에 을매나 하는동 몰따.

디다⃝ 하는 일이 힘에 겨워 고단하다. 하루종일 깨를 졌디만 얼매나 딘동. 디 가주고 굽신을 못 할다.

-디더⃝ -ㅂ디다. 어무이가 아직에 일찍기 친척 큰일에 가디더.

디딜바⃝ 디딜방아. 고추 빻을라카이 니도 가가 디딜바 밟아도고. / 디딜방구.

디딜빙구⃝ 디딜방아. 마을마다 곡식 대야 틀고 디딜방구 쪄서 나락 도정을 했지. / 디딜바.

디딜보⃝ 덫. 놀개이가 지나가다가 디딜보를 디디면 발이 묶이 갖고 못 가.

디따⃝ 마구. 디따 먹어 재키더니만 결국 배탈이 나고 마네.

디룿다⃝ 콩이나 팥 등 곡식을 바람에 날려 지우다. 바람에 곡식을 디라야 될따.

-디므로⃝ -자 말자. 내일 집에 오디므로 심부름 좀 해라.

디배기⃝ 물건을 사서 되파는 것. 물건을 사서 되파는 걸 디배기장사라고 해.

디배기⃝ 튀기. 강아지 나 논 기 디배기라. 교배를 안 시기고 아무따나 나 두만 디배기 생긴다. / 반종. 잡종. 퇴기. 투기. 트기. 트티.

디베다⃝ 뒤치다. 덜 익은 걸 디벴디만 붙어가 다 베맀니더. 얼라가 얼매나 잘 디베는지 퍼뜩 근다. / 디비다. 디비시다.

디부적거리다[동] 뒤적거리다. 이상타. 아무리 디부적거려도 찾는 게 없대이.

디비끼다[동] 종이, 책장 따위를 젖히다. 정신은 딴 데 가 있고 책만 디비낀다꼬 공부가 되나?

디비시다[동] 뒤치다. 다 익었으이 한 번 디비시라. 배추전은 여러 번 디비시만 맛이 없어. / 디베다. 디비다.

디비지다[동] 뒤집히다. 을매나 배가 고팠으면 음석 보고 저래 눈이 디비지게 달려드노.

디저기[명] 두더지. 두더지가 디적거리잖아. 디적거린다고 디저기라 했지. / 데데기. 두두기. 두디기. 두지. 두지기. 뒤저구. 뒤쥐. 디기. 디더구. 디데기. 디디기. 디저구. 디지. 디제기. 디지구. 디지기. 뚜지기. 뚜지비. 띠디기. 띠재기. 띠지기. 지지기.

디지[명] 두더지. 디지도 지 새끼를 이쁘다 한다제. / 디저기. 데데기. 두두기. 두디기. 두지. 두지기. 뒤저구. 뒤쥐. 디기. 디더구. 디데기. 디디기. 디저구. 디저기. 디제기. 디지구. 디지기. 뚜지기. 뚜지비. 띠디기. 띠재기. 띠지기. 지지기.

디지게[명] 기지개. 오랜만에 실컷 자가 나서 디지게를 켰디 온몸이 씨원하대이.

디침[명] 목침. 디침 비고 한 잠 주무이소. 낮잠 주무실라고 디침 찾으시는데 갖다 디리라. / 먹띠기. 목치미. 몽치미. 복침. 태치미. 티치미. 티침. 나무비게. 몽침. 태침.

디퉁스럽다[형] 퉁명스럽다. 가가 성질이 많이 났는동 말투가 영 디퉁스럽고 표정이 안 좋디더.

디트리미[명] 트림. 계랄 삶은 것 먹으면 디트리미가 나고 하재.

디피다[동] 뒤집다. 바랗고 섰다가 익으만 디피래이. 빨래 널 때 디패가 팬하기 널어래이. / 두배다. 두비다. 두잡다. 두집다. 디베다. 디비다. 디비시다. 디잡다. 딥다.

딘장[명] 된장. 딘장을 잘 담가야 한 해 음석이 맛있지러. / 나장. 띠장.

딘피리[명] 모래주사. 딘피리 잡아가 매운탕 끼리 묵자. 딘피리 잡으러 가자. /

돌가부. 돌구구리. 돌부치. 민피리. 빠가사리.

딜롷다[동] 들여놓다. 물건을 방에 딜라라. 밤새 비가 온다니 신은 꼭 안짝에 딜롷고 자야 된대이.

딜통[명] 거름통. 예전에사 농사지을 때 딜통에 걸금 담아가 밭에 퍼 날랐디레.

딥다[동] 뒤집다. 양말 좀 딥어 놓지 말그래이. 얼매나 급했으만 그래 옷을 딥어 입고 나왔노. / 두배다. 두비다. 두잡다. 두집다. 디베다. 디비다. 디비시다. 디잡다. 디피다.

딧구멍[명] 뒷구멍. 도둑이 딧구멍으로 몰래 달아났다카대. 딧구멍으로 다 새뿌리이 돈이 모일리가 있나. / 딧구영.

딩기파리[명] 쇠파리. 외양간에 딩기파리가 많다.

딩미리[명] 돌고기. 딩미리 잡으러 가자.

따깨비[명] 뚜껑. 장단지 따깨비를 다 열어 놨디만 비가 올라카네. 가가 따깨비 덮고 온나. 찬지름 쓰고 따깨비 얼른 닫아라. / 두깨. 두꿍. 두베이. 따까리. 따꿍. 딱까리. 떠개이. 떠까리. 떠꺼리. 뚜깨이. 뚜깨비. 뚜꾸바리. 뚜꺼뻥. 뚜께. 뚜께이. 뚜끼. 뚜뚱. 뚜베이. 뜨개. 뜨개이. 뜨그리. 뜨꺼리. 뜨껑. 뜨베. 띠꺼리. 띠께이. 띠끼이. 띠배이. 따까이. 따깨이. 개뜨배이. 꾸바리. 두꺼리. 두벵이. 따개비. 까리. 뚜까리.

따깨비[명] 챙이 달린 모자. 빛이 뜨거우이 따깨비 씨고 일하소. 허수아비에 따깨비 씨아 노이 진짜 사람 같니더. / 모재. 따께모자.

따나[조] 라도. 배고플긴데 고구만따나 먹어라. 옷을 다 빨아 갖고 입고 갈기 없다. 이긴따나 입고 가라.

따다분하다[형] 풍족하다. 지지리도 못살다가 인제사 따다분하게 사니더.

따데기[명] 딱지. 따데기 띠면 흉터 생긴데이. 따데기 생깄다가 떨어지만 다 낫는다. / 따드레기.

따드레기[명] 딱지. 따드레기 억지로 띠면 흉터 생긴데이. 따드레기 없어질 때까지 긁으면 안 된데이. 따드레기가 떨어질라케서 띴디만 흉 졌다. / 따데기.

따따분하다[동] 풍족하다. 집이 따따분하만 별 고생을 안 하지.

따뜨무리하다[동] 따스하다. 방이 인제 따뜨무리해 오네.

따라 囘 계집아이. 따라가 얄밉기도 하지.

따룷다 囘 따르다. 술 좀 따룷지 뭐 하고 있노.

따리 囘 딸기. 어매가 따리 드시고 싶다케가 자아 따리 사러 가니더. 올개는 따리가 시기 다네. / 따알. 딸.

따배감 囘 동그랗고 납작한 감. 따배감은 똘방하게 생긴 거라.

따배기 囘 똬리. 밭에 갔디만 시커먼 먹구리가 따배기 트고 앉아 있디더. 따배기를 안 하고 동이를 졌디마는 머리가 마이 아프대이. / 따뱅이. 따배.

따배다 囘 쟁기로 땅을 한쪽으로 넘기다. 고추 심거러 집 앞 밭을 따배야 될씨더.

따배이굴 囘 똬리굴. 기차가 따배이굴로 드가 뱀이 때배이 튼 거매치로 드갔다 나왔다 하네.

따배이떡 囘 찹쌀고추장을 담그기 위해 참쌀을 불려 빻아 뜨거운 물로 반죽하여 구멍난 형태로 빚는 것. 유과 맨들 때 먼저 따배이떡을 만들지.

따배이호박 囘 동그랗게 생긴 호박. 전 부칠 때 따배이호박 따 가 하면 좋제.

따뱅이 囘 주발의 뚜껑. 시어른 밥주발에사 꼭 따뱅이를 덮었디더.

따베이호박 囘 똬리처럼 넓적하게 생긴 호박. 어여 서리 오기 전에 따베이호박은 따가 오소.

따불때기 囘 등교하는 도중에 학교로 가지 않고 다른 곳으로 가는 행동. 아가 학교를 갔는데 따불때기를 했는동 선상님한테서 연락이 왔대이. / 중간학교.

따슬구다 囘 데우다. 겨울겐 음식을 따슬가 먹어야 속이 더 든든하제. 날씨가 마이 춥네. 불을 시기 때서 바을 따슬가야 될따.

따알 囘 딸기. 따알 한 쟁반 내 오거라. 따알은 굵은 기 맛있니더. / 따리. 딸.

따옥새 囘 따오기. 요새는 따옥새 우는 거도 듣지를 못 해 봤어요.

따재비신 囘 볏짚의 고갱이로 삼은 여자들이 신는 짚신. 요새사 짚신이나 따재비신이나 누가 신노?

따희다 囘 고기나 뼈 따위를 무르거나 진액이 빠지도록 끓는 물에 푹 삶다. 겨울만 되며는 어매는 사골로 따희가 곰국을 끓였다래.

딱나물 囘 잔대. 딱나물은 따며는 허연 진물이 나오니더.

딱대기 囘 막대기. 오늘은 산에 고치 딱대기 하러 가세.

딱돌미® 닥을 두드리는 돌. 딱 두드리거러 딱돌미 갖고 온나.

딱따리® 딱따구리. 딱따리가 나무를 딱딱 쪼디만 구멍을 다 내났네. 딱따리가 시끄럽게 낭글 쪼대가 일을 못 할시더. / 닥다구리. 나무떡데기. 딱딱구리. 딱짜구리. 때때구리. 땍따구리. 땍대구리. 떡떡구리. 뚝뚝새. 잭재구리. 짜구리. 짝짜구리. 째째구리. 쨱재구리. 타드기. 딱새.

딱무지® 닥나무를 삶는 구덩이. 딱무지를 해서 딱껍질을 벗겨야 잘 벗겨지니더.

딱새® 따오기. 이전에는 산에 딱새가 흔했는데 요새는 딱새가 없다카대. 딱새가 따옥따옥 운다카는데 못 들어 봤니더. / 따오리. 따옥새. 따우기. 따욱새.

딱새® 딱따구리. 딱따구릿과의 새를 통틀어 이르는 말. 요새 딱새가 어디 있니껴? / 닥다구리. 나무떡데기. 딱따리. 딱딱구리. 딱짜구리. 때때구리. 땍따구리. 땍대구리. 떡떡구리. 뚝뚝새. 잭재구리. 짜구리. 짝짜구리. 째째구리. 쨱재구리. 타드기.

딱주나물® 잔대를 나물로 이르는말. 딱주나물을 뜯어가 묵으면 좋다니더.

딱주싹® 딱지꽃의 싹. 봄 되며는 딱주싹 나물한다꼬 마이 댕겼대이.

딸강치® 넝쿨. 오이는 딸강치가 올라가도록 지주를 잘 세워줘야 하니더.

딸궇다® 닳리다. 새 신을 한 달도 안 돼서 그꼬 딸구만 우예노. 새 신 신고 싶으만 신을 일부로 딸꿓고 했어.

딸글레® 제기. 머슴아들은 딸글레 차고 여식아들은 공기놀이하고 놀데. 딸글레 사기해서 뭔을 가르자. / 제끼. 지기.

닭다® 닳다. 그때는 연필이라고 다 닭어 빠진 몽땅연필빼이 없었다카이. 기름 닭으러 문 열어 놓고 있노.

땀때이® 땀띠. 날씨가 더와 노이 몸에 땀때이가 퍼짔네. 엉디에 땀때이 나도록 앉아 있데이. / 땀다구. 땀따기. 땀메기. 땀떼.

땅간지® 땅강아지. 풀 뽑을 때 땅간지한테 깨물릿는동 뽈그리하이 빨개. 밭에 땅간지가 볼볼 기 나와가 식겁했네. / 땅개미. 따가아지. 땀까아지. 땅가지. 땅가안지. 땅까아지. 땅까지. 땅깐지.

땅까시나무® 찔레나무. 땅까시나무가 자래노이 마구 찌르니더.

땅깜® 토마토. 땅깜이 빨갛기 잘 익었네.

땅꽁알⃞명 가짓과의 여러해살이풀. 들에 땅꽁안이 빨갛게 피가 있니더.

땅꽐⃞명 땅꽈리. 옛날엔 땅꽐이 빨가이 익으만 씨를 빼가 꽈리 불기를 하매 마이 놀았쩨.

땅말머리⃞명 땅벌. 얼매나 못됐는동 땅말머리같애. 땅말머리가 쪼매해도 쏘이만 얼매나 아픈지 몰라. / 구무버리. 대추벌. 땅버리. 땅뻘. 땅삐. 땡삐. 땡삐리. 땅말버리.

땅불⃞명 지동. 어데서 땅불이 났나. 땅이 흔들리는 거 같노. 딴 나라서는 땅불이 나가 사람이 그래 마이 다쳤다카대.

땅빼이⃞명 땅따먹기. 아이들이 땅빼이를 하믄서 잘 놀대.

땅잣⃞명 땅콩. 올해는 고구마 밭에 땅잣 숭겄지만 잘 됐네. 밤하고 땅잣하고 삶아놨다. 까 묵으라. 땅잣 캐는 게 보기보다 힘들데이.

땅콩⃞명 강낭콩. 오늘 저녁밥에사 땅콩도 좀 넣어가 안치소.

땅팃머리⃞명 떠꺼머리. 땅팃머리 한 거 보이까 안즉 혼인을 안 했는갑다.

때⃞명 잔디. 산소에 때가 잘 자릿다.

때갈⃞명 민속 음악에 쓰는 타악기의 하나. 장에 때갈을 치고 깽메도 치고 판이 벌어졌디더.

때꾸중⃞명 때꼽재기. 손톱 밑에 때꾸중이 까맣그러 끼가 밥을 먹을라고 앉나? 아를 얼매나 안 씻낏으만 때꾸중이 끼가 새카맣네. / 때꾹지.

때때모시⃞명 매우 인색한 사람. 엉가이 궁생스럽게 때때모시같네.

때리다⃞통 나무 따위의 단단한 물건을 연장으로 베거나 찍어서 갈라지게 하다. 남기 때릴 때는 우예든동 조심하거래이.

때찌다 ⃞형 보잘것없다. 마음 씀이 작다. 사람이 때찌가 어데 쓰노.

땍배살⃞명 되약볕. 땍배살에 나댕겼지만 살이 벌겋게 다 타부렀네이.

땐소하다⃞형 딴딴하다. 고구마가 얼매나 땐소한동 칼도 안 드간다. 떡을 한 데 나놨지만 땐소해가 기양은 몬 묵을다. / 땐땐하다. 땡때하다. 야물다.

땟놈⃞명 되놈. 우예 그래 땟놈 심보를 가졌노. / 대놈.

땡가리⃞명 꽹과리. 잔치에는 땡가리를 쳐야 신이 나지. 풍물패가 땡가리를 치민서 오이 사람들이 나와 한데 놀고 해. / 깡가리. 깽가리. 깽개미. 깽마구.

깽매. 깽매기. 깽매이. 깽쇄. 메구.

땡초🈁 매운 고추. 잘못해서 땡초를 먹었디만 입이 타서 혼났다.

떠거리🈁 떨기. 마다아 꽃을 심가 났디만 떠거리가 무성하네. 꺼질라카는 불을 억지로 살릴라꼬 큰 떠거리를 넣었디만 낫네. / 떨떠리. 떨부리. 뜨기. 떠거지.

떠군지다🈁 이리저리 흩어 던져 놓다. 아무따나 떠군지 났다 다시 찾을라그이 없니더. 청소 좀 하라그이 떠군지 놓기만 했나.

떠께🈁 환삼덩굴. 떠께 잎 따가 약으로 쓰고 그랬지. / 떠께덤풀.

떠덩구다🈁 떠다밀다. 사람을 떠덩구믄 어애란 말이고.

떠딩궇다🈁 떠내다. 흙을 떠딩궇다 노으마 다른 이가 잘 할끼다.

떠래🈁 홍역. 얼라들 떠래로 하며는 열이 마이 나여. / 녹두손님. 과거. 구실. 떠래. 뜰항굿. 손. 손님. 호역. 호욕. 홍진. 홍짐. 홍진.

떠리미🈁 떨이. 자에 갔다가 떠리미로 싸게 사 왔니더.

떠무치🈁 진딧물. 가지에 떠무치가 찌가 지실이 들었디더. 나물에 떠무치 찠든데 약 좀 치소. / 떠물. 뜨물. 뜬물. 뜸부끼. 뜸불. 진디물. 진딤물. 뜬물지.

떠벌시다🈁 떠벌리다. 그 집에는 자기네가 그꼬 떠벌시고 다니데.

떠베이🈁 멍청이. 떠베이라 우예 그꼬도 모르노. 떠베이맨치로 수도 똑바리 못 세나. / 떠주이. 뚜주이. 멍추이. 멍치이. 멍텅구리. 맹초니. 맹추이. 숙맥. 어주이. 축구. 떠비.

떡개구리🈁 산개구리. 떡개구리가 울만 정신이 없니더.

떡골비🈁 가래떡. 오늘 장에 가서 떡골비 더데 빼오래.

떡광🈁 미치광이 같은 태도나 모양. 가는 뭔 술로 그쿠 먹어가 떡광을 저케 지기노.

떡국시🈁 가래떡. 떡국. 떡국시는 꼬득꼬득할 때 썰어야 잘 썰린다. 떡국시 푸고 위에다 꾸미 얹어갖고 내라.

떡꿀밤🈁 상수리. 상수리나무의 열매. 떡꿀밤이 열민 마구 주우.

떡꿀밤나무🈁 상수리나무. 맹 떡꿀밤나무를 베야지.

떡내가 나다🈁 죽을 때에 이르렀다는 뜻의 관용표현. 그래 할매사 떡내가 나도록 사이소.

떡멀구[명] 알이 굵은 머루. 떡멀구 따가 술 담가 먹으면 맛이 좋지럴.

떡볼쌀[명] 떡보리쌀. 고소하기사 떡볼쌀이 최고로 맛있니더.

떡싸리낭개[명] 떡깔나무. 이 동네 뒷산에 떡싸리낭개가 개락이래요.

떡오리[명] 자르기 전 덩어리 상태의 떡, 주로 절편이나 떡가래 따위. 떡오리를 한 개 얻어 먹었디만 배가 부르네.

떡취[명] 수리취. 까시가 많애가 떡취는 기양은 못먹니더.

떡판[명] 편틀. 젯상에 떡판에다 떡을 쌓을 때도 실력이 있어야지 아무나 모해요.

떨굻다[동] 떨구다. 고개를 떨굻그 가마이만 이쓰만 된다.

떨깨둥하다[형] 빼어나다. 생김새가 뛰어나게 잘 생겼다. 그 사람은 떨깨둥하이 키도 훤출하게 얼매나 잘 생깄는동.

떨부기[명] 떨기. 들에 가다보이 국화 떨부기가 무성하이 보기 좋디더. 마다아 꽃이 다 시들길래 개안은 거 한 떨부기 꺾어 왔니더. / 떠거리. 떨떠리. 뜨기. 페기. 피거리. 피기.

떨쭣다[동] 떨어뜨리다. 요거는 중요한 거이께네 떨쭣지 않거러 조심하거래이. / 널쭣다.

떫지근하다[형] 약간 떫은 맛이 있다. 감이 아직 덜 익었나 보네. 떫지근하거 보이.

떰닭[명] 뜸부기. 떰닭이 벌레 다 잡아 주네.

떼곡떼곡[부] 데꺽데꺽. 가는 떼곡떼곡 일도 얼매나 잘하는 동 보며는 부러버요.

떼나게나[부] 아무나. 누구나. 공짜로 준다 그이 떼나게나 다 모인네. 떼나게나 한다꼬 하데. 떼나게나 다 할라그네.

떼다[동] '뜨다'의 사동사. 새파리므리하이 빛나는 게 인자 홀홀하이 장을 잘 뗐니더.

떼딴지[명] 잔디. 산소에 떼딴지 좀 입히야 될다. 봄에 입힌 떼딴지가 지대로 잘 살아붙어 좋드라. / 떼. 띠. 잔대기. 잔두떼. 잔떼. 잔띠. 떼딴지. 떼짠디.

떼때비[명] 메뚜기. 일하라고 논에 데루 갔디만 떼때비만 잡드라. 한나절 잡았는데 떼때비가 엄치미 돼. / 때때. 때때미띠. 때때메띠기.

떼떼미띠기[명] 수방아깨비. 떼떼미띠기 잡으로 가자.

뗏기다📖 껍질을 떼어내다. 방깐에 가서 메물 좀 뗏기갖고 온나.

또가르다📖 여러 조각으로 나누다. 똑같이 잘 또가리래이.

또갈리다📖 둘 이상으로 나누다. 남길 또갈려가 마이 쌓아 노으만 겨울게 걱정이 없지러.

또개다📖 쪼개다. 싸리낭글 또개서 윷가치 맨들어 윷이나 노시더. 싸우지 말고 똑같이 또개 무라. / 따가르다. 따갈리다. 또가르다. 또갈리다. 짜가르다. 짜갈리다. 쪼가르다. 쪼갈리다. 따개다. 짜개다.

또깝하다📖 두껍다. 두께가 보통의 정도보다 크다. 또깝한 책을 읽을라카이 힘드네. 뭘 넣는 동 봉투가 이래 또깝하노.

또로시📖 차례를 따라서 순서있게. 줄을 서가 또로시 들어 가서 받으면 되니더. 내 하는 데로 또로시 해 봐라. 또로시 하라케띠만 이꼬 데고마고 하면 우예노.

또로시📖 차례차례. 차례를 따라서 순서 있게. 줄을 서가 또로시 들어 가서 받으면 되니더.

똑딱김치📖 깍두기. 무를 작고 네모나게 썰어서 소금에 절인 후 고춧가루 따위의 양념과 함께 버무려 만든 김치. 똑딱김치 담가가 먹으믄 딱 좋니더.

똑똑자반📖 갈조식물 모자반목 모자반과의 바닷말, 모자반의 꽃 부분을 씹을 때 똑똑 소리가 난다해서 붙은 이름. 똑똑자반으로 양염해가 문치 묵으면 낫이 나세.

똑소래기📖 독수리. 똑소래기 무사 닭도 못 풀어 놓니더. 똑소래기가 채간 닭이 한두 마리가 아이라카네. / 독누리. 독새. 둑수리. 똑수리. 똑수래기. 똥소리기. 똥수레기.

똘기밤📖 여물지 않은 밤. 똘기밤이 떨어져가 남은 거이 몇 개 없니더.

똘또지📖 돼지. 니는 똘또지그치 못 묵는 기 없노. 똘똘하고 부르만 똘또지가 밥 먹을라고 모디이. / 꿀대지. 대지. 도야지. 되아지. 디애지. 똘또리. 똥때지.

똘똘📖 오래오래. 돼지 밥 줄 때 똘똘 하만 밥 묵을 땐 지 알고 모디이. 똘똘, 죽 묵그러 온나. 똘똘. / 꾸울. 꿀꿀. 쭉쭉. 도올. 또올.

똘똘말이하다📖 아우르다. 고마 저녁에 이래 놀았으이 돈은 똘똘말이해가 같이 내시더.

똘방하다⟨형⟩ 동그랗다. 밭에 보이 똘방한 호박이 조롱조롱 달맀디더.

똥 꿉어 먹을 쉬견이다⟨관⟩ 소견머리가 없는 사람을 비꼬는 말. 똥 꿉어 먹을 쉬견이맨키로 생각하는 기 우예 저리 답답하노.

똥구리⟨명⟩ 조롱박. 간장 푸그러 똥구리 가 온나. 얼굴이 빼짝 말라가 똥구리그치 생깄다. / 조그랭이박. 쪼롱박. 쪽베기. 쫑골바가지. 쫑구레기. 쫑굴박. 쫑그레이. 쫑고리.

똥굴래⟨명⟩ 구린내. 간장 따맀디 똥굴래가 난다고 코를 우비지는 기 보래이. 얼라가 똥을 쌌는갑다. 똥굴래가 진동을 한다. / 꼬린내. 꾸렁내. 꾸룽내. 꾼내. 똥꾸렁내. 쿠렁내. 쿠룬내. 쿠린내. 쿤내. 쿨내. 꿀내. 꿀래.

똥궁기⟨명⟩ 밑구멍. 곶감이 맛나다고 자꾸 먹으면 똥궁기가 맥힌대이.

똥그랗다⟨형⟩ 날씨가 차다. 오늘 하늘이 똥그란걸 보이 날이 무척 차겠다.

똥단지⟨명⟩ 똥장군. 똥단지에다 똥 좀 퍼라.

똥뒤⟨명⟩ 똥. 아 똥 노는 거 좀 바라. 똥뒤가 어른 꺼 마하다. 똥뒤가 굵어가 누는 데 고생이라. / 똥. 띠. 띵.

똥뚜디기⟨명⟩ 상수리나무. 똥뚜디기가 쓰러져가 일 날뻔 했니더.

똥뚜디기풀⟨명⟩ 참나무 종류로 풀을 벨 때를 기준으로 해서 이르는 말. 벌초하러 갔다가 똥뚜디기풀이 있길래 낫으로 다 비따. 똥뚜디기풀일 때 비야지 그냥 놔두만 어설퍼 안 된다.

똥물장깨이⟨명⟩ 인분을 담는 단지. 어른은 똥물장깨이에 인분 담아가 걸금내러 밭에 갔니더.

똥물통⟨명⟩ 똥통. 옛날엔 똥물통에 똥물을 담아 가가 거름 대신 밭에 쓰고 했제.

똥바가치⟨명⟩ 똥이나 똥물을 퍼내거나 담을 때 쓰는 바가지. 똥바가치로 똥을 퍼 가 밭에 뿌리라.

똥벌거지⟨명⟩ 개똥벌레. 여름밤에 촌에 가면 똥벌거지가 마이 날아댕기는 걸 볼 수 있제.

똥시⟨명⟩ 뒷간. 밤에 똥시에 갈라카먼 좀 무섭제. / 통시, 벤소, 칙깐, 똥깐, 정낭.

똥장갱이⟨명⟩ 똥장군. 똥장갱이로 똥을 옮기만 되니더. 똥장갱이 아가리는 지게에 지고 가기에 좋그러 우로 맨들었니더. / 똥장부이. 똥장분.

똥주바리[명] 미주알. 말을 안 들어가 똥주바리를 차 줬재.

똥짜바리[명] 엉덩이의 낮춤말. 그놈 자슥 똥짜바리를 들고차 내쫓아 뿌러라. 한번만 더 못된 짓하만 똥짜바리를 걷어찼뿌린대이. / 엉디이. 똥꾸바리. 똥쭈바리.

뚜까리[명] 꽈리. 옛날에사 여자아들은 뚜까리 따가 피리 불고 놀았제. / 꼬아리. 깔. 뚜깔.

뚜깨비[명] 뚜껑. 밥 다 묵으만 반찬은 뚜깨비 닫아가 냉장고 너라. 장냄비를 이래 열어 두만 냄새 나잖나. 뚜깨비는 어쨌노? / 두깨. 두꿍. 두베이. 따까리. 따깨이. 따꿍. 딱까리. 떠개이. 떠까리. 떠꺼리. 뚜꾸바. 뚜꾸바리. 뚜께. 뚜끼. 뚜배이. 뜨개이. 뜨그리. 뜨꺼리. 뜨껑. 뜨베. 띠꺼리. 띠께이. 띠끼이. 띠베이. 뚜깨이.

뚜껍우때[명] 도깨비바늘. 나락 빈다꼬 논에 갔다왔디만 중우에 뚜껍우때가 천지로 붙었대이.

뚜껍찰[명] 도깨비바늘. 논둑에 온통 뚜껍찰이 천지래.

뚜끼비찰밥[명] 도꼬마리. 가을 산에 가면 온 천지에 뚜끼비찰밥 피가 옷에 붙어가 안 떨어지재. / 뚜끼비때.

뚜데기[명] 포대기. 얼라가 보채믄 뚜데기 끼리 업어라. 업어 달라고 뚜데기 가아 오는 것 좀 봐라. / 누데기. 두지기. 디디기. 드디기. 띠개비. 띠. 업울띠. 푸대이. 호대기. 두데기. 두디기.

뚜리배이[명] 두레박. 날 더우면 뚜리배이로 물 퍼다가 등목이라도 하소.

뚜뱅이[명] 뚝배기. 뚜뱅이보다 장맛이라 카지만 댄장은 뚜백이에 끼리야 제맛인기라. 뚜뱅이에 음식을 하만 식지도 않고 좋아. / 뚝시기. 뚝주배기. 뚜가리. 뚜꾸바리. 뚝가리. 뚝바리. 뚝비기. 뚝시기. 쪽배기. 투가리. 투구바리. 툭구바리. 툭바리. 툭배기. 툭배이. 툭사바리. 툭사리. 툭수바리. 툭추바리.

뚝배[명] 똘배. 뚝배는 쪼맨한 기 맛이 없어. 뚝배도 머만 목에 좋아. / 돌배. 똘기. 산배.

뚤뚜리감 몡 끝이 뾰족한 모양의 감. 감남게 뚤뚜리감이 항거 열렸대이.

뚤버지다 몡 뚫어지다. 그케 싸돌아 댕기이 양말이 뚤버지고 안그나.

뚧꽂이 몡 어떤 분야나 일에 대해서 꿰뚫고 있는 사람. 아재는 모 하는 게 하나도 없는 뚧곶이이지러.

뚱거리 몡 그루터기. 풀이나 나무 또는 곡식 따위를 베고 남은 밑동. 오늘 가마솥에 뚱거리좀 지피라.

뚱주바리 몡 엉덩이. 볼기의 윗부분. 까불지 마래이. 뚱주바리 차댕겨뿐대이.

뜨겁어지다 몡 뜨거워지다. 인차 불이 제대로 붙으이 금방 방이 뜨겁어질 게시더.

뜨더게지다 몡 사물이 흐드러지게 아주 많다. 나락 타작하이 논바닥에 낟알이 뜨더게지게 떨어졌대이.

뜨뜻무리하다 혱 뜨뜻하다. 니는 좋으면 조타고케야지 뜨뜻무리하거러 말을 모하노.

뜨러미 몡 팔다 조금 남은 물건을 다 떨어서 싸게 파는 일. 또는 그렇게 파는 물건. 인차 난도 얼른 집에 가야되이께네 이래 남은거 모도 뜨러미로 싸게 파니더.

뜨레기 몡 두레박. 뜨레기로 동우에 물 퍼 담아라. 쪼맨한 뜨레기로 물 풀라카만 한나질은 걸릴다. / 뜨레. 뜨레박. 뜨레배기.

뜨릅 몡 댓돌. 신이사 뜨릅에 벗고 마루에 올라오소.

뜨묵장 몡 콩을 볶아서 담은 장. 생콩을 볶아가지고 띠워났는 뜨묵장도 맛난대이.

뜨물숭늉 몡 밥을 푸고 나면 솥에 눌어붙은 누룽지와 쌀을 씻을 때 받아 둔 뜨물을 부어 끓여 낸 물. 밥 먹고 나서 뜨물숭늉 한 사발 먹으면 구시하고 시원하지럴.

뜨숭다 몡 데우다. 가마솥에 목욕물 뜨숭났니더.

뜨신밥 몡 더운밥. 금방한 뜨신밥은 짠지 하나만 있어도 한 그릇 먹는다. 어른한테는 늘 뜨신밥을 드렸지. 뜨신밥에 물 말면 맛이 없어. 찬밥이야 맛있지.

뜨이키다 몡 누룩이나 메주 따위가 발효하다. 미주가 옳게 뜨이킸는 게가 빛도 좋대이.

뜬거리 몡 부랑인. 아랫마에 뜬거리가 왔더라. 밤길 조심하그래이.

뜬물지[명] 진딧물. 비가 마이 와가 약을 쳐도 고대 뜬물지가 찌네. 배차 이퍼리에 뜬물지가 찌가 매란도 없다. / 진드물. 진딤물. 진진물. 드물. 든물. 떠무치. 뜨물. 뜬물. 뜸물.

뜬불[명] 진딧물. 우리밭에는 해마덩 뜬불이 끼가 작물이 되지를 않니더.

뜰겅[명] 등나무. 뜰겅 뿌리가 시기 단단해서 한번 캘라카만 마당을 다 파재키야 돼.

뜰박[명] 두레박. 뜰박 잡아 올릴라그만 팔에 힘이 있어야 돼. 뜰박가 물을 퍼동이에 이고 오는 기 보통일이 아이다. / 다루박. 두러박. 두레. 두붕. 따레박. 따루박. 따리박. 딸박. 딸베이. 딸베기. 떠럼박. 뚜루배기. 뚜룸박. 뜨래. 뜨래박. 뜨러박. 뜨럼박. 뜨레기. 뜨레배기. 뜨르박. 타레박. 타루박. 뚜레박. 뚜루박. 뚜리박. 뚤박. 뜨루박. 뜨르박. 뜨름박. 뜨리. 뜨리박. 뜰배기. 뜰배. 뜰뱅이.

뜰잎[명] 들깻잎. 겨울게 뜰잎을 반찬으로 할라만 생거가 향긋한게 좋니더.

뜰항굿[명] 홍역. 얼라가 열도 나고 점이 뽈도그레 일나는 거 보이 뜰항굿 하는 거 아인동 걱정이대이.

뜸[명] 쟁반. 음식 낼 때는 그릇만 들고 가지 말고 뜸에 담아 내래이. 뜸이 몇 개나 있었는데 어예 한 개도 안 비노. / 듬기. 듭기. 쟁바리. 정반.

뜸닭[명] 뜸부기. 일하다보만 뜸닭이 우는 소리가 들리. 뜸북뜸북 우는 거보이 뜸닭인가배. / 뚬비리. 늠비기. 뚬벅새. 뚬비기 뜸부기. 뜸북새. 뜸비기. 뜸딸. 뜸딸. 뜸따리.

뜸사리[명] 수증기. 유리창에 뜸사리가 꼈다.

뜸새끼[명] 길마 위에 걸채를 얹을 때 아울러 매는 새끼줄. 뜸새끼 잘 묵그야 안 되나.

뜸질[명] 찜질. 어깨 아프고 쑤씰 때 수건을 뜨겁게 해 가 찜질하면 좋제.

뜻뜨무리하다[형] 뜨뜻무레하다. 조금 뜨뜻하다. 불 땐 지 한참 됐는데도 방이 뜻뜨무리하네. 밥솥에다 밥을 퍼 놔 뒀으이 뜻뜨무리할기라.

띄장[명] 된장. 미주로 장물 내고 띄장은 국끓여가 먹는대이. / 띠장.

띄푸리[명] 밴댕이. 띄푸리를 잡아가 젓갈 많이 담가 묵었지러.

띠개미[명] 포대기. 아가 업을라하는데 띠개미 어데 있노?

띠고딩이[명] 소라. 총각이 일로 다 하고 집에 오머 띠고딩이가 밥을 해 놓고 했더란다. 띠고딩이 삶아 묵자. / 고디. 고디이. 바다골배이. 소라고디이. 소라고딩. 소레. 띠고둥.

띠깅[명] 뚜껑. 짐 나그등 띠깅 열어 노만 된다. 비 올라 그는데 장간에 가가 띠깅 좀 닫으이소. / 두깨. 두꿍. 두베이. 따까리. 따깨이. 따꿍. 딱까리. 떠개이. 떠까리. 떠꺼리. 뚜꾸바. 뚜꾸바리. 뚜께. 뚜께이. 뚜끼. 뚜베이. 뚜에. 뜨개이. 뜨그리. 뜨꺼리. 뜨베. 띠꺼리. 띠께이. 띠베이. 띠끼이. 뜨껑.

띠끄[명] 티끌. 농사를 지으이 암만 쓸고 딲아도 띠끄가 나와. 콩 털다 띠끄가 들어갔는동 눈이 따갑네. / 티. 티검부리. 티검지. 티겁찌. 티게비. 티겝찌. 티기비. 티깨비. 티꺼부레기. 티끄래기. 티끄리. 티끄부. 티끄집이. 티끌맹이. 티끌베기. 티끼비. 티찝찌.

띠끼다[동] 떨어지다. 빗방울 띠낀다. 안으로 드가라. 여 촛물 쫌 띠끼라.

띠딴데미[명] 잔디. 마당에 띠딴데미를 심었디만 관리하기가 힘들대이.

띠실띠실하다[형] 밥이 뜸이 들지 않아 설익어 있다. 밥솥이 고장이 났는 동 밥이 띠실띠실하고 맛이 없노.

띠우다[동] 놓치다. 막차까지 다 띠워 택시 타고 왔다 카대. 소 꼴 미기러 갔다가 끈 띠아가 혼났다. 아가 얼매나 재바른 동 하마터면 띠울 뻔 했잖나.

띠장[명] 옷 위로 허리를 둘러매는 끈. 운동회하며는 청백으로 모도 선수는 띠장을 매고 뛌어.

띠지기[명] 두더지. 띠지기가 지나갔는동 밭이 엉망일세. / 데데기. 두두기. 두디기. 두지. 두지기. 뒤저구. 뒤쥐. 디기. 디더구. 디데기. 디디기. 디저구. 디저기. 디지. 디제기. 디지구. 디지기. 뚜지기. 뚜지비. 띠디기. 띠재기. 지지기.

띠짠대기[명] 떼. 봄에 띠짠대기 입히났디만 잘 살아붙었네. 올개는 할배 산소에 띠짠대기 입히야 될다. / 때. 때딴지. 띠딴지. 띠.

띤적하다[형] 떨떠름하다. 뭐가 불만인동 띤적하게 서 있대.

띧기다[동] 떨어지다. 뜯기다. 듣다. 빗방울이 한 두 방울 띧기디만 해가 나네.

띨빵하다[형] 멍청하다. 가는 보기보다 영 띨빵해가 공부를 모해.

띨하다[형] 멍청하다. 행동이 띨해가 어애먼 좋나.

띵구[명] 풍뎅이. 풍뎅잇과의 곤충. 띵구가 마네잤지.

띵보[명] 구두쇠. 아지매가 을매나 띵보인지 돈 쓸 때도 안 쓴다카이.

-ㄹ강[어] -ㄹ까. 가가 지금쯤 뭐를 할강?

-ㄹ꼬[어] -ㄹ까. 가가 이제 와서 와 그랄꼬? 오늘은 자아 가서 뭘 살꼬?

-ㄹ꾸마[어] -마. 니 먼저 가먼 내 좀 이따가 갈꾸마.

-ㄹ끄매이[어] -ㄹ게. 그 일을 내가 오늘 끝낼끄매이. 빌린 돈은 며칠 안으로 꼭 줄끄매이. 내일 너거 집에 꼭 들를끄매이.

-ㄹ끼[어] -ㄹ게. 담에는 내 그그 꼭 해 줄끼. 적만 묵고 일찍 올끼.

-ㄹ다[어] -겠다. 하늘이 시커매지는 거 보이 비가 마이 올다.

-ㄹ라[어] -려. 걸어가 장에 갔다올라 했디마는 비가 오노.

-ㄹ라[어] -ㄹ까. 낼도 눈이 많이 올라? 야들이 인제는 도착했을라? / -ㄹ라는강. -ㄹ라나.

-ㄹ라는강[어] -려는지. 비가 올라는강 구름이 꺼머케 몰려오네. 밥을 언제 자실라는강 여쭤 보거래이.

-ㄹ라만[어] -려면. 두부 만들라만 먼저 콩을 불리가 맷돌에 갈아야 되니더.

-ㄹ수로[어] ㄹ수록. 가는 어애 나이가 들수로 점점 행실이 모해지노.

-ㄹ시디[어] -겠습니다. 그 일이사 내가 할시더.

-라[어] -냐. 니 생일이 미칠이라? 오늘이 먼 날이라? 먼 음식을 이래 마이 하노?

-라[어] -야. 산 모티 보이는 밭이 우리 밭이라. 이꾸저꾸 해 바야 가한테는 말이 안 통할기라.

라머[조] 라며. 가는 친한 친구라머? 저 야앙바이 자네 당수기라머?

-락[어] -라고. 집에서는 맨날 싸우디만 그래도 동생이락 밖에서는 저래 위한대이.

랑[조] 와. 배사 마이 먹어도 되지만도 사괄랑 마이 먹으며는 탈이 나지러.

-이래[어] -냐. 여가 너 집이래? 저짜 오는 사람이 느그 동생 아이래?

-래이[어] -라. 길이 어둡은데 조심해서 가래이.

-레⑩ -ㄹ까. 낼 영화보러 갈레? 우리 고구마 꾸우 머얼레? / -ㄹ라나.

-이로⑩ -이냐. 니가 웬 일이로? 야가 뉘기로? 이기 머로?

-로⑩ -러. 공부하로 도서관에 가께. 놀로 좀 그만 댕기고 공부 좀 해라.

로® 를. 산비탈 밭에 고구마로 쪼매 심었니더.

리우리® 피라미. 리우리 잡으러 갔다 담방구질만 했니더. 리우리 쪼매한 거 한 마리 잡고 좋아하는 거 보래. / 가리. 페래미. 피내미. 피래미. 피래이. 피리.

마® 그냥. 사람을 귀찮게 하지 말고 마 좀 가만 놔 뚜소.

마® 만. 말을 시기만 웃기마 하고 대답을 안 해. 이 동네마 아이라 다 방역을 한다네.

마가다® 마을가다. 어매는 좀전에 마간다꼬 나가고 안계심니더.

마구® 전부. 모두. 다. 비 온다. 마구 설거지해라.

마구검불® 외양간에 까는 짚이나 건초. 날이 추우이 소한테 마구검불 깔아 주소.

마구새® 누에섶. 누베가 크면 인차 한잠잘 때 마구새로 깔아 줘야되여.

마궁다® 빚이나 세금 등을 갚다. 해야 될 일을 처리하다. 집에서 놀민서 말일에 세금도 마궁지도 않고 머했노?

마꺼불® 외양간에 깔아주는 짚 검불. 겨울게사 소한테 거적도 덮고 마꺼불도 마이 깔아야 된대이.

마꽃떡® 마가루를 넣어 꽃모양으로 빚은 떡. 여게는 마 농사가 많애가 마꽃떡 을 자주 해 먹었니더.

마꾸리® 옷걸이. 옷을 마꾸리에 걸라고 그꼬 귀가 닳도록 이야기를 했는데 도 그냥 벗어 갖고 아무데나 던지 놓노.

마늘종새기® 마늘종. 마늘종새기에다가 양념을 해서 먹으만 참 맛있니더.

마늘지® 마늘장아찌. 마늘지사 입맛 없을 적에 먹으만 좋애여.

마늘해기® 마늘에서 올라온 줄기를 소금물에 삭힌 것. 마늘해기 꼬치장에 박 아가 장찌 해 먹어도 좋지러.

마다® 마당. 우리 집은 마다가 좁아가 뭐를 널지도 모하니더.

마다래® 점다랑어. 마다래 잡아가 찌지 묵자. 마다래 잡았다카디 우옜노? 안 비네.

마다리자루[명] 굵고 거친 삼실로 짠 커다란 자루. 고추 담거러 여게 와가 마다리자루 쫌 줘래이.

마답[명] 말방. 마당에서 소가 쉴 때 매어 두는 곳. 소 마구에서 데꼬 나와 마답에다 묶어 놔라.

마당떼기[명] 호미씻이. 낼 마당떼기 한다고 장 보러 가자카대요. 마당떼기 하는 날은 동네 잔칫날이지. / 나다리. 망울지섬. 시무거리. 품꾼먹이. 초연. 초염먹다. 초염먹이. 푸꾸. 푸꾸래. 풀꾸. 함추. 꼼비먹다. 서리치묵다. 솜모둠먹다. 푸꾸먹다. 푸굿먹는다. 푸꾸매기하다. 초염먹다. 히추먹다. 히추하다.

마데이[명] 자치기. 옛날에사 머스마들이 마데이를 많이 하고 놀았지러. 마데이로 한다고 땅바닥 너무 파지 마래이. / 마때. 끄떼이.

마동[조] 마다. 간 데마동 외상을 지아노이 나갈 수가 없다. 날마동 그래 술을 마시나노이 몸이 성할 리가 읎지. / 마듬. 매도. 매덤. 매듬. 마둥. 매동. 매둥.

마들개[명] 마디꽃. 논둑에 쬐매한 마들개가 이쁘게도 피었네.

마들밭[명] 돌이나 자갈이 많이 깔려 있는 밭. 밭이 마들밭이래서 곡식 심어 봤자다.

마듬[명] 매듭. 실을 풀어가 마듬 지이라. 일을 마듬도 안 짓고 그래 가뿌만 어예노? 마디가 느슨하만 고데 풀린대이. / 마디. 마두. 매끼. 매대끼. 매동가리. 매등가리. 매디. 매디이. 매즘. 매지미. 매짐. 매집. 매침. 매타리. 매숭가리. 매디. 모디. 홀치기. 홀통가지. 매담. 매듬. 매딤. 매딩.

마등가리[명] 마디. 나무는 마등가리 사이를 잘라라. 일을 마등가리 지이 가매해야지. / 마대이. 마두. 매덥. 매두. 매디. 마딩개이. 매당개이. 매둥개이. 매등가리.

마디호박[명] 마디마다 열매가 열리는 외래종 애호박. 마디호박 썰어가 전이나 부쳐 먹으씨더.

마따내기[명] 맞붙어서 결판냄. 인제는 둘이서 마따내기하자.

마뜩받다[형] 깔끔하다. 엉가이 마뜩받게 해 놓고 살데.

마뜩시리 튀 말끔하게. 방청소 좀 마뜩시리 해라.
마뜩하다 형 깨끗하다. 아이고, 집이 유리알맨치로 우찌 이리 마뜩하노. / 마뜩다. 마뜩받다.
마랍다 통 마르다. 땡뻧에 일 했디만 목 마랍어 죽겠다.
마랭이 명 산봉우리. 그 마랭이에 올라가머 바다가 내리다비가 경치가 좋아. 마랭이꺼정 올라갈라카먼 한참 걸린다. / 매봉우리. 봉두리. 산만데이. 산만디기. 산말레이. 산봉두리.
마루띠기 명 마루터기. 마루띠기에서 내리가 보만 동네가 훤하다. 해 뜨는 거 볼라카만 마루띠기에 올라가야 돼. / 산치거리. 치거리. 마루테기. 마루티기.
마루빗자루 명 갈대나 새로 엮은 부드러운 비. 마루빗자루사 오래 되며는 새가 떨어지니더.
마르다 통 가물다. 올해는 유독 마르이께네 곡석은 흉년일씨더.
마릿고기 명 제수용으로 쓰이는 크고 좋은 생선. 제사상에 놓는 마릿고기는 값을 깎지 말고 싱싱하고 가장 좋은 걸로 써야 된대이.
마발 명 말수레. 밤이 되이 마발 댕기는 소리가 디게 크게 들리니더.
마새귀이 명 망아지. 마새귀이가 가마이 있질 않애가 고삐를 못 매. 마새귀이 매로 뛰지 좀 마라. / 마지. 마아지. 말마지. 말마아지. 말망새이. 말망시이. 말망아지. 말매기. 말새이. 망새이. 매아지.
-마설라 어 -면서. 니는 노래로 들으마설라 공부가 되나?
마실가다 통 이웃에 놀러다니다. 아부지는 마실가면 좀체로 오실지를 않니더.
마울 명 마늘. 논에다 마울 심으만 그거 캐야 모내기 해. 올개 마울이 그꼬 올랐다카대. / 마널. 마눌.
마정 조 마다. 그 사람은 명절 때마정 선물을 보내줘. 날마정 일을 하이 병이 안 나고 배기나. / 마당. 매둥. 마중. 마줌.
마지미 명 마중. 아덜이 서울서 온다카는데 마지미 나가 봐야 될씨더.
마차 튀 마저. 이거 마차 해 놓고 갈라이더.
마촘이 튀 적당하게. 음식 할 때는 간을 마촘이하고.
마출다 통 맞추다. 옷을 마출아 노아스니 자아 가 바야 되니더.

마쿻다 [동] 메우다. 아는 문에 구멍이 나서 마쿻는다고 문종이 사러 갔니더. 자꾸 물이 샌다. 새는 데 좀 마카라.

마큰 [부] 모조리. 동네 사람들 으논할 끼 있으이 마큰 마을회관으로 모이소. 있는거 마큰 너서 끼리믄 마싣데이. / 모지리, 마카.

막간 [명] 된장을 담글 때 맛이 변하지 않도록 마지막에 넣는 소금. 딘장에 막간을 잘해야 딘장이 더 맛나지럴.

막부걸레 [명] 대걸레. 넓은 방이나 창고를 물로 청소할라며는 막부걸레가 있어야지러.

막손 [명] 한줄로 된 손금. 가는 손이 생긴 게 막손인 동 사람이 영글지를 모해.

막장 [명] 메주를 넣은 후 소금을 갈아서 앉힌 물을 메주에 부어 만든 장. 막간을 쳐서 담은 장이 막장이라.

막지 [명] 찌꺼기. 포도즙 다짜고 막지는 우예니껴? 없이 살 때는 두부하고 막지도 먹고 했니더. / 막찌.

막쿻다 [동] 막다. 물이 못 빠져 나가게 물길을 막쿻느라 애 먹었다. 하수구에 뭘 붓는 동 구녕을 다 막캈네. 이꼬 막쿠면 물이 못 빠져 나가잖나.

마카 [명], [부] 모두. 동네 사람들이 마카 잔칫집에 갔니더.

–만 [어] -면. 겨울게도 눈이 오만 날이 포근하대이.

만뭃다 [형] 만만하다. 그 집 아지매가 그래도 말하기 만뭃고 편니더.

만개 [부] 전혀. 까마이 잊어뿌래가 만개 생각이 안 난대이. / 만구에.

만대기 [명] 산마루. 만대기 올라가 보이 우리 동네가 다 보이데. 저 산 만대기를 넘어가만 읍내가 있대이. / 만데이. 마우리. 삐얄. 언덕배. 한째.

–만서 [어] -면서. 자는 할 꺼 다 하만서 공부도 잘하니더.

만지 [명] 망아지. 이거이 뉘 집 만지로?

만지다 [동] 만들다. 가는 솜씨가 좋애가 뭐든 저래 잘 만지고 한대이.

만진년에 [부] 오랜 뒤에. 남들 다 오고도 만진년에 왔네.

만창 [명] 만큼. 먹을 만창만 나 두고는 재산을 다 히씨 잤네. 언제나 큰 나무만창 자라겠나? / 마이. 마끔. 마춤. 마침. 마츰. 만끔. 만치. 만침. 만춤. 만쿰. 망끔. 망쿰. 맨침. 만츰. 만침.

맏이베[명] 큰아버지. 아버지께서 맏아베를 부르시니더.

맏어매[명] 큰어머니. 맏어매 오시니꺼? 맏어매께 인사 드리래이.

맏편[명] 떡을 쌓을 때 아래에 놓인 떡과 고명을 사이에 두고 맞댄 떡. 지사상에 올리는 떡이사 본편 위에 맏편을 올리니더.

말[명] 멍울. 발에 말이 서가 올케 걷지도 못한다. 끌테기에 찔린 그 발이 말이 벌겋게 섰다꼬? / 몽아리. 몽올. 몽울.

말[명] 마루폭. 한복 지을 때 사폭을 댈라카먼 말을 대야제.

말가[부] 일정한 수효나 양을 기준으로 하여 빠짐이나 넘침이 없는 전체. 어예 오늘 저녁은 말가 한명도 안빠지고 모였노?

말가이[부] 가만히. 움직이지 않거나 아무 말 없이. 말가이 있다가 저 엄마 오이 우네. 아까는 시키도 말가이 있디만 인지사 말한다. 야들은 말가이 개않은 걸 버린다고 하네.

말광대[명] 곡마단. 동네가 조용하거 보이 마카 말광대 보러 갔는갑네. 읍네에 말광대가 왔다카든데 구경 갈란가? / 강대. 극단패.

말기 서다[관] 허벅다리 윗부분의 림프절이 부어 멍울이 생기다. 을매나 걸었든동 허벅지에 말기 서가 아프대이.

말껄티기[명] 말꼬리. 그래 남의 말껄티기만 잡고 늘어지만 이야기가 되나. / 말꼬랑지.

말똥굴레[명] 민들레. 봄이 되이 밭에 말똥굴레가 개락이래.

말뚝풀[명] 민들레. 길섶에 말뚝풀이 노랗게 폈더라.

말랑폭[명] 마루폭. 말랑폭이 이래 길어가 될리껴?

말래받다[형] 인정이 없다. 말래받게 남한테 그꼬 모질게 하면 우예노. 말래받은 짓 하면 내중에 벌 받는다. 그 사람은 남한테 베풀 줄도 모르고 말래받기만 하데.

말롷다[동] 말리다. 나락을 잘 말롷고 잘개 담아래이. 야가 꼬추 말롷다가 어디 갔노?

말마지[명] 망아지. 말마지매로 뛰지 좀 마거래이. 아가 말마지그테가 이래 덤벙거리니더. / 말마아지. 말망아지. 말망셍이. 마아지. 말새이. 말생이. 매아지.

말망셍이[명] 망아지. 말망셍이를 잘 길러 질을 잘 들여야제. / 마아지, 말망아지, 말새이, 말생이, 매아지.

말바아[명] 연자매. 말바아사 소가 돌리니까 사램이 좀 덜 힘들제. / 말방간.

말밤수[명] 마름. 이전에 암꾸도 묵을 기 없어가 말밤수도 까 묵었어. 저을게 못에 가 말 건지가 말밤수 까 묵기도 했다. / 말밤. 말밤새.

말밤실[명] 철조망. 말밤실을 만들어서 밭가에다 쳐 놨디만 짐승들이 못 들어오대.

말방간[명] 연자매. 곡석이 많을 때는 말방간도 썼는데 부잣집에만 있었니더.

말버리[명] 말벌. 산에 가면 말버리를 조심해야 된대이. 잘못 쏘이면 죽는대이.

말서다[동] 임파선이나 몸안의 조직에 동글동글한 물질이 생겨나다. 몸이 안 좋은동 목에 말이 서가 말을 잘 못하겠니더.

말찌근하다[형] 모양이 갸름하고 멀쩡하게 생기다. 사람이 말찌근하게 생깄네.

말청[명] 마루. 말청을 깨끗하게 닦았니더. / 동마리. 마리. 마리청.

말초[명] 종이를 말아 피우는 담배. 옛날에는 말초를 말아서 피았지. 옛날에는 어른들이 대담배를 피았어. 대담배 피울 때 몰래 그거 말아 갖고 말초를 피우고는 했어. 담배 신문지나 조우에 말아 갖고 피는 기 말초야.

말카[부] 전부. 아지매들이 안 보이가 물으이 말카 자아 갔다카대. 집에 미기던 소를 빌가 나 팔아비렸다. / 마카. 마칸. 마캉. 마커. 마큰. 마캐. 말케.

말통[명] 한말 정도의 액체를 담을 수 있는 통. 경운기에 경유를 넣을 때는 말통을 들고 말통꼭다리를 잘 집어 넣어야 되니더.

망개덤풀[명] 청미래덩굴. 망개덤풀로 무쳐가 찬으로 했디만 맛이 좋니더.

망구[부] 아무데도. 자식이 많아도 망구 씰데없다.

망두들[명] 밭두둑. 고치밭 망두들에 풀이 많이 나가 좀 비야 되겠니더. / 둔대미. 등말리.

망두떡[명] 돌떡으로 속이 비어있는 떡. 아 소견 넓어지라고 돌에는 망두떡을 한단다. 아 돌이라고 고모가 망두떡 해왔네. / 망디떡. 망두.

망울지섬[명] 호미씻이. 망울지섬으로 한다꼬 모도 회관에 모이라니더. / 나다리. 마당떼기. 시무거리. 품끈먹이. 초연. 초염먹다. 초염먹이. 푸꾸. 푸꾸래. 풀꾸. 함추. 꼼비먹다. 서리치묵다. 솜모둠먹다. 푸꾸먹다. 푸곳먹는다. 푸꾸매기하다. 초염먹다. 히추먹다. 히추하다.

망궇다[동] 망치다. 갑재기 우박이 쏟아져가 사과 농사 다 망궇대이.

망캉[부] 실컷. 오늘은 지난 거 모도 잊고 술로 망캉 마셔보시더.

망훟다[동] 망치다. 무다이 돕는다고 나서가 일을 망훟고 있어.

맞다대기[명] 직거래. 농사 지가 맞다대기를 하면 서로 이익이제.

맞다대기[명] 맞닥뜨리기. 가운데에 거간이 끼지 않고 막바로 거래하는 것을 일컬음. 직접 맞다대기하믄 돈이 좀 남지.

맞대롱[동] 자치기. 남자 아~들은 회관 앞에서 맞대롱한다고 모이 있대.

맞이물[명] 마중물. 펌프로 물 쓸라카먼 맞이물을 붓고 펌프질을 잘해야 되지러.

맞춤하다[형] 정도에 알맞다. 옷이 큰 줄 알았디만 입어보이 맞춤하이 이쁘네.

맞훟다[동] 서로 떨어져 있는 부분을 제자리에 맞게 대어 붙이다. 그 색시가 내가 맘에 들었는 동 눈을 맞훟고 가디더.

매[명] 쓿은쌀 속에 등겨가 벗겨지지 않은 채로 섞인 벼 알갱이. 이번 나락 찐 데는 매가 얼매나 많은동 좋찮니더.

매구[명] 꽹과리. 사물놀이 할 때사 매구 치는 사람이 맨앞에 서지럴. / 깽매기. 깽개미. 깽매.

매구랍다[형] 맵다. 냅다. 연기가 매구랍다.

매굽다[형] 냅다. 불을 피울라그이 연기 때매 매구와 눈을 못 뜰다. 연기가 이꾸나 매구와 안될다. / 내거랍다. 내겁다. 내구랍다. 내그럽다. 매급다. 맵다.

매기[명] 참빗의 빗살 가장자리를 고정하는 대쪽. 참빗 끝에 매기로 단디 마굼을 해야 빗을 오래 쓰니더. / 양마구리.

매까리[명] 묶는 데 쓰는 끈이나 새끼. 매까리 무까래이. 무끈는데 쓰는 기 매까리지.

매깡[명] 냉국. 날씨도 더운데 오이 따가 매깡이나 내가 먹으씨더.

매꼬기[명] 멸치. 반찬이 매꼬기 대가리도 하나 없이 전신에 풀밖에 없네.

매끼[명] 쥐 등을 잡기 위해 놓는 음식물 미끼. 창고에 쥐를 잡으려고 매끼를 놓았니더.

매나 🏷 역시. 자도 이기 좋다카는데 니도 매나 이기 좋나? 그꾸 달라 보이도 매나 그거하고 같애. 지난번 꺼하고 같이 매나 이걸로 주면 되지요?

매나끈 🏷 여태까지. 매나끈 잘 먹다가 갑자기 왜 안 먹노? 매나끈 일러 놨드만 한 개도 안 했네.

매덤 🏷 마다. 멩절이 다가오면 집매덤 음석 준비하느라 정신이 없지러.

매동가리내다 🏷 판가름하다. 니옳다 내옳다하는데 누가 옳은동 매동가리내 보자. 왜 그꼬 질질 끌고 결정을 못 하노. 얼른 매동가리내뿌지. 니말이 맞나 내 말이 맞나 매동가리내볼래.

매뜩지다 🏷 마뜩하다. 깨끗하다. 아가 보이 집안 일이고 뭐고 매뜩지게 잘 하데.

매로이 🏷 매미. 매로이가 하도 시끄럽게 울어가 고마 낮잠도 못 잘따. / 매라지. 맴. 매래이. 매리이. 매롱이. 매영이. 맴새. 매암. 억시기. 자리.

매매하다 🏷 꼼꼼하게 하다. 잔차할라카만 집 정리부터 매매해야 된데이.

매물잠자리 🏷 고추좀잠자리. 얼라가 매물잠자리로 잡아가 닭모시로 주더래이.

매방소 🏷 매사냥꾼. 매방소가 작은 매를 잡아가 길들이제.

매분여꾸 🏷 고마리. 반찬 맹글 때 매분여꾸로 양님을 하면 맛이 특별하제. / 약국. 약대. 여꾸. 여꾸때. 여뀌대.

매새기 🏷 곰팡이. 장마 지만 매새기 피기 쉬우이깨네 간수 잘 해라.

매아꽃 🏷 미디꽃. 여름이 짚으이 인사 배아꽃도 피드더.

매아리 🏷 열매. 간밤에 비바람이 몰아치더니 과실 낭게 매아리가 다 떨졌대이. / 달개. 여름지. 이을매.

매용이 🏷 매밋과의 곤충을 통틀어 이르는 말. 매용이가 얼매나 우는 동 시끄러버 낮잠도 못잘따.

매욱 🏷 미역. 여자들이 알라를 나으만 매욱을 물에 담가 놨다가 푹 끼리 먹으먼 좋지.

매이 🏷 따위. 그 매이가 무슨 일을 한다고 시키냐.

매자고 🏷 매자기. 저짜 습지에 매자고가 마이 자랐네. 매자고 뿌리 캐서 약재로 쓰먼 좋제.

매자구[명] 참마자. 거랑에 가가 괴기를 잡으이 전부 매자구만 걸린대이.

매지[명] 매듭. 노, 실, 끈 따위를 잡아매어 마디를 이룬 것. 일의 순서에 따른 결말. 잘 안 풀리게 어긋 매지로 묶어 갖고 가래이. 가다가 풀어질라. 일을 매지 매지 정리를 하면서 해야지 온 데 다 어지럽히 놓기만 하노.

매짝[명] 뺨. 언행을 조심해서 매짝 맞을 짓을 하지 마래이. / 기때기. 따구. 볼때기. 연지뺨.

매차리[명] 변덕쟁이. 그 여자는 성질이 하도 매차리같아가 금방 웃다가도 화를 내고 그래.

매찰없다[형] 성격이 변덕스럽다. 사람이 매찰없으이 어짜면 좋노.

매초리[명] 회초리. 매초리 갖고 온나. 말 안 듣는 아 좀 때리거러.

매치러[조] 처럼. 얼매나 부지런한 동 쉴 줄도 모르고 소매치로 일한대이. / 마냥. 매이로.

매타다[동] 장 등에 곰팡이가 생기다. 여름에 날이 더우만 쌀에 매타기 쉬우이 쌀을 독에 너가 시원한 데 나뚸야 된대이.

매타래버섯[명] 느타리버섯. 옛날에는 산에 가서 꾀꼬리버섯하고 매타래버섯하고 따가 먹으면 진짜 맛있었어. / 매타리버섯.

매하다[형] 맵다. 생솔가지로 불 피웠디만 연기가 마이 나가 눈도 매하고 코도 매하대이. / 내구랍다.

매하다[동] 큰물로 논이 수패가 나다. 올 태풍으로 논이 매하니더.

맥싸리[명] 곡식이나 소금 등을 담는 짚으로 만든 작은 섬. 소곰을 맥싸리 담아 노으만 간수가 빠져가 소곰이 더 맛있어 진대이.

맥지[부] 공연히. 와 가만있는 사람을 맥찌 건드리 부아를 돋구노. / 공둥. 맹나로. 무단시리.

맥통이[명] 숙맥. 사리분별을 못 하는 어리석은 사람을 일컬음. 멕통이 매로 말귀를 저꼬 못알아듣노. 멕통이라 이적지 말을 해줘도 우째 그꼬 이해를못해. 멕통이 그치 그것도 모르나.

–맨[어] -면. 우야든동 일이 잘 되맨 좋겠니더.

맨대로[조] 처럼. 소 첨보는 것맨대로 빼이 보고 서 있기만 하네. 식추이맨대로 밥을 저꼬 먹는다. / 맨덜로.

맨덜로㊌ 처럼. 니 아까맨덜로 다시 한번 해봐라. / 맨대로.

맨드럽다㊉ 겉이 부드럽고 둥글다. 고양이 털이 참 맨드럽니더.

맨드리하다㊉ 매끈하다. 나무를 얼매나 밀어놨는지 마리가 맨드리한 게가 미끄러질따.

-맨설라㊁ -면서. 니는 핵교 가맨설라 그래 책도 안가지고 가노.

맨자구㊌ 맹추. 니는 왜 맨자구같은 짓만하노.

맨자그리하다㊉ 멍청한 듯하다. 맨자그리하게 앉아 갖고 뭐 하노. 물어 봐도 맨자그리하게 쳐다만 보고 있대. 맨자그리하게 보지 말고 똑똑하게 좀 해라.

맨자리㊌ 굵은 올로 짠 돗자리. 겨울 되며는 남정네들은 맨자리로 짜고 여자들이사 비 짜고 놀 틈도 없어지러.

맨재기㊌ 융통성이 없는 사람. 하는 짓이 어예 맨재기 맨치로 그라노.

맨재지밥㊌ 맨쌀밥. 옛날엔 잘사는 집 아니면 맨재지밥 먹기 힘들었지러.

맨지리하다㊉ 매끈하다. 만지보이 맨지리한 기 희한하네.

맨질하다㊉ 고르다. 단지를 만지봐가 겉이 맨질하면 좋지럴.

맬갛다㊉ 멀쩡하다. 감이 나무에서 떨어져도 이꼬 맬갛네. 사과 맬간 것은 골리 내라.

맵포하다㊉ 약간 매운 맛이 나다. 홍어 삭힌 기 맵포하네.

맷국㊌ 찬국. 더운 여름에 맷구이 시원히게 해가 빕 말아 먹으먼 좋지러.

맷젓㊌ 멸치젓. 배추 겉절이 할 때 맷젓이 드가야 감칠맛이 있제.

맹㊁ 역시. 내 생각도 맹 한 가지대이.

맹그로㊌ 처럼. 니는 얼라맹그로 철딱서니가 없노. / 맨치로.

맹글맹글하다㊉ 몽글몽글하다. 거랑에 맹글맹글한 돌미가 많애. / 맹달맹달하다.

맹달맹달하다㊉ 몽글몽글하다. 집에서 두부 맹글 때 간수 넣어가 맹달맹달 엉기는 거 먹으만 맛이 구수하니 참 좋지럴.

맹초니㊌ 맹추. 아이구, 앞뒤가 막혔는지 하는 짓이 맹초니가 따로 없대이. / 매깨비. 맨대. 맹탕. 맨자구.

맹탱이몡 간장을 뜨고 난 뒤 부서져 덩어리가 없어진 메주. 간장 뜨고 난 맹탱이 가지고 딘장 만드니더.

-머에-으면. 밥을 너무 마이 먹으머 탈이 난대이.

머거리몡 재갈. 농사일 할 때 소 부릴라카먼 머거리에다 고삐를 매야 하는 기라. / 자개. 하무. 맘. 마.

머게이몡 모기. 엇저녁에 밖에 조매 있었디만 머게이가 다 깨물었다.

머구리몡 보자기. 머구리가 물질하러 바다에 들어가디만 미역, 멍게 마이도 따 왔네.

머드레몡 콩나물을 놓을 콩. 전에사 장아 가기가 힘드이 집집매덩 머드레를 놔가 길금을 길러가 먹었어.

머드리다동 농작물을 아주심기한 후에 죽은 포기를 다시 심다. 고추를 머드리 해 놔야 되니더.

머따나몡 뭐라도. 머따나 먹어야 할긴데. 암굿도 안 먹으면 기운없어 안 될긴데. 머따나 주면 좋다 그래.

머래몡 바람에. 김에. 자 가는 머래 낫 좀 사다 주소. 니까 끼드는 머래 말을 이자뿌랬다.

머르캐이다동 꾸중듣다. 어매한테 실컷 머르캐이고 나갔다디만 안죽도 안 들어왔나.

머리까치몡 머리카락. 젊은 사람이 그래 머리까치가 허예가 우짜노. / 머리깨미. 머리꺼디.

머리깨미몡 머리카락. 여자들 싸움이사 우선 머리깨미로 먼저 쥐니더.

머리꺼디몡 머리카락. 나가 드니까 머리꺼디가 자꾸 빠진대이. / 멀커당. 멀카락. 멀크당. 멀꺼댕이. 멀꾸당.

머리카댕이몡 머리끄덩이. 얼라가 짜증이 나이 지 머리카댕이를 쥐고 뜯는대이.

머리터레기몡 머리털. 나가 드니 머리터레기가 허여케 시고 마구 빠지네. 옛날 말에 머리터레기 검은 짐승은 안 거둔다 캤다. / 머리터럭. 머리깽이.

머슴들레몡 민들레. 봄이 되이 길가에 머슴들레가 마이 피었대이. / 말뚝풀. 맨들레미. 맨드라미. 문들레. 민둘레. 민달레.

머식 [대] 무엇. 거 연장을 머식에 쓸라꼬 빌려가노?

머식하다 [형] 무엇하다. 아직 얼란데 혼인을 한다 하이 기분이 참 머식하대이. / 머석하다.

머음 [명] 머슴. 예전에사 머음을 두고 부린 집들이 있었제. / 모슴. 머숨. 품파리.

먹구 [명] 귀머거리. 두째가 얼라 때 무다이 열이 나고 아프디 고마 먹구가 되어가 저래 고생을 하고 사니더.

먹구재이나물 [명] 물골취. 나물하러 가디만도 먹구재이나물만 항거 뜯어 왔대이.

먹머구리 [명] 개구리. 먹머구리가 우이 비가 올라는 마이따.

먹주 [명] 크기가 큰 피라미. 먹주로 탕을 끓이면 참 좋애.

먹찌이 [명] 피라미의 수컷. 붕어 잡을라 카다 먹찌이만 잡았네.

먼산바래기 [명] 사팔뜨기. 요새사 먼산바래기도 기술이 좋아져가 수술을 하먼 낫지러. / 사팔이.

먼옷 [명] 수의. 나이가 들먼 먼옷을 다 준비해 놓니더.

멀개 [명] 머루. 여름에 산에 가서 멀개 마이 따다 술 담가 먹고 했지. / 개포도. 머구. 멍석. 보대. 정금.

멀거이 [부] 국물 등이 진하지 아니하고 매우 묽게. 국을 멀거이 끓이가 맛 없어 못 먹을따.

멀국 [명] 멀건국. 오늘 저녁은 국이 이래 멀국이로.

멀귀 [명] 메주의 잘못 발효되어 생기는 머리카락 모양의 푸른 곰팡이. 우예노, 미주에 멀귀가 생길라 한대이.

멀끼디 [명] 머리끄덩이. 멀끼디 잡고 싸웠디만 멀꾸당 다 빠져뿌랬데이. / 머리꺼디.

멀때물 [명] 음식을 할 때 물을 못 맞추어 많이 넣음. 멀건 물. 멀때물을 잡아가지고 끼랬다.

멀방 [명] 작은방. 가는 온 점더러 뭘 하는 동 멀방서 나오지를 않니더.

멀커당 [명] 머리카락. 방을 쓰니까 멀커당이 한 묶음이네. 멀커리.

멀커리 [명] 머리카락. 음식에 멀커리 떨어질라 머리 좀 묶어라.

멍구딸 [명] 덩굴딸기. 얼라 때 산에 가가 놀미 멍구딸도 따 먹고 그랬제.

멍디기⠀명석. 고추 말릴 때 멍디기에 널어놓고 말리만 좋지. 하던 짓도 멍디기 깔아노믄 안 한다고 하드니 쟈가 꼭 그 짝이네. / 멍덕.

멍석딸⠀멍석딸기. 멍석딸이사 산딸보다사 맛이 덜하지러.

멍이⠀먼저. 내사 멍이 갈 테니 천천히 따라 온내이.

멍장구⠀멍. 돌부리에 걸리 넘어졌드만 다리에 멍다구가 퍼렇게 들었네. / 먹장. 먹통. 멍울. 싱거무. 청자. 푸렁물.

멍텅구리⠀꺽저기. 어지가이 깨끗한 물이 아이면 멍텅구리가 살지를 안해.

메구⠀꽹가리. 메구를 치고 나간다.

메구⠀여우. 우리 마을에는 옛날에 메구도 많았다.

메꼬기⠀멸치. 반찬이 메꼬기 대가리도 하나 없이 전신에 풀밖에 없네. 옛날에는 메꼬기를 찌져도 먹고 고추장에 찍어도 먹고 했지. 오늘은 메꼬기 갖고 반찬 해 먹자. / 매꼬기.

메꿓다⠀메우다. 구멍을 메꿓아 노아야 되니더. / 마쿻다.

메눌치⠀금낭화. 아침에 이슬에 메눌치가 피며는 디게 이뻐.

메레기⠀부시리. 메레기 잡아가 얼큰하게 매운탕 끼리 먹으면 시원한 게 맛있쩨. / 베이기.

메물나물⠀참꽃마리. 메물나물로 어린 잎사구를 따가 적을 꾸 머만 맛있어.

메밀꽃⠀메밀꽃. 가을기 되이 저래 모밀꽃이 소금매이로 참 이쁘다.

메조리다⠀흩어진 것을 모아 가지런하게 정리 정돈하다. 겨울기 오기 전에 장작을 패가 메조리가 쌓아 노만 마음이 푸근하지럴.

메조지다⠀망가뜨리다. 아침에 가 보이 멧돼지가 내리와가 고구마 밭을 다 메조지 놨디더.

메주꿀레⠀메주를 싸서 메다는 데 사용하는 짚으로 만든 끈. 메주꿀레 하거러 짚 좀 갖고 온나.

메주담⠀집장을 담글 때 사용하는 메주. 메주담이 고와야 장이 곱대이.

메주장⠀콩를 삶아 틀을 이용해 네모지거나 둥글게 만든 메주. 미주 만들 때 콩을 푹 삶아가 틀에 넣고 밟아가 메주장을 만들어 매 달았니더.

메죽⠀메주. 매죽에 곰파구 잘 피야 장이 맛있대이.

메틀 [명] 미투리. 남자사 짚신으로 신지만도 여자사 그래도 이쁘리 메틀로 신고 했지러.

멜떼기 [명] 메뚜기. 논에 멜떼기가 마이도 날아댕긴대이. / 메띠. 미띠기.

멧고기 [명] 멸치. 멧고기로 반찬도 맹글어 노코 했니더.

멧골 [명] 산골. 그런말은 멧골에서나 하지 여는 그런말 없지러.

멧국시 [명] 제사국수. 제사상에 멧국시 올렸나?

멩게 [명] 가는 흙먼지, 나물 등을 씻을 때 남은 흙. 파를 씻으니 바닥에 멩게가 많다.

멩이 [명] 고무래바탕. 맹이가 너무 무거워도 가벼워도 안 되고 든든해야 연장 쓰기가 좋대이.

며늘 [명] 며느리. 그집에 며늘은 얼매나 부지런한 동 마이 부러버.

멱아리 [명] 줌. 조상 대대로 가꿔 온 이 밭의 흙은 한 멱아리도 소중하지럴. / 멕아리.

명감재이 [명] 물장군. 명감재이사 올채이를 잡아 먹지러.

명다리 [명] 무명을 길게 늘여 만든 다리. 한복 입을 적에사 명다리로 치매를 묶어야 땅에 끌리지를 않애.

명태취 [명] 병꽃나무의 잎. 명태취를 삶아 무치믄 향이 좋애요.

모 [부] 못. 길도 위험한데 아들 다 모 오그러 해라.

모간지 [명] 목. 고뿔 걸린는동 모간지가 아프대이. / 모가지. 매간지. 목아지.

모개 [명] 몫. 이번 수익에서 내 모개가 얼매나 되니껴?

모개이불 [명] 모깃불. 모개이불 피우이 모기가 들 오네. 모개이불 피울라그만 그래 덜 마른 거로 해야 된대이.

모개이장 [명] 모기장. 모개이장 안 치고 자믄 모개이한테 다 물린대이. 모개이장에 자꾸 들락거리믄 모개이 다 드 간다카이, 고마 가마 있어라.

모개치 [명] 몫. 이번에는 장사가 잘 됐으이 모도 모개치가 엄침 될씨더.

모구나물 [명] 머위나물. 찬으로 모구나물로 무쳐놨디 별미래.

모구자리 [명] 못자리. 모숭기 할라며는 새벽 네 시 전에 논에 나가가 모구자리서 모를 쪄야돼.

모깨이 [명] 단단한 땅을 팔 때 사용하는 괭이, 한쪽은 날카롭게 생겼고 한쪽은 뭉툭하게 생겼다. 야문 땅 팔 때는 모깨이를 써.

모대다 툉 모이다. 여 모두 모대 봐라. 회관에 다 모대갖고 회의한다 그대.

모독잖다 톙 마땅찮다. 고마 젊은 사람이이 모독잖게 생각지 마시소.

모두백이 톙 시루떡. 잔치 때 좋은 거 모도 들어간 모두백이를 찌면 좋지.

모두시리 톙 시루떡. 모두시리 금방 쪘을 때 먹으만 디기 맛있재.

모둠치 톙 분취. 산에 가가 모둠치 잎 꺾어와 나물했니더.

모둫다 툉 모으다. 돈을 모둫아가 전답 샀다니더. / 모웋다.

모드락불 톙 모닥불. 석감주 할 때 왕지로 단지를 싸서 밑에서 모드락불을 피아 놔두이 날 시고 가 보만 재가 돼 있어.

모디 톙 마디. 일을 마이 했디만 손 모디가 욱신욱신하대이. / 매디. 마등가리.

모디 톙 매듭. 보자기가 안 풀어지게 모디를 단디 매야 된대이. / 고. 매끼. 매짐. 홀통가지. 매즘. 매침.

모래미 톙 모래. 모래미를 퍼가 마다에 다 뿌리시더.

모래북실 톙 모래사장. 이전에는 낙동강변에 모래북실에 가서 마이 놀았지. 모래북실에 가서 모래 갖고 놀만 재밌지. 모래북실 가서 놀자.

모래사장우 톙 모래무지. 모래사장우 잡아가 매운탕 끓있더이 맛이 참 좋니더.

모룽지 톙 모퉁이. 저게 저 모룽지만 돌면은 우리집일씨더.

모룷다 툉 몰다. 곡석 말리가 한 곳으로 모룷고 잘개 담아래이.

모름박 톙 산등성마루. 산마루. 얼매나 걸음이 빠른지 모름박까지 한숨에 올라가뿠다.

모리 톙 모퉁이. 저 짝 모리를 돌아가만 큰길이 나오니더. / 모도리. 귀퉁이. 모서리. 모제비. 모탕. 모테기. 모통바지.

모매싹 톙 메꽃. 모매싹도 나물 무쳐가 마이 먹니더.

모메꽃 톙 메꽃. 모메꽃이사 꽃이 디게 이쁘대이.

모메싹 톙 메꽃의 뿌리. 옛날에서 모메싹 캐가 약도 하고 그랬니더.

모배기 톙 모서리. 모배기가 날카로우이 조심해래이. / 기퉁이. 기태이. 기서리.

모삽다 톙 인색하다. 재물을 아끼는 태도가 몹시 지나치다. 자는 지 손에 든 거는 절대 남 주질 않는대이. 우쨰 저래 모사운 동. 모삽게 굴지 말고 남도 좀 주고 그래.

모새구멍[명] 모래알처럼 작은 구멍. 그릇에 모새구멍이 나가 장이 다 흘러나왔부랬대이.

모생이[명] 자연히 잘게 부스러진 돌 부스러기. 모생이로 마당에 깔며는 비가 와도 질지를 않으이 좋애.

모슴시리[부] 야무지게. 동네사람들이 메느리가 모슴시리 일 잘한다고 부라하지. 밭일 하는데도 얼매나 모슴시리 하는 동.

모시나물[명] 모싯대. 모시나물은 데쳐가 떡도 해 먹고 나물해가 먹어도 맛있지러. / 모시딱지.

모시딱지[명] 섬초롱꽃을 나물로 이르는 말. 모시딱지는 물에 안 울콰도 순이 좋애가 맛이 나니더.

모심시럽다[형] 깔끔하고 빈틈없어 보인다. 사람이 허벅해 안 보이고 젓쩌리 없어 보이는 기 모심스러운거라.

모자리깡[명] 못자리. 모자리깡에서 모판 땔라카만 얼매나 힘든 줄 아나.

모작시럽다[형] 모지락스럽다. 사람이 얼매나 모작시럽운동 동 말 붙이기가 겁나니더.

모장갈[명] 모잽이. 코 골 때는 모장갈로 누워 자만 안 골아.

모전[명] 모서리. 책상모전에 바칠라 조심해래이.

모차다[형] 모질다. 기세가 몹시 매섭고 사납다. 야무지다. 평소에는 그꼬 이뻐하던 아를 잘못했을 때는 모차게 때리대. 새댁이 일을 얼매나 모차게 잘 하는 동.

모초래기[명] 메추라기. 장조림에 모초래기 알을 삶아 껍질 까서 너면 맛나대이. 모초래기맨크로 쪼매난 게 구업게 생겼구마. / 메초리.

모치다[동] '모으다'의 피동사. 동네 도가공론 한다꼬 회관에 사람들이 모쳐가 시끄럽디더.

모타리[명] 몹쓸 짓. 가는 술만 마시며는 모타리로 하니더.

모타리[명] 사람의 풍채. 사람이 모타리가 없다.

모터밭[명] 모종밭. 비가 오더니 모터밭에 잡풀이 많이 났데이.

모통살미[명] 게걸음. 산이 얼매나 가파른동 모통살미로 걸어내리왔네.
모튀[명] 모퉁이. 니 저짝 모튀에 가가 삽가래 가져 오이라.
모판[명] 어린 모종을 길러내기 위해 다듬은 구역. 씨를 뿌리지는 않는다. 모판에 물을 마이 주래이.
목[명] 나막신. 옛날엔 비가 오만 발이 안 젖끄로 목을 신고 다녔는데 무겁고 불편했제. / 미엉. 새자.
목가래[명] 나무로 만든 종가래. 오늘 보 하이께네 모도 목가래 들고 나오소.
목강통[명] 목욕통. 얼라 목욕 시킬라고 목강통에 물을 받아 놨디더.
목괘이[명] 곡괭이. 땅파게 목개이 가져 온나.
목노[명] 올무. 산에 목노를 놓아디만 토깽이가 잡혔디더.
목닥[명] 작약과의 낙엽 활엽 관목. 목닥이 꽂이 젤로 예뿌니더.
목닥나무[명] 모란. 목닥나무에 꽂이 피며는 마당이 다 훤해여.
목당가지[명] '목'을 속되게 이르는 말. 기분이 상해도 직장서 목당가지로 안 잘리라며는 참아야지여. / 목두간지.
목도리깨[명] 여럿이 함께 도리깨질을 할 때 우두머리 격이 되는 사람이나 그 사람이 쓰는 도리깨. 목도리깨랑 종도리깨가 손이 맞아야 일이 수월케 끝나제.
목두간지[명] '목'을 속되게 이르는 말. 감기가 걸리이 목두간지가 아파 죽을따.
목둥잽이하다[동] 멱살잡이 하다. 어린아이가 몸부림치며 심술부리다. 목둥잽이 하고 싸움을 하더라. 아가 목둥잽이하며 해악을 하대.
목로[명] 토끼나 노루 등 산짐승을 잡는 올가미. 노루목로는 철사가 굵고 크고, 토끼목로는 철사도 가늘고 작아.
목설개[명] 멍에. 소를 부릴라카만 목설개를 목에다 얹어야지.
목시[명] 모이. 목씨 뿌리 노으만 닭들이 용케 알고 달겨들지. / 몽이. 모새. 모세. 모시.
목절개[명] 멍에를 소에 연결하고 고정시키는 끈. 끈의 한쪽은 멍에에 한쪽은 소의 목에 건다. 꾸부정한 멍에 한짝 끝에 짜매고 한짝 끝은 모간지에 걸어 가지고 해. 이래 걸게 다 되 있어.
목줄[명] 목젖. 곳불이 와서 기침을 마이 했더니 목줄이 내려 물 마시는 것도 수월치 않네. / 목지. 목찌. 하늘아지.

목줄기[명] 목덜미. 그래 잘못을 마이 하더니 목줄기가 잡혀 된통 혼쫄이 났으이 앞으로 조심 좀 하겠지. / 뒷목. 목줄기. 야게.

목찌개[명] 소에 씌운 멍에가 벗어나지 않도록 잡아주는 끈. 쟁기질 할 때 목찌개로 소 부리지. 멍에 안 떨어지그러 목찌개 잘 묶으래이.

목차다[형] 힘겹게 부담이 크다. 나이가 드께 농사일도 목차가 마이 못 할씨더.

목테[명] 목도리. 날이 추우께네 목테 단디 두르고 나가래이. / 목수건.

몰감지[명] 모래. 명사십리에 가믄 희고 깨끗한 몰감지가 끝없이 펼쳐져 있다하네. / 모래미. 모사. 모세. 몰개. 복세. 불. 시세. 유세.

몰개사장[명] 모래사장. 몰개사장을 파가 몰래 좀 오니라.

몰개잡살[명] 자연히 잘게 부스러진 돌 부스러기. 거랑에 큰물이 나이 몰개잡살이 마이 쌓였디더.

몰궇다[동] 모으다. 마당에 늘어놓은 깨를 몰궇어가 들이시더.

몰몰하다[형] 몰인정하다. 인정이 없다. 그 사람은 일 하는 거 보면 남 배려 없고 엉가이 몰몰하지 왜.

몰웋다[동] 한곳으로 몰다. 짐을 한 곳으로 몰웋고 저짝으로 가만 돼.

몰창묵[명] 옥수수로 만든 묵. 몰창묵 좀 묵고 가라. 몰창묵 만들었는데 좀 주까? 몰창묵 해가 동네 다 놔나주고 나이 쪼매밖에 없네.

몰치다[동] 한쪽으로 가지런히 정리하다. 나락을 한 곳으로 몰치노라.

못치[명] 똘배. 못치를 한 광주리 그냥 준다 해도 시고 떫어 못 먹지럴. / 산배. 풋배.

몽당중우[명] 잠방이. 논에 가 일할라 카믄 몽당중우를 입으만 좋지. / 담방중우. 무주. 땅중우.

몽디뜸질[명] 매타작. 자가 몽디뜸질로 당해봐야 정신을 차릴라?

몽오래이[명] 망울. 꽃 필라그는 동 몽오래이 졌대.

몽치미[명] 목침. 할부지 주무시는데 몽치미 좀 갔다 드려래이. / 태침. 디침. 복침. 태치미. 나무비게. 먹띠기. 목치미. 몽침. 태치미. 티치미. 티침.

몽치미띠[명] 갈색 빛을 띠는 메뚜기. 어릴 때사 들로 산으로 낙 몽치미띠도 잡고 그랬지러.

무기[명] 갈라진 독을 이르는 말. 옹구 굽다가 무기가 마이 나오면 손해가 많애여.

무꾸검박 [명] 무말랭이. 무꾸검박이사 무치면 달짝하이 찬이 좋니더.

무꾸국[명] 무를 채썰어 볶아 끓인 국. 지사상에 올릴 국은 무꾸국으로 마이 하니더. / 무웃국.

무꾸밥[명] 무밥. 무꾸밥을 지어가 양님장 맛있게 해가 비벼 먹으면 별미지러.

무꾸씨레기[명] 무시래기. 무꾸씨레기로 푹 삶아가 딘장 풀고 국 끓이면 구수하고 맛있지러.

무꾸이퍼리[명] 무청. 무꾸이퍼리를 왜 이꼬 다 잡아 뜯었노.

무꾸익질[명] 밥을 할 때 무를 큼직하게 썰어 넣어 익힌 후 채를 썰어 무친 나물. 가을게 무꾸익질해서 밥 먹으믄 밥이 잘 넘어가지럴.

무꾸장아리[명] 장다리무. 무꾸장아리가 속이 크고 굵지러.

무꾸적[명] 무를 얇고 동그랗게 썰은 후 밀가루를 묻혀 부쳐낸 음식. 무꾸적을 꾸어 뜨실 때 양님장에 찍어 먹으면 참 맛이 좋제.

무꾸줄거리[명] 무청. 무꾸줄거리를 다듬어 잘 말리가 시래기 해 먹으면 좋지러.

무꾸지[명] 무를 된장 속에 박아 만든 반찬. 반찬 없을 때 무꾸지를 양님해 가 먹으면 좋니더.

무꾸짐치[명] 무김치. 무꾸짐치 담가가 익힌 다음에 먹으면 시원하이 맛있지러. / 무꾸짠지.

무꾸짠지[명] 무로 만든 김치. 무꾸짠지가 잘 익었니더. 드시소.

무드러지다[동] 상식 없이 말하다. 그 사람은 말이 무드러지는 기 좋다카는 이가 없대이.

무드럭가락[명] 막무가내. 일을 살피지도 않고 그꼬 무드럭가락으로 하면 우예노.

무디기불[명] 모닥불. 냇가서 고기 잡다 옷 다 베리가 무디기불 피아 놓고 옷 말룽다가 다 안 태웠나.

무라리[명] 변상. 사람이 남한테 해를 끼쳤으면 마땅히 무라리를 해야지.

무릇다[형] 후텁지근하다. 비가 올라는 동 날이 무릇네. / 미키하다. 밍키하다.

무르다[형] 묽다. 그짝 길은 비가 오만 땅이 물러서 발이 빠지니께 이짝으로 가래이.

무르마곰[명] 무릎맞춤. 이래 서로 말이 다르이 무르마곰이나 해보시더.

무릎꼬배이[명] 무릎팍. 계단 올라오다 넘어졌디 무릎꼬배이가 다 깨졌네.

무리꼬치[명] 쌍고치. 이건 무리꼬치네. 무리꼬치는 쓰지도 몬 해. 번드레기가 두 개 든 거래.

무리위[명] 박과의 한해살이 덩굴풀. 비빔밥에 무리위룰 무쳐가 넣어야 맛이 좋제.

무수나물[명] 무나물. 가을게 무수나물 해 먹으면 맛이 좋지럴. / 무꾸나물.

무수장아리[명] 장다리무. 밭에 가가 무시장다리로 좀 캐와야 될시더.

무시끼[명] 이끼. 담비락 밑이래가 그런동 그늘이 있어 무시끼가 끼네.

무시메마리[명] 장다리무. 무시메마리가 굵고 살이 희니더.

무시짱지[명] 무짠지. 가을무시로 무시짱지 해 놨다가 익카 먹으믄 맛이 별미지.

무시채[명] 무채. 무시채를 썰어가 쌀뜨물 넣고 국 끓이면 시원하이 좋제. / 무꾸채.

무싱건지[명] 무를 통으로 짜게 절여 담근 김치. 무싱건지사 낭주에 짤라가 먹어여.

무자새[명] 물뱀. 저 논에 무자새기 이간다.

무자세[명] 무자위. 모심기 하기 전에 무자세로 논에 물을 대야 될따.

무자이불[명] 수를 놓은 비단이불. 며늘아가 무자이불 해 온 거 아즉도 잘 덮고 있니더.

무자지[명] 무자치. 무자지사 쥐만 잡아 먹는다고 하디더.

무작배기[명] 막무가내. 도무지 융통성이 없고 고집이 세어 어찌할 수 없음. 일을 그꾸 무작배기로 하면 우예노. 무작배기로 우기는데 이길 장사 없디더.

무장지[명] 장다리무. 겨울게 입이 심심하며는 무장지로 잘라가 먹기도 했니대이.

무재주[명] 물뱀. 못에 갔는데 무재주 한 마리가 헤엄쳐 지내가데. 깜짝 놀랬잖아. 밤에 못에 가서 꼴베이 주러 갔다가 무재주한테 깨물렸다카대.

무재주[명] 헤엄. 여름이 되면 얼라들이 개울게서 무재주 치고 점도록 놀제.

무적개[명] 모심기를 위해 논을 삶은 후 물위를 떠다니는 찌꺼기. 무적개를 다 건

져야 모를 심지.

무조가리 閉 당뇨병. 무조가리에 걸리먼 갈증이 그리 난다드라.

무줄개 閉 무지개. 무줄개사 보면은 기분이 좋잖나.

무지다 동 물건을 흙이나 다른 물건 속에 넣어 보이지 않게 쌓아 덮다. 어매사 노상 밥그릇에 밥을 담아가 방 이불 안에다 무져 놓디더.

무지다 휑 무진하다. 내사 팔자가 이래가 고생이 무지고 낙이 없니더.

무지르다 동 실이나 물건의 끝부분을 갈라서 두 쪽으로 벌리다. 삼올이사 어금니로 도스리고 송곳니로 무질러서 삼지러.

무지이 閉 장에 무를 박아서 만든 장아찌. 무지이사 마이 짜가 잘게 썰어가 양념해가 먹으면 좋니더. / 장지.

무질기 閉 무지개. 소냉기 오고 나이 무질기가 떴네.

무테무테 閉 무더기무더기. 사람들이 오매가매 무테무테 돌탑을 쌓아 논 거이 보기 좋데이.

무푸레좁쌀 閉 차좁쌀. 무푸레좁쌀 섞어가 밥을 지으만 밥이 포르스름하지러.

묵구내기 閉 먹는 것을 내기로 하는 놀이. 묵구내기로 윷을 놀자.

묵다리 閉 구년묵이. 사람 맨치로 묵다리도 정이 들어 쉽게 버리지 못할따.

묵밭디디기 閉 참나물. 묵밭디디기는 묵은 밭에 가야 많애.

묵소깝 閉 말라죽은 솔가지. 산에 가서 묵소깝 좀 해 온나.

문고래이 閉 문을 걸어 잠그거나 여닫는 손잡이로 쓰기 위하여 문에 다는 고리. 문고래이 잡고 늘어지디만 우예 나왔노. / 문꼬다리.

문구무 閉 문구멍. 방에 문구무로 찬바람이 얼매나 들어오는동 웃풍이 세가 추워 못살따.

문꼬다리 閉 문을 걸어 잠그거나 여닫는 손잡이로 쓰기 위하여 문에 다는 고리. 문꼬다리로 잡고 장난하다가 손 찌인대이.

문둥골뱅이 閉 달팽이. 문둥골뱅이사 느릿해도 금방 어데가고 없니러. / 할망고리이. 할매고동이. 꽃빼이. 널패이. 늘팽이. 달피이. 달파이. 털패이. 들피. 털패이.느글팽이. 널팽이. 단둥이. 달팡이. 달패. 동바리. 무당. 문디골베이. 아마고디. 하마고동이. 할마고등이. 달팡구리. 댄댄무시. 댄댄이모시. 하마고지. 하매.

문둥이배추[명] 풀과의 여러해살이 풀. 문둥이배추로 쌈싸 먹으면 향이 좋니더.

문디[명] 문둥이. 문디 잡아간다고 그만 울던 아도 뚝 그치니대이.

문어고장주우[명] 고쟁이. 여름에 문어고장주우 입으먼 공기도 잘 통하이 시원하고 좋제. / 살창고쟁이.

문지박[명] 문지방. 문지박에 앉으면 복나간다꼬 하지말라고 했잖나. / 문천. 문첨방. 문치박. 문치방.

문지받개[명] 쓰레받기. 방 쓸고는 문지받개에 담아가 버리래이.

문천[명] 문지방. 문천 밟고 넘으먼 복 날아간대이.

문첨방[명] 문지방. 급하게 나간다꼬 문첨방에 발을 찌가 아파 죽을대이.

문치박[명] 문지방. 문치박이 닳게 댕겨도 소득이 없대이.

문태다[동] 문대다. 목욕할 때 비누 거품 마이 내가 박박 문태 씻으면 씨원하재.

물가내다[동] 남에게 입힌 손해를 돈으로 갚거나 본래의 상태로 되돌려주다. 내가 피해 본 거 다 물가내고 가소.

물가새[명] 바다, 강, 못 따위와 같이 물이 있는 곳의 가장자리. 요래 큰물이 지면 물가새사 아예 위험하이 가지마래이. / 물가외.

물가외[명] 바다, 강, 못 따위와 같이 물이 있는 곳의 가장자리. 가는 낙수한다꾸 물가외로 갔니더.

물강[명] 무릇. 이전에 배가 마이 고플 때사 물강도 먹었디래. / 물끼. 물텅게. 물고이.

물개락[명] 물바다. 물난리가 나서 온 들이 물개락이 났다. 방이 왜 물개락이로? 누가 물바가지 쏟았나?

물거무[명] 소금쟁잇과의 애소금쟁이. 물거무로 잡는 게 깨구리 아이껴.

물고[명] 뿌리가 마늘과 비슷하게 생긴 식물. 물고는 밑에 뿌리가 마늘하고 비슷해.

물고래[명] 물이 고이는 땅. 거 논이 물고래래 갖고 모숨기 하기 퍽 힘들겠니더.

물고리[명] 맥문동. 옛날엔 기침에 약한다고 물고리를 마이 캐가 먹었니더.

물곤지서기[명] 물구나무서기. 물곤지서기 잘 못 하다가 목 삔대이.

물골[명] 맥문동. 물골로 꽃이 포롬하이 이뻐가 저래 마당에 심었니더.

물곳곰[명] 물고를 재료로 하여 떡같이 뭉치게 만든 음식. 물곳곰을 끓이가 먹으만 맛나니더.

물공[부] 대체로 헤아려 생각하건대. 자식이 부모한테 물공 잘해야 남한테 욕을 안 먹는대이.

물꼰지서기[명] 물구나무서기. 옛날에는 물꼰지서기도 잘 했는데. 물꼰지서기 하다가 꼬꾸래지만 다친대이.

물나물[명] 해조. 물나물을 따다 초장에 무쳐 먹으면 맛이 참 좋지.

물나부리[명] 물이 움직여 그 표면이 올라갔다 내려왔다 하는 운동. 바람이 부이 물나부리가 일랑거래.

물내나다[형] 과일 따위에 단맛이 없고 물기가 많아 맛이 없다. 올게는 과실 익을 때 비가 마이 와가 과일이 마카 물내나고 맛이 없니더.

물도우[명] 물동이. 물도우가 이래 커가 힘이 들어여.

물돼지[명] 군소. 물돼지 삶아 초장에 찍어 먹으면 맛있니더.

물두멍[명] 물독. 웅굴서 물 길어가 먹을 때사 저녁나불에는 꼭 옹가지 머리에 이고 와가 물두멍에 채워 넣었디래.

물둥천[명] 냇둑. 장마가 오기 전에 물둥천을 단디 쌓아야 걱정이 없지. / 강달가니. 갠언덕. 강개.

물등구[명] 물두멍. 물등구에 물이 없으이 물 좀 해 온나. 옹가지에다가 물등구에 부 놓고 부엌일 하는 기 보통이 아니라.

물때[명] 고여 있거나 천천히 흐르는 물의 바닥에 끼는 이끼. 가물어가 거랑에 물때가 마이 끼으이 안 미끄러지거러 조심하소.

물똥[명] 변에 곱이 섞여 나오며 뒤가 잦은 증상을 보이는 법정 전염병. 고마 물똥에 걸려가 이래 배가 아파 죽을따.

물뜰이[명] 두레박. 옛날에사 우물에 두레박 내리가 물을 퍼 올리가 썼지러.

물렁가재[명] 크기가 큰 가재. 물렁가재는 불에 넣으며는 금방 색이 빨갛게 되지러.

물렁밥[명] 죽밥. 내사 딘밥보다사 물렁밥이 소화도 잘 되고 좋디더.

물레잠[명] 잠버릇이 심해 온방을 돌아다니면서 자는 잠. 얼매나 피곤한 동 나도 몰래 밤새 물레잠을 잤니더.

물루우다[동] 사거나 바꾼 물건을 원래 임자에게 도로 주고 돈이나 물건을 되찾다. 거거는 너무 비싸게 샀으이 가가 물루우고 오소.

물림생일[명] 사정으로 인해 뒤로 미루어 여는 생일잔치. 물림생일이래도 잘만 차리면 된대이.

물명태[명] 소금쟁잇과의 애소금쟁이. 약 때문인 동 물명태도 요새는 도통 보이지가 않니더.

물물이[부] 일일이. 나이가 얼만데 안죽도 물물이 다 챙기 줘야 되나.

물밍태[명] 동태. 오늘 자 갔디만 물밍태가 억씨 싸데. 저녁에 물밍태 갖고 찌개 끓이 먹자. 시원하게 물밍태 갖고 국 끓이 먹시더.

물반대[명] 물수제비 뜨기. 돌 하나씩 주 갖고 물반대로 하만 내가 제일 잘 했대이. / 물방구.

물반티[명] 물방개. 거랑서 놀 때는 물반티도 잡고 남자리도 잡고 그랬디래. / 물염소.

물방간[명] 물레방앗간. 동네 물방간이 태풍으로 고마 망가졌어여.

물방구[명] 물수제비. 거랑에서 물방구 많이 치는 것도 기술이라.

물방구[명] 물거품. 물이 더러우이 그런동 물방구가 끼노. / 물빵구리. 물버품.

물방구[명] 물방울. 옷 젖거러 자꾸 돌로 던져가 물방구를 만드노.

물방아[명] 방아깨비. 내사 물방아를 잡기만 하며는 뒷다리가 빠졌뿌니대이.

물배기[명] 물바가지. 물항에 물배기로 물 퍼 담아라.

물버리[명] 물독. 물버리에 물을 채워가 오고 그랬디래.

물벌기[명] 애소금쟁이. 길에 웅디가 생기면 물벌기가 그 위로 댕기지.

물빵구리[명] 물거품. 파도가 마이 치먼 물빵구리가 마이 생기지럴. / 물버품. 물방구.

물상초[명] 물질경이. 논 바닥에 전다지 물상초가 나가 큰일이대이.

물새[명] 물살. 앞 거랑이 비가 와가 물새가 디게 빠르이 건널 때 조심하소.

물소디끼[명] 눌은밥. 물소디끼를 만들어서 머만 구시하고 맛나니더.

물여꾹대[명] 물여뀌. 연못에 전다지 물여꾹대가 생겼니더.

물염소[명] 물방개. 이전에사 개울에 가가 물염소도 잡고 철개이도 잡고 했디래. / 물반티.

물웨[명] 오이. 물웨 가가 무치만 맛있재.

물잠기[명] 물통. 물잠기에 물 좀 받아 놔라.

물지럭하다[형] 무르다. 마음이 여리거나 힘이 약하다. 가는 아가 물지럭해 가지고 어데를 가도 걱정이따. 일을 물지럭하게 하게 하지 마고 야무지게 좀 해래이.

물쫑제기[명] 무릎. 오래 앉아 있었더니 물쫑제기를 못 펴겠따. / 무루. 물방댕이. 장개이. 독마리.

물쭉빼기[명] 표주박. 박 따 가주고 물쭉빼기 만들어 물 길 때 쓰면 좋제.

물찌깨[명] 가잿과의 하나. 물찌깨는 불에 넣으면 금방 빨개지지러.

물촉새[명] 물총새. 물촉새가 개구리를 입에 물고 있대이.

물콰리[명] 산미나리. 물콰리로 해가 왔니더.

물키다[형] 무덥다. 날이 물켜가 살지를 못할따.

물티[명] 물이끼. 날이 가물어 거랑 돌에 물티가 많이 끼가 마이 미끄럽네. / 물태.

물파래질[명] 쌍으로 하는 두레질. 날이 마이 가물어가 물파래질을 하루 점더러 하고 왔니더.

물편[명] 바닷가. 물편 사람들은 말투가 다르재.

물포구[명] 왕머루. 산에 물포구 따가 술 담가 먹으면 맛이 참 좋제.

물포구나무[명] 보리수나무. 가을게 물포구나무에 보리둑 따먹고 놀았지러.

물푸리[명] 물부리. 할배가 물푸리에 담배 끼와가 피우지럴. / 빠뿌리. 무쭈리.

뭉개미[명] 검불. 산에 가서 뭉개미 해 온나.

뭉거리다[동] 뭉개다. 점도록 따신 아랫목에 궁디를 뭉거리고 앉아 뭐 하노.

뭉뚱하다[형] 뭉툭하다. 여자가 손이 저래 뭉뚱하게 생겨가 어쩌노.

뭉툭대기[명] 볼기 아래에 붙어 있는 살. 뭉툭대기에 살이 많으며는 사람이 둔해보인대이.

뭉티[명] 뭉치. 명절엔 자에 가서 고기를 씀씀이 따라 뭉티 뭉티 마이 사 왔지.

–믄[어] -면. 가가 아이믄 아인 기라. 언간하믄 함 봐 주소.

미감[명] 귤. 미감은 뜨신 데서 농사가 잘 되가 겨울게 추분 이짜서는 진짜 먹기 힘든 과실이었제. / 왜감. 왜감자.

미겨[명] 윷의 도. 뒤또하고 나면 되이께 미겨에 노소. 미겨에다가 엄칬디만 고마 잡힜네.

미구[명] 사람의 무덤. 우리 웃대 미구는 풀이 안나니더.

미구[명] 여우. 가가 어찌나 꾀가 많은지 하는 짓이 꼭 미구같대이. / 애끼. 미구도적. 민구. 야짱이. 야시여깨이. 예깽이. 여깽이. 여시. 예히. 예수.

미깔시럽다[형] 밉다. 가는 말하는 폼세가 미깔시럽다.

미깝[명] 미끼. 고기 잡을 때 낚시바늘에 미깝을 끼우제.

미꼬리[명] 미꾸라지. 미꼬리 잡으러 가자.

미꾸랭이[명] 미꾸라지. 미꾸랭이는 미끄럽어가 맨손으로 잡기 어렵대이.

미끄럼재이[명] 메깃과의 민물고기. 미끄럼재이로 매운탕 끓이며는 구수한 기 얼큰하고 맛나제.

미끈[명] 밀삐. 짐을 질라카믄 미끈을 단디 묶어야 된대이. / 밀빵. 미빵. 띠빵.

미끼[명] 밥뚜껑. 주발에 밥푸고 미끼 덮어가 상에 올리라.

미나락[명] 메벼. 올해는 미나락보다 차나락이 더 풍년이네.

미난지[명] 미나리. 매운탕에 미난지 마이 넣어 끼리면 향긋하고 맛도 있대이. / 미내기.

미난지깡[명] 미나리논. 예전에 이 앞이 다 미난지깡이었는데 우예 이꼬 마이 변했노.

미느리밥풀떼기[명] 며느리밑씻개. 미느리밥풀떼기도 나물해가 마이 먹어여.

미뚜방치[명] 그루터기. 밑으로 안 빠지게 미뚜방치를 잘 받차라.

미띠[명] 메뚜기. 요새는 논에 약을 안치이 저래 미띠도 천지대이.

미띠[명] 느치. 에구, 미띠가 나무를 다 파묵어 버렸데이. / 며루. 멜구.

미룽다[동] 미루다. 일을 미룽기만 하믄 어짜노.

미름비기[명] 밀가루 반죽에 콩가루나 팥가루를 소로 넣어 네모나게 부친 음식. 미름비기는 맛이 있어가 얼라들도 참 좋아해여.

미리[명] 용. 이무기가 미리 되믄 하늘로 날아간다 카더라.

미리지[명] 흰떡을 얇게 밀어 팥으로 만든 소를 넣고 접어 종지로 눌러 뗀 후 새끼 손가락만하게 반달 모양으로 구부려 만든 떡. 팥소 넣고 미리지 만들어가 참기를 발라 먹으믄 디게 맛있대이. / 꼽장떡.

미리치[명] 멸치. 미리치로 다시물 낼라카믄 똥을 다 발라야 쓴맛이 없대이.

미마지[명] 아주까리. 옛날엔 미마지 열매로 기름 짜가 불도 켜고 얼라들이 배 아프고 설사할 때 먹고 그랬지.

미물나물[명] 참꽃마리. 미물나물이사 이파리로 지짐 꾸가 마이 먹지러.

미물남자리[명] 밀잠자리. 들이나 물가에 가가 잡은 미물남자리는 마이 크고 허연 빛이 돌고 그랬제.

미물잠자리[명] 말잠자리. 미물잠자리가 나는 거 보이 가을이 됐는 마이따.

미미[부] 든든히. 날이 마이 추부니 옷을 미미 마이 입고 가래이.

미밥[명] 이밥. 옛날에사 생일날이 되야 미밥을 먹었니더.

미뻘[명] 묏자리에 잔디등이 나있는 공터. 어릴 적에는 미뻘에서 마이 놀았재.

미삔대[명] 구두쇠. 미삔대사 절대로 남들한테는 한푼도 안쓴대이.

미삔대[명] 여우. 아가 하는 짓이 미삔대맨치로 얼매나 약았는동.

미삔대[명] 인색한 사람. 그 사람은 미삔대야.

미술[명] 미주. 없는 집은 미술 대신에 보리술 담가 먹었니더.

미신[명] 짚신. 예전에사 미신을 삼아가 신었지럴. / 집세기. 메신.

미엉[명] 나막신. 옛날엔 비가 올 때 미엉을 신었지, 발이 아프고 해도 진탕에 발 젖지 않아 좋았니더. / 목. 새자.

미염[명] 미숫가루. 더운 여름에 단 거 넣고 미염 타서 얼음 동동 띄워 먹으면 배도 부르고 씨원하고 그랬지. / 안가루. 밈. 미엽.

미영대[명] 가막살나무. 담에 미영대가 올라가가 보기는 좋애.

미영실[명] 무명실. 목화솜을 자아가 미영실 만들어 썼지럴.

미자바리[명] 그릇의 밑바닥. 방티 미자바리 잘 바차래이.

미젓[명] 멸치젓. 정구지 무칠 때는 미젓을 너야 제 맛이 난다카이.

미조비[명] 찰기가 없는 조. 미조비로 밥을 하만 까실까실하니더.

미조차[부] 미처. 소식을 듣고도 미조차 못 갔니더.

미주바끼[명] 메주를 둥근 모양으로 만들 때 사용하는 성형틀. 미주바끼에 콩을 너무 마이 푸면 미주가 두꺼버 못쓰니더.

미주바리[명] 밑구멍. 우짜노, 단지가 오래됐는지 고마 미주바리가 쑥 빠져뿌랬대이. / 밋끼. 밋자리. 미꾸녕.

미지나다[동] 동나다. 음식을 얼매나 먹는지 금방 미지났네. 장화 사러 갔디만 미지났다네. 농사 쪼매지가 아:들 다 주고나이 미지났네.

미찐하다[형] 꺼림칙하다. 우째 미찐하이 마음이 편치 않네.

미친개이[명] 미치광이. 저 사람 미친개이 아니라. 왜 가마이 있는 사람한테 그러노. 미친개이 그치 얄궂게 굴기는. 그 사람은 술만 취하만 미친개이 그치 그데.

미친풀[명] 미치광이풀. 짐승이나 사램이나 미친풀 먹으면 안 된대이.

미쿵다[동] 매우다. 구디를 미쿵든지 해야지 이래 놔 두만 고내이가 다 파 재킨대이.

미터[명] 묏자리. 미터가 나쁘면 후손이 안된다카지.

미털[명] 미투리. 미털이 금방 닳아가 옛날엔 먼 길 갈 때 꼭 짐 보따리에 여분으로 미털을 달고 다녔지. / 미투라지. 삼신. 유깽이. 참신.

미틀다[동] 밀뜨리다. 태풍이 와 가 비탈에 나무들을 다 밀뜨리뿌렀데이. / 미뜰다.

민구[명] 엉뚱하고 둔한 사람. 그 사람은 민구 짓만 한대이.

민나리[명] 산형과의 여러해살이풀. 매운탕에는 민나리가 드가야 국물이 시원하제.

민다리[명] 물거리. 산에 가서 민다리 해 온나.

민둑사이[명] 코르크질의 날개가 없는 화살나무. 민둑사이로 태워가 까시 박힌데 바르면 신기하니더.

민들레짠지[명] 민들레를 삶아서 약간 말렸다가 양념을 한 김치. 예전에사 먹을게 없어 민들레짠지도 해 먹고 그랬제.

민무[명] 놀이에서 선 밖으로 나가거나 발에 맞아서 된 무효. 윷가치가 밖으로 나갔쓰이 민무다.

민미나리⟨명⟩ 미나리냉이. 산에 가가 민미나리를 캐가 삶아 무칬드이 맛이 괘 안니더.

-민설랑⟨어⟩-면서. 지느 암것도 안 하민설랑 남한테 이래저래 말이 많노.

-민성⟨어⟩-면서. 장아서 옷을 샀다만 이래 커민성 색도 내하고는 안 맞어.

민절미⟨명⟩ 찰떡. 민절이 매매 씹어 천천히 먹으라이. 너무 급하게 먹으면 언쳐서 애먹는 대이. / 절떡. 절미떡.

민지럽다⟨형⟩ 열없다. 가가 좋아하는 사람 보만 얼굴 보기가 민지럽워 그냥 지나치고 그랬제.

민피리⟨명⟩ 모래주사. 거랑에서 민피리 잡을라 카먼 반두라도 갖고 가래이, 마이 빨라가 맨손으로는 못잡을기다. / 돌가부. 돌붙이. 돌구구리.

믿읍다⟨형⟩ 믿음직하다. 아아 커가 고마 믿읍은 장정이 다 됐다.

밀굴씨⟨명⟩ 밀국수. 입맛 없을 때 맬칫물에 밀굴씨 말아가 김치 송송 썰어 언져가 먹으면 맛이 그만이제. / 밀쩌비.

밀꺼⟨명⟩ 고무래. 멍석에 나락 피가 말릴 때 밀꺼가 있어야 일하기 편하지. / 곰배. 군데. 당글개. 고물개.

밀냄비⟨명⟩ 밀가루를 반죽한 후 콩고물로 소를 넣어 부친 음식. 날 꾸무리할 때 콩고물 소 너가 밀냄비 부치가 뜨실 때 먹으만 참 맛있제.

밀노래기⟨명⟩ 밀기울. 밀 빻고 나만 남는 기 있어 그기 밀노래기야.

밀노치⟨명⟩ 밀가루에 호박을 넣고 반죽하여 구운 떡. 입이 궁금할 때 밀노치를 꾸가 먹으만 좋제.

밀뚝하다⟨형⟩ 퉁명스럽다. 사람이 물으만 밀뚝하게 말하는 것 좀 고치소. 그 가게는 주인이 밀뚝해서 다 안간다카대.

밀띠⟨명⟩ 메뚜기. 밀띠 잡아 갖고 말라가 반찬도 해 먹지. 이전에는 밀띠가 참 많앴는데 요새는 잘 안 보이데. 밭뚝에 밀띠가 마이도 띠 다니데.

밀써리⟨명⟩ 밀을 불에 구워 먹는 것. 옛날에는 밀써리도 해 묵었는데.

밀지불이⟨명⟩ 밀기울. 예전 몬 살 때에는 밀지불이를 물에 개가 개떡을 맨들어 먹었다 안 카나. 요새사 밀기울로 누가 음석을 맹글어 묵나? / 밀지울.

밋자리⟨명⟩ 모루채. 달군 쇠사 밋자리를 쳐야 연장이든 뭐든 되지러.

밍긍하다 [형] 미지근하다. 국이 영 뜨시지 않고 밍긍하네.

밍디기 [명] 명매기. 사당 처마에 밍디기가 집어 지어 놨대이. / 구제비. 굴뚝제비. 멍머구리. 밍열이. 칼제비.

밍태나물 [명] 마타리. 밍태나물 열매사 고롬 빼는데 써여.

밑구무 [명] 밑구멍. 가매솥도 자주 안쓰면 밑구무가 쑥 빠져여.

밑도리 [명] 이발을 할 때 머리 아랫부분의 가장자리를 돌아가며 깔끔하게 정리하는 것. 어른 밑도리 해 놓은 거매로 아 머리를 밑도리 해 놨대. 그꾸 이발을 안할라카디 밑도리 해 노으이 인물이 훤하네.

-ㅂ시더 [어] -ㅂ시다. 내사 지금 쪼께 바빠서 쫌 있다 자에 갑시더.

바개미 [명] 바구미. 바개미가 끼있다. 어해노.

바거리 [명] 바구미. 쌀을 광에 오래 놔 뒀디마는 바거리가 일었뿐네, 쌀에 바거리가 일어 햇빛에 널어 놔야 될따. / 딱쟁이. 바개미. 바거미. 바기미. 바거리. 재미. 찍깨벌거지.

바고리 [명] 우차에 짐을 실을 때 바를 거는 구부러진 고리. 그집 아재가 바고리에 바 묶다가 끊어져가 다쳤다니더.

바꾸 [명] 모양. 생긴 바꾸 좀 봐라. 여자 아가 이꼬 못 생기 갖고 우예노. 미주 바꾸 갖고 온나.

바꾸머리 [명] 발꿈치. 바꾸머리가 다 갈라지이 우찌하면 좋노. 얼매나 일을 잘하는동 우리그티는 그 사람 바꾸머리도 따라갈 수가 없다그이. / 발디치기. 발디치거리.

바꿓다 [동] 바꾸다. 어여 장사꾼 가기 전에 옷으로 바꿓고 온나.

바느래 [명] 땅벌. 바느래에 혈관 쏘이면 죽을 수도 있지러.

바느질당서리 [명] 반짇고리. 바느질당서리에 실과 바늘을 담아 썼지러. / 바느질둥개미. 반질그릇. 실꾸리당지. 토방구리. 도방구리. 토방구리.

바늘당실게 [명] 반짇고리. 실꾸리 다 쓰고 바늘당실게 담아 놔라. 야야 양말 꼬매거러 바늘당실게 내와 봐라.

바늘여꾹대 [명] 바늘여뀌. 밭둑에 바늘여꾹대가 천지로 났니대이.

바늘질 [명] 바느질. 우리 어매가 바느질 솜씨가 좋아 우리 클 때 옷도 다 맹글어 입혔지. / 감티개질. 침자질.

바두다[동] 재촉하다. 옆에서 바두면 일이 잘 안되이 바두지 좀 마라.

바뒤챙이[명] 발뒤꿈치. 진탕에 걸을 때 바뒤챙이를 들고 걸어야 흘탕물이 안 튀지. / 발꼼치.

바디재이[명] 바디나물. 바디재이 캐가 소곰물에 데쳐가 무치 먹으면 향긋하이 맛이 괜찮지러.

바랗다[동] 기다리다. 니는 노력은 아하고 요행만 바랗고 그러노.

바래키다[동] 색을 바래게 하다. 염색물이 진하게 들었으만 옷감을 바래키가 쓰면 된대이.

바룽다[동] 바루다. 구부러진 못을 바룽고 쓰야 되니더.

바룽다[동] 기다리다. 금방 익으깨네 여 바룽고 서 있다가 감자 익으면 꺼내라. 바룽고 있다가 국 끓으만 안 넘치게 불 꺼라. 생일 선물을 그꼬 바룽디만 좋은 거 받았나?

바리[명] 물살. 저짜 소용돌이에 바리가 세이 조심해야 된대이. 바리가 센 데서 헤엄 치믄 위험하대이.

바리[부] 바로. 아무리 힘들어도 맴을 바리 써야 된대이. / 바러. 바르.

바리랑장대[명] 바지랑대. 바리랑장대로 장난하며는 혼난대이.

바발[명] 바늘. 나가 드니 눈이 어두버 바발에 실 걸기도 힘 드네. / 발. 살랑자. 바농. 바알.

바소리[명] 말벌. 마당에 바소리 날라 다니드라. 조심해래이.

바쇠기[명] 짐을 싣기 위하여 지게에 얹는 소쿠리 모양의 물건. 아부지는 바쇠기에 거름 내가 밭에 가셨니더.

바숨[명] 타작. 곡식의 이삭을 떨어서 낟알을 거두는 일. '바숨했니껴?' '안죽 안 했어. 낼모레 할라꼬.

바숳다[동] 바수다. 봄에 농사 지을라먼 먼저 밭을 갈아가 흙을 바숳고 해야제. / 빠숳다.

바시다[형] 창피하다. 낯 바시게 저런 짓을 할꼬.

바실바실하다[형] 바지런하다. 깨찌디만 언제 또 와가 참을 이꼬 했니껴. 바실바실하기도.

바아가리 방아다리. 바아가리 밟을 때 앞 사람 손 잘 보고 밟아래이.

바아고오 방앗공이. 바아고오를 돌삐로 했디만 잘 빠지기는 한데 너무 무겁어가 팔이 아프대이.

바알 바늘. 바알에 실 좀 꿰라. 이불 꾸멜라그는데 바알을 못 찾을시더.

바우싹 담쟁이. 담벼락에 바우싹이 보기가 좋니더.

바자구내다 바닥내다. 살림이 쪼매 있던 것도 그 집 아들이 바자구냈다카대.

바재 울타리. 산짐승들 때문에 바재를 해놨디만 소용이 없네.

바지락 바자. 옛날엔 산에서 나무를 해다아 바지락을 엮어 울타리를 맨들었제. / 바추. 장재.

바질시럽다 인색하고 체면 차릴 줄 모르다. 같이 못 데리고 가고 혼자 갈라 그이 바질시러운 것 같아서 좀 그렇니더.

바치다 거슬리다. 남의 눈에 바치는 일은 원래 안 하는 기 좋은 기라. / 갈그치다. 거슬치다.

바침때 바지랑대. 마당에 댕길 때 빨랫줄 바침때 괴 놓은 거 조심해래이. / 간지대. 견금대. 괴장대. 꼬지때. 당대기. 바가치. 바작대기. 박재기. 장땅. 줄대.

바틀리다 부딪히다. 지나가는 사람에게 바틀려 다쳤다.

바팅개 버팀목. 큰요빼기 욜 집인에 비팅개가 돼 주어 어려문 살림에 그나마 힘이 났는 기라.

박끈 참바. 산에 가 낭구 해 올 때 낭구 놓지 안쿠러 박끈으로 지게에 잘 묶어 져야 된대이 / 녹부줄. 띠구리.

박삭 바싹. 한꺼번에 쏟아지는 모양. 시험이 끝나께네 학생들이 박삭 나오대. 한데다가 고추 담아 놨디만 바람이 불어갖고 박삭 쏟아졌대이.

박상꽃 매화꽃. 박상꽃이 눈에 피면 디게 이쁘대이.

박재기 바가지. 박재기로 물을 뜨고 그랬지러. / 바가치. 박새기. 쪽빼기.

반기침 재채기. 코에 뭐가 드갔는동 자꾸 반기침이 나티더.

반꺼치이 하는 일 없이 빈둥빈둥 노는 사람. 저 양반은 반꺼치이처럼 맨날 집에만 있노.

반두다 圖 바루다. 밖에 나갈 적에 옷깃을 반두고 가래이. / 반들구다.

반비데기 圕 볕에 말리다가 덜 말린 것 모두를 말함. 고추가 아직 덜 말라서 반비데기네.

반수감 圕 씨가 없는 감. 반수감이 저래 뻘거이 익었네.

반쌀눈 圕 싸라기눈. 우수가 지났지 한참 됐는데 반쌀눈이 이리 내리노. / 싼눈. 쌀눈. 소스락눈. 싸리눈. 좁쌀눈. 사랑눈.

반여 圕 방. 모하고 걸해서 단박에 말이 방에 들어앉았대이.

반지 圕 둘로 똑같이 나눈 것의 한 부분. 이거 반지는 니 묵고 남은 거는 가 조래이.

반지뚜거리 圕 반짇고리. 옷 다 꾸맸으먼 실꾸리 반지뚜거리에 담아 놔라. / 반지당새이. 반지끄륵.

반지살미 圕 소꿉놀이. 여기 와서 야들 반지살미 하는 거 봐래이.

반쪽고사리 圕 고빗과의 여러해살이풀. 산에 가이 참고사리는 마이 없고 천지 반쪽고사리만 있디더.

반태 나다 圕 송편에 손자국이 예쁘게 나다. 송편 빚을 때 반태 나게 빚으먼 이쁜 자석을 낳는다니더.

반팅이 圕 이남박. 쌀이나 남새나 뭐 마이 씨칠 때 반팅이에 담아가 씻으먼 좋제. / 구멍구시. 나무함박. 남박. 무랑박. 쌀함지. 옴박지.

반피 圕 바보. 사람이 반피맨치로 매매 웃디더.

받총다 圖 밭치다. 술이 다 발효되만 고조에 받총고 걸러야제.

발가리단 圕 짚을 묶을 때 아름정도 되도록 묶은 단. 짚을 발가리단으로 묶으라.

발구머리 圕 발꿈치. 오늘 하도 걸었디마 발구머리가 다 까졌대이.

발꿈 圕 발꿈치. 발꿈을 다쳐가 쪼매만 걸어도 힘이 든대이.

발끈 圕 일정한 수효나 양을 빠짐없이 다. 그래 니가 하는 말이 발끈 맞다. 아무리 애써 봤자 발끈 헛기대이.

발댕이 圕 대님. 내 한복 발댕이 한짝이 안보이니더.

발덩어리 圕 발등. 아이고, 내가 내 발덩어리를 밟았대이. / 발떠덕. 발잔등.

발뒤치기 圕 발뒤축. 돌부리에 부딪혀가 발뒤치기를 다쳤니더. / 발뒤꿈치. 발

디짝. 디꾸머리.

발리다📖 뼈를 가려내다. 야들 먹기 좋게 고등어 발리줘라.

발모간지📖 발목을 속되게 이르는 말. 발모간지가 부러지가 힘들다카데.

발자죽📖 발자국. 흙 묻은 채로 방에 들어와 발자죽이 났대이.

발쿠다📖 바르게 하다. 바르게 펴다. 거 낫 휘진 거 발카가 써라.

발쿠다📖 밝히다. 굽은 것을 펴다. 진실을 발쿠야 맴이 편하제. 굽은 못을 망치로 발쿵고 쓰라.

발키다📖 바루다. 몸을 좀 발키고 일라 보시소.

발키다📖 발리다. 청어 먹을 때사 가시 잘 발키가 먹어야 된대이.

밤나물📖 애기참반디. 깊은 산에 나는 밤나물 따가 나물해 먹으먼 참 맛있지러.

밤시이📖 밤송이. 어제 바람이 마이 불디 밤시이가 마이 떨어졌대.

밤양대📖 강낭콩. 여름에 밥맛 없을 때 밤양대 너가 밥 해먹으먼 입맛 돌지러. / 밤콩. 붉은동부.

밤젓📖 전어의 내장으로 담근 젓. 밤젓을 삭히가 뜨신 밥 해가 먹으면 참말 맛나니더.

밥더꺼리📖 밥알. 옛날에는 밥 먹을 때 밥더꺼리가 떨어지먼 어른들한테 혼났대이.

밥띠기📖 밥알. 옷에다가 밥띠기를 항거 묻히고 다니노.

밥띠빙이📖 주발의 뚜껑. 밥 퍼서 식기에 담고 밥띠빙이를 덮어 아랫묵에 묻어 놔야 밥이 식지 않지럴.

밥부재나물📖 방가지똥. 밥부재나물도 삶아 된장에 무치 먹으면 먹을만 하대이.

밥부제📖 밥보자기. 음식 만들어 놓을 때 먼지 안 들어가게 밥부제로 잘 덮어 놔래이.

밥빠지📖 소꿉놀이. 아~들은 밥빠지 마이 하고 놀재.

밥성📖 양념을 비빈 무밥. 밥성 해 먹으먼 맛도 있고 속도 편하고 그러제. / 소식혜.

밥수기📖 김치죽. 오늘 정심은 날도 궂은데 푹 익은 김치 너가 밥수기 끓이가 먹시더.

밧되다[동] 늦되다. 올게는 비가 마이 와가 그런동 과일이 마카 밧되니더.

방가재[명] 물방개. 방가재사 까만 게가 잡아가 가주고 놀기 좋애.

방간[명] 방앗간. 아부지는 새벽에 방간에 쌀 찧으러 가셨니더.

방개[명] 방귀. 정심에 꽁보리밥에 나물 넣고 된장에 비벼 먹었디마는 계속 방개가 나온대이. / 가죽피리.

방구[명] 거품. 빨래는 방구가 잘 서게 매매 문질러가 씻어야 된대이. 맹물에는 방구가 안 서글랑 비누를 칠해야 서지.

방구돌[명] 부피가 매우 큰 돌. 우리사 모도 산밭이래노이 방구돌이 많애가 농사가 힘드니더.

방구래기[명] 물레로 실을 자을 때 실이 감기는 쇠꼬챙이. 실로 자을라면 방구래기가 얼른 커져야 힘이 나지러.

방구리[명] 몽당이. 실몽당이를 바느질둥개미에 담아 놔래이. / 몽디이.

방구물레[명] 테의 모양이 육각인 물레. 틈만 나면은 방구물레로 실을 자아요.

방구바리[명] 뿌리가 둥글게 생긴 씀바귀. 방구바리 잎 따가 딘장에 양념해가 쌈 싸 먹으면 쌉싸리한 게 입맛 도니더.

방구옷[명] 이끼. 돌담에 방구옷이 마이 끼었네.

방굿돌[명] 바윗돌. 우리사 밴달 밭에 방굿돌이 있어가 농사짓기가 좋지 않니더. 큰물이 져가 큰 방굿돌이 물에 떠내려왔대이. / 독바우. 덤. 박독. 왕돌. 왕석.

방동생이[명] 방동사니. 밭에 방동생이사 제초제를 쳐도 잘 죽지를 않애요.

방마치[명] 방망이. 빨래 뚜드릴 때 방마치 맞초롬해야 빨래가 헤지지 않고 잘 펴진대이. / 막개. 방치.

방박지다[형] 야무지다. 단단하다. 무꾸가 우째그꼬 방박진동 칼이 들어가질 않네.

방수겨[명] 사려. 윷판에서 말이 방수겨에 가가 잡히면 디게 아깝대이.

방시기[명] 방석. 찬 데 앉지 말고 방시기 깔고 앉으소.

방씨러기[명] 쓰레받기. 방 청소할라거이 방씨러기가 비지를 않노.

방아몸통⸣ 방아채. 와이리 디딜방아의 방아몸통이 기울었노.
방우리붙이다⸣ 매손붙이다. 겨우내 키운 매를 방우리붙이려고 산으로 나섰는데 아직 덜 길들여져 암 것도 못 잡고 왔재.
방장⸣ 모기장. 모기 많다. 방장 빨리 치라. 아직도 방장 안 걷었나. 방장 빨리 거둬갖고 한짜로 치아 나라.
방철이⸣ 자배기. 밥을 방철이에 수북히 펏네.
방청⸣ 둑. 방청이 나가 윷 한 판을 단박에 이겼뿌릿데이. / 두동.
방치다⸣ 모으다. 이짜저짜 왔다갔다 하지 말고 고마하나로 방치뿌라. 밖에 있는 거 갖고 와서 여다 방치라. 양념 남았는 거 그래 놔 두지 말고 이쪽에다 방치래이.
방치다⸣ 합치다. 모으다. 여럿을 하나로 되게 하다. 이짜저짜 왔다갔다 하지 말고 고마 하나로 방치뿌라.
방티이⸣ 풍뎅이. 방티이를 뒤집어 놓으만 뱅글뱅글 돌잖애.
방팅이까재⸣ 물방개. 우리 논에는 약을 안쳐 그런동 방팅이까재가 디게 많애.
밭두덜기⸣ 밭이랑. 밭두덜기 깊게 잘 만들어 놔야 뿌리도 잘 내리고 물도 잘 빠져 곡석이 잘 되지. / 밭고지. 밭든덜기. 망.
밭지⸣ 윷판에서 말판의 방에서 꺾인 둘째 밭. 반녀 다음에 사려, 안지, 미기는 기고, 밭지 다음에도 미기는 기지. 개만 하만 밭지이.
밭지겁⸣ 밭둑. 아랫밭지겁에 메뚜기가 얼매나 많은 봉 반 시간밖에 안 잡았는데도 이꼬 많네.
배내깃소⸣ 배냇소. 배내깃소사 우리 께 아이라도 낭주 우리 몫도 있으이 잘 키워야 된대이.
배네끼⸣ 빨리. 배네끼 오라꼬 그키 그랬는데 밍기적거리는거 보이 시간 맞출동 몰다.
배동거름⸣ 배동이 나올 무렵에 주는 거름. 곡석 이삭 나올 때 배동거름 주먼 곡석이 좋지만 너무 마이 주믄 좋지 않니더.
배드리⸣ 송사리. 알라 때 개울에 나가 고무신 벗어 배드리를 잡고 놀고 그랬제. / 피랑구. 용고기. 송아리. 솔치. 도볼지. 눈치. 꽁사리. 갈피리. 곡사리.

배때지⸤명⸥ 배때기. 그래 마이 먹으니 배때지가 아프지. / 배땡이. 배시때기.
배리다⸤형⸥ 덜 여물다. 콩이 아직도 배리니 어짜노.
배막둥이⸤명⸥ 소견이 좁고 답답한 사람. 아랫집 사위는 성질이 배막둥이라.
배막디⸤명⸥ 소견이 꽉 막힌 사람. 배막디매로 속이 꼭 맥히 갖고. 그것도 하나 이해 못 하나 배막디그치. 그 사람이 배막디래서 속이 마이 좁잖니껴.
배머리⸤명⸥ 나루. 배 시간에 안 늦을라꼬 하면 서둘러 배머리로 나가야 되니더. / 나리. 나들. 배까. 배나드리. 배소. 배터. 뱃가. 뱃나들. 뱃새. 선창. 축강.
배묵다⸤동⸥ 곡식으로 소작료를 받다. 놀리는 땅 배묵으면 농사짓는 사람도 좋고 배묵이는 사람도 좋제.
배미⸤명⸥ 뱀. 가을게는 배미가 독이 많으이 산에 갈 때 조심해야 된대이. / 진대.
배미기⸤명⸥ 남에게 키우게 한 뒤 송아지를 낳으면 그 수익금을 반반씩 나누는 암소. 이전에 잘살 때사 배미기도 여러마리 남한테 맡기고 했니더.
배미쟁이⸤명⸥ 뱀장어. 배미쟁이 잡을라 카믄 미끄럽고 힘이 세서 마이 힘들어. / 구무자. 굼장어. 궁장. 먹장어. 밤댕이. 배미고기. 배미쟁이. 배암쟁이. 뱀당구. 뱀장개. 칠성고기. 품장아.
배비⸤명⸥ 뱁댕이. 도투마리에 날실 감을 때 날실 안 엉기게 배비를 올케 끼워래이.
배뿡낭⸤명⸥ 아쉬울 것 없는 사람이 내미는 배짱. 사람이 옛날 생각 안 하고 인제 살만 하다고 배뿡낭을 부리먼 되나.
배삭배삭⸤부⸥ 여럿이 다 한쪽으로 조금 비뚤어진 모양. 무수는 배삭배삭 썰어가 말라래이.
배식배식하다⸤형⸥ 어슷하다. 그 동네는 모두 나무가 배식배식하게 서 있대이.
배아⸤명⸥ 뱁댕이. 비가 붙으만 안되이 배아를 찔러 넣거래이.
배아리⸤명⸥ 배래기. 저고리에 뭐 넣었나. 배아리가 퉁퉁하네.
배아리⸤명⸥ 체. 가발. 옛날에사 혼인할 때먼 배아리 드리고 했제. 배아리 쓰고 어디 가니껴?
배지다⸤동⸥ 옷 등이 몸에 딱 달라 붙다. 살이 쪄가 옷이 몸에 배져가 많이 불편태이.
배차적⸤명⸥ 배추를 얇게 펴서 밀가루 반죽을 부어 만든 부침개. 겨울게 배차적을 먹으만 따뜻하이 맛있제.

배총📖 배꼽. 어찌나 우스븐지 배총 빠질 뻔 했대이. / 배구무. 배꾸북. 배꼬막. 배꼬지. 배끼. 배치.

백각📖 벼쭉정이. 나락이 백로 전에 안패믄 백각이 진다 안하나.

백새📖 황새. 논에 백새가 들어와 쫒아 낼라꼬 가까이 갔는데도 도망을 안 가디더.

백서목📖 쥐눈이콩. 백서목이사 까면 속은 하얘.

백찜📖 멥쌀가루를 켜가 없이 안쳐서 쪄 낸 시루떡. 그 집엔 백찜 한다고 쌀가루 빠 오대.

백채📖 제사에 사용되는 콩나물, 무나물, 박나물 등의 흰색 나물을 일컫는 말. 제사에사 백채로 무꾸하고 콩지름이 올라가지요.

백출싹📖 삽주의 어린 순. 여여 백출싹이 커만 뜯어가 나물로 무쳐먹지러.

백트리다📖 쓰러뜨리다. 왜 무다히 사람을 백트리고 때리노.

백호📖 머리 위의 숫구멍이 있는 자리. 짐이 얼매나 무거운동 백호가 아파 죽을시더.

뱉상📖 천연두. 옛날에는 뱉상 걸리는 사람이 많았는데 가렵다고 긁어서 꼼보가 된 사람도 있었지. / 손님. 병. 꽃. 대역. 나그내. 마누라. 별성. 손. 시두. 얼국배기. 유구. 작은님. 지두술. 한굿. 한축.

뱀자구📖 뱀장어. 뱀자구하고 미꼬리는 입 보면 알아.

뱁씨리📖 장미과의 틸기조팝나무, 둥근잎소밥나무, 인가복조밥나무, 잠조팝나무 따위를 통틀어 이르는 말. 마다아 뱁싸리가 꽃이 참 이쁘니더.

뱁추꽁다리📖 배추의 뿌리. 뱁추꽁다리도 버리지 마고 먹으면 고뿔에 좋애.

뱃구마리📖 배꼽. 얼마나 웃었는동 뱃구마리 빠지는 줄 알았네.

뱃내📖 문뱃내. 어제 저녁에 술을 을매나 먹었는동 아직도 저래 뱃내가 진동한대이.

뱃대지📖 배를 속되게 이르는 말. 뱃대지가 고프이 눈에 배는 기 없다.

뱃밑📖 오곡밥을 지을 때 들어가는 콩. 적할 때 뱃밑을 수북이 넣었디만 밥맛이 훨 낫다.

버구📖 종이로 된 소고보다 작은 풍물에서 사용하는 도구. 버구를 들고 나와가 뚜드리드라.

버금치[명] 바구니. 버금치에 감자 담아가 온나.

버꾸[명] 벙어리. 버꾸가 됐나, 와 그랬는지 와 말을 못 하노 / 말모래기. 말버버리. 먹보. 밥지리. 버버리. 버부렝이. 버꾸. 벌보. 벌치. 법딩. 벙치. 애배.

버꾸내기[명] 손바꿈. 팔 아프낀데 도리깨질 내하고 버꾸내기로 하세. 버꾸내기 해 가매 했디만 일이 수월네. 이 번에는 버꾸내기 했디만 덜 디네.

버꾼내기[명] 돌아가며 교대로 하는 것. 방 맨들 때는 밭일 끝내고 버꾼내기로 돌아가며 디뎠지.

버들메치[명] 참붕어. 버들메치를 마이 잡아와 매콤하게 매운탕을 끓였는데 얼큰한 게 맛나네. / 버들치.

버들뭉치[명] 잉엇과의 민물고기. 거랑에 물이 더러부이 인제 버들뭉치도 없대이.

버들미끼[명] 버들치. 버들미끼 잡을라꼬 갔다가 담방구질만 했다카대.

버디기풀[명] 갈참나무. 산에 자빠져 있는 버디기풀 지고 와가 장작 쫌 패시더.

버러[부] 벌써. 니가 말하는 거 내사 버러 알고 있었디래.

버르재기[명] 버르장이. 얼라라도 버르재기를 고치야 된대이.

버리[명] 벌. 큰일 앞두고 자에 가 옷 한 버리 장만했니더.

버리개떡[명] 개떡. 사람이 생긴 기가 꼭 버리개떡매이로 우습대이.

버리다[동] 벌다. 어무이요 내 낭주에 내 돈 많이 버리 효도할께요. / 버다.

버리매미[명] 말매미. 마당아 버리매미가 얼매나 시끄러분 동 쉬지를 모하니더.

버리메암[명] 여치. 나무에 버리메암이 쌔록쌔록 우니더.

버리방우[명] 배초향. 버리방우는 고기를 싸먹으만 누린내가 없고 입이 깔끔하대이.

버리집[명] 벌집. 말버리사 버리집이 뚱그런게가 봐도 무서버.

버무덕같다[형] 모습이 허름하고 초라하다. 뭔 일이 있는동 사람이 버무덕같이 저래 안돼보인대이.

버무리죽[명] 버무리죽. 밀가루를 반죽하지 않고 버무려 넣어 끓여 먹는 국. 식은밥 있는데 버무리죽해서 먹을라니껴?

버버리매미[명] 수매미. 여름에 우는 매미는 참매미지 버버리매미는 숫놈이라.

버섯[명] 버짐. 먹을 게 부족했던 시절에사 아들이 잘 몬 머거가 얼굴에 버섯이 마이 낫지. / 버섬.

버시러[부] 벌써. 예상보다 빠르게 어느새. 이미 오래전에. 자아 갔다디만 버시러 왔나. 떡은 버시러 했지.

버심[명] 곡식을 될 때 못 차게 남은 분량. 참깨 더 말 달고 남은 버심은 짜서 자식들 주먼 되지.

버역[명] 소머리나 상어고기 따위를 삶거나 고아 누른 음식. 막걸리 한 사발에 버역 한 접시 해 가 먹으먼 진짜 좋지럴.

버재기[명] 버치. 버재기로 단지도 덮고 쌀도 씻고 나물도 무쳐 먹고 여기저기 쓸 때가 많제. / 버래기. 버지. 짝지비.

버지[명] 볏과의 두해살이풀. 버지는 타작하먼 까끄래기가 디게 따갑대이.

버징게[명] 물추리막대. 성에 앞 끝트머리에 버징게를 박아야 소 부리기가 수월치럴.

버쭉하다[형] 머쓱하다. 혼자 할라그이 버쭉하네.

버치[명] 버섯. 싸리버치가 마이 보이니더.

벅시머리[명] 배추의 밑줄기. 배추 쌈 싸는데 벅시머리하고 같이 싸야지. 다 잘라내고 이파리만 싸만 맛있나.

벅지다[형] 살지다. 거름을 마이 줬디만 배추 속 꼬배이가 벅지게 살이 올랐네. / ㅎ벅지다

번뜩[부] 얼른. 아랫 마실에 번뜩 댕겨 와서 저녁을 차리야 될따. / 거르덩. 걸씨. 고부대. 날래. 냉캄. 데깍. 빵지. 새기. 서떡. 싸게. 어푼. 얼씬. 제깍. 퍼떡.

번지럽다[형] 부산스럽다. 그 집 아가 얼매나 번지럽운지 정신이 하나도 없더래이. / 번지시럽다.

벌가리[명] 말괄량이. 아:가 얼매나 나대는동 벌가리 저리가라다. 딸아가 우째 이꼬 벌가리로.

벌갱이[명] 벌레. 여름에 들에 나갈 때 벌갱이에 안 물리거러 조심해야 된대이. / 벌기. 벌거지. 버러지.

벌미[명] 국화과의 여러해살이풀. 노라이 벌미도 꽃이 참 이뻐여.

벌봉아▣ 배초향. 매운탕에는 벌봉아를 넣으만 향긋하이 좋대이.

벌새미▣ 다듬어지지 않고 아무렇게나 버려진 우물. 동네 웅굴물이 나쁘이 그런동 벌새미가 됐대이.

벌숲▣ 숲이 우거진 평평한 땅. 여름에 더울 때 벌숲을 지나가면 마이 씨원하지.

벌시▣ 버릇. 아들을 좀 엄하게 키워야제 안 그라면 벌시가 나빠지니더.

벌시다▣ 벌리다. 다리 좀 벌시라. 고구마 담그러 자루 좀 벌시봐라. 밤 꺼낼라만 발로 밤송이를 까벌시고 꺼내야지. 쌀 넣그러 쌀자루 좀 벌시봐라.

벌이다▣ 벌다. 일을 하여 돈 따위를 얻거나 모으다. 착실하면 지도 벌이고 주인도 벌이는데 모도 술 마시고 노름하고 하느라고 몬 해.

벌지 씨다▣ 장에 벌레가 생기는 것을 이름. 여름되가 벌지 씨만 장이 시그럽고 그래.

벌째기▣ 볼. 날이 춥어가 그런동 얼라 벌째기가 뽈뚜구리해졌니더. / 기때기. 볼따구. 볼탱이. 볼태기. 볼테기.

벌칫간▣ 들에 만들어 둔 변소. 벌칫간 맨들어 놓으만 들일하다 볼일도 보고 밭에 걸금도 내고 여러 가지로 좋지럴.

벌키다▣ 벌리다. 소 몰 때 가만 놔두만 다 빗기져. 그래갖고 방징기로 소 다리 벌키줘야 돼.

벌타랑▣ 기준도 없이 마구. 벌타랑으로 그래 하면 우예노. 니 때문에 이때끔 한 기 다 엉망이 됐잖나. 농사를 지도 제대로 지야지 벌타랑으로 그래 하면 되나. 안돼지. 벌타랑으로 하지말고 좀 제대로 해 봐라.

벌통시▣ 한뎃뒷간. 그전에사 볼일 보러 벌통시에 갔대이.

넒다▣ 번지다. 누 집에 잔치 음석하는지 동네에 냄시가 넒네.

범부리다▣ 버무리다. 나새이도 콩갈게 범부러가 끓이만 맛이 구수하고 좋대이. 양념을 잘 범부래야 김치가 맛있대이.

범 잡아먹는 담보다▣ 뛰는 놈 위에 나는 놈 있다. 가가 가만 보이 범 잡아먹는 담보맨키로 재주가 마이 좋디더.

범치▣ 망둑어. 바다 모래사장에 가가 범치를 잡아 탕을 끓있더니 참말 구수하고 시원타. / 망두기. 문절구. 소뿔망두기. 문저리. 운저루.

벙겅다리📖 덜렁대는 사람. 일을 차부이하지 못하고 벙겅다리맨치로 어예 그 꼬 덜렁대노.

벙그레📖 껍질을 벗긴 싸릿개비나 버들가지 따위의 오리를 울과 줌이 거의 없이 둥글넓적하게 결어 만든 채그릇. 벙그레를 노코 말리만 될따.

벙드레죽📖 수제비. 감자랑 나물 넣고 밀가리 벙드레죽 꿇있디만 참 맛나네. / 뜨대기. 뚝수지비. 뚝제비. 띠연죽. 밀떡국. 밀장국. 밀죽. 박탁. 수지기. 푸제비.

벙으레기📖 밀가루를 묽게 반죽하여 끓인 죽. 날도 추우이 벙으레기나 뜨시게 꿇여 먹으씨더.

벙채📖 벙거지. 옛날에 병졸들이 벙채로 쓰고 댕겼지러.

베락📖 벼룩. 베락이 튀어 댕긴다. / 베레기.

베락딱방메이📖 매우 똑똑함을 이르는 표현. 저집 딸내미는 베락딱방메이래 가 시집가서 잘살기라.

베레기📖 벼룩. 베레기가 있으만 가마이 있지를 몬해.

베름칸📖 대장간. 연장이 필요하믄 베름칸에 가서 주문해서 만들어야제. / 승냥간. 철장방. 풀무간. 팬수깐. 핀수간.

베리📖 낭떠러지의 험하고 가파른 언덕. 저 짝 산은 얼매나 베리가 가파른 동 몰래.

베리다📖 채소나 과일이 야물지 않고 보드랍다. 밥에 물 말아가 베린 풋꼬치를 딘장에 찍어 먹으만 맛있어.

베리베리하다📖 뻣뻣하지 않고 보드랍다. 더부를 이케 베리베리하게 했노.

베슬이📖 살며시. 니는 사람 놀라거러 기척도 없이 그래 베슬이 들어오노.

베아리📖 벼랑. 그래봬도 그짝 산이 베아리가 가팔라서 오르기가 여간 힘든 게 아이다. / 벼리. 그정. 깔막. 낭. 낭끄트리. 낭채. 능. 듬. 벼락. 병창. 베아리. 벼리. 비앙. 양창. 이랑. 벤달. 흠석.

벡번📖 바람벽. 겨울에 추불 때사 벡번에서 찬바람이 숭숭 들어오제. / 빌빡. 젠벽. 바뚝. 백짝. 벡보름.

벼락같다📖 사리에 밝고 똑똑하다. 사람이 얼매나 벼락같은 동 평판이 좋애.

벼리기® 벼룩. 집에 벼리기가 있는동 몸이 건지럽따.

벼리빡® 벽. 벼리빡에 도배를 하고 일이 많제.

변달® 비탈. 저그 변달에 있는 밭이 우리 콩밭이여. 변달 밭에 콩 심어 놨디만 그래도 한 말은 실히 나왔네. / 빈달. 비알.

별축스럽다® 별쭝스럽다. 가는 하는 행동이 별축스럽운게 웃긴다 아이가.

보가리® 고삐. 마소를 부릴라 카믄 보라기를 매야 하는 기라. / 가린석. 곱지. 괴비. 군두리. 굴배. 녹대. 마음석. 마음줄. 봇줄. 부림패. 곱지. 괴비. 군두리. 굴배. 녹대. 마음석. 마음줄. 석. 소이까리. 소타래이. 쇠바. 이까리. 장바. 보가리. 타래이.

보골® 성질. 화. 아가 보골이 나가 얼구리 뺄궁다.

보골채우다® 부아가 나게 하다. 하는 짓이 우째 그리 사람 보골채우는 짓만 골라 하노. / 조애채우다.

보꼴새® 소쩍새. 밤에 보꼴새는 우는 소리 들으만 맴이 참 처량해진대이. / 풀국새. 소총새. 불꾹새. 담사리새. 두우. 뚜꾹새. 소치기. 소쪽박. 소짱새. 소찌기. 소청새.

보도시® 빠듯이. 옛날에사 명절에 한 방에 여럿이 자느라 보도시 자고 그랬지. / 빠빳이.

보똑® 한도에 이를 때까지 가득. 한 짐 보똑 올리놔 봐라. 다 들고 갈 수 있으이.

보리깐디기® 보리감부기. 새까만 보리깐디기들을 골라 없애느라 을매나 힘들었든동 몰따.

보리땡땡이® 물땡땡이. 보리땡땡이는 오뉴월에 많이 나오니더.

보릿경사® 경상도 사람들이 쓰는 어설픈 서울말. 서울 쪼매 다니왔다고 보릿경사를 쓰는 거 보이 억수로 우숩대이.

보물® 보늬. 제상에 올리그로 보물을 벗기고 모양이 잘 나게 밤 좀 쳐래이. / 내피. 밤똥. 밤번데기. 밤비늘. 보리. 보물. 허물. 험데기.

보살감태® 비구니. 이 절은 보살감태만 있니더.

보살바구리® 보리쌀을 담아 두는 바구니. 보살바구리에 볼쌀 꺼내 오늘 저녁은 된장 끓이가 보리밥에 나물 넣고 비벼 먹어야 될따.

보시[명] 보시기. 김치를 보시에 담아 내온나. / 보새기. 접새기. 종발. 종지기. 툭바리.

보이소[감] 여보세요. 보이소, 그게 말이 되니껴? 보이소, 일로 가면 어디로 가니껴? / 여보이소. 여보시더. 여보소. 이보시더.

보작지[명] 보자기. 예전에 학교 댕길 때 보작지에 책 싸 갔고 등이나 허리춤에 매가 댕겼지. / 밥부제. 밥수건. 버지기. 보꽁제기. 보따리. 보자빡. 보침. 부재. 어제기.

보초롬하다[형] 맑고 푸르스름하다. 하늘도 보초롬한 기 오늘 날씨가 좋네.

보춤나무[명] 떡갈나무. 그 집 앞에 보춤나무 두 그루가 서 있제.

보타리[명] 극젱이를 소에 연결하여 땅을 갈 때 소를 부리는 끈. 흑찌를 소에 달고 논 갈 때 보타리로 부리가매 해.

보탕[명] 나무를 자르는 장소. 보탕에 가서 장작을 패거라.

보태시럽다[형] 남의 음식에 탐을 내는 경향이 있다. 아가 보태시럽게 음식 욕심이 왜 그리 많노.

보푸름[명] 명태의 살을 곱게 뜯어 설탕을 넣고 버무린 음식. 이전에 신부가 혼례 음식에는 보푸름을 꼭 했니더.

보품하다[동] 허풍을 떨다. 사람이 너무 보품하면 대접을 잘 못 받지럴.

보학치[명] 국화과의 여러해살이풀. 보학치로 묵나물도 해먹고 볶아도 먹고 하니더.

보해기[명] 버짐. 보해기 땜시 아 얼굴이 마이 못 하네. 눈밑으로 보해기 피가 얼룩하네.

복골[명] 작물을 심는 두덕. 복골에 고추를 심구고 물도 줬니더.

복굼자[명] 복분자. 복굼자를 말라 가 차를 끼리 머도 좋고 술 담가도 좋다카네.

복새기[명] 모래 밑에 있는 부드러운 흙. 복새기 밭을 갈아 농사를 짓디만 생각보다 잘 됐네. 땅을 파 보이 복새기가 나오데. 다른 흙에 비해 복새기가 마이 보드랍지.

복성각시[명] 노래기. 복성각시는 냄새가 고약치.

복성치[명] 복사뼈. 급히 가다가 발목을 접질려서 복성치가 엄청 아프대이. /

고도리뼈. 구마리뼈. 복두가니뼈. 마구리뼤. 호도리뼈. 혹두강이.

복장평다[형] 마음이 안정되고 편하다. 그양 복장평게 생각하고 지달려보시더.

복징이[명] 까치복. 복징이는 독이 있어가 음석 맨들 때 아무나 다루만 안 된대이.

복판다리[명] 가운뎃다리. 개미가 앉으면 복판다리가 뒤로 간다 카더라.

본동만동[부] 본체만체. 보고도 아니 본 듯이. 사람을 보고도 본동만동 하고 그냥 지나가네. 사람이 옆에 가도 본동만동 하고 지 할 일만 하데. 화 난다고 사람을 본동만동 하나.

본편[명] 시루떡. 오늘 제사에 쓸 본편 좀 해온나.

볼물[명] 보조개. 얼라가 웃을 때마당 볼물이 지는 게 디게 구엽대이. / 바구니. 보개볼. 보재기. 보라지. 볼조개. 오무리. 종지개.

볼보리[명] 볼거리. 거가면 먹거리도 많고 볼보리도 많니더. / 볼버리. 볼부리.

볼부다[형] 부럽다. 저 집은 형제가 많애 서로 도와주이 볼부네.

볼부름[명] 볼거리. 아가 볼부름을 해가 볼이 퉁퉁 붔어. 못 알아 볼데.

볼실하다[형] 버릇하다. 술도 해 볼실하면 자꾸 는대이.

볼쏘[부] 벌써. 시간이 볼쏘 이래 됐니껴. / 하마.

볼치기[명] 볼거리. 볼치기 한다디만 얼굴이 마이 붓네.

볼치기하다[동] 벌충하다. 집 지을 때 여그 저그 돈 모아 모지라는 돈을 볼치기 했니더.

볼탕가지[명] 볼따구니. 볼을 낮잡아 이르는 말. 볼탕가지를 떼리불라.

봄나리김치[명] 봄김치. 가을 김장 다먹었으이 새로 봄나리김치나 새로 하시더.

봇살[명] 보를 한 뒤 흐르거나 가두어진 물. 봇살에 가서 고기를 잡았다.

봉가[명] 남에게 나누어 주기 위해 음식을 조금씩 싼 꾸러미. 이따가 얼라덜 시켜가 동네 집집마덩 봉가 쫌 갔다주고 오라 카소.

봉개[명] 남에게 나누어 주기 위해 음식을 조금씩 싼 꾸러미. 제사 지내고 이따 집에 가실 때 봉개 들고 가시소.

봉새기[명] 짚독. 봉새기에 보리 담아라.

봉세기[명] 멱둥구미. 겨울게 남정네들이 사랑방에 모이 가 봉세기를 엮었제. / 망태. 뚜꾸마리. 두구미. 골미꺼리. 둥구먹. 먹고리. 멱대기. 봉새기. 송대기. 홍구녁.

봉세기[명] 쟁반. 손님 왔쓰이 씨원케 미염 타가 봉세기에 올려가 좀 내 오니라. / 둠기. 듬기. 듭기. 뜸. 봉태기. 오봉. 쟁바리. 차반.

봉순[명] 봉송. 제사 음석 봉순을 싸 놨으이 이따 갈 때 꼭 가지고 가이소. / 봉개.

봉아리[명] 봉우리. 산에 가 가장 높은 봉아리에 올라가 먼 데를 보면 기분이 최고지. / 꽁댕이. 마랭이. 먼댕이. 보롱이. 봉두리. 잔등.

봉태기[명] 멱둥구미. 추수한 곡석이 봉태기에 그득극득 담겼구마. 고구마를 뒷방 봉태기에 담아 놨니더. / 봉세기.

봉태기[명] 봉투. 봉태기는 안 떨어지거러 든든이 붙이소.

부고치다[동] 방에 구들을 깔고 흙을 넣다. 며칠을 땅 다지고 나서 부고치지. 그냥 낮잡아 노면 돼.

부꺼지[명] 거웃. 부꺼지가 나믄 어른이 된다는 거지. / 거부지. 거우재이. 밤숯. 불털.

부꿍새[명] 부엉새. 부엉새 소리도 지가 듣기에는 좋다고 쟈가 지 잘못을 모르고 저리 나댄대이. / 부영새. 붕새.

부다[보] 버리다. 이 찌꺼기는 거름에 부다.

부독사[명] 살무사. 부독사로 탕을 해 먹으면 눈에 좋다고 잡아먹기도 했지.

부동[명] 닭둥우리. 달기 아침마당 부동에 계란을 낳니더.

부들방매이[명] 부들의 꽃이삭. 개울 가면 부들방매이에 많이 볼 수 있니더.

부들자리[명] 방의 온기를 유지하기 위해 펴 놓은 이불. 방 닦고 부들자리 피 놔라.

부디기나무[명] 굴참나무. 묵 해 먹거러 부디기꿀밤나무에 가가 꿀밤 좀 주서 오니래이.

부루게[명] 부젓가락. 화로 옆에 놔 둔 부루게 못 봤나?

부루키다[동] 부릅뜨다. 각중에 저래 부루키고 사람한테 달려드니대이.

부룿다[동] 짐을 부리다. 내리다. 트럭이 흙을 부룿고 갔다.

부리기[명] 둘치. 소가부리기래서 병신이다.

부리키다[동] 부르트다. 겨울게 날마당 찬물로 설거지를 했드만 손이 다 부리키뿌랬대이. / 불키다.

부망[명] 부고를 전해 주는 사람. 부망이 갖다준 부고를 방에 들루며는 흉사가 생긴다디더.

부사까래[명] 부삽. 아궁이에 불씨를 부사까래로 잘 퍼가 화리에 담아가 방에 놓으믄 방안이 따뜻해지지. / 부까래. 부댕이. 부도두개. 부당가리. 부둥개. 부삽가래. 부손. 부수까락. 부술. 불뜨개. 불술. 불주걱. 잿삽. 부삽가래. 부사까래. 부새.

부새[명] 불가래. 부새로 불씨를 옮기다. 부새로 벅 부스깨 불씨 담아 저짜 방 부스깨로 좀 옮겨 놔라. / 부까래. 부댕이. 부도두개. 부당가리. 부둥개. 부손. 부숟가락. 불뜨개. 불술. 불주걱. 잿삽. 부사까래. 부삽가래.

부새우[명] 민물에 사는 새우의 일종. 거랑이 깨끗을 때는 온데 새뱅이하고 부새우가 천지랬대이.

부석아궁지[명] 아궁이. 밖에 장작이 비를 맞았는 동 이래 부석아궁지에서 연개가 나니더.

부솜[명] 부싯깃. 부시 칠 때 부솜이 빠짝 말라야 물이 잘 붙제.

부숳다[동] 부수다. 밖에 나가가 흘 좀 부숳고 오시소.

부스깨[명] 아궁이. 밤새 뜨시게 자려면 저녁에 부스깨에 불을 때야지. / 베악채기. 불아가리. 벼각지. 보강지. 부락쟁이. 부석아가리. 부적. 부직. 불어귀. 아구녁. 아구리. 조돌아구리.

부시기[형] 슬그머니. 부시기 일라 나가디만 언제 드왔는동 지 방에서 자고 있네.

부싯주멩기[명] 부싯깃. 붓똘에 부싯주멩기 대가 불을 붙이제.

부악다리[명] 일반 메주콩보다는 잘며 주로 콩나물 콩으로 쓰이는 토종 콩. 콩나물 기를라만 부악다리로 하는 기 좋제.

부이다[동] 대들다. 내가 저녁까지 하라고 했는데 안죽도 안했나. 니 내한테 지금 부이나? 어른한테 함부로 부이지 마라. 동생이 형한테 부이만 되나 안되지.

부자[명] 부추. 여름에 부자하고 꼬치하고 감자 넣고 밀갈기로 지짐 부쳐 먹으면 입맛이 돌지. / 정구지. 부루쌈. 불구.

부잡다[동] 어수선하다. 산만하다. 아가 디기 부잡다.

부적띠기[명] 부엌데기. 한 평생 부적띠기를 못 면하고 이카고 있다.

부절까치[명] 부젓가락. 여게 화로에 부절까치로 숯을 더 넣으소.

부직[명] 부엌. 저녁 해야 되이 부직 아궁이에 불 좀 넣어야 될따. / 벅. 부짘. 정지.

부채방망이[명] 부들과의 여러해살이풀. 부채사 부채방망이로 맹그지.

부처감[명] 떫은 맛이 많이 나는 감. 도우감은 주먹으로 툭쳐가 생감으로 머만 맛있고 부처감이사 떫어가 생으로는 못 먹는대이.

부치다[동] 키를 위아래로 흔들어 곡식의 티나 검불 따위를 날려 버리다. 칭이에다가 콩을 놓고 쭉쨰이 부치만 되니더.

부품하다[동] 허풍을 떨다. 마이 아는 맨치로 부품해서 말하지 말고 있는 대로 말해래이.

부피다[동] 붐비다. 설 대목이 되이께 장에 발 디딜 틈도 없이 사람들이 부피디더. / 섬벙거리다. 들구티다. 부피다. 붐불다. 복짝거리다. 왁작하다.

북디[명] 뱃대끈. 진탕에 다닐 적에 치매 안 끌리거러 북디 단단히 하고 다니야 된대이.

북때기[명] 지푸라기를 모은 것. 북때기를 모우다. 돼지우리에 북때기 좀 너어 줘라.

북띠[명] 뱃대끈. 소 질마 얹을라며는 북띠를 우선 두르소.

북발[명] 노을. 저녁에 서쪽하늘에 북발이 지는 것을 보만 맴이 이상해지지럴. / 농오리. 누부리. 복새. 나불. 북살. 불근살. 지네.

북어보푸리[명] 북어포를 솜처럼 부풀려서 셋으로 나누어 각각 양념으로 무친 마른 반찬. / 손님 오시만 북어보푸리를 상에 놔야되니대이.

분[명] 허파. 분에 바람이 드갔나. 와 저래 웃고 있노. / 허부기. 배나. 보골. 부래. 부승개. 북부기. 섭서비. 푸승개. 허북.

분답다[형] 조용하지 못하고 어수선한 모습. 분주하게 가만히 못 있고 왔다갔다 하는 모습을 말한다. 머스마 둘이서 분답게 돌아다니는 기 정신이 하나도 없다. 딸아들이 어예 이꼬 분답기 노노?

분삭나다[동] 법석대다. 동네에 뭔 일이 났는 동 저래 분삭나고 하대이.

분정단지[명] 물, 술, 간장 따위의 액체를 담아서 옮길 때에 쓰는 그릇. 예전에사 분정단지에 똥물을 담아가 이고지고 날랐잖니껴.
분지다 图 귀찮게 보채다. 아가 몸이 안 좋나 왜 자꾸 분지노.
분추다 图 나누다. 올개는 동네 사람들이 모이서 분추께네 일이 수월하네. / 나리. 논갈리다. 농갈리다. 짜갈리다.
붇구다 图 '붇다'의 사동사. 이래 돈을 마구 쓰며는 절대로 살림 붇구지 모한대이.
붇붇하다 图 발효 음식에 곰팡이가 푹신하게 피다. 누룩이 붇붇하이 잘 일어가 술이 잘 될씨더.
불 图 벌. 새옷인데 두 불 빠니까 색이 빠져버린대이.
불가래 图 부삽. 불가래로 아궁이에 불을 밀어 넣는다.
불각지 图 난데없이 갑자기. 불각지 그게 뭔 말이로. 가마이 있다가 불각지 화를 내드만.
불거지다 图 부러지다. 자에 갔다오다 돌부리에 걸려 넘어져가 다리가 불거졌지 뭐로. / 뿐질라지다. 뽈라지다.
불굻다 图 불리다. 떡을 하려고 찹쌀을 불굻다.
불깡 图 강하고 센 불. 장작불은 불깡이 시다.
불독새 图 살무사. 가을이 되이 불독새가 독이 얼매나 올랐는 동 산에 가기가 겁이 난대이.
불돌 图 부싯돌. 성냥이 귀할 때는 불돌를 쳐가 불을 킸어.
불둑국시 图 칼국수를 만들 때처럼 밀가루 반죽을 하여 민 다음 성글고 굵게 썰어 나물이나 시래기 등 여러 가지를 함께 넣어 끓인 국수. 잔치 끝나고 나서 칼국시 물에다가 불둑국시해서 먹고 했지. 국시를 굵다꿈하게 해 갖고 시래기그튼 거 너 가지고 하는 게 불둑국시야.
불룷다 图 '붇다'의 사동사. 굵은콩으로 메주 씻거가 쪼끔 불라서 안쳐노믄 메주가 쑤기 숩대이.
불매 图 맷돌. 오늘 콩 불가가 불매로 돌리서 더부나 만들어 먹재이.
불매불매 图 부라부라. 얼라가 불매불매를 한다.
불매질 图 풀무질. 벅이 연통이 잘못됐는동 불매질을 해도 불이 잘 안 드가니더.

불무쟁이㈀ 대장장이. 낮이 안 드이 일을 못할시더. 낼자: 가 불무쟁이한테가 봐야 될시더. / 닥쇠. 단조공. 땜재이. 배림꾼. 불매대장. 선얀장사. 성냥꾼. 쇠뿌러기. 야장아치. 펜수. 베름쟁이. 철쟁이.

불미칸㈀ 대장간. 연장은 불미칸에서 만든 게가 오래 쓰고 좋애.

불부리㈀ 번번이. 실없거러 가는 우예 불부리 약속을 어기노.

불쇠㈀ 부싯돌. 이전에는 불쇠로 불 지피고 했다카데.

불쌀개㈀ 불쏘시개. 아궁이에 불지피게 불쌀개 할 꺼 갖고 온나.

불쑤새이㈀ 불쏘시개. 하그러 솔갑 해 가 온나. / 불쑤새이.

불씨다㈀ 부라리다. 아무리 그캐도 젊은 아가 어예 어른 앞에서 눈을 불씨고 그라노. / 뿔시다.

불집개㈀ 부젓가락. 아궁이에 고구마 다 익었거들랑 불집개로 꺼내야 된대이. / 부저까치. 부재까치. 부저붐. 부절. 불가락. 불꼬지. 불저금. 화저붐.

불찰라리㈀ 홍시. 어제는 덜 익은 것 같디 불찰라리 다 됐네.

불타갯내㈀ 화독내. 뭐가 타는동 불타갯내가 난대이. / 눌내. 놀내. 빌내.

불툭하다㈀ 부루퉁하다. 뭐가 맘에 안 들어 저래 불툭하노.

불푸다㈀ 부럽다. 사촌이 논을 사믄 배가 아프다는 말은 불푸러 하는 말이지.

붉두그리하다㈀ 불그스름하다. 날 추운데 밖에 있었디만 볼테기가 붉두그리하이 다 얼었니더.

붉은양대㈀ 콩과의 한해살이 덩굴성 식물. 붉은양대가 흰거보다 맛이 있어가 밥에도 얹어 먹니더.

붐찌㈀ 사람의 죽음을 알림. 당고모네서 붐찌가 왔니더.

붓대롱㈀ 붓두껍. 붓 쓰고 나서 꼭 붓대롱을 끼워 놓거래이. / 붓따개비.

붓따깨비㈀ 붓두껍. 이전에 우리 공부할 때는 우데 말짱한 연필이 있었나. 첨부 몽땅연필이지. 연필 씨다가 몽땅해지만 붓따깨비 끼와서 썼고. / 붓대롱.

붕그리㈀ 꽤 도도록하게 나오거나 소복하게 솟아 있는 모양. 미주가 단지 안에서 잘 뜨며는 붕그리 올라 오잖나.

붕성하다㈀ 여러 사람이 큰 소리로 시끄럽게 마구 떠들다. 동네 잔치라고 있으만 며칠 전부터 붕성하이 사람들이 분주하지러.

비 몡 베. 시집와 가 시간만 나믄 비틀에 비를 짰는 기라. / 감. 베짜치. 베지.

비가림 몡 농촌에서 비닐하우스 안에 작물을 심어 길러내는 방법. 비가림하면 작물에 병이 없다.

비간지 몡 뼈. 낮에 을매노 일을 많이 했는 동 밤새 비간지가 쑤새 잠도 지대로 못 잤대이. / 빼딱.

비개 몡 한지를 만들 때 종이와 종이 사이를 분리하는 실. 조우 낼 때 안 찢어지그러 비개로 살살 해래이.

비개속통 몡 베갯속. 비개속통으로 좁쌀도 쓰고 팥도 쓰고 그러제.

비게미 몡 비경이. 베틀에 딸린 제구의 하나. 잉아의 뒤오아 사침대 앞 사이에 날실을 걸치도록 가는 나무 오리 세 개를 얼레 비슷하게 벌려 만든 것.

비내뿔 몡 비녀처럼 양쪽 옆으로 난 소뿔. 소가 비내뿔이 나며는 위험하이께 자르는 게 좋지럴.

비널 몡 비누. 모욕하고 세수할 때는 비널을 거품을 마이 내서 씻어야 깨끗한 기라. / 비노. 사분.

비다 동 실을 감아 꾸리를 만들다. 헝크러지면 안 되이 실 빈다고 말도 모하거러 한대이.

비다 동 마르다. 옛날에서 집에서 베 짜고 비고 해서 옷 맨들어 입었지러.

비단가리 몡 사기조각. 사기그릇조각. 비단가리 주 가지고 동두깨비하고 놀았지.

비단나물 몡 하늘말나리. 비단나물은 딘장에 무쳐도 맛나고 고추장에 무쳐도 좋니더.

비둘기콩 몡 콩과의 여러해살이 덩굴풀. 아열대 및 열대지방에서 생육되는 두과로 양계 사료 원료로 주로 쓰이며 깍지와 잎은 반추가축의 사료원료로 사용된다. 양댄 줄 알았디만 콩이 비둘기콩이 열렸니대이.

비들 몡 비름. 비들 데쳐 된장에 조물조물 무쳐 먹으면 진짜 맛있데이. / 비짐. 비놈. 비덤. 비듭. 비리미.

비라리 몡 품삯을 받지 않고 해 주는 일. 이런 일이사 비라리로 하니더.

비로 몡 볏가리. 오늘 점도록 논에 벼 베 가지고 비로 마이 쌓아 놓았제. / 눌. 벼누리. 벼늘. 베뜸. 줄가리. 퉁가리.

183

비루다🖭 농기구, 칼 등의 날을 세우는 등 정비하는 일을 말한다. 낫 비루러 간다.

비롱다🖭 벼리다. 낫이나 호메이 그치 날 무딘 것을 달가서 다시 날카롭게 만드는 걸 비룬다 그래. 낫 비룬지 얼마 안됐는데 잘 안드네. 호메이 비롱그러 갖고 가자.

비르빡🖭 벽. 야는 아가 비르빡에 그림을 얼매나 그리는동 몰따. 저짜 비르빡에 시계 걸렀네.

비름간🖭 대장간. 비름간에 가서 호미 한 자루 사온나.

비름하다🖭 벼리다. 낫 비름하러 비름간에 댕기오마. 요새는 비름간이 없어가 낫 비름하지도 못 해.

비리🖭 상추. 여름 낮에 딘장에 비리 싸 먹으며는 딴 반찬이 필요 없제. / 풀기. 불기. 불상추. 푸상추. 상채.

비메이🖭 어련히. 가가 비메이 잘 알아서 할까봐 걱정이라.

비미🖭 어련히. 가들이 비미 다 알아서 할낀데 와 그리 걱정하고 그라니껴.

비미이🖭 어련히. 비미이 알아서 할까봐 걱정하지 말거라.

비스름🖭 비탈. 그짜는 비스름이 심해 못 다니.

비슬🖭 비듬. 남사스럽게 옷에 비슬이 허옇게 떨어져 있지 뭐야. / 비들. 비름. 비즘. 비지. 지검.

비슬🖭 천연두. 비슬 앓을 때 잘 모하면 얼굴이 꼼보가 된대이. / 손님. 병. 꽃. 대역. 나그내. 마누라. 별성. 손. 시두. 얼국배기. 유구. 지두술. 한굿. 한축.

비슬리다🖭 비아냥거리다. 아지매는 우예 그래 하는 말마덩 모다 비슬리노.

비슬막🖭 기스락. 예전에사 비 올 때 비슬막에 빗물이 떨어지는 거 받아 빨래하고 그랬지. / 가지. 너남. 물매. 쌔끌. 지부시랑. 지붕지슬. 지슥. 지프락. 집시랑.

비시럼🖭 비탈. 그 길은 비시럼져서 위험해여.

비실🖭 맨드라미. 여름에 증펜 맨들어 먹을 때 밤, 대추에 비실 올려 쪄 먹었지. / 베시. 벳꽃. 변두. 기지. 달구벼슬. 만다래미. 만도라기. 민들레미. 낸드레미달구베실. 달구비실.

비에🖭 비녀. 예전에사 여자가 혼례를 하믄 비에를 꽂았제. / 빈내. 빈헤. 동

곳. 봉체.

비역하다 비슷하다. 고비는 고사리하고 거짐 비역한데 쬐매 다르니더.

비이다 보이다. 돈을 빌리 가 못 갚아가 친구라도 눈치가 비인대이.

비춯다 비추다. 손전등을 비춯다.

비치 배추. 김장이 맛있으라카믄 뭐이뭐이 해도 비치가 맛있어야 되는 기라. / 지껄이.

비침 옷핀. 옷에 비침을 꽂다.

비캐다 베이다. 무시 깎다가 손을 비캐가 쪼매 쓰리네.

빅 바람벽. 겨울에 추불 때 빅에서 찬바람이 나오제. / 빌빡. 젠벽. 벡번. 백짝. 벡보름.

빈내 비린내. 울집은 어물이사 빈내 안나는 것만 젯상에 올리니더.

빈중시럽다 행동이나 말이 변덕스럽다. 그 사람이 원래 빈중시럽지 왜. 빈중시럽그러 말하만 사람들이 당여이 시래 그래.

빌가리 병아리. 안죽 실력은 빌가리도 못되는게 저래 큰소리만 친대이.

빌랙 벼락. 사람이 나쁜 짓을 마이 하믄 빌랙을 맞는 기라. / 뱅녁. 불칼.

빠꼼시루 크기가 작은 시루. 울 집은 빠꼼시루에 보자기 깔고 떡을 찌니더.

빠꼼이 돋보기. 눈이 각주에 이래 나빠져서 빠꼼이가 없으며는 잘 보이지가 않니더.

빠꼼하다 사람이 영리하고 일에 두서가 있다. 그 사람이 집짓는 일은 빠꼼해도 다른 거는 모하니더.

빠꼼하다 해쓱하다. 마이 아팟나보네. 눈이 빠꼼하네.

빠꿈장 소금물을 독에 넣은 후 바로 메주를 넣어 담근 장. 그 집에는 뭐가 급한동 빠꿈장을 담근대이.

빠닥심 지지 않으려고 버티는 힘. 빠닥심이 얼매나 씬동 감당을 못 할세.

빠데다 밟다. 비 오고 나서 얼라들이 마당을 빠데서 마당이 형편없이 됐다카이.

빠들빠들하다 나물 등이 완전히 마르지 않고 물기가 약간 남아 있다. 숙주오그락지는 빠들빠들하게 말라야 오독오독 씹히서 맛있대이.

185

빠리🅱 등에. 빠리가 피를 빨다.

빠물래기🅱 홍시가 덜된 감. 빠물래기를 먹었디 마이 떫네. 빠물래기래도 맛은 있니더.

빠물레기🅱 일부는 무르고 일부는 아직 덜 무른 감. 홍시인즐 알고 땄디만 빠물레기네.

빠수느다🅱 빻다. 고추장 담글 땐 고춧가리를 아주 곱게 빠숭지.

빠수다🅱 부수다. 깨를 볶아 잘 빠사 나물 무치는 데 너면 고소하지럴. / 바수다. 뿌숭다. 뽀개다. 뿌르다. 뿔때다. 빠수다. 뿌숭다. 뿌지다.

빠숭다🅱 빻다. 갈기를 만둘라만 빠숭지러.

빠이🅱 빤히. 지도 빠이 아민서 그래만 되나.

빠직다🅱 빻다. 알라 돌에 시루떡 한다고 어매가 방간에 쌀 빠직으러 갔대이.

빠짐장🅱 메주를 간장에 띄우지 않고 바로 빻아 담근 된장. 빠짐장이 기양 된장보다 깊은 맛은 덜하지만 별미로 먹긴 괜않지.

빠짐질🅱 쌀, 밀 따위를 빻아 가루를 만들어 군음식을 만들어 먹는 일. 살림이 넉넉하면 빠짐질도 해 먹고 그러면 좋지.

빡빡지🅱 곰보. 가가 얼라 때 마마 앓고 얼굴이 빡빡지가 되가 보기가 참 안됐디더. / 빵틀. 손님터. 억두배기. 억보. 깨곰보. 꼼보. 닥보. 박쪼. 빡고. 빡빡지. 손님터. 쌕손. 억두배기. 억보. 얼구망태. 얼근망태기. 얼근보. 얼금보. 얼금배기. 얼름뱅이.

빤뜨께이🅱 소꿉장난. 아들이 빤뜨께이하고 있디더. 빤뜨께이 한다고 하디 옷에 흙을 다 묻혔다.

빤지랍다🅱 잘난 체하다. 그 사람 빤지랍기는. 하는 행동이 얄밉고 빤지랍게 해. 잘난 척하는 사람을 빤지랍다 큰다.

빧다🅱 뽑다. 들에 풀을 빧나? 고추밭에 풀이나 좀 빧고 오지 기양 왔나? / 뽇다.

빵구라지🅱 씀바귀. 오늘 점심 때 쌈 싸 먹게 빵구라지 좀 캐 온나. 빵구라지도 무치 머만 맛있니더.

빵깽이🅱 소꿉장난. 우리 어렸을 때 참 빵깽이 놀이 많이 했지럴. / 각시놀이. 고방질. 고투질. 꼬집. 노리깨미. 도깝질. 도삽질. 동가불. 돈드깨비. 동두깨미. 만두깨. 사깜질. 사깝질. 사깝놀이. 삼바꿈. 소간쟁이. 종곱질. 통구바리. 혼잡질. 흑밥.

빵주깽이[명] 소꼽질. 얼라들 빵주깽이로 하는 거 보면 디게 이뻐.

빼기[명] 뿌리는 도라지와 비슷하나 도라지보다는 더 가늘게 생겼다. 빼깃잎을 따서 밥우에 쪄가 먹었다.

빼깃닢[명] 삘기잎에 밀가루나 쌀가루를 묻혀서 만든 떡. 삘기 갖고 빼깃닢 해먹자.

빼뚤람하다[형] 약간 삐뚤다. 의자에 빼둘람하이 앉아 갖고 뭐하노.

빼뜨다[동] 빼앗다. 동생꺼를 와 그리 빼뜨노.

빼빼쟁이[명] 빼빼. 저집 아가 마이 아프고 나더니 몸이 저래 빼빼쟁이 되가 참 마음이 안 됐대이.

빼뽕냥하다[동] 아쉬울 것 없는 사람이 배짱을 부리다. 사람이 노상 빼뽕냥하다가 큰 코 다치는 수가 있지럴.

빼알[명] 비탈. 빼알밭.

빼우다[동] 들이치다. 바람이 불어 비가 들이쳐가 신발이 다 젖어뿌랬니더.

빼이[조] -밖에. 주메이에 돈이 만 원빼이 없어여.

빼조지감[명] 끝이 뾰족하게 생긴 감. 끝이 빼쪽하고 째롬하게 생긴 감을 빼조지감이라고 했어. 옛날에 자고 일어나서 빼조지감꽃 주러 가고 그랬어.

빼짝고구마[명] 고구마를 썰어 바짝 말린 것. 빼짝고구마 꾸 먹자.

빼채[동] 훑이. 이전에는 빼채로 나락 훌텄는데 요새는 기계로 다 하이 핀하지.

빼택이[명] 닳은 숟가락. 빼택이로 감자를 깎으면 껍질이 얇게 잘 깎인다.

뺀덕[명] 산비탈. 뺀덕이 가파르다. 정심 먹고 저짜 뺀덕에 있는 콩밭 매러 가야 된대이. / 번득지. 산벤달. 산비알. 산탈. 산태. 엉시리.

뺀드라시[부] 비스듬히. 문에 기대서 빼드라시 서 있지말고 일루 와가 이것 좀 잡아라.

뺀질바우[명] 뺀질이. 뭔 일을 시킬라그만 뺀질바우매로 잘도 빠져 나가대. 아가 뺀질뺀질하게 뺀질바우같이 생깄잖나. 뺀질바우그치 밴질거리기만 하고 일은 안 하노.

뺌말때기[명] 뺨따귀. 아무리 화가 나도 그렇제. 다 큰 아 뺌말때기를 때리는

게 어딨노. / 보레기. 볼도가지. 볼망둥이. 볼타지. 볼통. 비얌. 빰짝. 뽀말때기. 연지빰.

뱁짜구⟨图⟩ 질경이. 뱁짜구는 봄에 뜯어 나물로 무쳐 먹으면 좋다.

뱁채⟨图⟩ 타작도구. 뱁채로 나락을 훑어라.

뱅돌방하다⟨图⟩ 둥그스름하다. 얼굴이 뱅돌방하게 참 참하게 생겼지.

뱅뱅이⟨图⟩ 매암. 그래 뱅뱅이를 마이 돌면 어지러버가 자빠진대이.

뱅뱅이방개⟨图⟩ 물땅땅이. 뱅뱅이방개가 헤엄치다.

뻐꿈새⟨图⟩ 뻐꾸기. 봄이 되며는 강 건너에 뻐꿈새가 아침저녁으로 울어댔제. / 꾹꾹새. 부꾹새. 보꽁새. 뽀깔새. 소딱새. 쑤꿈새. 왁새. 촉국새. 풀꾹새. 뻐꿈새. 뿌죽새. 뿌겅이.

뻐꿈하다⟨图⟩ 퀭하다. 감기 했다카디 눈이 뻐꿈하네.

뻐덕하면⟨图⟩ 걸핏하면. 뻐덕하면 삐지기나 하는데 누가 같이 놀겠노.

뻐들다⟨图⟩ 지저분하게 흩트리다. 닭이 마당을 뻐들다.

뻐섬하다⟨图⟩ 버성기다. 그래 뻐섬하이 서 있지 말고 이리 오소. 처음 만나면 뻐섬한 기 있어. 뻐섬하이 서있다.

뻐적잖다⟨图⟩ 겸연쩍다. 아는 칙 할라그이 뻐적잖고 해서 눈인사만 했니더.

뻐지근하다⟨图⟩ 뻑적지근하다. 하루 점도록 비를 벴더니 허리도 아프고 온 몸이 빠지근하대이.

뻐지다⟨图⟩ 부서지다. 의자 뻐진다고 올라가지 말리가니더.

뻔너리기⟨图⟩ 운두가 낮은 자배기의 일종. 뻔너리기는 이래 포개가 끈으로 묶어 짊어지니더.

뻔지하다⟨图⟩ 다소곳하거나 상냥스럽지 못하고 말이나 행동이 좀 거만하다. 뭐가 잘났다고 저래 뻔지한지 참 보기 민망타.

뻗치다⟨图⟩ 갚다. 남에게 빌리거나 꾼 것을 돌려 주다. 가는 그래 살아가 평생 빚 못 뻐쳐.

뻗치다⟨图⟩ 갚다. 내사 니한테 진 신세는 평생 뻐치지 모한대이.

뻘나이⟨图⟩ 싱겁이. 아이고 이런 뻘나이를 봤나.

뻘땅이⟨图⟩ 뻘때추니. 무슨 지지바가 저래 뻘땅이맨치로 싸돌아 댕기노.

뻘사이 [명] 구두쇠. 뻘사이래가 돈을 얼매나 애끼는 동몰시더.

뻘지 [명] 수컷매미. 매미중에 뻘지만 소리를 내. 뻘찌 소리 한 번 요란하네. 낮잠 좀 잘라캤디만 고놈 뻘지가 얼매나 시끄럽게 우는동.

뼈다구리 [명] 뼈다귀. 가가 어예 넘어졌는동 다리 뼈다구리가 뿌러졌다 카더라. / 삐가지. 삐딱. 삐댕이. 뱁딱. 삐다구.

뽀도시 [부] 빠듯하게. 종일 나무를 해도 뽀도시 한짐이네.

뽀독뽀독 [부] 바득바득. 저래 뽀독뽀독 우기니 감당이 안 된대이.

뽀두 [명] 머루. 깊은 산에 가가 뽀두 마이 따다 술 담가 먹었제. / 개포두. 멀구. 머구. 머리. 산멀구.

뽀무리다 [동] 작게 자르다. 국에 넣을 파를 그꼬 뽀무리만 우예노.

뽀비 [명] 삘기. 봄이 하얗게 순이 올라온 것을 먹는다. 뽀비는 봄에 순 올라오면 속을 뽑아서 먹었어.

뽀우다 [동] 빻다. 떡 할라카먼 쌀 담가 놨다가 방간에 가가 뽀와 와야제.

뽀태기 [명] 볼때기. 아무리 그래도 다 큰 아 뽀태기를 때리먼 우짜노. / 볼도가지. 볼타지. 빰짝. 빰말때기. 기때기. 볼탱이.

뽀해기 [명] 버짐. 백선균에 의하여 일어나는 피부병. 마른버짐, 진버짐 따위가 있는데 주로 얼굴에 생긴다. 아가 마이 못 먹어서 그렇나 낯에 뽀해기가 다 생겼네. 피곤하갑네 뽀해기가 핀 거 보이. 뽀해기는 잘 머야 없어진다.

뽁지락뽁지락 [부] 잇따라 작은 거품이 일어나는 소리 또는 그 모양. 얼라가 얼매나 잠을 잘자는 동 입에 뽁지락뽁지락 소리가 난대이.

뽁지이 [명] 복어. 참복과의 바닷물고기를 통틀어 이르는 말. 뽁지이를 잡다.

뽈도그레하다 [형] 뽈도그레하다. 술을 한 잔 했는지 얼굴이 뽈도그레하네.

뽈또그리하다 [형] 불그레하다. 나박김치물은 뽈또그리하게 하만 보기도 좋고 맛고 좋대이.

뽈록꽁 [명] 돈벌이는 못 하면서 돈을 생각없이 헤프게 쓰는 사람. 그 양반 뽈록꽁이라서 일도 안해.

뽈찌 [명] 박쥐. 어제 뒷산굴에 갔다 뽈찌 봤니더. / 뽈추리.

뽈추리 [명] 박쥐. 박쥐는 여서는 뽈추리라고 캤어. / 뽈찌.

뽈치기[명] 볼거리. 뽈치기를 하먼 볼따구가 마이 부어 오른대이. / 태말. 종점. 볼부리. 백상.

뽑삐[명] 삘기. 삘기의 어린 싹. 뽑삐 해 머러 가자.

뽕시리하다[형] 볼록하다. 밥을 두 그륵이나 먹디만 배가 뽕시리하네.

뽕아래기[명] 오디. 뽕아래기가 그꾸로 좋다네. 뽕나무에서 나는 거는 다 좋다카이. 뽕잎 따러 간다디만 뽕아래기만 따 먹고 왔나 입이 시커멓네. 뽕아래기가 그꼬 좋다네. 뽕아래기 따 갖고 술 좀 담가야 될다.

뽕아래기[명] 오디. 뽕나무의 열매. 뽕아래기가 그꾸로 좋다네. 뽕나무에서 나는 거는 다 좋다카이. 뽕잎 따러 간다디만 뽕아래기만 따 먹고 왔나 입이 시커멓네.

뽕양하다[형] 건방지다. 돈 좀 벌었다고 사람이 뽕양하이 그만 되나.

뽕태[명] 송사리. 알들 때사 고무신 벗어가 뽕태로 잡고 놀았디래.

뽕포두[명] 오디. 뽕포두를 마이 먹으먼 입이 온통 퍼래져 보기 우습지. / 고둘개. 뽕달. 뽕열매. 오덜개. 오더랙. 포고. 포도. 포두. 호두.

뾰족하다[형] 뾰로통하다. 가는 지 어매한테 야단맞고 저래 뾰족하게 있니더.

뿌래이[명] 뿌리. 무꾸 뿌래이에 흑 좀 떨어라. 뿌래이가 얼매나 깊이 박혔는동 뽑히지가 않네. / 뿌랭개이. 뿌랭지. 뿌러지.

뿌랭개이[명] 뿌리. 뿌랭개이까지 캐갖고 온나. 뿌랭개이가 좋은 게 많더라. 잎만 뜯지 말고 뿌랭개이도 캐라. / 뿌래이. 뿌랭지. 뿌러지. 뿌레기. 뿌렝구. 뿌렁. 뿌루. 뿔거지. 뿔꺼지.

뿌랭지[명] 뿌리. 낭기 뿌랭지가 든든해야 바람이 불어도 괘않지. / 뿌랭개이. 뿌래이. 뿌러지. 뿌레기. 뿌렝구. 뿌렁. 뿌루. 뿔거지. 뿔꺼지.

뿌러지[명] 뿌리. 고추도 뿌러지가 깊으이 뽑기가 힘이 드니더. / 뿌랭개이. 뿌래이. 뿌랭지. 뿌러지. 뿌레기. 뿌렝구. 뿌렁. 뿌루. 뿔거지. 뿔꺼지.

뿌르좋다[동] 부러뜨리다. 고추 딸 때 막 따면 가지 다 뿌르좋는대이.

뿌세다[동] 부수다. 공들이 쌓은 것을 다뿌세가 우예노.

뿌시레기[명] 부스러기. 과자 뿌시레기 흘리지 말고 한곳에서 머라.

뿌아지다 [동] 부서지다. 메주를 소금물에 담가두만 나중에 메주가 뿌아져서 못쓴대이.

뿌죽새[명] 뻐꾸기. 뿌죽새가 울다. 봄에 뿌죽새가 우며는 저절로 낮잠이 온대이. 뿌죽새가 날아 오며는 옳게 봄이 된 거래. / 꾹꾹새. 부꾹새. 보꽁새. 뽀깔새. 소딱새. 쑤꿈새. 왁새. 촉국새. 풀꾹새. 뻐꿈새. 뿌겅이.

뿌지다[동] 꺾다. 마른 낭게 뿌저서 불 때면 좋지. / 뿌르다. 뿔때다.

뿌좋다[동] 부수다. 봄에 씨 뿌릴 때 흙을 잘게 잘 뿌좋고 씨를 뿌리야 된대이. / 뿟다. 바구다. 바시다. 부께다. 뿌기다. 쭉거리다.

뿍띠기[명] 보습. 봄에 농사 짓기 전 소가 뿍띠기 끌게 해가 밭 갈면 마이 쉽제. / 소부. 자래. 고십. 끝세. 날포. 따부. 보숯. 빗. 뿍띠기. 써리. 안쏘부. 평가리. 후칭이. 흑지.

뿍쭈구리[명] 쭈그렁이. 한창 때는 이쁘단 말도 많이 들었는데 이제 나가 많아 뿍쭈구리가 다 됐는기라.

뿔개다[동] 부러트리다. 물거리 해온 거 뿔개가 군불 좀 넣으소.

뿔구다[동] 부러뜨리다. 고마 말 안들으며는 다리몽디를 뿔가가 집에 가둔대이.

뿔구뎋는다[동] 부러뜨리다. 나뭇가지를 뿔구뎋는다.

뿔때기[명] 뿔. 소 뿔때기에 받히지 않게 조심해래이. / 뿔따구. 뿔따기.

뿔때다[동] 부러뜨리다. 자꾸 그카면 다리몽둥이를 뿔때가 쫓아뿐대이.

뿔세[명] 노을. 해질 때 뿔세가 이쁘지.

뿔시다[동] 부라리다. 젊을 사램이 어른 앞에서 눈 뿔시면 안 된대이.

뿔좋다[동] 부러뜨리다. 꼬치작대이 묶으라 했디만 꼬치를 다 뿔좋고 난리다. 다리 뿔좋는다꼬 낭게 올라가지 마라캤니더.

뿔치[명] 볼거리. 아가 뿔치 한다디만 얼굴이 마이 붓네.

뿔툭골[명] 갑작스럽게 불끈하며 내는 화. 무다이 뿔툭골 내는 사람한테는 아무 말이나 하기 어렵워.

삐가리[명] 병아리. 닭장에 삐가리 가둬라.

삐가리 우장 쓴 것 같다[관] 무슨 일이나 모양이 격에 맞지 않다. 니는 우예 삐가리 우장 쓴 것맨치로 옷을 그래 입었노.

삐갱이[명] 병아리. 삐갱이가 어미닭을 졸졸 따라 댕이는 거 좀 보소. / 말빼. 배우리. 뱅살. 벨가리. 벵사리. 별자리. 병가리. 비가리. 빼기. 삐갱. 삐아가리.

삐게 🔄 삐치다. 니는 걸핏하면 삐게노, 삐게지 좀 마라.

삐꿈거리다 🔄 삐죽 보다. 다 큰 처자가 있어노이 총각들이 자꾸 삐꿈거리네. 방문을 열고 삐꿈 들 따 보디만 그냥 가대. 누굴 찾는 동 집앞에 서 삐꿈거리데.

삐끌리다 🔄 일이나 물건이 비뚤어져 어긋나다. 일이 삐끌리가아 아무것도 못하고 그냥 왔니더.

삐끝하면 🔄 조금이라도 일이 있기만 하면 곧, 걸핏하면. 삐끝하면 삐지기나 하고, 아가 왜 그런동. 요즘에는 삐끝하면 비가 오네.

삐끼다 🔄 삐치다. 니는 뭐가 그래 삐껴서 하루 점더러 인상 쓰고 앉았노.

삐대다 🔄 짓밟다. 닭들이 텃밭을 다 삐대 놨니더. 진 데 삐대고 댕기만 신 다 배린대이. / 빠데다.

삐득하다 🔄 물기는 없으나 덜 마른 상태. 가래떡은 삐득할 때 썰어야 덜 힘들데이.

삐들이하다 🔄 야채를 볕에 말리어 시들다. 배차가 뽑아가 오래 놔뚜이 고마 삐들이해서 쓰지를 모할따.

삐딱가리매 🔄 옆으로 탄 가르마. 요새사 여자들이 삐딱가리매를 많이 탔지만 예전에사 복판가리매를 많이 했지러.

삐딱거리다 🔄 자꾸 토라지다. 뭔 말만 하마 삐딱꺼렀사 가한데는 새기도 못할다.

삐떼기 🔄 비탈. 아를 한쪽으로만 눕히면 삐떼기진데이.

삐비 🔄 서랍. 귀한 물건이사 장농 삐비에 깊이 넣어 보관했지러. / 종대. 빼깐. 빼답. 빼대. 빼지. 뺄함. 뺄깐. 뺑이.

삐삔내로 🔄 각각. 뿔뿔이. 밥 먹고 나이까네 삐삔내로 가 뿌네.

삐아리 🔄 병아리. 삐가리를 잘가둬라.

삐알밭 매다. 🔄 말을 삐딱하게 하는 사람을 보고 삐알밭맨다고 한다. 삐알밭 어지가이 매라.

삐치다 🔄 앓아눕다. 늙어가 너무 마이 삐치면 자석들이 힘들어 하니더.

삘내미[명] 삐치기 잘하는 아이. 가한테는 뭔 말을 못 한 대가. 삘내미매로 삐지기는 얼매나 잘 삐는 동.

삣삣내로[부] 수시로. 삣삣내로 모디가 놀디만 요새는 덜 모이대.

사[조] -야. 가가 와 그랬는지 이제사 알겠대이.

사고디[명] 다슬기. 거랑에 가가 사고디로 잡아가 삶으만 색이 포롬하이 약이 된대이.

사구두루미[명] 사기로 만든 병. 남의 집에 부조할 때 사구두루미에 술을 담아가 갔니더.

사궁다[동] 사귀다. 그런 친구는 안 사궁는 기 낫다.

사기제이[명] 점쟁이. 입춘이 되만 사기제이한테 가서 한 해 신수를 보고 그랬지러. / 점지개. 복술. 점바치.

사깟[명] 누명을 빗대어 이르는 말. 남한테 그래 사깟을 쓰게 하고도 잠이 오나?

사다리다[동] 놀리다. 아덜이 오늘 일을 마이 했으니께 이젠 좀 사다리도 될씨더. / 거준대다. 골리다. 놀구다. 놀기다.

사답다[동] 빠르다. 놀개이가 얼매나 사답운동 얼른 내빼네.

사당[명] 들보. 집 지을 때 뭐니뭐니해도 사당을 든든하게 해야 되는 기라. / 가매부. 데마리. 들반. 배짱. 보짱. 사당. 잔등. 종포. 중천장. 질림.

사대다[동] 싸대다. 싸돌아 다니다. 추운데 얼매나 사댔는동 얼굴이 얼었네.

사들루다[동] 사들이다. 좀 애껴쓰지 않고 우예 이리 살림살이를 마이 사들루노.

사랑나물[명] 씀바귀. 사랑나물은 쓰이깨네 마이 울카내야 된대이.

사랑눈[명] 싸라기눈. 날이 우충충한기 꼭 사랑눈이 올 것 같대이. / 싼눈. 쌀눈. 반쌀눈. 소스락눈. 싸리눈. 좁쌀눈.

사루미[부] 살며시. 도독괘이도 아이고 니는 어데로 사루미 그래 나가노.

사매기[명] 소매. 일을 지대로 할라카는 사매기를 걷어 올리고 달려 들어야지. / 소망. 소마. 소맹이.

사바리[명] 사발. 떡국 한 사바리 먹으만 나이 한 살 더 묵는기라. / 대접. 보시기. 종바리. 주발. 툭바리.

사박스럽다[형] 경박하다. 점잖치 못 하그러 우예 그리 사박스럽게 말하노.

사발무지 [명] 양푼이에 된장을 담아 비닐로 위를 덮은 후 구멍을 내어 물고기를 잡는 어구. 사발무지를 해서 피리를 많이 잡았다.

사배사배 [부] 하나도 빠뜨리지 아니하고 죄다. 사배사배 정리 해가 놔 둬라. 나중에 찾을라카면 어데 있는동 못 찾아 해매지 말고. 나물 씻을 때 사배사배 살피 봐야지. 뭘 잃었는 동 사배사배 살피 봐라.

사알 [명] 살짝. 사알 건다리기만 했는데 고마 다 넘어졌뿌는데 감당이 안돼 그냥 놔 뒀다.

사우하다 [동] 화해하다. 고만 싸우고 인자 사우해라.

사질밭 [명] 모래밭. 땅콩을 우예 황토밭에 심글라꼬 생각했노. 모래밭에 심거야지. / 불. 몰개밭.

사탈 [명] 샅. 아무리 부아도 마이 나도 남 사탈을 걷어차면 안 되지러. / 사창구. 사채기. 사타래이. 사탈구지. 살추리. 살키. 살타구. 샅채기. 샅축. 새추리. 강알. 다리뚜새. 사차구. 사태기. 살키. 아금쟁이. 오금재기. 오금재이.

사호 [명] 사위. 사호 온다고 맛있는 걸 마이 했네. 지난주에 사호 봤다고 올 한턱 낸다이더.

삭다구 [명] 삭정이. 산에 가서 삭다구 좀 해 온나. / 삭다구리. 삭지.

삭다구리 [명] 삭정이. 삭다구리 하러 산에 간아:가 점두룩 아오노. / 삭다구. 삭지.

삭지 [명] 삭정이. 불 때거러 삭지 좀 해 온나. / 삭다리 삭다구리.

삭쿻다 [동] 삭히다. 김치를 너무 사쿠면 군내가 나니 오래 삭쿻지 마라.

산거렁지 [명] 산그늘. 산에 가면 산거렁지 지기 전에 퍼뜩 내리와야 된대이.

산꿀밤 [명] 상수리. 산꿀밤을 한 푸대나 주 왔다카디만 다 묵읐나? 꿀밤묵해 먹그러 산꿀밤 주러 가시더.

산다구 [명] 산자고. 산다구는 꽃도 이쁘고 약도 해 먹고 그러제.

산다구 [명] 얼굴. 그 놈아 상판대기를 보이 고마 부아가 치민다. 소문은 마이 들었는데 그 놈아 상판대기는 아직 못 봤네.

산대박 [명] 산꼭대기. 할배 산소 가려면 저 산대박을 넘어가야 된대이. / 산꼭두배기. 산대배기.

산대뱅이 [명] 산마루. 밭이 산대뱅이에 있어노이 농사 짓지도 못해. 산대뱅이

꺼지 올라갔다오느라 애 머었다.

산딸 몡 산딸기. 산딸로 술을 담갔디만 향이 좋대이.

산뜨베이 몡 산등성이. 아침도 굶고 산뜨베이를 올라가는데 을매나 힘들었는 동 코에 단내가 나니더. / 산두렁. 산등강. 산등살. 산등새기. 당녕.

산마 몡 산약. 마 중에 산마사 뿌렁지가 마이 난 게씨더.

산만대기 몡 산꼭대기. 하마 산만대기까지 올라갔다 왔나.

산머레기 몡 산기슭. 저 산머레기를 돌아가믄 그 동네가 나오니더. / 지르기. 지석. 지스락. 바찔. 산갓. 산구방. 산굽. *산. 산발치. 산뿌리. 산지슬. 새똑. 초렝이. 삐달.

산물 제사에 쓰는 물. 갱 내 가고 산물 가져 온나.

산중내기 몡 산중에 사는 사람을 낮추어 이르는 말. 내사 산중내기로 사이 세상 물정을 잘 모르니더.

산지 몡 송아지. 간밤에 소가 산지를 낳았는데 억스로 이뿌데이. / 맹맹이. 맹매기. 목다리. 상안치. 소야치. 송치.

산치거리 몡 마루터기. 힘들어로 산치거리에 올라가 사방을 둘러보믄 가심이 뻥 뚫리제. / 고개마루. 마우리. 만데이. 말래. 뻥때. 삐얄. 언덕배. 한째.

산태밥 몡 산사태로 흘러내린 흙더미. 그 동네 물가에 집이 산태밥에 무너졌다 디더.

살개 몡 디딜방아의 방아다리 양쪽 밑에 괸돌. 방아다리 양쪽에 개는 것을 살개라캐.

살개비하다 몡 어린 아이가 자라느라고 살이 찌지 않고 오히려 더 마르는 모습을 두고 하는 말이다. 아가 크느라고 살개비한다. 아가 요즘 더 말라보이는 게 살개비 하느라고 그래.

살고미 몡 살그머니. 아 자는데 살고미 나갈라캤디만 문소리에 깼분네.

살구 몡 공기. 돌 모아 놓고 살구놀이 마이 했어.

살꺼이 몡 살. 마이 먹었더니 살꺼이가 마이 쪄가 몸시 억스로 무겁대이. / 살귀. 살따구. 살뚜덕. 살찌미. 살키. 살타구. 쌀짐.

살눈 몡 싸락눈. 살눈이 내린다.

살랑깨비 몡 소꿉놀이. 어릴 때 살랑깨비 하고 놀았지. 여자 아들이 살랑깨비 마이 했지. 사금차리 주 갖고 했니더.

살랑깨비 몡 소꿉놀이. 소꿉을 가지고 노는 아이들의 놀이. 어릴 때 살랑깨비 하고 놀았지.

살바이 閈 살며시. 살바이 다니라. 살바이 나갔다 올라캤는데 고마 다글킀네.

살방살방 閈 살근살근. 가마이 앉아서 살방살방 하만 금방 한다.

살뱀 몡 살무사. 가을게 살뱀이 독이 마이 오르이 산에 갈 때 조심해야 된대이. 독새. 까치독새.

살시다 혱 세차다. 장마 때메 물이 불어 그런동 냇물이 살시게 흐르네.

살찌 몡 고양이. 옛날에 쥐 잡으라고 집집마다 살찌를 길렀제. / 갈가지. 개대기. 공이. 괴리. 기새이. 꽹지. 살찌이. 살찡이. 쌔깨미. 앵개미. 앵구. 에옹구. 옹이.

살차다 혱 싸늘하게 대하다. 살차게 대한다.

살창고쟁이 몡 한복에 입는 여자 속옷의 하나. 살창고쟁이가 너무 마이 구멍을 내면 입는 기 덜좋애.

살켕이 몡 살갗. 땡볕에 나가 일했드만 한참 살켕이가 벌겋게 달아올랐데이.

살키 몡 살코기. 산적 꾸불 때 살키로 하는 게 좋은 기라.

살피 몡 가래. 밭 갈 때 살피를 쓰먼 편하제. / 가레착. 가래호두. 살보. 살짝.

삶다 됭 사뢰다. 어른께 안부나 삶아 주이소.

삼가리 몡 삼의 껍질을 벗겨 묶은 뭉치. 삼가리가 수북하먼 고게 다 고생덩거리래.

삼구뎅이 몡 삼굿. 삼구뎅이사 동네 여러이가 모도 같이 만드니더.

삼동초 몡 십자화과의 두해살이풀. 가을게 씨 뿌래가 삼동초도 내 먹었제.

삼등버지기 몡 불룩하고 오망한 버치의 종류. 가마 서릴 때 삼등버지기 우에 똥장분을 놓니더.

삼뱅이 몡 쏨뱅이. 삼뱅이 잡아가 회 떠 가 먹으만 맛이 좋지러. / 우럭.

삼베나물 몡 쥐오줌풀. 삼베나물도 뿌렁지는 약이 되니더.

삼솥 몡 삼을 찌는 솥. 삼솥에 삼을 쪄가 그래 껍질을 벳겨가 올을 맨들잖나.

삼시불 명 쌍꺼풀. 알라가 희한하게 삼시불이 진하게 졌대이. / 삼시울. 쌍시불.
삼신바가지 명 세존단지. 옛날엔 집집마다 쌀 담아 가주고 삼신바가지를 모싰지. / 시좃단지. 제석단지. 할매단지.
삼실받다 형 살림살이에 재주있고 알뜰하다. 새댁이 참 참하고 삼실받아.
삼정 명 덕석. 겨울게는 소도 추위를 타니께 삼정을 걸쳐 줘야 된대이.
삼통 명 곧장. 똑바로. 이 길로 삼통 가면 큰길이 나오니더.
삼포 명 가래. 감기에 걸렸는동 삼포가 마이 끓어 목이 답답해 죽겠대이. / 게침.
삽가래 명 삽.
삽사부리하다 형 약간 쓴맛이 나다. 뭔동 뿌리를 씹으이 삽사부리하네.
삽살박하다 형 양이 적당하거나 알맞다. 두 사람이 먹기에는 어지가이 삽살박하다.
삽수 명 삽주. 삽수잎연한거 따다가 먹기도 해.
삽시건하다 형 조금 쓴 맛이 있다. 신내이는 삽시건하잖아. 나물을 물에 마이 울캤는데도 삽시건하네.
삽작거리 명 대문 밖. 하도 시끄러버서 삽작거리 나가 봤디만 두 집이 싸우데.
삽짝걸 명 대문밖. 삽짝걸에 갖다 버려라. 빗자루로 삽짝걸 좀 쓸어라.
상걸뱅이 명 상거지. 해 가 다니는 꼴이 상거지가 따로 없대이.
상공가락 명 엄지손가락. 돈다발을 상공가락에 침 발라가 그래 시디더.
상그랍다 형 사납다. 자는 성깔이 상그랍다.
상그럽다 형 까다롭다. 얼매나 상그럽게 그는지 식성 맞추지 디게 힘들었어.
상근 뷔 줄곧. 상근 여서 기다맀나.
상글다 동 썰다. 무꾸 좀 상글어 가 널어라.
상나무 명 향나무. 상나무로 물건 만들만 냄새가 좋지러.
상놈떡 명 송편을 보다 작게 만들고 손가락 자국을 넣지 않는 떡. 상놈떡은 송핀보다 작지.
상반지기 명 조밥. 상반지기도 그륵에 담아가 오소.
상치다 동 사리다. 삼을 삼아가 광주리에 잘 상치 놔야 안 헝클린대이.
상클리다 동 헝클어지다. 실이 상클리지 않게 잘 감아 놔야 된대이.

상클리다 뷩 헷갈리다. 오랜만에 오이 길이 상클려가 어데가 어덴지 찾지를 못 할따.

상포보 뗑 질이 낮은 베로 짠 보자기. 상포보는 베 질이 낮아.

상풀이 뗑 큰상물림. 잔치 음석 집집이 상풀이 해가 보낼 거 좀 싸 봐래이.

새가리다 뚱 짐작을 하다. 몸을 새아리지 않고 일을 하다. 새가리보이 돈이 부족할시더.

새간장 뗑 새가슴. 새간장으로 우째 그 일을 했을꼬. 새간장이래갖고 남한테 큰 소리도 못 할 사람이시더.

새개이 뗑 새끼. 옛날엔 겨울게 남자들이 사랑방에 모여 새개이 꼬고 그랬제. / 노사리. 사나꾸. 사챙이. 산태키. 새꼬래기. 새꾸댕이. 새나끈. 새치. 시꾸래미. 시끼댕이.

새개이풀 뗑 억새. 나무 하러 가서 새개이풀만 비 왔네.

새구 뗑 새우. 새구 잡아가 불에 꾸 먹으만 되게 맛있지러. / 생개. 생오. 새. 새구. 새비. 새바. 새봉개. 생이. 생지. 징게. 새구지.

새그랍다 혱 풋과일 등에서 나는 맛으로 신맛이 강할 때 사용한다. 자두가 덜 익었나 억시 새그랍네.

새금내 뗑 개흙에서 나는 냄새. 오랜만에 비가 오이 도랑에서 새금내가 확 난대이.

새금차리 뗑 소금파리. 새금차리주가 살림살이 하고 놀았잖니. 옛닐에는 새금차리가 놀이였어. 야들아 새금차리 주가 살림살이 하자.

새기 뷩 빨리. 시간 없대이. 꼼지락거리지 말고 새기새기 가자. / 퍼떡. 후딱. 거씨. 새기. 싸게. 싸키. 어떡. 얼킨. 속히.

새기다 대기다 뚱 고이다. 거는 비만 오만 물이 새개서 퍼 내는 기 일이다.

새까이 뗑 새끼. 사람이나 동물이나 새까이는 모다 다 귀엽지러. / 새나꾸. 배. 사치. 산나껭이. 산나꾸. 새꾸래미. 새끌. 새이끼. 새치.

새껴 뗑 왕겨. 겨울게 새껴로 불 피우며는 은근이 따숩제. / 겉게. 꺼뿔재. 내구미개. 딩게. 매조밋겨. 맵지. 새껴. 새째. 신겨. 신등계. 싱개. 아시등겨. 앙기. 앙지. 왕딩게. 왕재. 장체. 죽겨. 새껴. 새째. 한딩기.

새끼때이 명 새끼. 새끼때이를 꼬다.

새끼참 명 곁두리. 들에 일하는데 새끼참 퍼뜩 내가야 될따. / 곁밥. 참. 중참.

새다 동 된장이 발효가 되어 알맞게 맛이 들다. 그 집 딘장이사 잘 새서 맛 좋다고 소문낫니더.

새다 형 여물다. 옥수수가 너무 새서 딱딱하다.

새다래기 명 말더듬이. 예전에 새다래기가 말하믄 말 더듬다꼬 얼라들이 놀리고 그랬제. / 다떠버리. 더더부리. 더덤바리. 더투아리. 덜더리. 뜰뜰이. 말먹이. 말머거리. 반버버리. 반부칭이. 새다래기. 쌔짝래기. 터투와리. 더더미. 더듬이. 더딤이. 더딤이. 말더덤이. 말더터리. 말더더미. 더더버리. 더드부리.

새도치 명 이기적인 사람을 비유적으로 일컫는 말. 자는 새도치 같이 자기만 안다.

새들 명 밤새껏. 오랜만에 만나 새들 얘기하느라꼬 잠도 안 자데.

새디이 명 새색시. 큰집에 새디이가 들어왔는데 수더분하고 참 참하디더. / 새기. 새꾸지. 새사람. 새아씨. 새악시.

새똥나물 명 민들레. 봄이 되이 새똥나물이 노랗게 폈어.

새뜻하다 형 이미 알고 있는 사실에 대하여 느껴지는 감정이 갑자기 새로운 데가 있다. 안하다가 오랜만에 해 볼라그이 새뜻하네. 야가 새뜻하이 왜 글그노. 밭 일도 안하다가 하이 새뜻하네.

새미덤불 명 사위질빵. 새미덤불도 나물이 되니더.

새받다 형 채소나 가루 따위가 부드럽지 않고 거칠다. 나물이 철이 지냈나 새받네. 새받은 거는 골리내고 보드란 것만 해래이.

새발랗다 형 많다. 저짜 산에 가면 참꽃이 새발랗다.

새밥나무 명 박주가릿과의 여러해살이 덩굴풀. 도장 인주 만들라면 새밥나무가 있어야되니더.

새배 명 먼동이 트러 할 무렵. 아지매는 이 새배에 어데 그래 가시니꺼?

새복 명 새벽. 새복에 밥해 먹고 들에 나간다.

새부랍다 형 시다. 살구가 아직 덜 익어가 을매나 새부라운지 못 먹을따. / 새곰하다. 새구랍다. 시그럽다. 씨곰하다. 씨다. 씹다.

새살 명 애교. 계집애가 새살이 많다.

새살까다 图 노닥거리다. 끊임없이 이런저런 이야기를 하는 것을 말한다. 어젯밤에 엄마하고 누서 새살까느라고 잠을 못 잤디만 피곤하네.

새수없다 图 채신없다. 어데 나가서도 새수없이 말하거나 행동하면 안 된대이.

새숫하다 图 산뜻하다. 세수를 하니 세숫한 게 좋다.

새실 图 사설. 뭐 그리 잘했다고 저래 새실이 기노.

새아재 图 고모부. 어매요, 새아재 어디 갔니껴?

새아지매 图 형수. 새아지매 자아 간다카디더.

새옴밥 图 새옹밥. 새옴밥 짓고 숭양 만들어 마시며는 구시하지러.

새이 图 갯과의 포유류. 새이사 꾀가 많애가 잡을라캐도 잘 안돼.

새집 图 첩. 그 양반이 아들 볼라꼬 새집을 딜였는데 아즉 소식이 없다카이. / 시갓. 안소실. 작은마누라. 첩사니. 첩사이. 첩산이. 첩새이.

새쪼다 图 길쌈에서 잉아에 들어가는 올과 그렇지 못한 올을 나누다. 어여 새쪼고 일 시작으씨더.

새처방 图 신랑, 신부가 첫날밤을 치르도록 새로 차린 방. 새처방 엿보며는 어른들한테 꾸중듣는대이.

새초롬하다 图 날씨가 차다. 오늘은 날씨가 새초롬한 기 뭐라고 올 것 같다. 날씨가 제법 새초롬하네. 이런 날 감기 조심해야 된데이. 아침부터 새초롬하디만 눈 오네.

새촐내미 图 새줄랑이. 나이도 있는데 우예 그리 새촐내미맨치로 그래 말을 하노.

새추 图 말린 풀. 불쌀개 할라꼬 새추해 놨디 비가 와서 몽땅 젖었네.

새치기 图 일을 하는 사이 사이에 하는 길쌈. 남한테 주문을 받아노이 이래 새치기도 하고 정신이 없니더.

새카리 图 서캐. 아가 어데서 새카리 옮아와가 온 식구가 난리도 아니다. 어데서 이래 새카리를 옮아왔노? / 씨가리.

새쿻다 图 삭히다. 감을 잘 새카서 요래 연하고 맛난대이.

새톡하다 图 새롭고 깨끗하다. 집안 대청소를 하고나이 새톡하네.

새파랭이 图 쉬파리. 된장에 징그럽게 새파랭이 마이 달라 붙어 있디더. / 쉬

포리. 쇠파랭이. 시퍼리. 실파리. 통파리.

새파리므리하다 〔형〕 새파랗고 노르스름하다. 미주가 곰패이가 새파리므리하게 잘 일었네.

새피하다 〔형〕 하는 일을 만만하게 생각하다. 농사일을 새피하게 보면 안 된다.

새하다 〔동〕 샘하다. 자가 어린 나이에 동생을 봐가 그런동 저래 동생을 새한대이.

새형님 〔명〕 자형. 새형님 오싰니껴?

색시피리 〔명〕 쉬리. 깨끗한 계곡에 가만 색시피리 헤엄치는 치는 거 볼 수 있데이. / 민피리. 피로.

색 〔명〕 빛. 그믐인데다 색이 없어가 길 가기가 안됐대이. / 빗.

샘물 〔명〕 샘. 샘물을 파다. 산비탈에 밭 매다 샘물 물 한 바가지 떠먹으면 그 맛이 꿀맛이제. / 나는물. 꼬랑샘. 도내기. 새미. 샘치. 진틀.

샛강 〔명〕 물대. 무자위 샛강에 물 들어가게 해가 염전에 물을 퍼 올렸니더.

샛날 〔명〕 꽃샘추위가 온 봄날. 샛날에 옷 미미 입지 않으면 감기 걸리기 십상이지.

샛문 〔명〕 사립문. 옛날엔 집집마다 샛문을 만들어 사용했제. / 게삽. 바라지문. 바주문. 사라문. 사리문. 살작문. 살체기. 살팍. 삽자리문. 새리문. 새팍. 서리문. 세릅문. 솔팍. 시살문. 싸랑문. 싸문.

샛방 〔명〕 곁방. 예전에 집 없을 때 남으 집에 샛방 얻어 살았니더. / 고방.

샛비바람 〔명〕 샛바람. 겨울게 웬 샛비바람이 이케 부노.

생광시럽다 〔형〕 기대하지 않은 일로 인해 고마움을 갖다. 덕분에 생광시럽기 잘 먹었니더.

생돔배기 〔명〕 간을 하지 않은 상어 몸통고기. 기제사에 쓴다고 아베가 생돔배기를 다듬고 있니더.

생땅콩 〔명〕 삶거나 볶지 않은 땅콩. 삶은 땅콩은 설사를 하지만 생땅콩은 괜찮애.

생물 〔명〕 살아있는 생선. 생물이 싱싱하지.

생벼 〔명〕 물벼. 생벼를 말리는데 가을게 장마지며는 디게 힘드제.

생아리 〔명〕 청상아리. 바다에 나갈 때 성질 포악한 생아리를 조심해야 된다고 하드라.

생연 〔명〕 평상시. 가가 생연 아하던 짓을 한대이.

생엿 몡 검은엿. 생엿 잘못 먹다 이빨 빠진대이. / 강엿.
생이발가락 몡 생인발. 생이발가락이 생기가 잘 걷지를 못할따.
생이손가락 몡 생인손. 생이손가락이 밤새 욱씬거래 잠도 못 잤대이.
생저래기 몡 겉절이. 생저래기로 밥 비비가 딘장 놓고 먹으만 좋으이더.
생치지 몡 오이지를 물에 넣었다가 건진 뒤 썰어 꿩고기와 함께 기름에 볶아 만든 음식. 요새사 꽁이 없으이 생치지도 옳게 못 만드니더.
서건하다 몡 채소 등이 달큰하고 개운한 맛이 없이 씁쓰레하다. 올게는 비가 마이 와서 그런동 무가 서건한 게 맛이 없대이.
서궐이 몡 피라미. 얼라적에 친구들과 개울에 가서 반도로 서궐이를 마이 잡았제. / 갈가리. 개리. 깨피리. 날피. 동구치. 모치. 불거지. 적지네. 천에. 피로. 필챙이. 흑사리.
서그름 몡 설움. 사람이 뭐 그래 서그름이 많은 동 우는 거를 그치지를 않애.
서나꼬제비 몡 아주 조금. 사과 좀 달라 캤디만 서나꼬제비만큼 비가 주네. / 선나개이. 선날금.
서나무 몡 서어나무. 여게 산에는 서나무가 디게 많대이.
서다 동 켜다. 왜 이꼬 어둡노. 불 좀 서라.
서랑 몡 곰방메. 씨 기 전에 서랑으로 뚜디리면 흙이 부드러워져 싹이 잘 나지러. / 곰베. 뭉퉁곰배. 곰벵이.
서러 조 부터. 집에서러 자에꺼정 길이 한 참 되가 버스 타고 가야 되니더.
서러지 몡 설거지. 비 서러지해라.
서루산 몡 미선나무. 서루산이 꽃이 허연 게가 부채매이로 참 곱니더.
서리치묵다 동 호미씻이를 하다. 어여 와가 모도 서리치묵고 노시더. / 나다리. 마당떼기. 망울지섬. 시무거리. 품꾼먹이. 초연. 초염먹다. 초염먹이. 푸꾸. 푸꾸래. 풀꾸. 함추. 꼼비먹다. 솜모둠먹다. 푸꾸먹다. 푸굿먹는다. 푸꾸매기하다. 초염먹다. 히추먹다. 히추하다.
서마서마 몡 섬마섬마. 얼라가 서마서마를 한다.
서불 몡 시울. 그 얘기를 들으니깐 나도 서불이 뜨거워진대이.
서숙내끼 몡 조의 열매를 찧은 쌀. 고마 밥 할 쩍에 서숙내끼도 한 술 얹어가 하만 몸에 좋니더.

서어먹다 图 계약하다. 어제 서어먹었다카디 우예 잘 했니껴? 논 판다카디만 서어먹기 했다카대.

서우세 图 씀바귀. 봄에 서우세 마이 먹으만 여름에 더우 안 탄다. / 속새. 씀바이. 씀바. 씸베기. 씸바구. 서구새. 써구새.

서적하다 图 거스르다. 뭐 좀 할라카만 자식들이 서적해서 암것도 못 할다.

서투른 통쟁이 마당 나무랜다 图 자기의 기량이나 재주가 없어 일을 그르친 것을 다른 사람이나 환경의 탓으로 돌린다. 서투른 통쟁이 마당 나무랜다고 지가 잘못해 놓고 남탓을 와 하노.

서푸다 图 싶다. 일등하고 서푸만 열심히 공부해야지.

석감주 图 엿기름을 우린 물에 찹쌀로 고두밥을 만들어 넣고, 거기에 흑설탕을 넣어 만든 음식. 옛날에는 석감주를 해서 놓고 물을 끓이갖고 넣어가 쉬이 상하지를 안했어.

석메방애 图 연자방아. 소가 석메방애를 돌리지.

석배기 图 벼랑. 그쪼로 가면 석배기라서 길이 없니더.

석세배 图 올벼. 올해는 벼가 석세배네.

섞굴다 图 섞다. 저번에 턴 깨하고 이번에 턴 깨하고 한 데 섞굴지 마라.

선나 图 조금. 너거 마이 묵어라. 나는 선나만 먹어도 된다. / 선낱.

선나깨이 图 아주 조금. 선나깨이 줘 놓고 생색내기는 / 선낱금. 선나꼽재이.

선낱 图 조금. 아배야, 돈 좀 선낱 다고. 조금 선낱만 조 봐. 소꼴 선낱만 해온나. / 선나.

선낱금 图 아주 조금. 쪼매만 달라캤디만 선낱금 주대. / 선나개이. 선나꼽재이.

설거지하다 图 치우다. 모우다. 마다아 널어놓은 나락 좀 설거지해라. 이번 장마는 비설거지 할라카이 엄두가 안나네.

설겅 图 시렁. 설거지 다 했으만 설겅에 얹어 놔래이. / 당반. 도지미. 살강. 선반.

설디이 图 처지가 서러운 사람. 지가 잘모해 놓고 와 저래 설디이맨치로 울고 있노. / 서럽디이.

-설라 图 -서. 어미 거게 가설라 뭐할라 그러노.

203

설이 뻐드렁니. 설이가 나지 않그러 이를 지 때 뽑아야 하는 기라.

설장군 아가리가 위에 달린 똥장군. 설장군이사 기양 똥장분보다사 짊어지기가 낫니더.

설치장 설빔. 설이라고 설치장 예쁘게 차려 입었네.

섬나리 말나리. 둑방에 섬나리가 빨가이 디게 이쁘게 한정없이 피었대이.

성그럽다 번거롭다. 잔네도 바쁠긴데 이래 성그럽게 해서 미안하이.

성그렇다 서늘할 정도로 차다. 날씨가 참 성그렇다.

성글다 덜 여물다. 아이 성그네.

성기재이 옛날에는 성기재이가 쇠를 뚜들기가 직접 놋그릇을 만들었제. 유기쟁이.

성당시럽다 기집아가 그래 성당시럽어가 어디에 쓰겠노.

성수 형수. 성수요, 제사상 차리느라 고생 마이 했니더. / 아지매. 행수.

성실겁다 성가시다. 바쁜데 성실겁게 그지 말래이. 성실겁게 알짱거리지 말고 와서 일이나 좀 도와라.

성양통 성냥갑. 군불 땔라그이 성양통 좀 가 온나. 성양 갖고 놀다 일낼라. 성양통 갖다 치아라.

성양하다 벼리다. 낮이 잘 안들어서 벼름깐에 가가 성양하고 왔니더.

세금차리 사금파리. 세금차리를 밟아 피가 났다.

세까랭이 서까래. 집 지일 때 세끼펭이 보단 그 십이 큰지 작은지 알 수 있제. / 너까래. 서까랑. 세가리. 세끌. 씨래기. 연자. 열래. 열무기.

세답꺼리 빨랫감. 식구가 많으이 세답꺼리가 이래 많대이.

세대다 참견하다. 쓸데없이 남의 일에 세대지 마소.

세랑 쇠스랑. 걸금 파가 밭에 낸다고 세랑으로 일했니더.

세마구 외양간. 세마구에 여물 좀 단디 갖다 줘래이. / 이양간. 마구.

세모래 새머루. 얼라 때는 시큼하이 세모래도 마이 따묵꼬 했니더.

세물이 빈번하게. 세물이 쓰이께 금방 닳니더.

세불 세쨋번. 이불을 세불 덮었다.

세불논매다 마지막 논매기. 세불논매고 초염먹지.

세비싸리 명 조록싸리. 세비싸리로 비도 만들고 채반도 맨들지러.
세수박 명 으름덩굴의 열매. 얼라 때는 먹을 게 없어가 동무들하고 들에 세수박 따먹고 놀았디래.
세수소래기 명 세숫대야. 어여 얼라 씻기거러 세수소래기에 뜨신 물 담아가 오니라.
세이 명 형. 세이하고 같이 학교 가래이. / 히야. 시야. 성.
세차리 명 삭정이. 알불전에 세차리로 불살개를 했지.
센님 명 스님. 그 절 센님이 독경을 참 잘하니더.
센미 명 세게 치는 망치질을 하는 사람. 센미사 힘 좋은 장정이 해여.
소견떡 명 멥쌀로 가루를 지어 속이 비게 만들어 쪄서 콩가루를 묻힌 떡. 배도 출출하이 소견떡 맨들어 놓은 거 갖고 오니래이.
소곤두리 명 쇠코뚜레. 솬지가 인제 마이 컸으이 소곤두리를 끼워야 될씨더.
소과상 명 제사상에서 가장 먼저 차리는 나물상이나 과일상. 소과상이사 남자가 다 하잖나.
소구배이 명 속고갱이. 배추 소구배이로 생절이 해 먹어야 될다.
소구배이 명 쇠고삐. 소를 부릴라며는 소구배이를 잘 이끌어야 되니래이.
소금마개 명 김장을 독에 담은 뒤 소금으로 덮어주는 것. 설 전에 먹는 김장이싸 소금마개 안 해도 되니더.
소금배 명 소금쟁이. 소금배 본다고 웅데이 앞에 쪼그리고 앉나? 요새는 웅데이에 소금배 떠댕기는 게 잘 안 보이더라.
소깝 명 솔가지. 겨울게 마른 소깝 해다가 아궁지에 불 피울 때 쓰고 그랬지. / 소꼬불. 소꼬비. 솔개비. 솔갱이. 소앞. 솔아지. 솔피.
소꼴배이 명 소고삐. 소 안 도망가거러 소꼴배이 꼭 잡고 있어래이.
소꼴비 명 소를 묶거나 부릴 때 쓰는 끈. 소꼴비 제대로 묶어 놨다. 소 꼴 미기러 갔다가 소꼴비 띠아가 혼쭐 났니더.
소꽃나무 명 청미래덩굴. 소꽃나무로 잎사구사 어리며는 무치도 먹여여.
소꾸바리 명 솔방울. 산에 가만 소낭구 밑에 소꾸바리가 마이 있으께네 가서 주 온나.

소끄리 ® 소를 몰거나 묶어둘 때 쓰는 끈. 소끄리 잘 잡고 있거래이. 노치만 클 난대이.

소덕새기 ® 추위타지 말라고 소의 등에 덮어주는 것으로 천 또는 짚으로 만들었다. 날이 차다 소덕새기 덮어 조라.

소도시 ® 조금씩 천천히. 눈이 소도시 내리네.

소두레이 ® 홑두루마기. 사랑방에 가서 소두레이 가져 온나. 내일 잔차에 입고 가그러 소두레이 좀 다리 놔라.

소두루막 ® 홑두루마기. 소두루막을 걸치고 장에 가는 모양이지.

소두베이 ® 솥뚜껑. 예전에는 소두베이 뒤집어서 전 부치고 그랬어. / 소두비.

소두비 ® 솥뚜껑. 옛날에는 소두비를 달가 갖고 찌짐 꿌어. / 소두베이.

소또개비 ® 쇠똥구리. 소또개비가 소똥을 굴리고 있는 거 보만 참 희한하지. / 똥구리. 메풍덩이. 소똥굴리개. 소똥벌기. 찌깨잽이. 찌께벌거지. 찌께벌래. 추알.

소라 ® 버치. 소라에 쌀을 씻어가 솥에다 넣어가 밥을 짓제.

소래질 ® 소로. 자에 갈 때 소래질 가로질러 가면 솔찮이 빠르지러. / 꼬렝이질. 새낄. 소롯질. 소리질. 솔질. 초로길. 토장길.

소랭이 ® 쇠스랑. 논에 가가 소랭이로 땅 골르다가 왔니더.

소리 ® 베를 맬 때 사용하는 솔. 비를 맬라믄 벳불 피워 놓고 소리로 풀질을 하니더.

소리케 ® 솔개. 소리케가 저짜 앞집 닭을 채갔다카이. / 마이. 살개이. 새저래. 새초리. 새치기. 소래기. 소로개. 솔기. 솔깽이. 솔배이. 수리개. 술개미. 조리기. 호루개.

소머거리 ® 부리망. 소 쟁기질 적에 소머거리 꼭 씌워야 댄대이.

소무다 ® 놀이나 재미있는 일을 하며 즐겁게 지내다. 그쿠 소무고 공부는 언제 하노.

소물 ® 소여물. 저녁에 소물 끓이느라 아궁지에 불 땔 때만 방도 뜨끈뜨끈해지지러. / 소죽.

소물거리다 ® 근질거리다. 할 말을 참고 있자이 입을 소물거려 못살겠대이.

소물다 형 빈 공간이 없이 빽빽하다. 씨를 마이 뿌맀나. 나물이 이꼬 소물게 났네. 상추가 어지가이도 소물게 났네. 소문 데는 좀 쏙아 내라. 콩모중도 너무 소물게 심지 마라. 드믄드믄 심어라.

소물다 형 빽빽하다. 빈 공간이 없이 빽빽하다. 씨를 마이 뿌맀나. 나물이 이꼬 소물게 났네.

소버섯 명 쇠버짐. 이전에 잘 못 먹을 적에 소버섯 난 아덜이 많았제.

소부 명 쟁기. 소부로 밭을 갈믄 일이 좀 수월치. / 가대기. 겨리. 따부. 보구래. 보쟁기. 호리. 혹찌. 훌치.

소북띠 명 소의 배에 둘러감아 봇줄에 맨 줄. 소 일 시킬라먼 소북띠를 단디 매야제. / 배대끈.

소비대 명 길쌈에서 실꾸리에 꿰는 가는 대나무 꼬챙이. 질쌈할 적에 소비대에 실꾸리를 꿰고 했지러.

소비름 명 말똥비름. 비가 와가 꼬추밭에 소비름이 저래 마이 생깄니더.

소빈지 명 쉬파리. 소 등에 소빈지가 많이 붙어 있다.

소슬통 명 모이통. 메칠 집을 비울라카믄 닭 소슬통에 모이를 마이 담아 놔야 댄대이. / 구시. 구우. 구이. 귀융. 매기통. 모새통. 미기통. 밥통. 샌맥.

소시렁물 명 외양간에 소의 오줌이 고인 것. 내일은 소시렁물 좀 쳐야 될다.

소식혜 명 양념을 비빈 무밥. 소식혜사 무꾸 빼고사 암 것도 안 드가니더.

소에 명 붕어. 소에 잡을라하다가 옷만 다 버렸네.

소오레이 명 쇠스랑. 소오레이로 퇴비를 옮겼다.

소유간장 명 집간장. 소유간장을 넣어야 제맛이지.

소잡다 형 좁다. 방이 왜이래 소잡노.

소젖 명 씀바귀. 소젖도 나물하면 입맛이 도니더.

소죽빼기 명 쇠죽바가지. 소죽 풀라는데 소죽빼기가 안 보이노.

소죽절개 명 소죽 저을 때 사용하는 것. 소죽절개로 소죽 좀 저라.

소지랑물 명 낙숫물. 비가 오이 소지랑물이 소냉기매이로 떨어지니더.

소치다 동 화가 많이 나다. 그 말을 들으니 속이 소치네.

소캐이불 명 솜이불. 날이 마이 차네. 올밤에는 소캐이불 덥고 자라. 이전에 시집 보낼 때는 소캐이불 해 보냈잖나. / 한이불. 함이불.

소캐틀 ® 솜틀. 이전에는 소캐틀로 솜을 타가 썼지럴.

소콘드라지 ® 코뚜레. 소콘드라지를 끼와야 소 다루기가 나. 노가재나무 갖고 콘드라지 맸잖나.

소타래이 ® 고삐. 소타래이를 끌다. 밭에 갔다 오며는 소타래이를 말뚝에 단디 매소. 좋은 소는 소타래이를 부리기가 쉬버요.

소통 ® 소나 말 따위의 가축들에게 먹이를 담아 주는 그릇. 소통에 콩이 마이 들어가며는 소가 아프대이.

소풀 ® 부추. 여름에 소풀 뜯어가 고추 넣고 지짐 부쳐 먹거나 맬치젓 넣고 겉절이 해 먹으먼 맛있지러. / 정구지. 정고지. 분초. 부자.

소허거리 ® 부리망. 소 쟁기질 한다고 소허거리를 씌웠니더. / 소머거리.

속갱이 ® 관솔. 옛날에사 속갱이에 불 붙여가 등불 대신 쓰기도 했니더. / 솔가지. 소깨이. 소깝.

속껍지 ® 보늬. 밤이 안죽 덜 익었는지 속껍지가 디게 떫대이.

속꾸배이 ® 야채 따위의 속. 배추 속꾸배이가 다 썩었다.

속꿍심 ® 꿍꿍이셈. 오늘따라 말을 얼매나 잘 듣는동 몰라. 속꿍심이 뭔동.

속다 ® 작다. 아가 빨리 커서 이제 옷이 너무 속아가 안 들어간대이. / 쪼매하다. 째맨하다.

속닥하다 ® 다정하다. 우리끼리 속닥하이 하자.

속배기 ® 물김치의 소로 넣을 음식 재료. 물김치 속배기사 깨끗은 걸로 하니더.

속새 ® 억새. 가을게 천방에 속새가 천지삐까리로 피었제. / 쌔. 새강. 어벅새. 어북새. 톱새.

속소그레하다 ® 어떠한 물건이나 일 등이 몹시 자질구레하다. 이사할라 하니 우예 이래 속소그레한 게 많은동 몰따.

속청 ® 검은콩. 속청은 가보만 속이 파랬니더.

속파래이콩 ® 겉껍질은 검고 속은 녹색인 콩. 속파래이콩은 생으로도 먹고 그래.

숡웋다 ® 솎다. 모종이 이래 촘촘하이 쪼매 숡웋고 기르소.

손고기 ® 맨손으로 고기를 잡는 일. 가는 재주가 있어가 손고기로 실고리도 잡는대이.
손모간지 몡 손목을 속되게 이르는 말. 손모간지가 저리다.
손모우덤풀 몡 사위질빵. 묵나물로사 손모우덤풀이 많니더.
손바꿈 몡 품앗이. 손이 귀한 농사철에는 손바꿈을 해야되니더.
손살 풀리다 쿤 힘이 빠져 의욕이 없다. 손살 풀리고 그러는데 일나가만 데레 욕보니대이.
손싸개 몡 손을 싸는 싸개. 간얼라는 얼굴 호잡지 말라꼬 사매에 손싸개가 있니더.
손질 몡 손길. 손질을 주다.
손치다 동 옷감을 차곡차곡 접다. 어여 나와가 옷 손치는 거 도와래이.
손치다 동 접객하다. 잔치에 손치느라 힘이 들다.
솔골배이 몡 솔방울. 솔골배이 끌어 모다가 불살개 하면 좋제.
솔곱다 혱 불안하다. 해가 졌는데도 식구덜이 안 들어오만 마음이 솔곱제.
솔기증 몡 조바심. 급하다그이 연락이 우예 더 안 되노. 연락 기다릴라카이 솔기증 나 안 될다.
솔꼬두밥 몡 새로 돋아난 소나무의 순. 솔꼬두밥이 올라오며는 그거도 질겅하고 씹어먹었대이.
솔꼬불 몡 솔가리. 말라서 땅에 떨어져 쌓인 솔잎. 산에 가서 솔꼬불 해 온나.
솔닥거리다 동 시끄럽게 떠들다. 일하는 데 정신없그러 솔닥거리지 말고 밖에 나가 놀아라.
솔대기 몡 솔기. 솔대기를 꿰매다.
솔따시 閉 속닥하게. 분위기가 오붓하고 단출하게. 우리끼리 솔따시 해 먹으이 더 맛있네.
솔따시 閉 속닥하게. 분위기가 오붓하고 단출하게. 우리끼리 솔따시 해 먹으이 더 맛있네. 이번에 너 가족끼리 솔따시 여행 다녀 왔다매. 좋더나? 언제 한번 솔따시 만나 이야기 하시더.
솔배이 몡 솔방울. 솔배이도 불소시게로 좋다.
솔뱅이 몡 솔개. 솔뱅이 날면 뺑아리들 닭장에 넣어야 된대이. / 살개이. 소래.

소로개. 소리케. 호루개.

솔부다 튕 솔다. 상처가 솔봤으이 이제 금방 나을기라.

솔빡하다 튕 오붓하다. 참 오랜만에 우리끼리 솔빡하게 저녁을 먹니더.

솔순애 뗑 새로 돋아난 소나무의 순. 봄되만 솔순애가 파라이 돋아나잖나.

솔이다 튕 성형이 끝난 질그릇을 건조한 후 다시 볕에 건조하다. 굴에 쟁이기 전에 날그럭을 덜 솔이며는 안 되니더.

솔잡다 튕 비좁다. 안방이 솔잡으니 몇몇은 사랑방으로 가라.

솔짝하다 튕 가늘고 미끈하게 길다. 키가 솔짝한 기 마이 컸네. 비가 한번 오디 이 고추가 솔짝하게 마이 올라 왔네.

솔치 뗑 송사리. 알라 때 고무신 벗어가주고 송사리 잡고 놀았재. / 피리. 피래미.

솜다 튕 솔다. 얼라가 커서 옷에 품이 저래 솜대이.

솜모둠먹다 튕 호미씻이를 하다. 솜모둠먹고 보이 인차 한해 농사도 절반이 지났대이. / 나다리. 마당떼기. 망울지섬. 시무거리. 품꾼먹이. 초연. 초염먹다. 초염먹이. 푸꾸. 푸꾸래. 풀꾸. 함추. 꼼비먹다. 서리치묵다. 푸꾸먹다. 푸굿먹는다. 푸꾸매기하다. 초염먹다. 히추먹다. 히추하다.

솜죽대 뗑 풀솜대. 묵나물로 솜죽대가 좋니더.

솟되다 튕 일되다. 나락이 디게 솟되가 벌써 빌 때가 됐니더.

송골챙이 뗑 소루쟁이. 봄에 송골챙이를 베가 나물해 먹고 그랬제. / 송기챙이. 송곳칭.

송곱 뗑 송곳. 강냉이 티울라 카만 강냉이 잘 말래가 송곱으로 타먼 편하제. / 송깃. 송곱. 송굽. 솟굿.

송구떡 뗑 송기떡. 송구떡을 찌다.

송구죽 뗑 송기죽. 송구죽을 끓이다.

송빵구리 뗑 솔방울. 송빵구리가 떨어지다.

송소미 뗑 은하수. 밤에 하늘을 보만 송소미가 길게 늘어져 있어.

송시미 뗑 밤하늘에 총총히 모여 있는 별들. 밤에 보만 송시미가 얼매나 이쁜 동몰라. 여름에 들마리에 누가 하늘보만 송시미가 총총 백히 있어 볼만해.

송신스럽다 휑 진저리가 나도록 싫고 지겁다. 니 일하는 거 보이 내가 송신스러워서 보지를 모할따.

송신하다 톙 심란하다. 아덜이 분답게 하이 송신해가 안될따.

솟다 톙 솟치다. 나는 니만 보며는 부아가 솟아가 미칠때이.

솥두벵이 톙 솥뚜껑. 솥두벵이를 덮다. / 솥우배.

솥우배 톙 솥뚜껑. 옛날에는 잔찻집에 음식할 때 솥우배 걸어 놓고 전 꾸고 했어. 솥에 김 나거든 솥우배 열어 놔라. 행주 깨끗이 빨았으만 솥우배에다 올리 놔라. / 솥두벵이.

솥쟁기 톙 가마솥. 솥쟁기가 끓어 넘쳐가 더부가 얼매 안되니더.

쇠꼬쟁이 톙 쇠꼬챙이. 쇠꼬쟁이로 아궁이를 쑤시다.

쇠나다 톙 잠을 잘 시기를 놓쳐 잠을 이루지 못하여 힘들어하다. 낮잠을 잤드니 밤에 쇠나서 혼났대이. / 쌔나다.

쇠딱지 톙 석죽과의 두해살이풀. 쇠딱지사 대가 장구채매로...

쇠똥비름 톙 민들레. 쇠똥비름도 꽃이 디게 곱대이.

쇠바꾸 톙 쇠붙이로 만든 바퀴. 수레 바꾸를 쇠바꾸로 해야 든든하지럴.

쇠밥 톙 박주가릿과의 여러해살이 덩굴풀. 쇠밥은 털이 미영매이로 나여.

쇠방 톙 달구지에 실은 짐이 바퀴에 닿지 않게 하기 위해 장틀의 바깥으로 덧붙인 나무 방틀. 쇠방을 달다.

쇠비 톙 새우. 쇠비를 잡다.

쇠상눔 톙 상놈. 쇠상놈을 혼내다.

쇠스랑벌레 톙 바퀴벌레. 쇠스랑벌레사 어예도 잘 안 없어진대이.

쇠양철 톙 생철. 쇠양철을 자르다.

쇠이까리 톙 고삐. 쇠이까리 좀 잡고 있거래이.

쇠짐성 톙 소. 집에 기르는 쇠짐성도 말을 듣는데 니는 왜 그래 부모 속을 썩이노.

수구 톙 숲. 수구가 울창하다.

수군 톙 수건. 어릴 때 소풍 가사 수군돌리기 마이 했지러.

수굴치다 톙 숙이다. 남들한테 너무 수굴쳐도 좋은 소리 못 듣는대이.

수굼포 톙 가래. 도랑 팔 때 수굼포로 흙 퍼내면 쉽지럴. / 살짝. 삽가래.

수깔모 圐 물레가 마찰되어 마모되는 것을 막기 위해 꽂는 견고하고 단단한 둥근 엽전 모양의 나무. 물레는 어예든동 수깔모가 든든해야 되니대이.

수꺼멍 圐 숯. 옛날엔 알라 낳으면 새끼줄 수꺼멍 끼워 대문에 금줄을 쳤지럴. / 수깽이. 수껑. 수때이. 수띵이. 수띠이. 숯정.

수껑꾸리 圐 미꾸리. 수껑꾸리도 탕 끓일 때사 넣니더.

수꾸개기 圐 수수로 만든 범벅. 수꾸 끓어서 수꾸개기 해먹세.

수꾸대끼 圐 수숫대. 수꾸대끼를 베다.

수꾸때비 圐 수수를 잘라낸 줄기. 수꾸때비를 쌓았다.

수꾸땡이 圐 수숫대. 수꾸땡이를 엮다.

수꾸떡 圐 수수떡. 수꾸떡이 맛이 좋애가 할매사 장에 갈 때마덩 쬐매씩 사가 오시니더.

수꾸무살이 圐 수수경단. 손주 백일이라고 수꾸무살이 떡 해 가 가디더. / 수꾸무살메.

수꾸쌀 圐 수수쌀. 대보롬에 찰밥하며는 수꾸쌀도 너야 밥이 찰지니더.

수꾸잎 圐 수수잎. 뭐 하는데 수꿋잎을 그래 따니껴? 수꾸 대궁 짜르고 난 다음에 수꿋잎도 선날 끊어내래이.

수꾸풀때 圐 수수가루로 풀처럼 연하게 쑨 죽. 오늘은 더부룩하이 수꾸풀때나 한그릇 먹고 말야야될따.

수꾸풀때이 圐 수수범버. 수꾸풀떼이 해 믹으먼 일내나 맛있다고.

수꿋대 圐 수숫대. 수꿋대를 묶다.

수끼 圐 수수. 수끼가 익다.

수끼깡 圐 수수깡. 이전에 촌에사 아덜이 수끼깡 갖고 이것저것 맨들어 놀고 그랬제.

수끼대개이 圐 수숫대. 수끼대개이를 베다.

수끼떡 圐 수수떡. 수끼떡을 만들다.

수끼살 圐 수수쌀. 수끼살을 찧다.

수낏대 圐 수숫대. 수낏대를 엮다.

수내 圐 순. 가가 집에 안온지가 벌써 여러 수내가 됐니더.

수내기 명 순. 수내기를 따다.
수내미 명 덤. 수내미로 얻었다고 막 쓰지 말고 애끼 써래이. 물건을 마이 팔아주이 이건 수내미로 주는 거시더.
수널 명 버선의 부리에서 코까지 이어진 부분. 수널이 적당해야 발이 편하제.
수달그다 형 귀찮다. 야는 자꾸 수달근 일만 부탁하노.
수달시럽다 형 괴덕스럽다. 여자가 말이 하도 수달시러워 사람들이 싫어한대이. / 수다시럽다. 수다스럽다.
수답다 형 쓸데없이 말수가 많은 데가 있다. 말이 얼매나 많은 동. 참 수답대이.
수대 명 되. 그 집은 인심이 좋아 곡석 수대를 후하게 재지럴. / 디배기.
수대 명 모판에서 작물에 물을 주는 철로 만든 주전자처럼 생긴 것. 수대로 고추에 물을 준다.
수둥다리 명 수중다리.
수레기 명 짚이나 수수 등의 열매가 달린 부분. 짚수레기쪽 말고 짚똥뚜바리를 잡아 날에 걸어.
수레기 명 짚이나 수수 등의 열매가 달린 부분. 먼저 나는 순. 짚수레기쪽 말고 짚똥뚜바리를 잡아 날에 걸어. 짚수레기에 달린 거 잘 보고 날라라. 올해는 수꾸를 보이 수레기에 열매가 마이 달렸네. 상추 꽃 피기 전에 수네기 다 짤라 가지고 쌈 싸 먹그러 짤라라.
수루매 명 오징어. 수루매 구워 먹는다.
수리 명 고명. 떡국에다가 개랄수리 얹지라.
수리딸 명 수리딸기. 봄에 얼라들이사 수리딸도 따먹고 오디도 따가 먹고 댕기제.
수리저끔 명 수수께끼. 할메요. 수리저끔 한번 맞차 볼라이꺼?
수리하다 동 매무시하다. 말끔히 수리한 차림.
수뭏다 동 심다. 나무 수뭏고 물을 마이 줘야 된대이.
수배리당하다 동 물귀신에게 해를 입다. 바다에 가가 수배리당하이 정신이 없더.
수베기 명 삼세기. 수베기가 못생겼지마는 탕을 끓여 먹으면 맛이 좋지럴.

수부 몡 수렁. 밭 갈고 오다가 수부에 빠져서 혼났네.
수부 몡 수렁. 수부에서 건져 내다.
수상바르다 혱 수상스럽다. 영 니가 오늘은 하는 짓이 수상바르고 요상하대이.
수세뭉티 몡 모양새가 헝클어져 아주 엉망인 것. 머리는 수세뭉티를 해 갖고 누 있는 것 좀 봐라.
수세방티 몡 정리되지 않은 어설픈 상태. 머리가 수세방티로 그게 뭐로.
수수노치 몡 수수 가루를 반죽하여 팥소를 넣어 번철에 구운 떡. 입도 궁궁하이 수수노치나 한번 해 먹으씨더.
수수대비 몡 수수깡. 거랑서 동동이낚시 할 때사 수수대비를 달고 하니더.
수수불하다 혱 수더분하다. 그집 여식아는 얼매나 음전코 수수불한 동 참 참 하디더.
수수차노치 몡 수수 가루를 반죽하여 팥소를 넣어 번철에 구운 떡. 수꾸쌀도 있으이 수수차노치라도 해 먹으씨더.
수수찰꾸비 몡 수수 가루로 구운 부침개. 수수찰꾸비에 탁배기 한그릇 먹으면 좋지러.
수시껀 핌 오랫동안. 수시껀 일을 하다.
수시때이 몡 수수깡. 옛날에는 풍년지라고 수시때이 껍디 까서 보리 맨들고 콩 맨들고 거름에다 놓고 도루께로 타작하는 행사를 했다.
수씨때 몡 세숫대야. 옛날에는 수씨때에 물 받아 놓고 세수했지럴. / 수시때. 쉬때. 싯대야. 싯대.
수안 핌 더할 수 없이 심하게. 아주. 아가 형한테 덤비는 거 보이 수안 마했네. 오늘은 수안 덥데이. 일이 수안 힘들어가 밥 일찍 먹고 쉬야 될다.
수옹 몡 두멍. 얼라들이 장난하다가 수옹을 깨가 큰일 났니더.
수이대 몡 세숫대야. 얼라 씻기거러 수이대에 뜨신물 쫌 담아 오거래이.
수재 몡 수세미. 수재 갖고 냄비를 빡빡 문지르만 때가 나갈기다.
수재재깐 몡 수수께끼. 아까 까짐 해도 수재재깐 놀이 한다꼬 한방 앉았디만 아:들이 다 어데 갔노.
수적거리다 혱 숙덕거리다. 남들이 수적거리는 거 보고 기분 안 상할 사람이 있나.

수제나무 몡 수세미외. 이전에사 수네자무 열매 따가 속 글거가 수세미로 썼지러.

수제사 몡 기우제. 수제사를 지내다.

수지 몡 만물. 곡석도 수지 떠 놓고 조래이. 수지는 남주지 말고 나또라.

수지깨이 몡 수수깡. 수지깨이 놀이하다가 마이 다치고 했어.

수채구여 몡 수챗구멍. 수채구여에 내미가 디게 나니대이.

수키이다 뎅 쏘이다. 수키인 듯 아프다.

수틀 몡 숫돌. 정지 칼이 잘 안 들면 수틀에 갈아 써야제. / 셋돌. 수똘. 시똘.

수틔 몡 단지. 김장해서 수틔에 넣어 땅에 묻으면 맛이 좋지럴. / 푼지. 도가지. 도무. 옹구.

수항 몡 변소. 수항을 치다.

수헗다 혱 수월하다. 일이 수헗지 않다.

숙매기 몡 숙맥불변. 가가 알라 때는 숙매기 같뜨만 크이 저래 말을 잘한대이. / 맨자구. 맨재기.

숙어들다 됭 수그러들다. 기세가 숙어들지 않는다.

숙종새 몡 맷수쇠. 망돌에 숙종새가 빠져가 돌지를 않애.

숙주 몡 김치의 소로 넣을 음식 재료. 숙주를 잘 버무려야 짐치가 색이 곱니더.

숙지기 몡 먹고 자면서 일을 돌봐 주는 사람. 서원이나 재사에는 숙지기가 있어가 잡일을 하니더.

숙지막하다 혱 어떤 현상이나 기세 등이 잠잠하다. 인지는 불길이 좀 숙지막해 졌니더.

숙지우다 됭 누그러뜨리다. 속상하드라도 어예든동 맴을 숙지우소.

순 몡 넝쿨. 수박은 순이 잘 뻗어 나가그러 띄엄띄엄 숭거래이. 호박 순을 나 뒀디만 밭을 다 덮었니더.

순태기 몡 아가미. 물고기가 순태기로 숨을 쉬다.

술래 몡 그네. / 군디. 거니. 굴레. 궁구. 춘천. 취천.

술막지 몡 지게미. 술막지를 먹다.

술메기 囤 잉엇과의 민물고기. 술메기로 탕 낋이가 술 한잔 먹으씨더.

술무시 囝 슬며시. 앉았다가 술무시 나간다.

술술하다 囹 까다롭지 않다. 그 양반은 술술해서 사람 좋기로 소문이 자자해. 술술하게 해 줘서 일이 잘 됐니더. 사람이 얼매나 술술한지 몰라. 자는 까다롭잖고 술술하다.

술술하다 囹 까다롭지 않다. 그 양반은 술술해서 사람 좋기로 소문이 자자해. 술술하게 해 줘서 일이 잘 됐니더.

술어마이 囝 술어미. 술어마이가 술을 팔다.

술차게 囝 술을 뜨는 그릇. 접시와 비슷하고 한쪽에 귀때가 붙어 있다. 술차게로 술을 뜨다.

술태배기 囝 술고래. 그 술태배기는 술 한 섬을 지고는 몬 가도 묵고는 간다.

숨궇다 囹 심다. 낼은 아제네 고치 숨궇는다카디더.

숨골 囝 숨구멍. 개울물이 꽁꽁 얼어도 숨골이 있으니 조심해야 된대이. / 숨구영.

숨궇다 囹 숨기다. 물건을 숨궇다.

숨질 囝 숨결. 숨질을 느끼다.

숨쿠다 囹 숨기다. / 간직다. 가직다. 꿈치다.

숫답하다 囹 성격이 털털하다. 사람이 숫답하이 성격 좋아 비네. 그 사람 참 숫답하고 좋지 왜. 그 사람은 숫답해서 이야기 하기가 편할기라.

숫답하다 囹 수더분하다. 사람이 숫답하이 성격 좋아 비네.

숫돌 囝 맷돌. 두부 맹글 때 콩 불카가 숫돌에 갈아 삶았니더. / 매.

숫뚜 囝 숯. 여름에 마다에 숫뚜 피워 가 괴기 구 먹으면 그 맛이 아주 좋지럴. / 수껑. 수때이. 수띵이. 수띠이. 수꺼멍.

숭구우다 囹 심다. 초목의 뿌리나 씨앗 따위를 흙 속에 묻다. 나무를 숭구오다.

숭글숭글하다 囹 벌레같은 것이 살갗에 붙어 기어가는 느낌이 있다. 등에 뭐 있나 왜 이꼬 숭글숭글하노.

숭기다 囹 심기다. 밭에 고추가 참 잘 숭겨졌대이.

숭냥 囝 숭늉. 가마솥에 밥 푸고 나서 물 부어 숭냥 끓여 먹으먼 구수하고 시원하지러. / 숭냉.

숭새숭새하다 통 남의 뒷말을 하다. 귀가 간지러운 거 보이 누가 내 숭새숭새 하는 모양이다. 남 없는데 숭새숭새 고마 하고 가시더.

숭숭하다 형 흉흉하다. 숭숭한 소문.

숭시럽다 형 징그럽다. 보거나 만지기에 소름이 끼칠 정도로 흉하거나 끔찍하다. 벌거지는 숭시러버서이 만지지도 못 해.

숭태기 명 과일이나 옥수수 등 살을 베어먹고 남은 속심. 강낭 숭태기는 한테 모아놨다가 소 줘라.

숯굴 명 숯가마. 숯굴에 숯 구워 낸 뒤 드가가 땀내면 씨원한 기 좋지럴. / 숯구디이.

쉐이 명 송이. 꽃, 열매, 눈 따위가 따로따로 다른 꼭지에 달린 한 덩이. 포도가 쉐이가 굵다.

쉬 명 소. 쉬가 좋아야 활을 맨들어도 튼튼하제.

쉬똥 명 쇠딱지. 쟈가 마이 아파가 안 씻었더니 머리에 쇠딱지가 붙었대이.

쉬똥솟숨 명 반딧불이. 여름밤에 쉬똥솟숨 잡아가 병에 너가 놀았디래. / 반디. 개똥벌기. 소똥벌기. 태태벌기.

쉬파랭이 명 쉬파리. 어데 짐승이 죽었는지 쉬파리가 떼로 댕기노.

쉰바리 명 노래기. 축축한 음지에 쉰바리가 마이 다닌대이. / 놀래기. 노린재. 노랑각시. 노래각시. 문딩이.

쉿바람 명 휘파람. 밤에 쉿바람 불면 뱀 나온대이. / 힛바람.

스랑 명 쇠스랑. 가서 스랑 좀 가져 온나.

스러 조 -에서. 서울스러 출발하다.

슬그푸다 형 슬프다. 뭐가 그래 슬그푼 동 저래 계속 운대이.

습논 명 고래논. 우리는 습논이래서 물걱정은 없니더.

승당 명 신중. 승당이 독경하는 소리가 얼매나 듣기 좋은동 몰따. / 싱다니. 싱각시. 싱당이.

시 명 금. 접거나 긋거나 한 자국 / 시를 긋다.

시 명 형. 시야, 내랑 핵교 같이 가자. / 히. 헤이. 히야. 시야. 세이. 세이야. 성. 헝.

시가리 ⓑ 서캐. 이의 알. 시가리를 잡다.
시건시건하다 ⓗ 시원시원하다. 성격도 시건시건하이 사람 좋으네.
시구차다 ⓗ 엄청나다. 이쿠 시구차게 큰 거는 첨 본다. 시구차게 먹는 거 보이 배가 시기 고팠는가부지.
시금장 ⓑ 보리등겨를 띄운 뒤 콩물을 부어 만든 된장. 보리등겨 띄와가 만든 시금장은 맛이 좀 시큼하니더.
시금초 ⓑ 시금치. 시금치 데쳐가 딘장에 무쳐 먹으먼 구수하고 향긋하니 맛있제.
시기 ⓕ 세게. 심하게. 굉장히. 시기 뭐라했으이 이젠 잘 할거라. 시기 먹네.
시기다 ⓣ 속이다. 어린 아가 어른을 시기면 못쓴대이.
시껍하다 ⓥ 혼나다. 광에 불이 나가 불 끈다고 시껍했니더.
시꾸무리하다 ⓥ 비가 오기 직전의 날치로, 갑자기 날이 어두워지는 상태를 말한다. 날이 시꾸무리해지는 걸 보이 비가 마이 올다. / 희끄무레하다.
시끄떼 ⓑ 밥뚜껑. 아부지는 노상 시끄떼에 술을 부가 마셨니더.
시끌 ⓑ 지붕이 도리 밖으로 내민 부분. 비가 마이 와서 남의 집 시끌 밑에서 비를 피하고 왔지.
시끼저름 ⓑ 수수께끼. 겨울게 아들이 방안에서 놀 적에 시끼저름 마이 내고 놀았제. / 수수저끔. 수리치기.
시낭꼬낭하다 ⓥ 병이 들어 시름시름 앓다. 어른이 저래 오래 시낭꼬낭하이 집안이 편치가 않니더.
시내풀이 ⓑ 심심풀이. 이래 노인정서 시내풀이로 이야기나 하고 노니더.
시넝거무 ⓑ 그리마. 방구석에 시넝거무가 기간대이.
시네이 ⓑ 씀바귀. 시네이 캐러가자.
시누부 ⓑ 시누이. 저 집 시누부 올케가 잘 지내는 거 보먼 참 보기 좋대이. / 액씨. 시누.
시는떡 ⓑ 여름에 먹는 떡의 하나. 시는떡은 오래 놔뚜면 상해가 못먹는대이.
시늠시늠 ⓕ 쉬엄쉬엄. 시늠시늠 걷다.
시다 ⓥ 쓰다. 봄에 모 심글 때 일꾼을 좀 시야 될씨더.

시다루다 퉁 남을 조롱하며 성가시게 하다. 사람이 순하다고 마구 시다루고하
며는 안되느니래이.

시다루다 퉁 조롱하다. 귀찮고 성가시게 하다. 시다루다는 거는 남 놀리민서
몬 살게 귀찮게 하는거래.

시다리 명 어떤 일을 질질 끌어 서로 밀고 당기는 지루한 실랑이. 시다리 고만
하고 이제 가시더.

시다이 튀 심히. 무다이 술로 시다이 먹고 댕기노.

시달키다 퉁 시달리다. 일에 시달켜서 병이 나다.

시대로 튀 순리대로. 시대로 좀 서 있어라. 사람이 시대로 살아야지 욕심을 부
리만 안돼. 시대로 일을 처리해야지 억지로 하면 될 일도 안 된다. 길 갈 때
도 시대로 가지 왜 복판으로 가노.

시대리미 명 시아주비. 시집와가 시대리미를 둘이나 키웠지럴.

-시더 어 -ㅂ시다. 함께 가시더.

시돗소님 명 천연두. 친청 아지매는 시돗소님을 앓아가 얼굴이 곰보가 됐어. /
손님. 병. 꽃. 대역. 나그내. 마누라. 별성. 비슬. 손. 시두. 얼국배기. 유구.
작은님. 지두술. 한굿. 한축.

시똥 명 어린시절 머리 밑에 끼는 때. 얼라 머리를 자주 안감기면 시똥 쓴다.

시뚜루미 명 물건을 담아 들거나 어깨에 메고 다닐 수 있도록 만든 그릇. 감자 캐
가 시뚜루미에 담으소.

시띠기 명 숙새. 시따기를 베다.

시라이 명 쇠스랑. 시라이 들고 거름 내러 가자.

시락죽 명 시래기죽. 없이 살 때 시락죽 먹었지.

시렁거미 명 그리마. 시렁거미가 기어가다.

시루다 퉁 겨루다. 소싸움할 때 소가 서로 힘을 시루는 거 보만 손에 땀이 나
지럴. / 저눈다.

시루다 퉁 켕기다. 연 날릴 때 연줄이 시루지 않그러 날려야 된대이.

시루뽄 명 시루밑. 시루뽄을 붙여야 떡이 잘된다.

시룻몸 명 시룻번. 시룻몸을 아해 가지고 짐이 다 나가만 떡이 어예 되노.

시룿다 图 물건을 한 쪽으로 밀어 놓다. 이 짝에 있는 거 모도 절로 시룿고 가 온 거 재소.

시름 图 결실. 시름을 거두다.

시리다 图 세다. 돈이 맞는동 잘 시리봐야 된대이. / 시알리다. 시아리다. 히알리다. 히아리다. 히다.

시막지다 图 대단하다. 그꼬 힘들다카는 시험에 합격한 거 보이 시막지네.

시무거리 图 호미씻이. 동네 시무거리로 한다꼬 모도 모였디더. / 나다리. 마당떼기. 망울지섬. 품꾼먹이. 초연. 초염먹다. 초염먹이. 푸꾸. 푸꾸래. 풀꾸. 함추. 꼼비먹다. 서리치묵다. 솜모둠먹다. 푸꾸먹다. 푸굿먹는다. 푸꾸매기하다. 초염먹다. 히추먹다. 히추하다.

시물 图 살갗에서 저절로 일어나는 꺼풀. 볕에 하도 타가 시물이 다 벳겨지니더.

시미기 图 꼴. 어릴 때 시미기 베기 싫어 소 몰고 들로 나 댕겼지. / 소머기. 소메기.

시북 图 수렁. 시북에 빠져가 발 다 비맀디너. / 수뱅이. 수비. 해초. 허푸.

시불 图 시울. 입시불에 침이나 바르고 거짓말 해라. 하도 울어가 시불이 퉁퉁 부웄니더.

시새 图 샘. 집집마다 둘째가 시새가 심하지럴.

시새노 图 아주 가느다란 노끈. 시새노를 꼬다.

시세하다 图 시샘하다. 시세하는 마음.

시슨대다 图 자꾸 맞닿아 마찰이 일어나면서 표면이 닳거나 해어지거나 벗어지거나 하다. 성가시게 달라 붙다. 자꾸 시슨대더니만 결국에는 떨어졌네. 귀찮게 시슨대지말고 시대로 좀 있어라.

시시럽잖다 图 수다스럽다. 시시럽잖게 왠 말이 그리도 많노. 한 번 말 했으면 됐지 시시럽잖게 그노.

시시름 图 가끔. 몸이 시시름 아프다.

시시름가다 图 가끔가다. 시시름가다 화를 내다.

시시마끔 图 각자. 시시마끔 가지고 가거라.

시아리다 图 세다. 추수한 쌀가마를 시아리고 있니더. / 시알리다. 히알리다.

히아리다. 히다. 시리다.

시아바이 [명] 시아버지. 시아바이를 모시다.

시아시 [명] 쑥갓. 쌈 쌀 때 시아시 한번 같이 싸 봐라. 향기하지.

시양없다 [형] 하염없다. 가는 저래 시양없이 앉아가 저거 아부지 기다리고 있니더.

시어마씨 [명] 시어머니. 시어마씨 성질이 대단해가 시집살이 좀 할기다. / 시어마시.

시어멍이 [명] 시어머니. 시어멍이께서 부르시다.

시염시럽다 [형] 소름이 끼칠 정도로 무섭고 징그럽다. 내사 그 때만 생각하며는 시염시럽 마음이 편치 않애.

-시이꺼 [어] -ㅂ니까. 밤새 안녕하시이껴.

시이다 [동] 빨다. 옷을 시이다.

시이다 [동] 씻다. 사람이 몸을 너무 자주 시여도 좋지가 않애.

시저꿈 [부] 제각기. 시저꿈 밥을 먹다.

시적하다 [형] 먹는 것이나 일 따위에 관심이 없는 모양새를 말한다. 어예 일하는 기 시적하노.

시접 [명] 시집. 옛날에 신랑 얼굴도 못 보고 시접왔지.

시제마끔 [부] 제각기. 시제마끔 한 마디씩 하면 논의가 안되니더.

시주 [명] 소주. 옛날에는 소주도 집에서 고리 걸어가 다 받아 먹었지. / 세주. 새주. 쇠주. 쎄주. 씨주. 쌔주.

시주구리하다 [형] 음식이 쉬기 바로 전의 상태이다. 팥죽이 시주구리해서 못 먹을다.

시착귀 [명] 꿩을 잡기 위해 쇠로 만든 덫. 산에 가며는 시착귀로 조심하거래이.

시통 [명] 소나 말 따위의 가축들에게 먹이를 담아 주는 그릇. 소죽끓인 거는 시통에 좀 갖다 조라.

시푸다 [형] 시시하다. 날 시푸게 보나. 대단하다 그디 시푸네.

시푸하다 [형] 만족스럽거나 탐탁치 않다. 오늘 일은 우쩐지 좀 시푸하대이.

식그때이 [명] 밥뚜껑. 밥푸고 식그때이 덮어라.

식기뚱 🅂 주발 뚜껑. 주발뚜껑을 식기뚱이라고 해.

식쿻다 🅂 식히다. 방 식쿻지 말고 이불 잘 피 나라.

식티이 🅂 밥을 많이 먹는 사람을 놀림조로 이르는 말. 식티이 그치 밥만 먹고 일은 안하나.

식해물 🅂 젓국. 식해물이 지게 찐한게 양을 잘 조절하소.

식혜덤불 🅂 환삼덩굴. 닷새만 밭에 안오이 식혜덤불이 온 둑에 매란이 없대이.

식홓다 🅂 식히다. 뜨거운 물을 식홓다.

쉬다 🅂 씻다. 옛날에사 날 좋을 때 거랑에서 빨래 쉬고 그랬니더.

신각시 🅂 비구니. 신각시가 탁발을 하다.

신간하다 🅂 말다툼하다. 친구 사이에 신간하지 마라.

신개이 🅂 섶. 장마에 고추 넘어지지 않거러 신개이 세워야 된대이. / 접. 집. 골주.

신거름 🅂 가을에 논에 넣는 거름. 춥기 전에 신거름 내야지.

신거무 🅂 멍. 신거무가 들다.

신끈 🅂 들메끈. 먼 길 갈라카먼 신끈을 단디 매야 한 대이.

신날거리 🅂 낟알이 작은 그루팥. 밭에 신날거리를 돼지가 다 밟아가 못쓰게 됐대이.

신냉이 🅂 씀바귀. 날이 풀렸다 싶디이 자아 가보이 하마 신냉이가 나왔대. 양지짜는 하마 신냉이가 올라오디더.

신너벅지 🅂 넓적다리. 산떠배이 올라갔다 왔더니 신너벅지가 마이 땡기네. / 너붕치. 넙떡지. 신다리. 허벅지. 옹다리.

신당이 🅂 비구니. 신당이가 경을 외우다.

신대끈 🅂 쇠꼬리. 비틀 하려면 신대끈을 잘 당기가 해야 된대이.

신더벅지 🅂 넓적다리. 신더벅지에 살이 찌다.

신둥거리다 🅂 심통을 부리다. 고만 신둥거리고 이리 와 밥 머어라. 벨 것도 아인데 신둥거리고 있노.

신둥건둥 🅂 건성건성. 신둥건둥 일하다.

신원곡 🅂 토롱을 쌓은 후 우는 울음. 신원곡을 하다.

신재이 몡 신발을 파는 사람. 신재이가 신발을 팔다.

신져 몡 왕겨. 나락 찧고 나면 잊었뿌지마고 신져도 담아 온나.

신져 몡 왕겨. 불 지피는 데 신져 좀 너라. 벼 찧고 나면 신져도 담아 온나.

신지밥 몡 제사를 지내고 먹는 밥. 신지밥을 먹다.

신찮다 몡 좋지않다. 선하지않다. 손님이 온다는데 반찬이 신찮애서 어예노?

실가매 몡 얼레. 겨울게 실가매에 실을 감아가 연날리기 했지럴. / 실강개. 연강개. 자새. 도레. 실가매. 실패꾸리.

실게미 몡 쓰레기. 비가 마이 와가 강에 실게미가 마이 떠내려왔대이.

실게이 몡 살쾡이. 실게이가 닭을 물고 갔다.

실고리 몡 미꾸라지. 반두로 실고리를 잡았다.

실구미 몡 슬며시. 실구미 나갔나보네.

실굼 몡 씨름. 단옷날이 되만 남자들 실굼하는 거 구경했지러. / 시럼. 시름.

실궇다 몡 경쟁하다. 퇴비 많이 하는 것을 저 마을과 우리 마을이 실궇다.

실그마이 몡 남이 알아차리지 못하게 살며시. 그 있디이 실그마이 나갔대. 이야기하는데 실그마이 일어서 나갔다.

실긋이 몡 슬그머니. 실긋이 문 열고 드와 보이 집에 아무도 없으이 마카 다 훔치갖다카대.

실레끼 몡 실처럼 굵기가 아주 가는 것. 파가 실레끼그치 가늘기도. 고구마는 옳은 기 한 개도 없고 마카 실레끼그튼 것만 수북이 있노.

실리이다 몡 실리다. 수레에 짐을 실리이다.

실리이다 몡 쏠리다. 물건이 한쪽으로 실리이다.

실몽구리 몡 실꾸리. 실몽당이. 이불 다 꾸맸으만 바늘 실몽구리에 꼬자놔라.

실배꽃 몡 개벚나무. 실배꽃에 버찌 딴다고 동네 아덜이 모도 모였대이.

실배나무 몡 아그배나무. 실배나무가 꽃이 이뻐가 마당에 심갔니더.

실배미 몡 슬그머니. 같이 있다가 남들 몰래 실배미 빠진다. 그래 놀다 실배미 가면 우예노?

실버하다 몡 싫어하다. 사람 실버하는 거는 암만 고칠라 해도 안돼.

실빵구리 몡 실꾸리. 바느질할 때 실빵구리를 잘 맨들어 놓으먼 실 쓰기가 쉽지럴. / 꾸리. 실꾸리. 실몽당이. 실뭉테기.

실쭉하다 [형] 배가 비어서 허기지다. 배가 실쭉한 기 배고픈기래. 그꼬 먹고도 금방 배가 실쭉한 거 보이 뱃속에 걸배이 들어 앉았나. 배가 실쭉해서 뭐 먹을 거 없나 봤다. 점심때가 되이 배가 실쭉하이 고프다.

실채다 [동] 스치다. 손 빈 데는 살째기 실채도 마이 아프대이.

실키다 [동] 실리다. 트럭에 짐을 실키다.

실파람 [명] 실. 짧은 실. 실파람 좀 띠 온나. 이불 꾸매그러 실파람 좀 띠 다고.

심 [명] 수염. 옛날 어른들이사 다 심을 길렀지럴. / 쌔미. 셤. 시엄. 심지. 새염.

심궇다 [동] 심다. 고추를 심궇다.

-심다 [어] -ㅂ니다. 기분이 매우 좋심다.

심많다 [형] 조심스럽다. 말을 할라그이 심많애서 못 할다.

심베 [명] 가시랭이. 나락을 줆어 졌디만 목에 심베가 긁혀가 디게 씨라린대이.

심베 [명] 성숙한 남자의 입 주변이나 턱 또는 뺨에 나는 털. 면도를 아했디만 심베가 마이 자랐니더.

심술놀다 [형] 심술부리다. 고무줄 놀이하는데 고무줄 끊고 가는 걸 보고 심술 놀는 거라 그래.

심장구 [명] 멍. 뜀박질하다 넘어져가 다리에 심장구가 들었대이. / 멍당구. 멍에. 멍울. 멍장구. 잉얼. 푸렁물.

심청놓다 [동] 심술부리다. 공신이 심청놓다.

심청시럽다 [형] 심술궂다. 심청시럽그러 그걸 혼자 다 먹나. 시청시라서 남 잘되는 꼴을 못 보잖나.

십세다 [형] 자고 일어나서 입맛이 없는 것을 말함. 야는 금방 일라놓고 십세지도 않나 저꾸 잘 먹네.

-십시더 [어] -ㅂ시다. 밤도 늦었는데 살펴 가입시더.

십자 [명] 바닥에 십자(十字) 모양의 금을 그어 놓고 편을 나누어 서로 잡으면서 노는 놀이. 아들이 십자 하고 논다.

싱 [명] 무 따위의 뿌리 속에 섞인 질긴 줄기. 올해 무꾸가 싱이 얼매나 마이 베긴는동 몰씨더.

싱가이하다 동 다투다. 형제끼리 싱가이하다.
싱거름 명 풀이나 겨, 재, 그을음 따위에다 인분을 부어 썩힌 거름. 봄에 밭에 뿌릴라꼬 싱거름을 마이 만들어 놨니더.
싱고이 부 기어이. 그냥 기시라캐도 싱고이 가신다카는데 말릴 수가 있어야지. 싱고이 가나.
싱기 명 제사. 싱기를 지내다.
싱당이 명 여승. 싱당이들만 사는 절이 따로 있대이. / 싱각시. 승당. 싱다니.
싱미기나무 명 떡갈나무. 싱미기나무한테 가가 꿀밤 주가 오시소.
싱핀 명 송편. 싱핀을 이쁘게 빚어야 이쁜 딸을 낳는다고 카더라.
싸궇다 동 동등한 대가를 갚다. 이걸로 너와 나는 싸궇다.
싸그리하다 형 쌉쌀하다. 돌가지가 싸그리하네.
싸근하다 형 쓴맛이 조금 있다. 꼬들치를 넣디만 싸근하네. 도라지를 우예 무쳤는동 싸근하네. 나물에 싸근한 맛을 없앨라만 매 삶아 돼.
싸근하다 형 쓴맛이 조금 있다. 꼬들치를 넣디만 싸근하네.
싸다 동 쏘다. 아랫마을 황 포수가 총을 억수로 잘 쌌지러. / 쑤다.
싸다다 형 재빠르다. 손이 싸다다.
싸답다 형 재빠르다. 말이 헤프다. 정리하는 거 보이 엉가이 손이 싸답네. 입이 그래 싸답아서 우예노. 말 조심 좀 해라.
싸라치 명 겉언치. 소 부릴 때 싸라치를 붙여 올리고 물건을 신재. / 언치.
싸래다 동 썰다. 장에다가 무꾸 싸래 너라.
싸리 명 갈대. 옛날에사 싸리로 빗자루 맹글어 썼제. / 새. 쌔.
싸리 명 싸라기. 날이 을씨한 게가 싸리가 올따.
싸리다 동 썰다. 건진국시는 가늘게 싸리야 된다. 채 싸리다 손 비뿌다.
싸리바구리 명 싸리로 엮은 바구니. 싸리바구리를 엮어 놨디만 그단새 멀 담는다고 갖고 갔나.
싸리버치 명 싸리버섯. 우리사 집에서 싸리버치를 내가 먹니더.
싸리산치 명 싸리나무로 엮은 삼태기. 걸금 내거러 싸리산치로 들고 나오니래이.
싸리하다 형 배가 살살 아프다. 뭘 잘 못 먹었는동 아까부터 배가 싸리하네.

싼대기 圄 상판대기. 싼대기를 때리다.
싼지스럽다 圄 성격이 사납고 뻔뻔하다. 그 사람은 참 싼지스럽다.
쌀도배기 圄 되. 저 쌀집이 쌀도배기가 후하니더. / 도배기. 두배기. 뒤.
쌀래끼 圄 쌀알. 쌀래끼 하나라도 아껴야 된대이. / 쌀낟.
쌀배기 圄 쌀을 씻는 그릇. 쌀배기에 쌀 좀 가 온나.
쌀벌게이 圄 쌀벌레. 쌀벌게이가 일다.
쌀자리 圄 삿자리. 쌀자리를 깔다.
쌀쟁이 圄 쌀장수. 요새 쌀쟁이들은 나락 베면 다 가져가서 재놓고 쪄달라고 하면 쪄주기도 하니더.
쌈 圄 제삿상에 올리는 생김. 불천위제사에사 쌈도 올리니더.
쌈배추 圄 쌈을 싸먹거나 겉절이로 이용되는 노란색의 작은 배추. 여름에 입맛 없을 적에 조밥해가 딘장에 쌈배추 해가 먹으면 디게 맛있대이.
쌈쌈이 圄 땀땀이. 옛날에사 어매가 쌈쌈이 바느질을 해가 옷을 만들어 줬니더.
쌈장 圄 쇠덕석. 날도 찬데 소마구에 짚 깔아 놓고 쌈장 덮어라.
쌉싸그리하다 圄 쌉싸래하다. 칠기사 씹으만 디게 쌉싸그리해가 먹기가 덜 좋애.
쌍그네 圄 두 마리가 붙어 다니는 메뚜기. 가을 되며는 들에 천지로 쌍그네가 난대이.
쌍그랑길 圄 쌍갈랫길. 쌍그랑길에서 오른짝으로 들어와야 이 동네로 들어오니더.
쌍누이 圄 쌍고치. 누에 믹일 때 쌍누이가 생기만 수입이 안되니더.
쌍다지 圄 미닫이. 쌍다지를 열 때 손 찡기지 않게 조심해래이. / 밀창. 밀챙. 열창.
쌍뒤 圄 쌍둥이. 쌍뒤가 생긴 것도 하는 짓도 희한하게 같대이. / 사도이. 쌍댕이.
쌍디 圄 무리고치. 누에가 쌍디가 되만 실이 깨끗지를 모하니더.
쌍말 圄 사투리. 할매들이사 쌍말이 디게 심하지 않니껴.
쌍윷 圄 쌍륙. 전에사 모이면 쌍윷도 하고 공개도 하고 했니더.
쌔꽂 圄 쇠꼬챙이. 누가 쌔꽂을 여다 꼽아놨노. 퍼뜩 뽑아 치아라. 쌔꽂이 티나갖고 끝쳤다.

쌔리 ⓟ 몹시 세차게. 고마 쌔리 패이 말리는 사람도 정신이 한 개도 없대.

쌔리하다 ⓗ 매운 음식을 먹어 속이 톡 쏘는 듯한 느낌을 표현. 고추가 얼매나 매운동 속이 쌔리하네.

써구새 ⓝ 씀바귀. 써구새로 짠지할 때 물에 담가가 쓴 맛을 우려내야 된대이. / 꼬들깨이. 사랑나물. 사랑우. 사랭이. 서부새. 속새. 신나물. 씨나물. 신냉이. 쏘구새. 쓴나물. 젓때.

써다 ⓥ 씻다. 어여 얼굴 써소.

써렛니 ⓝ 써렛발. 논이 얼매나 여문 동 써렛니가 마고 뿔대질라 카니더.

써리바꾸 ⓝ 써레의 몸통. 써리바꾸에 살을 단디 박아야 써리가 안 놀지러.

써리이 ⓝ 써렛발. 써리이를 박다.

써릿이 ⓝ 써렛발. 밭에 흙이 얼매나 야문동 써릿이가 다 뭉개졌대이.

썩 ⓟ 계속하여. 회사를 썩 다니다.

썩돌 ⓝ 푸석돌. 이 썩돌은 손만 대도 으러진대이. / 푸성가리.

썩뜨다 ⓥ 메주나 누룩 등이 음식에 사용하지 못할 정도로 너무 뜨다. 메주가 썩 떠가 장담글 일이 걱정이시더.

썩쿻다 ⓥ 씩히다. 거름을 잘 썩쿻어야 한다.

썰기 ⓝ 써래. 논에 썰기를 잘해야 모심기 편하다.

썰다 ⓥ 켜다. 옛날엔 도마다 나무 썰어 다 만들어 썼지럴. / 써다.

썻바알 ⓝ 혓바늘. 일이 딘동 썻바알이 다 돋았네.

썽기 ⓝ 서리. 썽기 내리기 전에 곡석 다 거둬야 된대이. / 서래.

-쎄 ⓔ -ㄹ세. 돈을 마이 벌어가 좋아했디만 깨보이 꿈이쎄. 이불 호청 뜯어 논 거 보이 이불 빨래 할 모야이쎄.

쎄기다 ⓥ 썩히다. 거름을 쎄긴다.

쎄기다 ⓥ 우기다. 그만 좀 쎄겨라.

쎄똥가리 ⓝ 써레. 논을 골글라카먼 써레질을 해야 된대이. / 가래. 써리.

쎄리다 ⓥ 빠르게 달리다. 차를 쎄렸다.

쎄빠지다 ⓗ 힘들게 고생하다. 쎄빠지도록 고생만 했다.

쎄알 몡 사례. 쎄알이 걸렸다.

쎄우다 동 우기다. 그만 좀 쎄워라.

쎅쿵다 동 삭히다. 콩잎을 된장에 그냥 넣어 쎅쿵지. 지 담을라카먼 장에다가 넣어 쎅쿵잖아. 쎅쿵는 걸 잘못 쎅쿠만 꼬까지끼고 안 좋아.

쎅쿵다 동 삭히다. 삭게 하다. 콩잎을 된장에 그냥 넣어 쎅쿵지.

쏘물다 혱 배다. 논에 모 심굴 때 너무 쏘물게 심그면 낭주에 병 나니더.

쏘시락거리다 동 쏘삭거리다. 불을 쏘시락거리다. 가마이 있는 사람을 와 쏘시락거려 화를 돋구노.

쏘우다 동 쌀알을 고명으로 하나씩 박다. 기름에 튀군 쌀 고걸 하나하나 쏘아가 해 놓으면 뭐 희한한게 곱재.

쐬다 동 잡아당기다. 옷을 그꼬 쐬면 옷 늘어난다.

쑤 몡 강변에 잡목이 자라 만들어진 숲. 쑤에서 천렵을 하다.

쑤다 동 쏘다. 사냥할 때 총 쑤고 할 때 조심해야 한데이. / 싸다.

쑤베이 몡 아이들 놀이의 하나. 아이들이 쑤베이를 하고 논다.

쑤캐다 동 쏘이다. 산소 풀 내릴 때 벌에 쑤캐지 않그러 조심하이소.

쑥구리이 몡 느릿느릿 하면서 게으름을 피우는 사람. 가는 쑥구리이같이 얼매나 일하기 싫어 하는동.

쑥베 몡 삼을 겉껍질 채로 째고 삼아서 짠 베. 쑥베는 삼 겉껍질을 안 베끼이 일하기가 좀 수원키럽.

쑥지막하다 혱 다소곳하다. 처자가 얼매나 쑥지막한동. 쑥지막하게 가마이 좀 있어라.

쑷굴이 몡 내숭쟁이. 쑷굴이 여자.

쓰레판 몡 쓰레받기. 방 쓸게 쓰레판 가져 온나.

쓴납 관 조금. 적은 정도나 분량. 국에 소금을 쓴납 넣다.

쓸개 상한다 혱 속이 상하다. 남한테 안 좋은 소리 들으만 쓸개 상하지.

씨 몡 쇠. 대장간에 가서 씨를 녹이고 뚜드레가 연장을 만들어 와야 될따.

씨가리 몡 서캐. 야 머리 긁는 거 보이 씨가리 있는 갑다. 씨가리 빗좀 가 온나.

씨갑 몡 씨앗. 봄이 되만 밭에 씨갑을 뿌리제.

씨갑 [명] 씨앗을 담아 보관하는 도구의 통칭. 어예든 동 씨갑 곡석은 절대 안 먹니더.

씨개다 [동] 시키다. 일을 고만 좀 씨개래이. / 시케다.

씨개이 [명] 서캐. 머리를 왜그리 긁노? 머리에 씨개이 있나.

씨굼하다 [형] 씁쓰레하다. 속새는 마이 씨굼하잖니껴. 씨굼한 걸 우예 저꼬 잘 먹노.

씨꾸리 [명] 씨올을 감아 놓은 뭉치. 북에다가 씨꾸리를 넣으소.

씨누 [명] 시누이. 손 아래 씨누와 잘 지내이 보기가 좋대이. / 액씨. 시누. 시누부.

–씨더 [어] -ㅂ니다. 내 말이 그 말이씨더. 소포가 왔다그래 가 보이 귤이씨더. / 시더.

씨덩거리 [명] 쇳덩이. 씨덩거리가 아무리 많아도 달거야 연장을 만들제. / 무씨. 쎗덩이. 세깔. 씻덩어리. 씨동개이.

씨둥기미 [명] 종다래끼. 씨둥기미를 만들다.

씨둥지리 [명] 종다래끼. 밭에 종자 파종할라믄 씨둥지리로 헐띠에 차야되지러.

씨뚜구미 [명] 씨를 담아 두는 것. 씨뚜구미에다 씨를 담아가 뿌리는 기래.

씨렁거 [명] 그리마. 장마가 되이 집이 눅눅해가 그런동 씨렁거가 기어 나온대이.

씨리 [부] 모조리. 사람들이 씨리 다 가뿐니더. / 마커. 모도. 예지리. 모지리.

씨선 [명] 현호색. 씨선을 캐다. 넘어가 다쳤을 때 씨선을 캐가 약으로 쓰면 낫지럴.

씨스럭하다 [동] 쓸데없이 말이 많다. 행동은 안하고 씨스럭하게 너불너불 지끼기만 하노. 대도 안한 말, 얼토당토 안한 말만 자꾸 지껄이는 걸 보고 씨스럭하다고 그래. 씨스럭한 소리 그만하고 일이나 해라.

씨스럭하다 [동] 쓸데없이 말이 많다. 행동은 안하고 씨스럭하게 너불너불 지끼기만 하노. / 씨쓰러카다.

씨슥배기 [명] 쓸데없는 말을 많이 하여 별로 신뢰하지 못할 사람. 씨슥배기그치 말만 하지 말고 행동으로 옮기 봐라.

씨슬거지 [명] 남은 찌꺼기. 밭에 씨슬거지 다 치와라. 배추 다듬고 나이 씨슬거지가 더 많네.

씨앗다 동 사람이나 짐승의 목숨을 앗다. 사람을 씨앗다.
씨익잖다 형 실속없다. 씨익잖게 맨날 남의 일만 도와주고 저 집일은 언제 할라카노.
씨장이 부 세지 않게. 씨장이 때리다.
씨죽잖다 형 마음에 들지 않거나 좋지 않다. 일돌아 가는 게 뭐가 또 맘에 안들어서 그래 씨죽잖게 서있노.
씨죽하다 형 마음에 들지 않거나 좋지 않다. 니한테는 겁시 나가 씨죽한 소리를 못할따.
씨크다 동 씻다. 얼라가 손도 씨크지 않애가 그쿠 더럽디더.
씬냉이 명 씀바귀. 반찬이 없으만 씬냉이로 짠지를 만들어 먹으만 좋니더.
씰게비 명 쓰레기. 집을 며칠 비웠다만 씰게비가 이래 쌓였대이.
씻부개 명 씨를 뿌릴 때 쓰는 작은 멱동구미. 씻부개를 메다.
아 부 용언 하다 앞에 붙어 부정이나 반대의 뜻을 나타내는 말. 일을 아 하다.
아 조 -에. 명절 장 보러 자아 가니더.
아가바 명 아가위. 체했을 때 아가바 먹으면 속이 내려간대이.
아감바지 명 아가미. 물고기가 아감바지로 숨을 쉰다.
아개 명 누나. 내 어릴 때 누나가 억수로 잘했 줬니더.
아구랑나무 명 꼬부러진 나무. 마당에 아구랑나무를 베다.
아구망대이 명 아맘. 아구망대이 좀 그만 부리리. 뙨 아:가 고집이 얼매나 씬동 몰다.
아구지 명 부리. 달기 아구지로 먹이를 쪼아 먹지럴. / 주디. 조디.
아구팅이 명 아가리. 아구팅이를 잘못 놀리만 패가망신한데이. / 아가리. 아가빠리. 아갈통. 아구. 아구창. 아구통. 아구투이. 악바리. 입사베기. 조디. 주디. 주대이. 주두바리.
아굼지 명 입. 고마 인제는 아굼지로 고마 다물지.
아기외 명 아그배. 아기외는 배 고프이 먹지 맛은 없지럴. / 똘배. 돌빼. 아가배. 아구. 알가부. 에기것. 찔구배.
아꾸래이 명 갈퀴. 타작하고 난 뒤 아꾸래이로 곡식을 모다 놔래이. / 까꾸리.

아다 图 -에다가. 집아다 물건을 숨기다.

아담시럽다 图 야무지다. 사람의 성질이나 행동, 생김새 따위가 빈틈이 없다. 맵고 짜고 솜씨 있는 게 아담시럽더래이. 그 집은 솜씨가 있어 뭘 해도 아담시리하지 왜.

아드로 图 -에서. 시장아드로 물건을 사다.

아들아 图 사내아이. 아들아는 장난이 심하다.

아랑개비 图 아지랑이. 봄이 되면 먼 산에 아랑개비가 피어오르면 온 몸이 나른해.

아래기 图 아랑. 소주 아래기 먹어도 취한대이.

아래기죽 图 아랑을 넣어 끓인 죽. 아래기죽을 끓이다.

아랫가리 图 가랑이. 아랫가리가 터지다.

아랫니지래이 图 아롱이다롱이. 도자기가 아래이지래이로 색깔이 나니더.

아롬하다 图 남의 말이나 행동을 우습게 여기다. 우리가 이래 없이 사이 니가 아롬한 동 말이 거치네.

아리삼삼하다 图 알쏭달쏭하다. 기억이 아리삼삼하다.

아릿무 图 아랫목. 거게 찬데 있지마고 여게 아릿무에 와가 앉으소.

아무다 图 아물다. 니는 그래 장난이 심해가 물팍에 상처가 아무지를 않노.

아무따나 閉 아무렇게. 아무따나 말한다고 맞는 말인 줄 아나.

아무리다 图 아물다. 상처가 아무리다.

아무리다 图 여미다. 옷깃을 아무리다.

아무우다 图 부수다. 담장을 아무우다.

아물따나 閉 함부로. 니 그래 아물따나 행동하다가는 한번 디게 당는대이.

아뭏다 图 아무리다. 잘에 곡석 너가 잘 아뭏고 묶어 놔래이.

아바이 图 아버지. 저녁 먹어야 되는데 느그 아바이가 어데 갔는동 아즉도 소식이 없대이. / 아바. 아바니. 아부지. 아베. 아뱀. 아배.

아밥띠끼 图 강아지풀. 아밥띠끼를 뽑다.

아방 图 아욱. 가을게 아방 뜯어가 덴장 넣고 국 끓이 먹으면 구수하고 참말 맛있제. / 아구. 아복. 아부지. 아북. 아웅.

아방시다 [형] 고소하다. 남 이야기하디 지도 안됐다매. 아방시나 그꼬 남 못살게 굴디 아방시다. 남 욕하디만 지도 일이 안 됐다매.

아방이 [명] 아버지. 아방이께서 외출하시다.

아뱀 [명] 시아버지. 어여 가가 아뱀 좀 오시라 하이소.

아버시 [명] 아버지. 아버시가 일을 하시다.

아베 [명] 아버지. 큰아베께서 아베를 부르신다.

아부랑세이 [명] 쌍으로 붙어 있는 메뚜기. 논나락에 천지로 아부랑세이가 붙어가 있디더.

아부작아부작 [부] 훌쩍훌쩍. 쟈가 왜 저래 아부작아부작 울고 있노.

아부지 [명] 아욱. 아욱 데쳐가 멜치 넣고 된장 끓이 먹으면 참 맛있지럴. / 아웅. 아방. 아북. 아복.

아부지다 [동] 앞세우다. 신랑 아부지고 가며는 혼차 가는 거보다사 편니더.

아뿔까 [감] 아뿔싸. 아뿔까, 이 일을 우예먼 좋노.

아사무사하다 [형] 기억이나 의식이 분명하지 못하고 조금 희미하다. 전에 갔던 길이 이 길이 맞는동 아사무사해가 찾지를 모할따.

아사주다 [동] 짐을 건네주다. 물건을 아사주다.

아삼부리하다 [형] 어렴풋하다. 아삼부리한 기억.

아서 [조] -에서. 집아서 쉬다.

아서러 [조] -에서. 집아서러 공부를 하다.

아서주다 [동] 남이 하는 작업을 곁에서 돕다. 일을 아서주다.

아시 [명] 애초. 아시로 그래 했으면 더 좋았을기다.

아시서답 [명] 애벌빨래. 아시서답을 하다.

아아 [명] 아이. 아아가 혼자서도 참 잘노니더. / 얼라.

아아바이 [명] 남편. 아아바이가 내몰라라하이 아가 그 모양이지. 아아바이는 어데 갔노? / 아애비.

아야 [부] 아예. 아무리 급해도 거짓부렁은 아야 하지 말거래이. / 아사리.

아옳다 [형] 측은하다. 나도 어린데 어매를 잃어가 참 아옳대이.

아웅 [명] 아욱. 아웅을 키우다.

아이 🎏 아직. 가는 핵교 마친 지가 언젠데 아이 안 오노.
아이 🎏 애벌. 아이일다했다.
아이논매기 🎏 초벌매기. 아이논매기를 잘 해 노먼 낭주에 농사 짓기 편하지러. / 아시매기.
아이따나 🎏 아직. 아이따나 거서 뭐하고 있노. 퍼뜩 집에 가라.
아이불 🎏 애벌. 나물 아이불 씨냈네. 아이불 먹이기는 해도 배가 고플건데.
아잃다 🎏 애처롭다. 마음이 아잃다.
아재 🎏 당숙이상의 친족을 부르는 말. 아재가 다녀가셨다.
아재앰 🎏 아주버님. 아재앰께서 오시다.
아잼 🎏 항렬은 숙항이지만 나이가 10살 이상 적을 때.
아적노우리 🎏 아침노을. 아침 하늘이 햇살로 벌겋게 보이는 현상. 아적노우리가 지다.
아점마 🎏 아주머니. 그 가게 아점마사 아주 인정시럽지럴. / 아점마. 아지매. 아지마이. 아주매. 아줌씨. 아주마이. 아지마시. 아주매.
아줌 🎏 아주버님. 아줌을 만나다.
아즉 🎏 아침. 먼 길 갈라카먼 아즉 일찍 일어나야 된대이. / 아칙. 아참.
아지라미 🎏 아지랑이. 아지라미가 피어오르다.
아지매 🎏 숙모. 아지매가 고추 한푸대 갖고가라 했니더.
아지맴 🎏 아주머니. 아지맴이 집에 오시다.
아지방하다 🎏 흐리멍덩하다. 하는 일이 분명하지 않고 아지방하노.
아직나구리 🎏 아침노을. 아직나구리가 지다.
아직불새 🎏 아침 하늘이 햇살로 벌겋게 보이는 현상. 아직 불새가 마이 붉네. "일 많다카디 언제 이꼬 다 했노?" "아직 불새 보고 나와 일 안 했나." 아직 불새가 참 이쁘네.
아직불새 🎏 아침노을. 아침 하늘이 햇살로 벌겋게 보이는 현상. 아직불새가 마이 붉네.
아짐 🎏 아침. 아재는 아짐에 벌써 다녀 갔니더.
아차리 아타리 🎏 마른 가지. 아차리 꺾어다 맨들어야 될다.

아치랍다 휑 아끼는 것이어서 버리거나 내놓기가 싫다. 뭘 시길라카이 아치라서 못 시기겠다.

아침노부리 명 아침노을. 오늘은 아침노부리가 밝은 거 보이 날이 더울따.

아침이슬 명 보리수나무의 열매. 아침이슬이 시큼하이 마이 먹으만 입이 돋애.

아호 ㊅ 아홉. 작은집 식구가 모두 아호이래. / 아호비.

악다구 명 악다구니. 그래 악다구를 쓴다고 일이 해결되니껴.

악다구리 명 악다구니. 악다구리를 쓰다.

악다바리 명 악바리. 어린 아가 악다바리를 부리는 걸 보이 보통이 아니대이.

악다바시다 휑 억세고 다부지다. 여자가 너무 악다바시면 몬쓴데이.

악다받다 휑 고집스럽다. 혼자 그래 악다받으먼 우예노.

악문하다 휑 앙갚음하다. 수모를 악문하다.

악치 명 솎은 뒤에 늦게 올라오는 싹. 나물 솎고 나면 나중에 악치가 올라와.

악타리 명 삭정이. 악타리 꺾어가 아궁지 불 땔 때 쓰고 했지러.

안 명 응석받이. 아이가 안이 되다.

안개 명 서리. 안개 오기 전에 배추 다 뽑아야 될따.

안개다리 명 안짱다리. 얼라 때 마이 업어 키우만 안개다리 된대이.

안게 명 거죽이나 껍질로 싸인 물체의 안쪽 부분. 가는 안게가 깊어가 실수를 잘 안해.

안공구 명 안식구. 안공구가 고생을 많이 하다.

안달궇다 휑 '애타다'의 사동사. 니 자꾸 내 안달내고 그카면 가마 안 있는대이.

안득하다 휑 아늑하다. 동네가 산으로 둘러싸인 게 안득하네.

안막창 명 막장. 비 안 들이치게 안막창을 새로 달아야 될따.

안반 명 국수를 밀 때에 쓰는 두껍고 넓은 나무 판. 안반에 국수를 밀다.

안밭없이 ㊅ 안팎으로. 안밭없이 다 모였다.

안손뱅이 명 어떤 일이든 잘하지 못하는 사람. 우예 그래 하는 일마당 안손뱅이맹키로 그라노.

안솥 명 가마솥. 안솥에 밥을 짓다.

안양반 명 안어른. 안양반이 품성이 좋다.

안자리 ⓜ 삭정이. 안자리로 불을 피우다.
안장구 ⓜ 성게. 바다에 안장구 잡으러 가자.
안주구 ⓜ 아직. 아들이 어델 돌아댕기는 동 해가 졌는데도 안주구 들어오지 않는데이. / 안주러. 안죽. 아죽. 안즉. 안직.
안지랭이 ⓜ 아지랑이. 봄이 되이 온 데 안지랭이가 핀대이.
안지박상 ⓜ 제비꽃. 마다아 보라색 안지박상이 디게 이쁘대이.
안차시럽다 ⓜ 안쓰럽다. 아가 그꼬 아픈 거 보이 안차시러버 못 보겠다. / 안치럽다.
안처 ⓜ 건물의 구석진 부분. 비가 마이 와가 안처가 마이 질대이.
안춯다 ⓑ 앉히다. 집에 가는 것을 손을 잡고 안춯고 다시 이야기를 했다.
안치널 ⓜ 베틀에서 앉을 수 있게 걸쳐 놓은 긴 판. 안치널에 앉아가 밤새 비 짰니더.
안치라 ⓜ 안쪽. 굼불 땔 때 벅고래 안치라로 너래이. 가에 앉지 말고 안치라로 앉아라. 채반 얹일 때 안치라로 잘 얹어래이.
안치라 ⓜ 안쪽. 굼불 땔 때 벅고래 안치라로 너래이.
안티 ⓜ 시집 오기 전 여자가 태어나고 자란 고향. 안티에 다녀오다.
앉을뱅이콩 ⓜ 밤콩. 밥에 앉을뱅이콩도 쪼매 너가 안치씨더.
앉춯다 ⓑ 밥, 떡, 찌개 따위를 만들기 위하여 그 재료를 솥이나 냄비 따위에 넣고 불 위에 올리다. 감주를 할라만 엿질굼 가루물을 앉춯고 난 뒤에 말간 물로 하만 깨끗하니더.
알 ⓜ 고갱이. 배차사 알 이 연하고 맛나지러.
알 ⓜ 아가리. 알을 벌리다.
알게 ⓑ 알리다. 집에는 알게지 말고 니가 알아서 해라.
알고나무 ⓜ 생강나무. 알고나무로 기름짜며는 향이 좋애여.
알굻다 ⓑ 꾀다. 동생을 살살 알굻디만 기어이 과자를 뺏아 먹나.
알굻다 ⓑ 알리다. 마을사람들에게 소식을 알굻다.
알꾸랭이 ⓜ 알구지. 알꾸랭이를 맞춤하게 만들어야 지게를 받치 놓기 좋제.
알루이달루이 ⓟ 알롱달롱. 알루이달루이 한 색깔.

235

알롷다 통 알리다. 소식을 알롷다.

알마치 부 알맞추. 사과가 알마치 익다.

알매치다 동 초가지붕을 이기 전에 보온을 위해 흙으로 지붕을 덮는 행위. 초가를 이기 전에 알메쳐야 집이 뜨시지.

알목 명 아랫목. 알목에 이불을 깔다.

알무작거리다 동 행동이 융통성이 없고 느릿느릿하다. 니는 좀 알무작거리지 마라.

알방 명 아랫방. 알방에서 잠을 자다.

알배기배추 명 속이 꽉찬 배추. 김장은 알배기배추로 담가야 맛있니더.

알분단지 명 얼분스러운 사람. 그 사람은 알분단지래 모르는 기 없니더.

알분떨다 동 아는 척하다. 공부도 못하는 기 알분만 떤다.

알분지기다 동 아는 척하다. 제대로 알지도 못하민서 알분지기기는.

알소 명 고삐나 코뚜레는 물론 함박쇠나 줄방울 등 아무 것도 몸에 걸치지 않은 소. 소를 마이 키우며는 알소가 되이 성질이 거칠어져.

알송하다 형 아리송하다. 기억이 알송하다.

알쇄 명 보습. 알쇄로 밭을 갈다.

알우 명 아래위. 가는 알우도 없는 동 어른한테 버릇이 없대이.

알우다 동 알리다. 니는 어데 가며는 간다는 말 좀 알우고 댕겨래이.

알자리 명 밑알. 닭이 알을 놓을다 그라는지 알자리를 찾는대이.

알찌미 명 열매나 곡식 따위의 낱알. 낙락 알찌미는 뭐할라고 남기노.

알차리 명 삭정이. 알불 전에 알차리로 불살개 해.

알카주다 동 알려주다. 모르거나 잊었던 일을 가르쳐주다. 가마이 맨드는 법은 내가 알카줄게.

알코뱅이 명 알맹이. 배추 알코뱅이 딘장 찍어가 먹으먼 고소한 게 좋지럴.

알통 명 둥우리. 겨울게 곡석 간수할 때 알통에 담아가 걸어 노먼 좋제. / 둥구메기. 둥기미. 둥어리. 둥주리. 드멍. 등거리.

앍다 동 앓다. 할매가 곳불이 걸렸는동 밤새 앍았니더.

암구 명 아무것. 암구도 아닌 일. 니는 암구도 아닌 거로 그케 성을 내노.

암달 명 암탉. 암달이 울다.
암만캐도 튀 아무래도. 암만캐도 생각이 나지 않는다.
암발구 명 악착빼기. 아:가 보통 아가 아이라. 그걸 혼자 다 한 거 보만 암발구래.
암사바시 튀 꼼꼼히. 일을 암사바시 하다.
암사받다 형 깔끔하다. 남자가 혼재 살아도 살림이가 을매나 암사받은동 몰래.
암사받다 통 일을 깨끗하게 하다. 일을 암사받게 잘 하네.
암자구 명 아무짝. 암자구도 못 쓰다.
암직돈 명 거스름돈. 암직돈을 받다.
암캐도 튀 아무래도. 암캐도 소용이 없다.
압차다 형 당차다. 혼자 그꼬 하는 거 보이 보통 압찬게 아이래. 택없이 당찬 거를 보고 압차다는 말을 많이 해.
앗다 통 그만 두다. 하던 일을 앗다.
앗살하다 형 숨김없이 행동하거나 사리분별이 분명하다. 그 사람이 계산하는 거는 앗살하게 해. 사람이 앗살해서 일처리도 똑 부러지게 해.
앙개담다 통 간장을 만들 때 소금을 미리 풀어 넣은 물에 메주를 넣어 담그다. 메주를 앙개담다.
앙물하다 통 앙분하다. 아무리 부아가 나도 앙물할 마음을 품으만 안 되지럴.
앙지다 형 앙칼지다. 그래 앙진 소리로 해대이 정신이 하나또 없대이.
앙크랗다 형 앙상하다. 마이 아팠다카디 아가 앙크랗네.
앙투재미 명 앙토장이. 앙투재미가 기술이 좋아야 벽을 보기 좋게 잘 바르제. / 미재이. 미새재이.
앙푼뜨대기 명 물방개. 논에 갔다가 앙푼뜨대기가 있길래 잡아 왔니더.
앞방틀 명 상여 틀의 앞에 가로로 댄 나무. 상여 나갈 때 앞방틀에 섰는 사람 하는 일이 마이 중요하지. / 장강. 단강.
앞새 명 동풍. 앞새가 불다.
앞쟁기 명 앞정강이. 돌부리에 걸려 넘어져서 앞쟁기가 까지가 억수로 아프대이.
애기불 명 가마에 처음으로 붙이는 불. 가마사 애기불 피울라만 몸을 경건케

해야된대이.

애다리 몡 홍시. 옆집서 감 땄다디만 애다리 하나 드시 보라고 주네. 애다리가 얼매나 단 지 몰라. 올해는 감나무가 병이 들어서 애다리가 마이 안 됐다카대.

애다리 몡 홍시. 옆집서 감 땄다디 애다리 하나 드시 보라고 주네.

애달궇다 혱 애태우다. 뭐 때문에 가족을 애달궇게 하나?

애닮다 혱 애달프다. 애닮은 마음.

애동나무 몡 어린 나무. 애동나무가 안 죽고 벌써 이래 컸니더.

애동내기 몡 풋내기. 애동내기가 덤비다.

애동보리 몡 이삭이 긴 보리. 봄에 애동보리 나면 그제사 배불리 먹을 수 있었지.

애동소 몡 송아지. 애동소가 어미소를 저래 따라 다니니더.

애둟하다 혱 애달프다. 그 집에는 또 큰일을 당했다네. 애둟해서 어쩌노.

애들하다 혱 안타깝다. 가들 키는 거는 애들해서 못볼따.

애디이 몡 애호박. 밭에 가서 애디이 두어개 따온나.

애라리 몡 홍시. 감나무에 애라리가 마이 달렸네. 올해는 에라리가 맛있네. 감을 안 따고 놔 뒀디만 나무에 달린 채 애라리 다 됐다.

애라리 몡 홍시. 감홍시. 감나무에 애라리가 마이 달렸네.

애롱 몡 재롱. 손주들 애롱에 웃니더. 세 살이만 한창 애롱을 피울 때시더.

애많다 혱 애매하고 억울하다. 애많은 사여.

애무습다 혱 안쓰럽다. 어린 아들이 고생하는 거 보이 애무습네. 그꼬 힘들게 사는 거 보이 애무습데. 부모없이 사는 거 보이 애무습지.

애물스럽다 혱 애처롭다. 내가 맘이 이래 애물스러운데 가는 어쩔로?

애법 팀 제법. 노래하는 거 보이 애법 할 줄 아네. 김장하는 거 보이 인자 애법 잘하네.

애살 몡 어떤 일에 각별하게 신경을 쓰는 자상한 마음. 자는 애살이 많애가 뭐든 영글게 한대이.

애살궂다 혱 열의가 많고 애성이 있다. 아가 애살궂게 열심히 잘하네.

애살바르다 혱 어떤 일이나 대상에 각별하게 자상하고 신경을 쓰다. 우리 아덜은 할매한테 을매나 애살바른동 몰래.

애수질 몡 아양. 애수질을 떨다.

애시비 몡 여우비. 애시비가 오다.

애이꼽다 혱 아니꼽다. 속이 애이꼽다.

애지랑 몡 애교. 애지랑을 부리다.

애지름 몡 석유. 애지름을 붓다. 곤로에 불 피우거러 애지름을 너야 될다. / 혁유.

애추 몡 자두. 잘 익은 애추 먹으면 맛이 달고 좋지. / 추리. 고약. 꽤기. 애기. 왜기. 왜추. 우애추. 자도. 풍개. 홍굴래.

애추나무 몡 자두나무. 이전에 마다에 애추나무 심어가 애추 따 먹고 그랬제. / 추리나무.

애틈 몡 고집. 아:가 얺고 밖에 나가자고 이꼬 애틈을 부리네. 잠이 와가 그렇나 왜 그꼬 애틈을 부리노.

애허리지다 혱 일이 고되거나 힘들다. 아를 업고 일을 하이 애허리져서 힘들다.

액시 몡 남펴의 여동생을 지칭하는 말. 액시시집살이도 있지.

액씨 몡 아가씨. 시집갈 나이의 여자를 이르거나 부르는 말. 액씨가 얄미운 행동을 하다.

앤 用 아니. 아무리 그래도 내사 그 일을 앤 한대이.

앤도마콩 몡 완두콩. 앤도마콩을 따다.

앨초 몡 자두. 집에 앨초 마이 열렸네. / 애추.

앨초 몡 자두나무의 열매. 그 집에는 벌거지도 없이 앨초가 마치 열렸네.

앵개미 몡 원래 아프리카의 리비아살캥이를 길들인 것으로, 턱과 송곳니가 특히 발달해서 육식을 주로 한다. 앵개미사 새끼 때는 귀치만도 크며는 무섭재.

앵고롬하다 혱 만만하다. 내가 그꼬 앵고롬해 보이나.

앵기손가락 몡 새끼손가락. 앵기손가락을 걸고 약속했잖나.

앵끼이다 동 안기다. 엄마 품에 앵끼인 아이.

앵병 몡 긴병. 앵병이 낫다.

앵이꼽다 혱 아니꼽다. 비위가 상해 앵이꼽다.

앵이손가락 몡 새끼손가락. 나락 비는 거 돕다가 낫에 앵이손가락을 비어가 다쳤대이.

앵치 몡 여치. 앵치가 날다.

야꾸리 몡 옆구리. 가방을 야꾸리에 주리끼고 어데 가노.

야단벅구통 몡 난리. 전쟁이나 병란 야단벅구통이 나다.

야무딱스럽다 몡 야무지다. 행동이 야무딱스럽다.

야무딱지다 몡 야물다. 곡식이 야무딱지다.

야불때기 몡 옆. 우리 밭 야불때기에 우물이 하나 있지럴. / 섶. 여분대기. 여분데이. 여파리. 여피.

야수 몡 여우. 야수가 사람으로 변해가 해꼬지 했다는 얘기도 있잖나. 야수그치 눈을 떠 보이 겁나지. /예끼. 예께이.

야수롭다 몡 사램이 너무 야수롭게 행동해도 정이 안 간대이.

야시개이 몡 냉이. 봄에 야시캐이 캐가 된장 끓여 먹으먼 향긋한 게 좋지럴. / 나새이. 나이. 나새. 나시개이. 나시레이. 난생이. 나생이. 달래이. 날생이.

야지랑해 몡 석양. 오늘은 야지랑해가 멋있다.

야지리 뮈 모조리. 태울 거는 야지리 다 주 넣어라. 농사 진 거 집에 머을 거 빼고는 야지리 다 팔았니더. / 야짓. 야지미리. 애주루. 애지리. 애지미리. 애질모지리.

야화 몡 밤참. 사돈이 오싰는데 야화로 뭐 좀 갖고 온나.

약사약사하다 몡 여사여사하다. 약사약사한 소문.

약숙 몡 소렴(小殮) 때에 시체의 손을 싸는 헝겊. 소렴할라믄 약숙을 갖고 손도 곱게 싸니더.

약안주 몡 한약을 마시고 입가심으로 먹는 음식. 약안주로 대추 하나 입에 넣거래이.

얄구다 동 약 올리다. 남을 그만 얄구어라.

얄궂다 몡 희한하다. 얄구친 소문이 났니더. 사람들이 얄궂기 보고 있니더.

얄무시럽다 몡 얄밉다. 얼라가 하는 짓이 얄무시럽고 이쁘대이.

얄부리하다 몡 얄팍하다. 천이 뭔동 옷이 얄부리하네. 두껍한 거보다 얄부리한 천으로 맨드러 노이 더 낫네. / 얄피리하다.

얄시리하다 [형] 얇다. 날도 추운데 옷을 그래 얄시리하이 입고 댕기믄 우예노.

얄야리나다 [동] 어떠한 일에 재미를 붙여서 자꾸 하다. 얄야리나서 혼자 저꼬 하네. 잘한다고 하이 얄야리나서 까부는 거 아이라.

얄피리하다 [형] 얄팍하다. 굵게 썰지 말고 얄피리하게 썰어라. 얄피리하게 잘 밀어 놨네. 뭐든지 얄븐거를 얄피리하다 그러거든. / 얄부리하다.

얄핀얄핀 [부] 얄팍얄팍. 날이 더우이 옷을 얄핀얄핀 입거래이.

얄핀얄핀하다 [형] 얄팍얄팍하다. 날도 더우이 인자 얄핀얄핀한 옷을 꺼내소.

얌배기 [명] 이마빼기. 사람이 재수가 없으만 뒤로 넘어져도 얌배기에 피 난데이. / 마빠기. 이막. 이막바리. 임배이. 야마빡. 얍배기.

얌새이꾼 [명] 서리꾼. 옛날에사 한 번썩은 얌새이꾼 해 봤지럴.

얌얌하다 [형] 말수가 적어 조용하고 소심하다. 요새사 어데 얌얌하면 남들이 알아주니껴?

얍새 [명] 이전날. 요전날. 얍새 빌린 삽 주러 왔니더.

양각시 [명] 양공주. 양각시가 몸을 팔다.

양간장 [명] 왜간장. 가게서 파는 게 양간장이지.

양경쟁이 [명] 목말. 내가 양경쟁이 태와 줄테이께 니가 감 따그래이. 아재가 양경쟁이 태와 주이 좋다이더.

양단깁 [명] 비단. 양단깁으로 한복을 해 입었니더. 옷이 양단깁이래가 고우이더.

양대 [명] 대야. 옛날에사 양대에 물 부어가 얼굴도 씻고 발도 씻고 그랬제. / 싯대야. 싯대. 수씨대.

양대지비 [명] 양은으로 만든 대접. 양대지비에 국을 담다.

양대콩 [명] 강낭콩. 양대콩아 자라다.

양드기 [명] 둘잡이. 장기에서 양드기를 많이 두면 이기기 쉽지럴.

양밥 [명] 사악한 일이나 병을 물리치는 주술. 몸이 아파서 양밥 했다.

양야구지기다 [동] 잘난 체하다. 뭐 그꼬 잘났다고 양야구지기는 것 좀 보소.

양약하다 [동] 비위에 거슬리다. 생고기는 양약해서 잘 못 먹니더.

양치다 [형] 소가 새김질하다. 소가 꾸벅꾸벅 졸면서 양치고 있다.

양푸이 [명] 물방개. 요즘은 강에 양푸이가 잘 보이지 않는다. / 양푼쟁이.

양푼쟁이 몡 물방개. 야들아, 양푼쟁이 잡아가 경주 시게자. 예전에는 양푼쟁이도 잡아가 무웄어. / 양푸이.

얕 몡 곁. 그래 야박하기 굴마 나이 들마 얕에 아무도 없니더. 얕에 앉지 말고 떨어져 앉으이소.

얘끼 몡 여우. 지지바가 얘끼맨치로 영악한기 똑똑대이.

얘숙다 혱 안타깝다. 될 듯 하디 안 됐다카대. 얼매나 얘숙은동 몰다.

얘지미리 뛔 모조리. 얘지미리 이게 다시더.

어 몡 -에. 나는 옷어 뭐를 묻혀가 댕기노.

-어가설라 에 -어서. 집에 들어가설라 공부를 하다.

어개다 동 어기대다. 얼라가 어른에게 그래 어개되면 안 된대이.

어거리 몡 엄살. 오다 넘어져가 무르팍을 쪼매 다쳤다고 저래 어거리를 피우네. 자는 어거리가 심해 일도 못 시킨다.

어구시다 혱 억세다. 사람의 행동뿐만 아니라 나물 등이 억센 것을 표현할 때 사용한다. 얼매나 어구신동이가 다 아프네. 배추가 어구시가지고 삶아무치야 될따.

어그정어그정 뛔 어기적어기적. 어그정어그정 걷다.

어글목 몡 억지. 안 된다카는데 자꾸 어글목을 지기 쌓노. 어글목 지긴다고 될 줄 아나.

어끼이다 동 얽히다. 아끼게 동네 비씨나나.

어내 몡 은하수. 여게는 밤만 되며는 어내가 얼매나 밝은 동 몰래.

어냉기 몡 우넘기. 어냉기를 잘 쥐고 있어라.

어느리 몡 어수리. 어느리사 전에는 좋은 나물로는 치지 않앴어.

어는 괸 어느. 어른이 어는 길로 갔는지 고마 찾지럴 못 할따.

어더부리하다 혱 어둑하다. 겨울게 날이 짧아가 금방 어더부리해진대이. / 어덥수리하다.

어덜뻐덜하다 혱 성격이 차분하지 못하고 덜렁덜렁하다. 다 큰 아가 어예 그래 차분하지 못하고 어덜뻐덜하노.

어덥다 혱 어둡다. 산속에서는 해가 빨리 져가 빨리 어덥어지이까 해 지기 전에 빨리 내리와야 된대이.

어덥사리 땅거미. 해가 진 뒤 어스레한 상태. 또는 그런 때. / 어덥사리가 지다.

어덥어덥하다 어둑어둑하다. 날이 어덥어덥하이 이제 고마 전을 접어야 될 씨더.

어돈새기 돼지. 가만 보머는 어돈새기가 참 머리가 좋애.

어둑가 땅거미가 진 무렵. 어둑가나 돼야 도착하겠니더.

어둠살이 으스름. 어둠살이 찌기 전에 집에 가자.

어득더득하다 우둘투둘하다. 바닥이 어득더득하다.

어들밧다 우직하다. 이집 장손은 우례 그리 어들밧니껴.

어들버들하다 우락부락하다. 얼굴이 어들버들해도 마음이 가지대이. / 우둘부둘하다.

어때 대. 마음 씀씀이나 의지. 어때가 세다.

어떡 시간을 끌지 아니하고 바로. 장아 가거든 오래 있지 마고 어떡 오니래이.

어뜨머 어쩌면. 어프머 좋을까?

어란 너비. 어란이 좁다.

어래다 속이 보일 만큼 물이 매우 맑다. 계곡물이 어래다.

어렁터렁하다 날씨가 오락가락하다. 요즘 날씨가 이래 어렁터렁하대이.

어련 당연히. 어련 걱정을 하다.

어렵다 어지럽다. 머리가 어렵다.

어렷푸시하다 어렴풋하다. 아까 그 사람이 어데서 봤는데 여렷푸시하기 생각날 듯도 한데 안 나네. 옛날 일은 여렷푸시하이 기억이 잘 안나니더.

어루다 도발하다. 저 집서 먼저 어루는데 우예 참노.

어루우다 어르다. 아기를 어루우다.

어리 과줄. 겨울에 어리 맨들어가 간식으로도 묵고 손님들 오시만 내기도 했는데 요새는 마이 안 하지.

어리넉달 남의 마음을 기쁘게 하려고 수단을 떠는 것. 어리넉달 부린다.

어리밧다 순진하다. 그 집 아덜이사 참말 어리밧고 착하지러.

어리장고리장 곱고 귀엽게. 어리장고리장 걷다.

어릿치다 [형] 순간적으로 아무 생각이 나지 않다. 각주에 물으이 어릿치가 아무 생각이 안 나니더. / 어리쵀다. 어리치다.

어링개 [동] 코뚜레를 끼우고 소의 목 뒤로 감는 것. 새끼로 얼기설기 엮는다. 소콘드라지 코에 끼로 나서 어링개를 모간지로 감아 얼거.

어마씨 [명] 어머니. 어마씨 어디 갔다 이제 오노. / 어매. 어마이. 어미. 어무이. 엄매. 머망. 어멈. 오매.

어만 [관] 애먼. 너가 말을 잘 못 해 가 어만 사람만 욕 봤대이.

어망이 [명] 엄마. 자녀 이름 뒤에 붙여, 아이가 딸린 여자를 이르거나 부르는 말. 철수네 어망이.

어맴 [명] 시어머니. 어맴요, 자아 좀 갔다 오겠니더.

어먹하다 [형] 서먹하다. 어먹한 사이.

어메 [명] 어머니. 아베가 어메를 부르신다.

어무다 [형] 엉뚱하다. 어문 행동.

어물하다 [형] 행동이나 마음이 약지 못하다. 야는 아가 어물해서 걱정이다.

어바지 [명] 응석받이. 자는 어바지로 자라가 저래 철이 없대이.

어배이 [명] 어버이. 우예든동 어배이가 건강하게 오래 사시야 집안이 편치럴. / 어부이.

어벌리다 [동] 어울리다. 그래 혼자 있지 말고 같이 어벌려 놀아야 안 좋은 마음이 가시지. / 어불래다. 어불리다.

어벌지다 [형] 엄청나다. 어벌지게 마이 춥네. 어벌지게 많다.

어법부리다 [동] 어물쩍하다. 그래 어법부리지 말고 어여 말을 해 보래이.

어부렁순 [명] 쌍고치. 꼬치에 누에가 두 마리 있는 기 어부렁순이라 그래.

어부레이 [명] 좁은 두 길이 만나는 곳. 거는 어부레이진 곳이니까 조심해야 된데이.

어부르다 [동] 어우르다. 김장할 때 몇 집이 어불 리가 하면 빨리 끝나제.

어부름 [명] 어름. 저 산 어부름에 우리 깨밭이 있니더.

어부리다 [동] 모으다. 까만 콩하고 흰콩하고 어부리 담으면 우예노. 남은거어부리라.

어북하다 혱 어지간하다. 어북한 일.
어불랑붙다 동 곤충이 짝짓기를 하다. 잠자리는 어불랑붙어가도 잘 날 댕기하제.
어불리다 동 어우러지다. 산에 꽃이 어불려서 피가 디게 이쁘대이.
어불에미 명 울력. 서로 어불에미로 하만 얘기도 하이 재밌니더.
-어서르 어 -어서. 밥을 먹어서르 배가 부르다.
어서리 명 어름. 저짝 산과 하늘 어서리에 보이는 것이 뭐로?
어슴 명 어스름. 저녁 어슴.
어슴막 명 초저녁. 아즉 어슴막인데 벌써 자니껴?
어시기 閉 엄청. 어시기 크다. / 억시. 억시가이. 억쑤로.
어시미시하다 혱 아리송하다. 나이가 드이 어시미시해가 잘 모를다.
어실미 명 어스름. 해가 어실미하네.
어애 閉 어찌. 어애 그꾸도 못 하노. 우애.
어양구양하다 동 어영부영하다. 어양구양하다보만 시간만 허비한다.
어언제요 감 아니요. 니도 거 간다캤나? 어언제요, 지는 안 가니더. 어언제요, 울 엄마 한 분만 그카고 카지 마라 카데요.
어여 閉 어서. 일이나 행동을 지체 없이 빨리하기를 재촉하는 말. 점심 어여 먹고 들에 나가래이. 갈 길이 머니 어여 가재이.
어예든간 閉 아무튼지. 어예든간 지난 일이다.
어예든동 閉 어쨌든지. 어예든동 공부 열심히 해서 시험에 합격해야 된대이.
어예칸 閉 하여튼. 어예칸 기분이 좋다.
어이서 閉 어째서. 어이서 그러니?
어자칙 명 어제 아침. 할배 할매 어자칙에 우리 집에 다니갔니더. / 어자침. 어자직.
어잔하다 혱 음전하다. 어잔한 처녀.
어전시럽다 혱 어른스럽다. 나이는 어리지만 어른 같은 데가 있다. 자가 얼매나 어전시럽은동 다 컸네.
어전시럽다 혱 어지럽게 흩어져 있는 모습. 방을 이꼬 어전시럽게 해놨나.
어젎다 혱 아주 젊다. 어젎은 사람이 우예 그래 생각이 넓노.

어제아래 명 그끄저께. 어제아래 온 손님.
어주이 명 멍청이. 야는 나이도 있는데 하는 짓이 와 이리 어주이 같노. / 떠비. 뻐배이. 터파리. 맹추이. 멍추이. 멍치. 멍텅이. 맨자구. 얼띠기. 팔푸이.
어지럽어서 형 어지러워서. 아프고 났디 일어설 때 어지럽어서 넘어질 뻔 했니더.
어지레질 명 저지레. 얼라가 어지레질을 해 놔가 방이 행팬 없대이.
어찐어찐하다 형 어찔어찔하다. 어찐어찐한 높이.
어처구니 명 망손. 망돌 어처구니 꼽거러 남기 쫌 든든한 거 해오소.
어척없다 형 남의 말을 함부로 하다. 그 사람은 남의 말을 어척없이 하데.
어척없이 부 보통 정도보다 훨씬 더. 밥상을 받아보이 반찬이 어척없이 많더라.
어칙없다 형 어처구니없다. 우예 그래 어칙없는 말을 해쌌노.
어펑 부 어서. 일이나 행동을 지체 없이 빨리하기를 재촉하는 말. 어펑 대답해라.
어한 명 추위를 이길 수 있는 간단한 요기. 어한을 먹다.
어한씨기다 동 따뜻한 것을 먹여 한기를 없애주다. 일꾼을 어한씨기다.
억간 명 억장. 억간이 무너지다.
억간장 명 억장. 억간장이 막히다.
억다구 명 억지. 잘 안될 일을 무리하게 기어이 해내려는 고집. 억다구를 세우다.
억머구리 명 개구리. 봄이 되니 억머구리가 깨어나 우네.
억머구리 명 산개구리. 봄이 되이 억머구리 얼매나 우는 동 잠을 못잘따.
억바리시다 형 억세다. 니 오늘 왜 나한데 억바리시게 그노.
억산듬 명 아주 궁벽한 시골. 마을이 억산듬에 있다.
억시가이 부 몹시. 고기는 억시가이 좋아하나 보네. 그 사람이 약해비도 먹성은 억시가이 좋다. / 어시기. 억시. 억쑤로.
억시기 명 매미. 집앞 남기에 매미가 밤새도록 울어대가 잠을 잘 못 잤대이. / 매롱이. 쌔롱이.
억시로 부 매우. 날씨가 억시로 차다.
억주기다 동 뒤엉키다. 너는 우예 맨날 억주게 싸우노?
억척배 명 억척빼기. 억척배가 공부를 하다.

언 팬 어떤. 언 사람.

언간끔 팬 알맞게. 아 밥을 언간끔 먹이지 아침부터 그꼬 마이 미기면 우에노. 일을 언간끔 해야지 무리하면 탈 난대이. 창고에 가서 감자 언간끔 갖고 온나.

언깨 팬 사람의 몸에서, 목의 아래 끝에서 팔의 위 끝에 이르는 부분. 가는 언깨가 넓어가 옷을 입으면 참 멋이 나.

언캉 팬 워낙. 언캉 바쁘다.

얹히다 동 시루에 고물을 뿌리다. 어여 팥갈기 얹히고 떡을 찌소.

얼개다 동 으깨다. 감자를 쪄가 뜻뜻할 때 얼개 먹으만 구수하고 맛있제.

얼개얼개 팬 얼기설기. 얼개얼개 얽히다.

얼갱이나물 팬 엉겅퀴. 얼갱이나물을 캐가 꼬드깨로 만들어 먹니더.

얼건빗 팬 얼레빗. 옛날엔 여자들이 얼건빗으로 머리를 빗었디래. / 얼리빗. 어램빗. 얼개. 얼개미. 얼구빗.

얼골빤때기 팬 상판대기. 얼골빤대기를 때리다.

얼궇다 동 무너뜨리다. 어설픈 건 집 얼굴 때 다 같이 묻어 버렸니더.

얼궇다 동 얼리다. 얼음을 꽁꽁 얼궇고 있니더.

얼그지다 동 어그러지다. 골방 문짝이 얼그져서 갈아야 된다.

얼금 팬 첫 겨울에 처음으로 얼음이나 밭에 것이 어는 것. 서리가 일찍이 와가 배추가 얼금했다.

얼기미빗 팬 얼레빗. 얼기미빗으로 머리를 빗다.

얼기미체 팬 어레미. 얼기미체로 모래를 치다.

얼러다 동 읊다. 자가 뭐가 그래 기분이 좋은동 저래 노래를 얼러고 있니더.

얼럭 팬 얼른. 시간을 끌지 아니하고 바로. 얼럭 대답하다.

얼런없다 톙 어림없다. 얼런없는 말.

얼렁거리다 동 어른거리다. 봄이 되이 논둑에 아지래이가 얼렁린대이.

얼레리 팬 말잠자리. 논에 거무줄에 얼레리가 전다지 걸려가 있니더.

얼룸뱅이 팬 얼금뱅이. 사람이 얼룸뱅이라서 좀 그렇지 속은 디게 깊대이. / 빡빡지. 깨곰보. 꼼보. 빡조. 빵틀. 닥보. 억보. 얼금배기. 얼굴망태기. 얼근

247

보. 얼금보. 얼근재이.

얼룽다 圄 얼리다. 얼음을 얼룽다. / 얼쿻다.

얼름덤불 몡 사위질빵. 묵나물로 얼름덤불도 이래 해가 너니더.

얼매미 몡 어레미. 송편 빚을 때 쌀가리 얼매미로 쳐가 그래 했지럴. / 얼기미. 얼래미. 어르미. 얼그미. 치. 채이.

얼빼기 몡 곰보. 그 양반 얼굴을 보이 얼빼기더라.

얼산같다 혱 태산같다. 걱정이 얼산같다.

얼수하다 혱 어수룩하다. 행동이 얼수하다.

얼쌀맞다 혱 당치않다. 얼쌀맞게 그런 말 좀 하지 마소. 얼쌀맞게 말하기는. 가당치도 않는 그런 얼쌀맞은 말은 왜 하노.

얼찐얼찐 閉 얼찐얼찐. 눈 아페 얼찐얼찐 나타나다.

얼치 몡 꼬투리. 남 놀릴 만한 얼치 잡았다고 좋아하디 우예된기고.

얼칭이 몡 언청이. 큰집에 얼칭이가 태어났다 카더라. / 헤창. 헤채이.

얼크리하다 혱 얼큰하다. 매운 고추갈글 마이 넣었디 국이 얼크리하니더.

얼터구 몡 어떤 물건 따위에 파인 홈이나 흠집. 제사상에는 얼터구 과실을 올리야 된대이.

얼펑덜펑하다 혱 땅이 평평하거나 고르지 않고 군데군데 파여 있다. 땅이 파이가 얼펑덜펑하다.

얽어지다 圄 점차 떨어져 나가다. 손님이 얽어지다.

얽은이 몡 곰보. 얽은이가 돌아다니다.

엄살궂다 혱 고집스럽고 못되다. 사램이 엄살궂고 그라만 남한테 인정을 못 받지럴.

엄성시럽다 혱 몸서리나다. 지긋지긋하다. 그 일만 생각하면 고마 엄성시럽다.

엄시미 閉 제법. 아침저녁으로 날씨가 엄시미 춥대이.

엄양 몡 깜냥. 엄양이 모자르다.

엄첨시럽다 혱 말과 생각이 나이에 맞지 않게 어른스럽다. 소견이 넓다. 말하는 거 보면 나이보다 엄첨시럽기 한다. 할매 먼저 챙기는 거 보이 아가 엄첨시럽네.

엄치다 동 합치다. 이 말하고 저 말하고 엄쳐 가지고 가자.
엄치미 부 제법수준이나 솜씨가 어느 정도에 이르렀음을 나타내는 말. 가는 그래도 공부사 엄치미 한 대이. / 엄침.
엄침 부 제법. 엄침 일을 했네. / 엄치미.
업사이이기다 동 업신여기다. 니 내 자꾸 업사이이기지 마래이.
엇나다 동 어긋나다. 사람이 없이 살아도 행실이 엇나먼 안 된대이.
엇지다 형 말투가 거칠다. 가사 엇져서 남들이 전부 싫어해.
엇지래기 명 서울말을 흉내내어 하는 말투. 엇찌래기를 써 가며 물건 팔러 다니던 아지매가 있어.
엇하다 동 임신하다. 며늘아가 엇해가 입덧이 심해 걱정이씨더.
엉 명 낭떠러지. 저짝 밴달에 엉에는 절대로 가지마래이. / 빈달.
엉 명 우엉. 서리가 오면 엉을 캐야지.
엉간하다 형 어지간하다. 성격 따위가 생각보다 심하여 보통을 넘다. 정도나 형편이 기준에 크게 벗어나지 아니한 상태에 있다. 좀 참으면 될낀데 니도 엉간하다. 엉간하면 니가 좀 참아라. / 엔간하다.
엉개나무 명 엄나무. 엉개나무를 키우다.
엉개두루 명 개두릅. 모숭기 전에 엉개두루사 꺾어야지 안그러면 시가 먹지를 모해.
엉거꾸개이 명 엉겅퀴. 산에 엉겅꾸개이 핀 것 좀 봐라.
엉겁절 부 엉겁결. 고마 엉겁절에 돈을 받아가 미안해 죽을따.
엉경추 명 엉겅퀴. 엉경추로 캐가 나물 무치씨더.
엉그레 명 껍질을 벗긴 싸릿개비나 버들가지 따위의 오리를 울과 춤이 거의 없이 둥글넓적하게 결어 만든 채그릇. 시리에 엉그레를 얹고 떡을 쪄야 되니더.
엉글다 동 엇갈리다. 약속한 데 다 가가주고 엉글서 사람은 못 만났니더.
엉글징이난다 형 지긋지긋하다. 일이 고마 엉글징이 난다.
엉글하다 형 엉성하다. 물건을 하나 맨들어도 엉글하면 안 되지럴.
엉기나다 동 질리다. 엄두가 나지 않다. 하루 만에 일을 끝낼라그이 엉기난다.
엉기정나다 동 몸서리나다. 저 양반이 을매나 술을 먹는동 엉기정난대이.

엉기찡난다 [형] 생각만해도 몸서리가 나다. 진저리가 나도록 몹시 싫다. 지긋지긋하다. 일이 해도해도 얼매나 많은동 인자는 엉기찡난다.

엉둑 [명] 언덕. 저게 엉둑 아래가 우리 밭이시더.

엉설굳다 [형] 성격이 억세다. 사람이 엉설굳고 어구가 세다.

엉설궂다 [형] 엉성궂다. 낫살 먹고 하는 짓이 어예 엉설궂고 그러노.

엉성스럽다 [형] 성가시고 귀찮다. 요새는 어예 모든 게가 엉성스럽고 하기가 싫대이.

엉정 [명] 아픔이나 괴로움 따위를 거짓으로 꾸미거나 실제보다 보태어서 나타냄. 몸도 멀쩡한 게가 이래 엉정을 피우고 있노.

엉정하다 [동] 어리광 부리다. 엉정하면 다 되는 줄 아나 보지. 아무리 그래도 안 된다안카나.

엉치미 [명] 아가리가 좁은 단지. 엉치미는 들기 좋거러 꼭따리를 붙이니더.

엉칭시럽다 [형] 엄청나다. 아재는 서울서 사업을 엉칭시럽게 하니더. / 엄청시럽다.

엉컴 [명] 사실은 별로 아프거나 괴롭지 않은데 몹시 아프거나 괴로운 듯 허풍을 떠는 것. 선날 아픈 거 갖고 엉컴 떨지 마래이.

엉쿨 [명] 넝쿨. 엉쿨이 뻗다.

엉크렇다 [형] 꺼칠하다. 살 빼다카디만 왜 그끄 엉크렇노. 일이 마이 디나 아가 엉크렇네. 엉크렇게 해 갖고 다니지 말고 밥 좀 먹고 다니라. 자는 갱지 가가 말라갖고 엉크렇다.

엉티 [명] 엉덩이. 아지매가 나이를 먹으이 엉티가 펑퍼짐하이 살이 마이 붙었대이.

엊적 [명] 엊저녁. 엊적에 잠을 못잤디만 눈이 감겨 죽을따.

에굿다 [동] 대신하다. 옛날에사 물건 값을 곡석으로 에굿기도 했제.

에느 [조] 에는. 가가 학교에느 갔는동 몰따.

에드러 [조] 에서. 어매가 장에드러 옷을 사왔니더.

에럽다 [동] 어지럽다. 차멀미가 나서 머리가 에럽다.

에말무지로 [명] 어림짐작. 에말무지로 근거도 없이 말하면 우예노.

에서러 ㉠ 에서. 어여 방에서러 나와가 내 쫌 도와도.
엔네 ㉢ 여편네. 엔네가 말이 많다.
엥가이 ㉮ 어지간히. 굉장히. 거짓말 좀 엥가이 해라. 배가 엥가이 고팠는갑다. / 어지가이.
엥치 ㉢ 여치. 가을에 엥치가 운다. / 앵추. 앵치.
여간 ㉮ 어지간히. 이제 여간 니 말은 마치고 내 말 좀 들어봐래이. / 어지가이.
여개와 ㉢ 암키와. 여개와를 먼저 깔고 수개와를 올리지.
여거 ㉣ 여기. 여거가 너가 댕기야 할 학교대이. / 여. 요구. 요개. 이짝.
여게 ㉮ 이내. 벌써. 자아 여게 댕겨 왔니더. / 여내.
여꾹대 ㉢ 여뀌. 논둑에 여꾹대가 여는 거 보이 인제 가을이 왔는 마이다.
여내 ㉮ 똑같이. 내사 사는 게가 여내 심심해.
여다 ㉠ 이다. 장날되만 곡식으로 머리에 여고 나가거나 지고 가서 팔지.
여랍 ㉢ 섭조개. 된장 낋일 때 여랍 너으면 시원하이 맛있지러.
여러키 ㉢ 여럿. 요새 전염병이 많애가 사람 여러키가 있는 데는 가질 마소.
여럴 ㉢ 열흘. 설 맹절이 이제 여럴이 남았니더.
여럽다 ㉠ 부끄럽다. 오랜만에 할라그이 여럽네.
여륵 ㉢ 삼씨. 뒷간에서 볼 일 보기 힘들 때 여륵을 먹으면 좋니더.
여무가시 ㉢ 사마귀. 손에 사마구 났을 때 여무가시 올리노만 뜯어 먹는대이. / 사마구. 사매구. 사망구. 항굴레.
여물까시 ㉢ 소금쟁이. 소금쟁잇과의 애소금쟁이. 좀등빨간소금쟁이 따위를 통틀어 이르는 말. 여물까시가 웅덩이에 뛰다.
여물다 ㉠ 여물다. 올개는 콩이 잘 여물었니더.
여벌로 ㉮ 건성으로. 대충대충. 여벌로 닦지 말로 매매 닦아라. 여벌로 듣지 말고 귀담아 들어래이.
여불댁 ㉢ 옆. 밭 여불댁에 콩인따나 심어야 된다. 산 여불댁에 밭을 맨들어가 갈아났니더. / 여불때기.
여사 ㉢ 보통 일. 그 사람이 그런 말 하는 것은 여사다.
여사로 ㉮ 예사로. 큰일을 여사로 여기다.

여쉰 예순. 여쉰도 안 먹은 기 어른짓 할라그노.
여쉰 예순. 올게 내 나이가 여쉰이시더. / 여신. 애순. 이순.
여식아 계집아이. 거는 여식아들만 있다그데. 여식아가 반머슴아매로 그래 뛰다니만 되나?
여이 우수리. 가게 가가 물건 사고 여이 꼭 받아 오거래이. 정신을 어데 두고 여이도 안 받고 왔노.
여젎다 마음에 들만큼 성이 차지 않다. 뭐가 저래 여젎은동 저래 입이 나왔는동 몰따.
여주 식혜. 설에 손님 칠라만 여주를 맨들어야지러.
여항 경황. 얼매나 바쁜동 점심 먹을 여항도 읎니더. 잔차 준비하느라 하도 정신이 없어 니 볼 여항이 읎다.
엮거리 과메기. 엮거리 걸어났디만 누가 다 머었노? 아제가 자아 갔다 엮거리 사 왔니더. / 꼬끄레미.
연게 이엉. 지붕 연게 일 때 됐다.
연구랭이 연기. 연구랭이가 마이 나는 거 보이 덜 마른 낭글 넣다. 연구랭이가 얼매나 매그라운동 눈을 못 뜰다. / 연구레기.
연구레기 연기. 연구레기가 어지가이 내그랍네. 적 때가 되이 동네 집집이 연구레기가 나네. / 연구랭이.
연까시 사마귀. 사마귓과의 곤츙을 톳틀어 이르는 말. 연까시가 기어가다.
연내 연해. 날이 저무도록 집에도 안 가고 연내 그카고 있디더. 테레비 보다 눈물이 연내 흘러 혼났니더.
연달래 진달래. 봄이 되먼 산에 연달래가 예쁘게 피지럴. / 창꽃. 참꽃.
연방연방 자꾸 잇따라 계속. 우째 연방연방 나는 풀을 이기노.
연변 밀전병. 비도 오는데 팥소 넣고 연변이나 부치 먹으시더.
연뺨 연밥. 음석할 때 연뺨 넣으먼 별미제.
연상 천생. 가는 생긴 것도 그렇고 하는 짓도 연상 지 아부지다. 살림하는 거 보이 연상 여자시더. / 천상.
연상시럽다 아주 흡사하다. 밥 투정하는 것도 어예 지 아부지하고 연상시럽다. 어예 자는 모습도 지 어마이하고 연상시럽다.

연상이다 휑 아주 흡사하다. 누가 자슥 아이라글까바 어예 저꼬 하는 짓이 저 아부지하고 연상이로. 식성이 저 아부지하고 연상이래노이 둘이는 잘 맞니더. / 영상이다.

연제 때 언제. 연제는 그래 좋다하디만 왜 그래 싫다카노? 큰아들 휴가가 연제라 캤노?

연죽 휑 담뱃대. 긴 연죽 보만 할배 생각 난다꼬.

연지북 휑 대추나무로 만든 북. 연지북이 왔다 갔다 하며는 인자 비가 짜지지러.

연첩하다 휑 부지런하고 약빠르다. 새댁이가 어지가이 연첩하대.

연치 휑 여치. 가을게 연치가 운다.

열 휑 널. 어르이 돌아가시만 열을 짜야 되이 장사를 오래 지냈지.

열 휑 피곤하거나 감기에 걸렸을 때 나는 코피. 열이 나다.

열까리 휑 열쇠. 광에다 나락가마 너야 되이 열까리 가아 온나. 열까리를 아무따나 두만 낭주우 못 찾으이 잘 놔 둬래이.

열합 휑 홍합. 무하고 파하고 너가 열합탕 끓여 먹으먼 참 시원하고 맛있대이.

엽꿀 휑 옆구리. 쪼매 부딪쳤는데 엽꿀이 이래 아프대이. / 야꾸리. 여푸대기.

엿가시개 휑 엿가위. 엿가시개 소리가 요란한 거보이 엿장수 왔나 보이더. 엿장수가 엿가시개 들고 춤 추는 거 보이 신나대.

엿까치 휑 엿가락. 얼라 때 엿까치로 엿치기 마이 하며 놀았지럴.

엿칼 휑 엿판의 엿을 자르는 칼. 엿장수사 엿칼로 엿을 히안하게 짜르지럴.

엿콩 휑 강정. 멀 거 없다캐가 엿콩 갖다 줬디만 잘 먹는다카네. 손주들 온다고 엿콩을 좀 낫기 했니더.

영감눈 휑 함박눈. 겨울 날씨가 포근하디니 영감눈이 이쁘게 온대이. / 함빡눈.

영감사 휑 영감쟁이. 영감사는 어지 회관에 안 왔든데 어데 갔디로?

영감타구 휑 영감쟁이. 동네 고얀 영감타구가 한명 있니더. / 영감태이.

영감태이 휑 영감쟁이. 저 영감태이는 뭐가 맴에 안드는동 맨날 저래 소리를 지른대이. / 영감타구.

영감할마씨 휑 할아버지 할머니. 아들은 다 타지에 있고 여는 영감할마씨만 있니더. 영감할마씨가 오붓하이 운동하는 기 보기 좋니더.

영감할마이 몡 할아버지 할머니. 이 동네는 영감할마이만 있네. 인제 영감할마이래 놓으이 차 타는 것도 힘들어. / 영감할마씨.

영개때기 몡 이엉. 영개때기 없을 때 안 떨어지그러 조심해래이. 지붕 인다고 영개때기 같이 엮자 그데.

영검 몡 혼쭐. 영검 빠지다. 아한테 얼매나 머라 그랬는동 아가 영검이 빠졌네. 어제 집에 늦게 드왔다고 아부지한테 영검 빠지게 야단 맞았대이.

영글기 閉 분명하게. 일하는 기 얼매나 영글기 하는동. 영글기 심어라.

영글받다 혱 똑똑하다. 아가 얼매나 영글받는동 한 번 듣고도 우예 그꼬 잘 아노.

영상이다 혱 흡사하다. 웃는 거 보이 지 아부지 영상인 기 빼다 박았다. 키가 훤칠한 기 지 아부지 영상이다. / 연상이다.

영애 몡 이엉. 영애 없는다고 이래 어설푸이더. 영애 엮그러 짚단 좀 가 온나.

영잎 몡 겉잎. 비가 와서 배추 영잎은 못먹게 되었다.

영장 몡 송장. 전쟁 때 송장 마이 치왔니더.

영치리 閉 통째. 도둑이 들어가 가아 있는 거 영치리 다 내줬다카데. 밭때기로 영치리 다 팔았디만 속은 편하이더.

옆때기 몡 옆댕이. 그 밭 옆때기에 뽕낭구가 있대이. / 여불때기. 섶. 여분대기. 여분데이. 여파리. 여피.

옆메 몡 곤방메의 옆부분. 질흙에 공기를 뺄라믐 옆메로 모둥고 꽃메로 치소.

예깨이 몡 여우. 자는 아가 예깨이 같네.

예비다 혱 여위다. 사람이 아프더니 디게 예뱄다.

예빈재이 몡 상황에 따라 말을 바꾸는 사람. 말을 요래 예빈재이 같이 이랬다 저랬다 하는 사람이 있지 왜.

예수 몡 여우. 예수 짓 좀 그만 해라.

예시벳 몡 놀. 가을 저녁에 강에 예시벳 지는 것 보면 참말 곱지럴. / 나구리. 나부리. 나모랭이. 나무리. 나불. 나오리. 누리. 북새. 뿔새. 서강. 우네.

예주루 閉 몽땅. 하는 것매동 예주루 실패했다카데.

예지랑날 몡 석양. 예지랑나레 왜 오노.

예지리 ⓤ 모조리. 모두. 낟알이 예지리 떨어졌네.
예축없다 ⓗ 틀림없다. 봐라, 내말이 예축없잖아.
예치기 ⓝ 여치. 가을게 알라들이 들에 다니며 예치기 많이 잡았지러. / 이치. 앵치. 애치. 여채이. 예치. 위치. 윤치. 칠치리.
옛취 ⓝ 자두. 올해는 옛취가 잘익었네.
오 ⓕ 에. 감자 푸대 창고오 갖다 나아라. 학교오 가는 길에 문방구 들러 사 가라.
오갈찌이다 ⓗ 오갈찌이다. 식물의 잎이 병들거나 말라서 오글쪼글하여지다. 형세나 형편 따위가 전보다 못하게 되다. 대추나무가 오갈찌여서 잎이 다 오그러들었네. 오갈지있나. 일이 지대로 안 피이고 오그래지기만 하네.
오굴챙이 ⓝ 올챙이. 어릴 때 개울게 가가 오굴챙이를 잡고 놀았지러. / 홀채. 홀채이.
오굼오굼 ⓤ 야금야금. 음식을 그래 오굼오굼 먹지 말고 푹푹 떠 가 먹으래이.
오글시다 ⓗ 쭈그리다. 다니는 데 불편하그러 문앞에서 그래 누 있노. 다리 좀 오글시 봐라.
오금 ⓝ 귀한 순금. 반지를 오금으로 해가 귀하이더. 오금은 미느리 줄라고 따로 놔 놨니더.
오금재이 ⓝ 오금. 쪼그리고 앉았더니만 오금재이가 아프네. / 오금지.
오금지 ⓝ 오금. 오금지 저리다. / 오금재이.
오널 ⓝ 오늘. 오널이 여 장날이시더. / 오날.
오다 ⓥ 외우다. 그기 온다고 오지나? 요즘은 오는 기 쉽지가 않애.
오단가리 ⓝ 끝장. 오단가리 내다. 오단가리 낼라그이 말들이 많애가 될라? 말 나온 짐에 오단가리를 내 뿌리자.
오단가리나다 ⓥ 끝장나다. 하던 일을 고마 오단가리시더. / 오단나다.
오단지다 ⓗ 야무지다. 그 집 할배는 얼매나 오단지게 일을 하는 동 몰시더.
오대 ⓝ 거상. 거는 대대로 오대라. 오대 밑에서 일한다카디 돈이 많은 갑네.
오도 ⓝ 주로 물을 긷거나 술을 담는 데 쓰는 질그릇. 모양이 동이와 비슷하나 좀 작다. 길을 잘못 디뎌가 오도가 깨졌뿌랬대이.
오도록하다 ⓗ 볼록하다. 팔에 뭐가 났나, 오도록하게 올라 왔네.

오동가리 몡 동강. 이전에사 연필 오동가리도 안 버리고 다 썼지러.

오둡다 혱 감싸다. 머라도 오둡어 두만 좋다 그드라. 얼매나 대단한 긴데 오둡어 싸 났노?

오라바시 몡 오라비. 너그 오라바시 좀 와보라 해라. 오라바시가 먼 데 간다고 챙기주러 집에 갔니더.

오라바이 몡 오라버니. 오라바이 밥 잘 먹고 잘 지내라 캐라. 그기는 너 오라바이 오만 같이 먹그러 놔 놔라. / 오라바이. 오라배. 오라뱀. 오라부니. 올바시. 오르바시.

오라배 몡 오라버니. 어릴 때 오라배가 날 마이 귀여워했지. / 오라바이. 오라뱀. 오라부니. 올바시. 오르바시.

오래띠리 몡 모두. 오래띠리 일가끼리 모있네.

오록나무 몡 오리나무. 오록나무가 자라다.

오롯하다 혱 오붓하다. 부부가 오롯하게 사이 보기 좋니더. 아들이 다 커가 외지로 가이 영감할마이만 남아가 오롯하그러 사니더.

오롱가랑잎 몡 갈참나무. 오롱가랑잎을 심다.

오롱나무 몡 오리나무. 오롱나무를 키우다.

오르장지 몡 오가리. 곤지할 때 쓸라꼬 무꾸 오르장지를 널어 말리니더.

오른재기 몡 오른손잡이. 오른재기가 아니래노이 자꾸 옆사람하고 데이잖나.

오리 몡 미역을 세는 단위. 국 끄려 주그러 미역 한 오리 가 오 수 이거요 자아 가믄 한 오리 에 만 원씩 하니더.

-오마 어 -으면. 돈을 마이 벌어 놨오마 너가 고상을 덜 할긴데. 배가 고프마 밥을 먹오마 되잖나?

오막방차리 몡 오망하게 생긴 소래기. 오막방차리사 나물 무쳐 먹을 때도 쓰니더.

오막버지기 몡 오망하게 생긴 자배기. 단지 뚜껑하거러 오망하이 오막버지기 사가 오시소.

오만소리 몡 오만소리. 수다하게 지껄이는 구구한 소리. 오만소리 하지 말고 그마 밥 묵자.

오망이圐 어머니. 오망이는 어데 갔노? 거 오망이가 부지런하이 아도 부지런하네.

오메기圐 여메기. 오메기를 잡을라면 물이 깊은 데 가야 된대이.

오무다圐 오므리다. 다리 좀 오무고 안즈라. 쓰레기 봉지는 오무래이 가 버리래이. / 오물수다. 오부리다.

오물수다圐 오므리다. 손을 오물수가 물 받아가 먹으면 된대이. / 오무다. 오부리다.

오뭏다圐 한데 합치다. 남들한테 가가 앉으만 물팍을 오뭏고 있어래이.

오방대틀圐 방틀의 규격이 큰 상여. 상여를 오방대틀로 꾸미자만 준비할 기 많애. 오방대틀을 들자만 상여꾼이 더 필요하이더.

오방지다圐 옹골지다. 나락이 오방지게도 엉글었네. 일을 시키보이 오방지그러 잘 했디더.

오방하다圐 오목하다. 오방한 항아리.

오부래지다圐 오무라들다. 안쪽으로 오무라 들어가다. 불을 쬐면 홀 오부래지잖아. 가마이 짤 때 짚을 틀에 나라 놓고 짜 가지고 땡기면 오부래져.

오부리다圐 물건의 가장자리 끝을 모으다. 고추푸대 오부리그러 끈 찾아 온나. / 오무다. 오물수다. 오무리다.

오부순하다圐 오붓하다. 식구찌리 오부순하게 모이가 밥 먹는 것도 시간이 안나네. / 오분순다.

오분디이圐 정이월에 난 사람. 나이는 같애도 그집 아는 오분디이래가 한 살 더 머었대이. 저는 정월달 오분디이 새일이다.

오분순다圐 오붓하다. 그래뵈도 그 집 살림이 오분순니더. 형제간에 이래 모이이 오분순고 좋니더. / 오부순하다.

오불지다圐 오달지다. 자가 몸피는 저래 작아도 얼매나 오불진동 모른대이.

오사라圐 오자미. 애들이 오사라를 가지고 논다.

오시랖圐 오지랖. 오시랖이 넓다. 오시랖 넓게 참견할라그지 말고 그짜 일이나 잘 하게. 오시랖이 넓으이 동네 일매둥 다 참견하고 다니네.

오심기圐 벼를 일찍 심는 일모작. 모심기철 될라만 한참 남았는데 오심기 한다고 하대.

오야 몡 오냐. 오야. 울만 호래이가 잡아 간대이. 오야. 알았다. 그마 말하래이.

오오다 동 외우다. 너무 어려버 오오는 기 어렵네. 우예 사람을 그꼬도 못 오오니껴?

오요가지 몡 강아지풀. 어릴 때 오요가지 뽑아가 남 뒷목을 간질이며 장난치고 그랬제. / 가지풀. 가아지풀. 간지풀. 올롱가지.

오으다 동 꼬다. 낯에 노란솜털을 실을 양짜로 잡고 베베 오아갖고 뽑으만 이마가 뺀지리해져.

오장치 몡 흙이나 쓰레기, 거름 따위를 담아 나르는 데 쓰는 기구. 오장치에다가 거름 담아 날라라. 거지 오장치같은 걸 갖고 온나.

오재기 몡 곡식을 담아 두기 위하여 짚으로 만든 그릇. 추수한 곡석을 오재기에 담아 놔래이. / 망태. 뚜꾸마리. 두구미. 둥구먹. 봉새기.

오점 몡 오줌. 자기 전에 물 마이 먹으만 자다가 오점 싼대이. / 오짐.

오줄 몡 사리판단. 그 이는 오줄이 분명하이께네 걱정할 거 없니더. 니가 오줄을 못 해가 저지른 일이라.

오줄봉태기 몡 주책바가지. 저 오줄봉태기하고 같이 살라 카이 속이 다 썩어 뭉깨진다. 오줄봉태기매로 왜 그카노?

오줌분지 몡 오줌 단지. 요강 갖다 오줌분지에 갖다 부라. 오줌분지 다 찼으만 밭에 갖다 뿌리그래이.

오징어 몡 오징어 모양의 그림을 그어 놓고 그 속에서 편을 나누어 서로 잡으면서 노는 놀이. 아들이 오징어 하니라 옷을 다 쨌대이.

오케 몡 정말. 오케? 진짜라?

오호롭다 형 외롭다. 오호롭지 않을라만 친구가 많애야 돼. 혼자 사이 오호로와.

옥걸리다 동 된통 걸리다. 자가 미꾸리 같이 잘 빠지 나가더이 오늘은 옥걸렀대이.

옥대차기 몡 사방치기. 옥대차기 잘 할라그만 돌이 납작한 기 좋아. 우리 옥대차기 하자. / 돌차기. 옥자.

옥도나물 몡 벌개덩굴. 옥도나물 잎사구도 살짝 데치서 먹으면 향이 좋애.

옥동이 몡 방구리. 얼라들은 옥동이로 물을 여다 날랐니더.
옥발나물 몡 단풍취. 단풍잎매이로 생긴 기가 옥발나물이 무치만 그쿠 좋니더.
옥발이 몡 옥식기. 옥발이에다가 밥을 담고.
옥버지기 몡 오망하게 생긴 자배기. 설겆이 하거러 옥버지기에 물 쫌 담아가 오니래이.
옥뿔 몡 앞쪽으로 난 쇠뿔. 뒷집 소가 옥뿔이 나가 짤라 냈다니더.
옥수구죽 몡 옥수수로 만든 죽. 머얼게 하도 없으이 옥수구죽 끼리 머었대이. 옥수구죽도 구수한 기 개않애여.
옥시기 뿐 기대치보다 넉넉하게. 옥시기 살라고 애쓰디만 집도 사고 땅도 샀다카대. 아들 가아 가라고 쌀하고 다 옥시기 담아 났니더.
옥식기 몡 입구가 오망한 밥그릇. 아부지밥은 옥시기에 퍼레이.
옥자 몡 비사치기. 아들이 옥자 하고 논다.
온 깜 뜻밖의 일로 놀라거나 언짢을 때 내는 소리. 우예 하는 짓이 글노 온.
온가래 몡 가래떡. 온가래사 시원은 데 놔또야 달라 붙지를 않니더.
온거 몡 먹거나 쓰던 것이 아닌 온전한 물건. 니는 매날 아이스크림을 한 입 깨 물어 먹고 주더라. 지발 먹지 말고 온거 쫌 다고.
온나 몡 통것. 무꾸는 썰지 말고 온나 고대로 너어래이. 수박 가 오라캤디만 온나 가 왔네.
온수지 몡 알짜배기. 저 집 며느리가 을매나 온수지인지 몰래.
온저녁 몡 저녁. 온저녁에 온다카디 와 아즉 안 오노? 온저녁에는 집에 있그래이.
올개이 몡 올가미. 노루 지나다니는 길에 다가 올개이 놔 노면 노루가 잡히. / 몽노. 몽매. 새구물. 새치. 새코. 얼룽개. 엉무. 옥노. 옥매기. 올감지. 올룽개. 올모. 올코. 창우. 헐렁개. 호동개. 호캐미. 홀끼. 홀랑개비. 홀무. 홀치. 홍노. 새차우. 몽노. 몽매. 새구물. 새치. 새코. 새털. 얼룽개. 엉무. 옥노. 옥매기. 올감지. 올룽개. 올모. 올코. 창우. 헐렁개. 호동개. 호캐미. 홀끼. 홀랑개비. 홀무. 홀치. 홍노. 새차우.
올고숳다 혱 올곧다. 사람이 히딱삐딱하는 기 올고숳잖다.

올기 몡 오리. 올기가 떼를 지어 저래 디뚱거리며 걷는대이.

올나물 몡 이른 봄에 돋아나는 나물. 미물나물도 일찍 나오이.

올때기 몡 온통. 나락이 영글 때가 되이 앞들이 올때기 누렇잖나. 우예 말하는 거매동 올때기 자식 자랑이니껴?

올랑강아지 몡 갯버들. 봄 되만 매화가 젤로 먼저 피고 올랑강아지도 나고 그러니더.

올리다 동 게우다. 아칙 먹었는 게 체했는동 먹은 거 다 올맀디만 힘이 하나두 없대이. / 기우다.

올믹졸믹 몡 올망졸망. 명절에 아들이 올믹졸믹 모디 앉아 노는 거 보이 보기 좋으이더. 올개는 대추가 올믹졸믹 마이도 달맀니더.

올바이 몡 오빠. 올바이는 손이 참 재발라서 서숙밭을 얼매나 잘 매는동 몰다.

올배 몡 오라버니. 오라버니가 있어 어매가 의지를 마이 했니더. / 오라바이. 오라뱀. 오라부니. 올바시. 오르바시. 오라배.

올삐 몡 올빼미. 올삐는 밤에도 닭을 물어 간다 카더라. / 부헝새. 온빼미.

올찮다 혱 좋지 않다. 바르지 않다. 내가 눈이 올찮어서 바늘 구녕을 잘못 끼울다.

옳지러 감 옳지. 옳지러. 니 말이 맞네. 옳지러. 그래 하만 된다.

옴박거리다 동 입을 벌렸다 오무렸다 하는 모습. 아가 입을 옴박거리고 먹는 것 좀 봐라. 엉가이 기엽네.

음닙 몡 놀은밥. 음닙을 빅나. 음닙 긁어 먹으믄 구수하이 좋시더.

옴방하다 혱 납짝하고 오목하게 생긴 것을 말한다. 옴방하게 생긴 그릇 가져 온나.

옷귀새기 몡 옷자락. 얼라가 점더러 어매 옷귀새기만 잡고 있어가 보기가 힘든대이.

옷치랍 몡 옷자락. 아아가 지 어매 옷치랍을 잡고 놓지를 않애. 옷치랍을 늘어뜨리가 건다아 자빠질라.

옹골지다 혱 고소하다. 가가 마이 잘난 체 하더만 저래 넘어지는 거 보이 참 옹골지대이. / 고시다. 꼬소롭하다. 오지다.

옹그래이 몡 옹알이. 얼라가 벌써 옹그래이를 한대이.

옹너리기 몡 옹자배기. 설거지 하거러 옹너리기에 그륵 담가놔래이. / 옹널비이.

옹널비이 몡 옹자배기. 고마 손이 미끄러져가 옹널비이를 떨짜 깼니더. / 옹너리기.

옹니쟁이 몡 옥니박이. 저 옹니쟁이가 누우집 아들이니껴? 옹니쟁이하고는 말도 마라.

옹디 몡 두둑한 땅과 땅 사이에 길고 좁게 들어간 곳. 비 올라카는데 옹디에 풀이 마이나가 물이 못 내리갈따.

옹 몡 물오리 잡는 덫으로 작은 막대 양끝을 뾰족하게 다듬고 가운데 끈을 연결해 둔다. 막대에 붕어나 미꾸라지 등 물고기를 꼽아 물오리가 물면 꼼짝을 못 한다. 물오리가 옹로를 물면 양끝이 뾰족하기 때문에 목에 걸리서 꼼짝을 못해.

옹모 몡 올가미. 토끼 잡으려면 옹모를 잘 놔야 된대이.

옹버지기 몡 우물에서 물을 이어 나를 때 쓰는 그릇. 옹버지기에다 물을 떠 이고 오다보면 일렁거리갖고 물이 반쯤은 없지.

옹이 몡 통째. 장조림에는 마늘을 옹이 넣잖네. 닭 한 마리를 옹이 혼자서 다 무웄나?

옹재기 몡 옹자배기. 딘장 단지 덮을 옹재기 사러 자에 갔다와야 될다. / 옹가지. 올찌세미. 옹가지. 옹재이.

옹차다 몡 사람의 행동이 빈틈 없이 꽤 아무지다. 무대기 요량하고는 옹차기 한다.

옹찰이 몡 옹자배기. 옛날에는 옹찰이에 다가 물 이 갖고 오기도 했어. 그기 오망하잖아.

옹총시럽다 몡 경망스럽다. 하는 행동이 우예 그꼬 옹총시럽노. 점잖게 좀 못 있나.

옻그릇 몡 오지그릇. 여사 꺼매기는 없고 모도 잿물쳐가 옻그릇만 맨드니더.

와롱기 몡 탈곡기. 옛날에는 와롱기로 타작을 했지.

왁딱왁딱하다 몡 버글거리다. 거품이 왁딱왁딱하다.

왈래이 몡 닭의 장풀. 왈래이는 이퍼리가 째롬하고 매끌매끌해. 왈래이, 구수재이, 냉이 이른 봄에 다 캐 먹어. 먹을 게 귀했으이 봄 되만 왈래이 마이 캐 먹었어.

왕거두 圐 낟알이 굵은 그루팥. 왕거두가 이케 굵단하노.

왕검처리 圐 아주 큰 거머리. 왕검처리가 피를 빨다.

왕굴깡 圐 왕골을 심는 물기가 많은 논. 왕굴깡에 물을 대다.

왕굴밤 圐 상수리. 갈게 왕굴밤 줍어가 묵해가 묵고 그랬제.

왕등하다 圐 풍기다. 음식 냄새가 왕등하다.

왕딩이 圐 왕겨. 왕딩이를 태우다. / 왕딩게.

왕딩게 圐 왕겨. 왕딩게로 불로 하며는 천처이 오래 탄대이. / 왕딩이.

왕바드래 圐 땅벌. 나무하다가 왕바드레에 쏘있는디 얼마나 아픈동 몰따. / 구무땡삐. 구무버리. 구무벌. 대추벌. 땡삐. 땅말버리. 때잉벌. 바느래.

왕지 圐 겉겨. 왕지 벗겨 걸금으로 쓰먼 좋제. / 겉게. 꺼뿔재. 딩게. 맵지. 신겨. 싱개. 아시등겨. 앙기. 앙지. 죽겨. 한딩기. 새껴. 새째.

왕철개이 圐 왕잠자리. 왕철개이를 잡다. / 왕처리. 철개이. 철기. 철배이. 철구. 초리.

왕철배이 圐 왕잠자리. 가을기 되이 왕철배이가 얼매나 많은동 몰래. / 왕처리. 철개이. 철기. 철배이. 철구. 초리.

왜못 圐 나사못. 왜못을 죄다.

왜추 圐 자두나무의 열매. 왜추사 낟알이 얼라 주먹만 하제.

왜투리 圐 장수잠자리. 잠자리 중에 왜투리가 젤루 크지럴. / 장구초리. 장수초리.

왯 圐 앵두. 왯이 빠알간 게 색도 곱고 술 담가 먹으면 향도 좋대이. / 앵도.

왯도리 圐 왕잠자리. 논에 왯도리가 얼매나 많이 나느동 몰래. / 왕처리. 철개이. 철기. 철배이. 철구. 초리.

외도가리 圐 외딴곳. 외도가리에 지은 집.

외따리집 圐 외딴집. 저짜 외따리집에 할매가 혼자 계시가 동네 사람들이 항상 신경 쓰니더.

외매늘 圐 외며느리. 외매늘을 들이다.

외소님 圐 천연두. 그 집 여자는 외소님이 와가 얼굴이 못쓰게 됐니더. / 손님. 병. 꽃. 대역. 나그내. 마누라. 별성. 비슬. 손. 시돗소님. 시두. 얼국배기. 유구. 작은님. 지두술. 한굿. 한축.

외째기눈 애꾸. 외째기눈을 뜨다.

외째기문 외짝으로 된 문. 외째기문을 열다.

외팔째이 곰배팔이. 김씨가 사고로 외팔째이가 됐지마는 을매나 열심히 사는 동, 잘살았으면 좋겠니더. / 고매팔. 골배팔. 팔빙신.

왼재기손 왼손. 밥 무울 때 왼재기손 씬다고 혼이 마이 났다. 왼재기손으로 칼질해도 저래 재발리 잘하네.

왼잽이 왼손잡이. 왼손으로 글씨 쓰는 거 보이 왼잽이네. / 왼짝잽이.

왼짝잽이 왼손잡이. 왼짝잽이래노이 가새질도 왼재기손으로 하잖나. 왼짝잽이래도 밥은 오른재기손으로 문다. / 왼잽이.

요 요기. 요가 되그러 머어라. 요를 맹글어 놓구 갔다 왔디이 고대로 있네. / 요구.

요공 뇌물. 일도 안풀리는데 요공이라도 바쳐야 풀릴라나?

요디지랄 개지랄. 요디지랄을 하다. 가는 평소는 젊잖다가도 술만 드가며는 요디지랄을 하니더. 어지가이 요디지랄로 하고 작치거래이.

요롱 요령. 요롱 소리 나는 거 보이 소 풀 뜯기러 갔나 이제 오는갑다.

요름 대비를 위해 물건 따위를 미리 간수함. 요름 생신.

요마하다 요만하다. 요마한 일.

요망이 요만큼. 요망이 잘못도 없다.

요시 요사이. 아지매가 마이 바쁜동 요시 통 얼굴을 못 볼따.

요중단지 요강. 아적에 일나글랑 요중단지 먼저 비우그래이. 방에 할배바아 요중단지 갖다 놓그라.

요지금 요사이. 요지금 몸이 아프다.

욕대배기 욕지거리. 욕대배기를 하다.

욕태배기 욕감태기. 욕태배기가 욕을 듣다.

용게치다 지랄하다. 별일 아닌 거 갖꼬 와 이리 용게치고 난리니껴.

용곡지 기름종개. 개울게서 용곡지를 잡아 왔니더. / 쌀미꾸라지.

용떡 떡의 한 가지.

용마라미 囝 용마루. 집 지을 때사 용마라이를 잘 올려야 되는 기라. / 댄마리. 댓마루. 용시이. 집마람. 용시이.

용싱이 囝 용수. 술이나 장 담글 때 용싱이가 있어야제.

용요이 囝 간식. 이전에는 용요이가 츰뿌리였어.

우구리다 囝 웅크리다. 몸 따위를 움츠러 들이다. 걸음 걸을 때 우구리 걷지 말고 허리피고 바로 걸어라. 앉을 때는 우구리 앉지 말고 바로 앉아라.

우기다 囝 차곡차곡 재다. 화루에 불을 우기 노면 오래도록 가.

우꿇다 囝 '붇다'의 사동사. 단지를 씰라만 먼저 물옇고 우까서 그래 헹가가 내니더. / 울궇다.

우두다 囝 떠받들다. 훌륭한 인물을 우두다.

우둘두둘하다 囝 얼굴에 뭐가 나서 피부가 매끄럽지 못하다. 화장품을 잘못 썼나. 얼굴이 우둘두둘한 것이 뭐가 마이 났네. 니 얼굴이 우둘두둘하네.

우디기 囝 김칫독을 덮은 움막. 우디기에 가서 동치미를 가져 오너라.

우디기 囝 찧기 위하여 말리는 벼. 갊에는 촌에 도로 가새 우디기를 마이 널어 놨니더.

우럭으로 囝 억지로. 우럭으로 참다.

우루우다 囝 우리다. 어떤 물건을 액체에 담가 맛이나 빛깔 따위의 성질이 액체 속으로 빠져나오게 하다. 멸치를 우루우다.

우룷다 囝 우리다. 녹두를 아시갈아가 물에 우라 놨다가 껍데기를 치대가매 빗기니더.

우룷다 囝 벼르다. 단디 우룽고 있었디만 우예 알고 도망갔삤네.

우리 囝 우박. 우리가 내리다.

우리 囝 울타리. 우리를 영글게 엮어야 오래 가고 짐승도 못 드오지럴. / 바재. 바지. 배재. 우따리. 우딸. 운달. 울. 울짱. 울딸.

우리하다 囝 몹시 아리거나 또는 욱신욱신하다. 무겁은 거 마이 들었디마 팔이 우리하니 아프대이.

우묵장성 囝 풀이 우거진 모양. 사람이 안 사이 풀이 우묵장성이다. 풀이 우묵장성이래노이 우짜노.

우뭇가시 몡 우뭇가사리. 우뭇가시로 우무 맨들믄 맛이 좋대이. 우뭇가시를 푹 삶아가 우무 맨든다카대.

우벌 몡 호박벌. 우벌이 날아다니다.

우벙떡 몡 우엉으로 만든 떡. 우벙이 몸에 그꼬 좋다카대. 우벙떡 맨들어 묵자. 우벙떡 맨들그러 껍질 빗기라.

우봉자 몡 우엉. 요새 얼라들은 우봉자사 도통 먹지를 않니더.

우북 뷔 제법. 가가 깨찌는 건 우북 한다.

우비쥐다 통 움켜쥐다. 사람이 욕심이 많애가 저래 자리를 우비쥐고 내놓지를 않니더.

우설지다 혱 그늘지다. 저 밭은 산밑이래가 우설져서 곡식이 잘 안 된다.

우신딴에 뷔 우선. 시장할 텐데 우신딴에 이거라도 드이소.

우야다가 뷔 어쩌다가. 돈도 마이 벌었다카디 우야다가 이래 거지꼴이 됐노? 우야다가 보이 이래됐니더. / 우째다가. 우짜다. 우짜다가. 우에다가.

우야든동 뷔 어떻든. 내가 우야든동 느거 둘이를 안 거둣캤나. / 우에든동.

우야문 뷔 어쩌면. 우야문 그래 노래를 잘 하노? 느거 아부지 그래 세상을 사니 우야문 좋노?

우에로 뷔 추가로. 알고보이 우에로 돈이 더 들어 갔디더.

우예 뷔 어찌. 대체 일이 우예 됐노. / 우이.

우예든동 뷔 어찌하든. 공부 열심히 해서 우예든동 합격 해래. 예든동 시어른 말씀 잘 듣고 잘 지내라.

우이 뷔 어찌. 어른들은 다 어데 가시고 우이 너어들만 밥을 먹노? 우이 그런 일이 생긴는지 몰다. / 우예. 어예.

우적바리다 통 성미 급하여 참지 못하고 거칠게 행동하다. 지한테 한소리했다고 바로 우적바리잖나.

우주부리다 통 대충 마무리하다. 대강 우주부리 놓고 온나.

우지지 몡 낟가리 위를 덮는 덮개. 볏단 비 안 맞게 엮어서 덮는 덮개를 우지지라고 해. 낟가리 위에다 우지지 덮어 놔라.

우짜다 뷔 어쩌다. 우짜다 보이 이래 됐니더. 보통 때는 멀쩡타가 우짜다 한 분씩 정신이 흐려진다. / 우예다. 우야다. 우야다가.

우짜다가 图 어쩌다가. 우짜다가 일이 그렇게 됐니껴. / 우야다가. 우에다가. 우째다. 우째다가.

우짜모 图 어쩌면. 우짜모 서울 간다카드라. 우짜모 한 분씩 전화도 하드라.

우짠 괜 어쩐. 여개는 우짠 일이고? 우짠 일로 니가 부탁을 다 하노?

우찌시 图 김칫독을 덮는 데 사용되는 이엉. 김장을 하만 짚으로 용마람을 엮어가 우찌시를 덮어놔야 되니더.

우찌시 图 웃기떡. 먼저 본편 놓고 그 우에 우찌시를 얹니더.

우체다 图 재다. 잘난 것도 없으민서 우체기는. 아들 잘 나아가 우체는 거 아이라.

우체바르다 图 어지빠르다. 해가 지이 새로 일을 하기는 우체발라가 안 될따. / 우체바라다. 우췌바르다.

우텁다 图 위태롭다. 산빼알은 걷기가 우텁고 하이 조심하거래이.

우티 图 혼인할 때 새로 해 입는 옷. 결혼준비로 우티를 했다.

우펍다 图 조심이나 두려움 없이 함부로 말하거나 일하다. 가는 왜 그꼬 우펍노?

욱적욱적하다 图 북적북적하다. 자: 갔디만 사람들이 욱적욱적하데.

운달 图 응달. 뒷마당에 운달이 져가 이끼가 나이 꼈대이. / 엄달.

운지나 图 어제나. 자는 유지나 저래 공부륵 역씨미 한 대가

운짐달다 图 초조하다. 아제가 시기 운짐달았는 모양이시더.

울 图 을. 술울 한 잔 대접할라그이 시간이 안 맞네. 해 지기 전에 굼불울 때그라.

울궁다 图 우리다. 갈비찜을 만든다디 괴기를 물에 울궁지 않고 그냥 하만 어예노.

울가내다 图 우려내다. 돌개이 무칠 때 시기 울가내야 쓴맛이 없어.

울그다 图 짚신이나 미투리 따위를 결어서 만들다. 고무신 나오기 전에서 짚으로 짚새기 울가서 신고 댕겼지러.

울매 图 큰 나무 망치. 울매 갖고 온나. 울매로 좀 쳐라. 울매로 쳐야 될다.

울미기 图 우르르. 그래 아들하고 울미기 댕기지 말고 일 좀 거들어래이. 모이 줄라고 부르이 새끼들이 울미기 이쪼로 모디 오데.

울양대 몡 녹두. 울양대를 갈아가 묵 쒀 먹고 했니더. / 녹디. 양대.
울치 몡 신울. 신은 운동화가 울치가 두껍고 든든하니더.
울콩 몡 완두. 울콩을 따가 밥 안칠 때 너만 좋지럴.
울쿠다 통 우리다. 돌가지는 물에 담가 쓴맛을 울카야 된대이.
울타리콩 몡 강낭콩. 얼라들은 밥이 없는동 울타리콩만 골라내고 밥을 먹는대이.
움 몡 우물. 날 더울 때 움에 가가 물 한 그럭 떠 먹으먼 속이 씨원하지럴. / 새미. 시미. 울굴. 웅굴. 웅데이. 웅디이. 웅덩이.
움지불시다 통 어떤 물건이 터지거나 벌어진 상태를 우선 대강 아무려 수습하다. 바지 고무줄이 터져가 대충 움지불시가 왔니더.
웃간 몡 김치를 하기 전 채소에 미리 소금을 뿌리는 것. 물짐치를 할라믄 미리 웃간을 쳐놨다가 낭중에 물을 붓니라.
웃깨이 몡 웃기떡. 본편이 발라야 웃깨이가 잘 붙어 있니더.
웃날 몡 볏. 밭고랑 낼 때는 웃날 없는 기로 해. 쟁기에 웃날이 없으만 흙이 양짜로 갈리기만 하고 뒤집어지질 않애.
웃마 몡 윗마을. 웃마에 마실을 가다.
웃불 몡 모닥불. 웃불을 피우다. 마다에 웃불 피워 노만 모기가 못 오재.
웃슬 몡 그늘. 우리 동네사 산이 높아가 웃슬이 빨리 지니더. / 우설. 우슬.
웅구러지다 통 우그러지다. 냄비를 땅바다아 패대기쳤디만 다 웅구러졌니더. 손가락이 다 웅구러져 우짜노.
웅굴물 몡 우물물. 웅굴따물에서러 장난하지 마라, 웅굴물에 코 빠주울라. 이전에는 수도가 없으이 웅굴물 길러 가 밥하고 설거지하고 했어.
웅치다 통 움츠리다. 뒤안에 가 가마이 웅치고 안자쓰니 모를다. 울타리 담 밑에 그마 웅치고 앉았다. / 움치리다.
웅판 몡 흙의 불순물을 제거하는 수조. 야야 노이 웅판 바닥이나 손 좀 보재이.
워어미 몡 워워. 워어미, 이 소가 와 자꾸 딴 길로 가노. / 널미. 오이미.
원간 틧 워낙. 아부지가 원간 인심이 좋아가 사람들이 마이 따랐대이.
원등거리 몡 몸체. 그꼬 갚아도 원등거리는 남았니더. 원등거리는 가마이 놔

두고 가에 꺼만 하만 일이 되나. / 원줄기.

원산 몡 용두머리. 원산이 베틀 두 앞다리를 연결해 주지. 원산에 뒤에는 신대가 앞에는 눈썹대가 붙어 있어.

원쇠 몡 원숭이. 생긴 건 꼭 원쇠그치 생기가아. 원쇠도 나무에서 떨어질 때가 있대이. / 원새이. 원시이. 잔내비. 잘래미.

원수지 몡 알짜. 그래도 이기 원수지라 카이 함 보소. 원수지는 지들찌리 다 묵어뿌릿다.

원시 몡 원숭이. 원시 띠들이 재주가 많다고 하지러. / 원새이. 원쇠. 잔내비. 잘래미.

원적 몡 소풍. 도시락 싸갖고 원적 가는 거 모르나? 옛날에는 소풍이라고 안 그카고 원적이라 캤어.

원창가 핌 워낙. 가가 원창가 눈이 높아가 어지간한 사람은 눈에도 안 찬다. 그 집 아들은 원창가 공부를 잘하이 걱정이 없을시더. / 원체. 원캉. 원천가아. 원척카.

원척카 핌 워낙. 아가 원척카 게을러가 큰일이시더. 땅이 원척카 커노이 일을 해도 표가 안나니더. / 원채. 원캉. 원창. 원천가. 원창가.

원캉 핌 워낙. 이전에는 원캉 머얼게 없어노이 밭에 나는 건 다 머었다. 자아 나가보이 원캉 비싸가 못 샀니더. / 원채. 원창. 원척카. 원천가.

월끼 몡 올케. 오라배도 없이 월끼가 아들 델꼬 어른 모시고 사느라 고생이 많애. 월끼는 어매하고 자아 갔다카네. / 월키.

위무리 몡 오이. 위무리를 따다. / 씨원케 챗국 만들거러 밭에 가가 위무리 좀 따와야 될따. / 무래. 무리. 물래. 물애. 물외. 물위. 에. 왜. 이. 위.

위사하다 톙 우세하다. 사람 많은 데서 넘어져가 위사했대이.

위섭다 톙 우습다. 아재가 같은 말을 해도 그래 위섭게 한대이. / 우섭다. 우숩다.

위참이 몡 참외. 여름에 더울 때 위참이 찬물에 담가 놨다가 먹으면 달고 맛이 지러. / 왜. 위. 참위.

위할부지 몡 외할아버지. 얼라가 위할부지를 을매나 따르는 동 몰따. / 위할배. 외할배. 위하라부지. 웨조부. 이할배. 웨할배.

유두 명 인두. 유두를 숯불에 달가가 저고리를 다리고 했지럴. / 윤도.
유두 명 천연두. 유두 딱지 긁으면 얽는데이. / 손님. 병. 꽃. 대역. 나그내. 마누라. 별성. 비슬. 손. 시둣소님. 시두. 얼국배기. 유구. 외소님. 작은님. 지두술. 한굿. 한축.
유룸 명 혼수 따위의 준비물. 간소하기 한다캐도 혼수 유룸인데 신경을 써야쟎나. 큰일도 있는데 유룸이라도 해야하는 거 아이껴?
유리 명 나리꽃. 강둑에 유리가 뽈뚜그리하게 예쁘게 피었드마.
유리비 명 우박. 굵다꿈한 유리비가 쏟아지는 나불에 비닐이 다 풀꿨다. 새복에 유리비가 내리가 수박을 다 망치 났니더. / 우박.
유리비이 명 유리병. 빈 유리비이 모다 났다 갖다 주만 얼매 준다카대. 찬지름짜가 유리비이다 담아났다 추석에 아들 조야지.
유세거리 명 자랑거리. 그 양반 요새는 아들 유세거리가 떨어졌나 조용타. 돈 좀 있는 게 무신 유세거리라고 저래 유세를 하고 댕기네.
유월콩 명 강낭콩. 밭에 가서 유월콩 좀 따온나. 유월콩도 밥에 놔 머면 맛있지.
유지럽다 형 흐뭇하다. 아부지가 너어들 노는 것도 유지럽기 보싰지. 손자 아아드리 보머 내사 참 유지럽고 보기 좋오터라.
유착하다 형 우쭐거리다. 뽐내다. 나무 한 짐 해다 놓고 유착하기는.
육날배기 명 날이 여섯인 짚신. 매우 성기다. 강언두 육날배기 집시이 우예 생긴는동 아아나? 육날배기는 성글기 때메 오래는 못 신는다캐.
육모초 명 익모초. 육모초가 산모한테 좋다그이 머라. 육모초 캐러 간다그디 쑥만 캐 왔드라.
육소 명 육우. 요새는 육소가 돈 된다고 집집이 마카 육소만 기르쟎네. 육소 살찌울라고 마이 미이따.
윷가치 명 윷가락. 옛날에사 낭게 깎아가 윷가치를 다 맨들어 썼지.
윷길 명 윷밭 네 개를 지나는 길. 윷길이께 윷 처가 업어 가자. 윷길이께 윷만 치만 잡는다.
-으고 어 -고. 감자 다 담고 및 개만 씻어래이. 이따 삶아 묵그러. 소 고삐 잡으고 쟁기질 할라그이 힘드네.

-으나따나㉘ -으나마. 차린 게 적으나따나 우선 요기나 하이소.
으러지다㉗ 떨어지다. 올개는 비가 마이 와가 대추가 고마 다 으러졌니더. 지난번 태풍에 사과가 모대 으러졌니더.
으로㉖ 을. 배가 디게 고파가 밥으로 마이 먹었더니 배가 아프대이.
으리하다㉗ 경계하다. 주의하다. 처음 일을 할 때는 으리해야 한다. 소 다룰 때는 의리하지 않으만 클 난데이. 낯질 할 때 의리해라. 손 빈다.
-으마㉘ -으면. 돈이사 많으마 좋지만 사람의 정이 더 중하지. / 으면.
-으민서㉘ -으면서. 가마이 앉아 있으민서 뭐가 힘들다 카노? 먹으민서 신문 보는 것 좀 하지 마소.
-으시더㉘ -읍시다. 동네 어른이 하시는 말씀인데 믿으시더.
-으시이소㉘ -으십시오. 여 와가 음석 좀 먹으시이소.
-으시이소㉘ -으십시오. 뼈이 서있지마고 어여 여 와가 앉으시이소.
-으이㉘ -으니. 아가 그래노이 가들이 놀리는 거 아이라. 자꾸 굶으이 기운이 없지.
-으이께네㉘ -으니까. 결혼하기 싫으이께네 아무도 안 만내고 혼자 살라 그지. 그래 급하게 먹으이께네 탈이 나지.
-으이께로㉘ -으니까. 비료는 내가 신청했으이께로 걱정 마소. 전화를 안 받으이께로 걱정했잖나. / 으이께네.
-으이더㉘ 습니다. 기이가 일을 안 하나 해가 피곤했으이더. 오늘은 날이 참 좋으이더.
-으이소㉘ -으시오. 이 곳에 앉으이소. 어서 오이소. 딴 데 보지마고 내말 좀 들으이소.
-은께로㉘ -으니까. 그쿠 먹은께로 살이 찌지. 동네 사람한테 길을 물은께로 이리 알리 주대. / 인께. 인께로.
을㉖ 로. 도청에만 있다가 면장을 갔으이 힘이 들시더. 과장을 갔으이 책임이 막중할시더.
-을값에㉘ -을망정. 아무리 힘이 들값에 일을 끝내야 될따.
-을꼬㉘ -을까. 그게 사실을꼬?

-을끄매이㉠ -을게. 내가 먹을끄매이.

-을라㉠ -으려. 달글 잡을라 하이 하도 빨리 달아나 잘 못 잡겠대이.

-을라㉠ -을까. 급하게 나갔는데 막차를 탔을라 몰따.

-을라고㉠ -으려고. 미꾸라지를 잡을라고 보이 없니더. 밥을 먹을라고 일났다가 다시 누웠니더.

-을라꼬㉠ -으려고. 늦었지만 이제사 밥을 먹을라꼬 하니더.

-을라끄덩㉠ -으려거든. 갈라끄덩 민기적 거리지 말고 퍼뜩 갔다 온나.

을럭㉾ 얼른. 손님 온다이께네 을럭 정리 좀 해라. 차 시간 늦기 전에 을럭 출발해래이.

-을로㉠ -을까. 미칠을 굶어가 얼매나 배가 고플로? 아파가 암껏도 못 머그니 얼매나 먹고 싶을로? 지금도 몸집이 굵은데 어렸을 때는 얼매나 뚱뚱했을로?

-을시더㉠ -겠습니다. 감자를 마카 담을라만 거는 작을시더. 거 너른 데를 혼자 다 했으이 힘들었을시더. 하루 점두룩 일을 했으이 배가 마이 고플시더.

-을시더꼬㉠ -겠더라고. 아침도 못 묵고 일만 해가 배고파 죽을시더꼬 하데.

을참㉾ 한참. 시간이 상당히 지나는 동안. 을참 기다렸는데도 안 오네.

을축갑자하다㉾ 무식꾼 티를 내다. 을축갑자하지 말고 그양 가마이 있으래이.

을푸시㉾ 어슴푸레. 생각해 보이 인자 을푸시 생각나네.

-음시더㉠ -겠습니다. 내일 물건을 보냄시더.

음장하다㉾ 제법 고루 갖추어 기풍이 있다. 가는 음장하이 쾌안태.

응걸래비㉾ 방아깨비. 논에 응걸래비가 천지시더. 응걸래비 잡아가 머할라고 그래 잡노? / 홍굴래.

응기나다㉾ 짜증나다. 몸서리나다. 응기난데이 자꾸 말 시키지 마라. 그 일만 생각하만 응기난다.

응정㉾ 응석. 응정 부리다. 아들 응정 받아 주니라 고생이시더. 얼라매치 응정 부리만 우애노.

이㉾ 가. 날씨이 덥다. 말복도 지났는데 올개는 날씨가 디게 덥대이.

-이㉠ -게. 그 동네 가마 기와집이 즐비하이 있는데 질 큰 집이 종가집이래.

얼매나 섭섭하이 했으마 연락도 없노? / -그러.
-이㉰ -니. 대목 밑에 또 제사가 있으이 손이 마이 가니더. 너른 집을 혼자 청소 하이 힘이 들지.
이㉱ 을. 머가 그꼬 급한동 옆도 안 보고 뛰 가는 거이 봤니더. 지 좋아 하는 거이 머라 카겠노?
-이가㉰ -냐. 니가 말한 게 사실이가.
이거리저거리㉲ 여럿이 마주 보고 앉아 다리를 쭉 뻗어 맞물리게 한 후 노래에 맞추어 다리를 세면서 노는 아이들 놀이. 겨울게 아덜이 방에 모여 이거리저거리 마이 하미 놀았지러.
-이게네㉰ -니까. 비가 마이 오이게네 살사이 다니래이. 니가 말을 안하이게네 오해를 사는 거 아이가. 아까는 기운이 없디만 좀 먹으이께네 좀 살겠다. / -이까네.
이기다㉲ 여기다. 그래도 나는 니를 친구로 이긴대이.
이까㉳ 니까. 모임에 가이까 오랜만에 친구도 만나고 좋디더. 쪼매 늦게 오이까 하마 가고 없데? / 이께네. 이께.
이까래㉲ 고삐. 이까래 매는데 잘 안 보이갖고 애 머었니더. 이까래께 소오똥이 문는 거야 보통이시더.
이깐 ㉳ 이까짓. 이깐 기 머라고 그래 좋나? 이깐 일로 그만둘 수 없니더.
이깐드로 ㉰ -니까. 니가 그래 하고 싶어 하이깐드로 해 보그래이. 약 사로 가이깐드로 하마 문이 닫아뿌따. / 이까네. 이께. 이께네.
이깨㉲ 파래. 이께를 새콤달콤하게 무쳐 먹으먼 입맛 돌지러. / 파랭이. 청태.
-이깨㉰ -니까. 가라도 되이께 니를 도와 주는 기라. 죽을 떠 믹이께 기운이 좀 난다카대.
-이꺼네㉰ -니까. 올은 눈이 마이 온다카이꺼네 살살 댕기라. 이래 공기 좋은 데 사이꺼네 건강한 거 아이라.
-이껀데㉰ -니까. 태풍이 불어가 논에 가이껀데 나락이 다 쓰러졌디더. 잔찻집에 가이껀데 손님도 많고 머얼 것도 많드라.
-이께네㉰ -니까. 이가 없으이께네 마이 못 먹니더. 깨 찌고 있으이께네 아들

이 와가 나물 해 논 거 주디더. / -이께로.

-이께로 ㉠ -니까. 값이 싸이께로 몇 개 사라. 회관에 가이께로 어른은 안 계시데요? / 이께네.

-이껴 ㉠ -입니까. 이게 뭐이껴.

이꼬 ㉕ '이렇게'가 줄어든 말. 멀 이꼬 마이 주니껴? 이꼬 놀만 언제 일하노?

이꽃 ㉽ 누룩곰팡이. 미주에 이꽃이 피야 장맛이 좋대이.

이꾸저꾸 ㉕ '이렇게 저렇게'가 줄어든 말. 이꾸저꾸 캐 봐야 소용 없니더. 어른들도 이꾸저꾸 말해싸이 알 수가 없대이.

-이끄네 ㉠ -니까. 모숨기 한다카길래 가보이끄네 하매 다 끝내고 참 자시디더. 나물이 올라오이끄네 쪼매 있으만 솎아 무만 될다. / 이꺼네. 이끄래.

-이끄래 ㉠ -니까. 오라캐가 가이끄래 술 한 잔 하자카데. 집에꺼짐 걸어가다 보이끄래 다리가 아프드라. / 이꺼내. 이끄네.

이끄러지다 ㉑ 이지러지다. 듣기 싫은 소리 좀 했디만 얼굴이 이끄러지디만 나가뿌리대. 동네 어르이 얼굴이 한짝 이끄러져가 무사 피해 다녔더랬어.

이끈 ㉽ 한참. 아지매 오도록 이끈 기다렸니더.

이나따나 ㉕ 이나마. 말이나따나 그래하이 고맙네. 오랜만에 오싰는데 밥이 나따나 드시고 가소. 남우 말이나따나 들을 줄 알어야지. / 인따나.

이내 ㉕ 이냐. 무슨 엄식이내 하면 이바지 엄식이니더. 여어가 어대내 하면 할매 위가시더.

이내기다 ㉑ 일으키다. 그꼬 무거운 짐을 혼자 이내기다 허리 다치만 우엘라 그나? 넘어진 사람 이내기 줄라카다 같이 자빠져가 다칬어여. / 인내키다.

이내끼 ㉽ 고삐. 소 안 내빼그러 이내기 꼭 잡고 있거래이.

이넉 ㉓ 당신. 이넉 소워이라 그이 들어 주지. 이넉도 사저이 있으이 그래 갔을 기지.

이놀래기 ㉽ 용치놀래기. 이몰래기는 물회로 먹어도 맛있고 얼큰하게 끓이 먹어도 맛있제.

이농 ㉽ 장롱. 아부지 두루막이 있는동 이농 열어 봐라.

이늘 ㉽ 비늘. 고등애는 이늘이 없다. 조구는 제사 쓸 거이께 이늘 먼저 손질

해가 나래이.

이닐기 몡 코뚜레. 오늘은 소아지 이닐기 끼는 날이대이. / 군지. 이닝게. 코꾼지. 코쿤지. 코꾼디리기.

이단저고리 몡 배냇저고리. 이단저고리 장만해 놔라.

이더 죄 ㅂ니다. 사람들이 거어 다 갔다이더. 어데가 아픈동 그꾸 아프다이더.

이등버지기 몡 바닥이 넓고 뭉툭한 버티의 종류. 이등버지기는 젓단지 우에 서리시소.

이따 죄 이다. 사람들이 좀 도아 주만 좋을다만. 그케 말이따. 소가 말을 안 들어가 걱정이따. / 이다.

이따구 때 이따위. 일을 이따구로 하만 우예노? 어는 놈이 이따구 행세하노?

-이라 에 -니라. 가만 나도도 잘 크니이라. 밥을 잘 챙기 먹어야 조리하는 데도 좋으이라.

이란저고리 몡 배냇저고리. 얼라 때 입히던 이란저고리 잘 챙기 났네. 이란저고리 입히 노이 얼라가 인물이 훤하이더. / 이단저고리.

이래 뛰 이렇게. 이래 보이 반갑네. 일을 이래 하만 언제 다 할로?

이러 죄 을. 고등애 토막이러 달라캐라. 콩이러 한 바가지 주만 받아 온나.

이런 죄 일흔. 어매가 올게 이런이 됐으이 잔치를 해야 된다.

이럽다 혱 어렵다. 머리를 맞대면 이러븐 일도 쉽게 할 수 있대이, / 애럽다 어룹다. 애럽다.

이렇구럼 뛰 이렇게. 농사를 이렇구럼 마이 짓나? 이렇구럼 오래 사이 좋은 구경 하네. / 이러금. 이쿠러. 이꾸러. 이꼬. 이키.

이로 죄 을. 자슥이로 델고 가이 신겨이 마이 쓰일기라. 작정하고 나간 사람이로 찾을 수가 있을라. / 로.

이루다 혱 이루다. 젊우이 내애우가 가저을 이라가 잘 묵고 잘 살었단다. / 이루다.

이루다 똥 일으키다. 말썽 좀 이루우지 마라. 밑에 남들 모욕카는데 우예서 꾸정물 쫌 이루우지 마래이. / 이루다.

이루다 똥 피우다. 얼라가 재롱을 이루는 게 을매나 이쁜동 보고 있으이 시간

가는 줄 몰따.

이롷다 동 잃다. 노름으로 돈을 이롷다.

이리다 동 일다. 쌀을 이리가 밥 안치레이.

이리다 동 읽다. 책을 마이 이리가 그런동 아는 게 많대이.

-이마는 어 -으면. 있이만 있는 대로 없이마는 없는 대로 살만 되니더. 줄 섰이마는 일찌그이 했으이 낀데.

이마빼이 명 얼굴의 눈썹 위로부터 머리털이 난 아래까지의 부분. 이마빼이 다 깼다. 하도 넘어져서 이마빼이가 울퉁불퉁하네. 얼매나 넘어지는동 이마빼이가 성할 날이 없다.

이마이 부 이만큼. 아들이 벌써 이마이 컸나. 나물은 이마이 해 놓면 됐다.

이막 명 이마. 얼라가 곳불에 걸렸는동 이마를 짚어보이 열이 절절 끓는대이.

이만때기 명 이마빼기. 이만때기가 뚝 튀나와야 아가 똑똑제.

이말모지로 부 에멜무지로. 이말모지로 맨들었는 기 이래 요긴하기 쓰일동 몰랐네. 이말모지로 캤는 말인데 앵가이 그니더. / 에말무지로. 에멜무지로.

이매 명 흉내. 그 사람 이매를 잘 하네.

-이무 어 -으면. 얼매 안 있이무 졸업이따. 콩이 다 영글었이무 타작도 해야지. / 으마. 으머. 이마. 이머.

이물다 형 과일 따위가 부딪혀서 망가지다. 호박 따위가 닿아서 흠집이 생겨서 시들다. 복상이 떨어져서 이물어서 못 먹겠네. 호박이 다 이물었네.

이밀기밀 부 곧 숨이 넘어갈 모습. 그 어른이 어제 쓰러졌다디만 이밀기밀 한다네.

이바구 명 이야기. 어예 그리 이바구가 끝이 없니껴. / 야:기.

이바구꾼 명 이야기꾼. 같은 야구래도 이바구꾼이 야구하먼 더 재미있지럴.

이바구쟁이 명 이야기쟁이. 동네 이바구쟁이 야구 들으면 참말로 재미있었대이.

이바구책 명 이야기책. 얼라 때 어매가 이바구책을 마이 읽어 줬니더.

이바취 명 비비추. 이바취에 꽃이 피다. / 이밥추.

이받다 동 도와주다. 낼 옆집에 모내기 한다케서 이받으러 가니더.

이밥추 명 비비추. 이밥 해가 이밥추에 싸 머어만 마시 좋니더. 장 낋일 때 이밥추도 너만 마시 좋대이. / 이바춰.

이배기 圐 이야기. 이배기만 들으며는 저래 신이 나가 시간 가는 줄 모른대이.

이부리다 圐 일으키다. 몸을 이부리다. 그 집 어른이 몸을 이부리지도 못할 정도로 안 좋다니더.

이부어매 圐 의붓어미. 아지매가 이부어매라도 아들한테 을매나 잘하는동 몰래. / 낯선어마이. 다시애미. 다신어마이. 다신엄마. 앙모. 이붓어마이.

이붓 圐 이웃. 먼 친척보다 이붓이 낫다는 말도 있지러. / 이웃.

이새기 圐 이삭. 이새기 줍다. 벼 베놓고 이새기 주야지.

이서 圐 에서. 남우 가게 앞에서 소리 지르만 우예니껴? 큰집이서 음식 드시러 오라카데요.

-이소 圐 -십시오. 내 말 좀 들어 보이소.

-이소 圐 -십시오. 날도 어둡한데 집에 조심해 가이소.

이수다 圐 잇다. 죽기 전에 저거뜰 끄이나 이사 주고 가얄 긴대. 베 짜다가 끊기인 실 이수는데느 누부야 따러갈 사람 없일 기이다. / 이숭다.

이수매 圐 이음매. 이수매가 헐거웠는동 들고 가다 이수매가 풀리가 혼났니더. 이수매를 단다이 묶어야 안 풀린대이. / 이시매.

이숭다 圐 잇다. 베 짤 때 실과 실을 이숭지. 줄이 짧으면 이숭지 뭐하노.

이슬치기 圐 술에 취한 사람처럼 뒷다리를 감아 치면서 걷는 걸음. 자가 이슬치기 숭내된다꼬 하다 넘어졌대이.

이시기 圐 이삭. 이시기를 조 모다 놔래이. 보리 이시기가 여물 때꺼정 연명할라카이 양식이 부족하니더.

이실비 圐 이슬비. 아침부터 이실비가 내리니더. 이실비에 옷 젖는 줄 모린다 캤다.

이애다 圐 이다. 지붕 이애 노이 보기 좋니더. 지붕 이앤 지 얼매 안 됐는데 비가 새노?

이야이 圐 이왕. 이야이 시작했으이 잘 해 보그라. 이야이머 질 좋은 걸로 주소.

이약 圐 언약. 이약을 했으이 사 줘야 되지 않을라. 지키지도 못 할 이약을 하마 안 된대이.

이약먹다 동 약혼하다. 어여 너거들이 올해는 급한대로 이약먹고 해야지러.

이양 뮈 이왕. 이양 이래 된 거 부모가 참아야지. 이양 떡을 할라카만 지대로 해야지.

이양 뮈 이내. 눕자마자 이양 코를 고네. 학교 마치만 다른 데 댕기지 말고 이양 집으로 온내이.

이양 뮈 이냥. 이양 이대로 두고 보이시더. 이양 있으만 먼 일이 날동 모르이 우선 피하고 보소.

이양떡 명 경사나 좋은 일이 있을 때 나누어 먹는 떡. 이양떡으로 보낼라 그는데 얼매나 하만 될리껴? 이바지 이양떡 왔다이더.

이양매로 뮈 그대로. 가가 이양매로 전했니더. 이양매로 가마이 있으소.

이어코 뮈 이윽고. 말이 없더이 이어코 머라 말을 할라 그니더. 한참을 기다맀디만 이어코 김이 올라오기 시작했니더.

이여꿈 뮈 여태껏. 이여꿈 일한기 가지래. 자네 이여꿈 머 하고 있었기내 아이꺼정 꾸물대고 있노?

이역 뎁 당신. 아들이 이역하고 우예 그꼬 똑 같니껴? 이역 난 자석이라도 딸의 자석이 자석이께네, 딸한테 분배로 해 달라는 게래. / 이녁. 이늑. 이윽.

이오리 명 잉앗실. 이오리를 거고 사올도 거지러.

이우다 동 끼니를 때우다. 올 점심은 감자로 점심 이워야될따.

이울 명 이불. 방 식는다. 이울 피 나라. 손님 왔다고 이울도 새이울네.

이월장 명 이월에 담근 장. 이월장이사 제사에는 안쓰니더.

이윽 뎁 당신. 내는 개않으이 이윽이 좋을 대로 하소. 이윽이 그리 말하이 할 말이 없네. / 이녁.

이이레 뮈 예니레. 이이레 전에 아들네 댕기왔니더.

이인네 명 여편네. 그 집 이인네가 물구우신 겉은 얼구리로 문을 여얼고 내애다보는데요. 남정네 입성만 보머 집 이인네 솜시가 어떤도을 짐작할 수 있지러.

이잠 명 두잠. 누에가 이잠 자고는 더 커졌네. 애벌잠 자고 두번째 자이 이번이 이잠이시더.

이저끔 ㉿ 이제껏. 이저끔 밥도 안 먹고 뭐 했노. / 이적지.

이적 ㉿ 인제. 날짜 지냈다고 이적은 안 된다카드라. 이적이라도 안 늦었으이 얼른 가 보그래이. / 인자아. 인지.

이적 ㉿ 여태. 심부름시킨 지가 언젠데 이적 안 오노? 이적 밥도 안 묵고 뭐 했노? / 이적지.

이적내 ㉿ 지금까지. 이적내 밥 준비하느라 정신없었니더. 시간 다 됐는데 이적내 준비 안 하고 머하고 있노?

이적지 ㉿ 이제껏. 이적지 뭐 하다 이제 오노. / 이저끔.

이정내 ㉿ 남편. 이정내를 얻다. 나가 들어도 여자 혼자 살기보다 이정내가 있으믄 좋재. / 냄펜. 아아바이. 지아부지. 제아부지.

이지다 ㉿ 미루적거리다. 두고두고 벼르다. 왜 일을 제때 안하고 이지노. 이지기만 하고 언제할라카노.

이진가리 ㉿ 실이나 줄, 끈, 바, 새끼 등의 토막. 털실 이진가리 묶어가 어매가 옷을 떠 줬는데 을매나 따신동 몰따.

이척거리다 ㉿ 어슬렁거리다. 장에 갔다 살 게 없어가 이척거리다 왔니더.

이척대다 ㉿ 어슬렁대다. 이크로 길에서 이척대지 말고 어여 가시더.

이츨 ㉿ 이렇게. 머한다고 방을 이츨 지저분하그러 해 놨노? 이츨 마이 묵어도 배탈이 안 나네. / 이꼬. 이꾸. 이쿠. 이쿠로. 이클. 이칠.

이치대다 ㉿ 상대방에게 몸으로 짓이기며 이아치대다. 아가 자꾸 이치댔사 일을 못 할시더. 야가 가마이 모 있고 이꾸로 이치대노. / 치대다.

이칠 ㉿ 이렇게. 국이 이칠 식어가 우예 묵겠노? 이칠 아파가아 걱정이시더. / 이쿠. 이쿠로. 이키. 이클.

이카고저카고 ㉿ 이러고저러고. 이카고저카고 말할 것 없이 퍼뜩 가자. 이카고저카고 따질 것 없이 하만 된다.

이코 ㉿ 이렇게. 이코 마이는 필요 없니더. 이코 말했는데도 모 알아들으만 할 수 없는기제. / 이쿠. 이크러.

이코저코 ㉿ 이렇게 저렇게. 이코저코 캐 봐야 소용 없으이께네 고마 해라. 이코저코 따져도 소용없으이께네 잊자 뿌리라. / 이꼬저꼬.

이쿠 🖻 이렇게. 내가 이쿠 아프이 오래 사지는 모할따. / 이코. 이크러.

이크러 🖻 이렇게. 아한테 뭐 이크러 큰 돈을 주시니껴? 일이 이크러 밀렀나.

이타리 🖻 고삐. 소 몰 때 이타리 꼭 잡아래이. 소 풀 띠끼러 갔다 이타리가 풀리가 클 날 뻔 했니더.

이통수 🖻 뒤통수. 아무리 그캐도 이통수를 때리면 우예노. / 뒤꼭대기. 뒤꼭지. 뒤통배기. 뒤통생이. 뒤통시. 뒤꼭댕이. 뒤짱배기. 뒤통세. 뒤통시.

이핀내 🖻 여편네. 잔소리를 마이 해도 요 메칠 이핀내가 없으이 마이 허전테이. / 옌네. 인네.

익다 🖲 가마의 고온으로 잿물이 맑은 빛으로 녹다. 잿물이 익고 쬐매 불을 더 넣으며는 인제 그륵이 뻘거지니더.

익쿻다 🖲 익히다. 돼지고기는 다 익카 먹어야 된다. 센 불에 익쿻는다.

-인교 죄 -ㅂ니까. 내가 말하는 게 지난 번에 그쪽이 말한 그거 아인교.

-인께 죄 -니까. 아까 자아 가자고 가인께 읍데. 꽃을 마이 보인께 좋네.

-인께네 죄 -니까. 가서 볼 모양인께네 잘 피이 놓으소. 팔 물건인께네 조심해서 다루소.

인냉 🖻 시비. 하도 옆에서 인냉을 걸어와가 싸웠니더. 이기 누구한테 인냉을 거노?

인따나 🖲 라도. 옷인따나 입고 가지. 추운데 그냥 나가면 감기 걸린다. 밥 먹을 시간이 없으만 국인따나 먹고 가라. 뭐따나 해야지. 다 큰 아가 그래 놀만 우예노. 이긴따나 가주 가거라.

인아 🖻 여자아이. 인아를 키우는 재미가 쏠쏠하니더. / 인네.

인작 🖻 진작. 사업을 인작에 접었으만 손해는 적게 봤제. 인작에 말 하라카이 안 하드만 우예노?

인절쑥 🖻 사철쑥. 국화과의 여러해살이풀. 인절쑥이 돋아나다.

인지 🖻 강정. 설 되만 콩인지, 깨인지 마이 했는데 오새는 귀찮애서 안 해.

인지사 🖻 이제야. 인지사 말이지만 그때는 먹을 끼 귀했어. 인지사 그걸 말해 뭐 하노.

인진배기 🖻 코뚜레를 낄 때가 넘은 송아지. 아이들이 몸집은 크나 소견머리 없이 행동할 때도 씀. 그 집에는 인진배기가 넘은 소아지가 네 마리나 있데. 앞집에 큰 아는 인진배기 같드라.

일가뿌다 ⓗ 잃어버리다. 동네 아제는 소 사러 자 가다가 돈 일가뿌러서 낭패 났다 카더라. 지 이름 석자는 적어놀 줄로 알아야 떡 당시기는 안 일가뿔 꺼 아입니꺼.

일개 ⓗ 일가. 예전에사 일개가 모도 한 동네에 모여 살았지러.

일고 ⓗ 일곱. 밭에 일한다고 놉을 일고를 했니더.

일궇다 ⓗ 일구다. 땅을 일궇다.

일끈 ⓗ 일껏. 애써서. 일끈 일 가르쳐 노이 그만 두고 간다카네.

일더듬이 ⓗ 일의 진행을 더디게 만드는 행동이나 일. 야가 날 일 못하그러 일 더듬이를 얼매나 맨드는 동 아나.

일받다 ⓗ 세우다. 태풍 때메 벼가 다 쓰러졌드라. 이따 벼 일받으러 가자.

일밧다 ⓗ 일으키다. 가만이 서서 일바사주는 것도 힘들다고 하면 어쩌노. 고추 넘어진 거 얼른 일바사주고 온나.

일빈 ⓗ 금방. 일빈 일러 노이께네 다 잊어 뿌렀나. 일빈 이야기 하이께네 니는 멀 들었노. 야는 아까 내가 일빈 일러놨다만 아직도 안했나.

일안저구리 ⓗ 배냇저고리. 갓난얼라 때사 일안저구리를 입히지럴.

일으다 ⓗ 읽다. 방에서 책만 일으지 말고, 밖에 나와 보소. 장기 둘라믄 상대방의 수를 일어야 이기지.

일쯔가니 ⓗ 일찌감치. 서울 간다고 아침 일쯔가니 떠났니더. / 일찌감시. 일찌거이. / 일찌감시. 일찌거이.

일찌감시 ⓗ 일찌감치. 될 성 부른 놈은 일찌감시 알아본다. 일찌감시 아침 해 먹고 밭에 가시더. / 일쯔가니. 일찌거이.

일찌거이 ⓗ 일찌감치. 저녁을 일찌거이 해 먹고 가라. / 일쯔가니. 일찌감시.

일쿻다 ⓗ 잃다. 돈을 일쿻다.

입게다 ⓗ 입히다. 오늘 눈 온다 카더라. 아 옷마이 입게라. 언니 옷을 입게 보이 마이크네. 다 큰아를 지 혼자 입게 놔두지 뭐 그꼬 입게주노.

입마가리 ⓗ 입마개. 소 몰고 가기 전에 입마가리 해가 나가래이. 입마가리 해

노이 풀을 못 뜯어 머가 소도 엉가이 답답할기래.

입모숨 몡 입아귀. 입모숨을 크게 벌리가 음석을 먹어래이.

입삐뚤래미 몡 언청이. 요새사 입삐뚤래미도 수술하먼 발라진대이.

입새 몡 입은 모양새. 가아 입새 좀 보소. 밖에 나갈 때는 입새 좀 신경 써래이. 입새를 보이 꼭 양반집 자손 같드라.

입수거리 몡 입술. 요새 하도 피곤해가 입수거리가 다 부르텄니더. / 입서버리. 입서벌. 입수불. 입설. 입수워리. 입수월. 입시버리. 입시불. 입시블. 입싸가리. 입술부리.

입술부리 몡 입술. 입술부리에 침이나 바르고 거짓말 하소. 추바서 입술부리가 다 텄다. / 입서버리. 입서벌. 입수불. 입설. 입수워리. 입수월. 입시버리. 입시불. 입시블. 입싸가리.

입식기 몡 놋그릇. 입식기사 귀하지만 건사하기가 쉽잖애.

입싸개 몡 입이 싼 사람. 사람이 말이 많아 입싸개다.

입주디 몡 입버릇. 자꾸 욕하고 그라만 입주디가 나빠진대이.

입지임 몡 입김. 얼매나 추운지 입지임 나오는거 보래이. 얼매나 뜨거운지 입지임을 불며 뜨건 감자 묵었다. / 입짐.

입칠 몡 풀칠. 그 집은 겨우 입칠 할 정도라네. 보릿고개에는 사흘에 한 끼 입칠 하기도 힘들었대이.

잇방달 몡 잇몸. 어젯밤에 오징어를 먹었서 그런동 일라니까 잇방달이 아프네.

잉 몡 흉내. 그놈 참 다른 사람 잉도 잘 내네. 앞집 아재는 원숭이 잉을 잘 낸다고 하데. / 잉내.

잉개 몡 이엉. 담에 이어놓은 잉개가 다 삭았쁘릿네. 오늘은 초가 지붕 이게 잉게 좀 역어야겠다. / 영개.

잉약다 혱 영악하다. 가가 나이답지 않그러 참 잉약디더.

-잉이 에 -으니. 가기로 했잉이 가야지. 아하고 한 약속을 안 지키만 우짜노? 배가 고팠잉이 묵지 안 그라만 입에 대또 않는다. / -으이.

잉재이 몡 흉내쟁이. 니는 잉재이맨치로 남 숭내를 잘 낸대이.

잊어뿌다 동 잊어버리다. 나가 들어가 그런동 물건을 어디다 놔던지 자꾸 잊어쁜대이.

잊제 ㊁ 이튿날. 열이 불덩이 가태에가 걱정했디만 잊제 다 나았다카대. 서울 가는데 길이 맥히가 저녀어 출발하디만 잊제 아적에 도착했다니더.

자가비 ㊁ 겨드랑. 자가비 밑에 뭐가 났는동 이꼬 가렵네. 자는 책을 자가비에 끼고 핵교 가네. / 개더랭. 개드랑. 개디랭이. 겨드래이. 겨드랭. 계드랑. 자가비. 자드락. 자드래기. 자트랑. 저지랑. 차드랑.

자갊 ㊁ 자갈. 밭에 굵은 자갊이 많애가 농사 짓기에 힘들시더. 자갊을 담아 옴기는 데는 소쿠리가 제일이다.

자구럽다 ㊗ 졸리다. 밥을 금방 먹었더니 하품이 자꾸 나오는 기 디게 자구럽대이. / 자부럽다. 자브럽다.

자그나 ㊁ 웬만히. 이게 그만 하면 자그나 했으이 일을 끝내시더.

자그나하다 ㊗ 어지간하다. 고마 해도 될따만 니도 참 자그나하대이.

자그레기 ㊁ 벌레 먹은 콩이나 팥. 자그레기가 생기다.

자그레지다 ㊗ 자지러지다. 몹시 놀라 몸이 주춤하면서 움츠러들다. 자그레진 기침.

자낳다 ㊗ 병을 앓거나 앓고 난 후 몸을 추스르다. 아부지요 우야든동 잘 자낳고 집안 걱정은 마이소. / 장웋다.

자느름 ㊁ 가늘게 오는 비. 자느름에 옷이 다 젖었다.

자닥 ㊁ 아름. 배추를 한 자닥만 안고 가거래이. 장작 한 자닥은 무거우이께네 쪼꿈씩 날라라.

자드랑 ㊁ 겨드랑이. 날씨가 더운데 일을 마이 했디 자드랑이에 땀이 마이 난 대이. / 개더랭. 개드랑. 개디랭이. 겨드래이. 겨드랭. 계드랑. 자가비. 자드락. 자드래기. 자트랑. 저지랑. 차드랑.

자들치다 ㊗ 자지러지다. 얼라가 뭐에 놀라는동 저래 자들치게 울어된대이.

자랍 ㊁ 재롱. 그놈 참 자랍도 잘 떠네. 손주 자랍에 늙지도 않을시더.

자래기 ㊁ 길이. 새색시가 자래기가 긴 치마를 입고 일을 하이 감푸지. 자래기가 긴 짚단은 묶기도 파이다. / 지래기.

자래떡 ㊁ 밀가루 반죽에 애호박과 풋고추를 섞어 찐 떡. 자래떡을 만들다.

자래이 몡 자라. 자래이 목이 쑥 들어 가 안 보인다. 자래이 인동 거부기 인동 모를따.

자러기 몡 줄기. 뭐가 서러워 두 자러기로 눈물이 나는동 몰다. 이래 더운 거 보이 소내기 한 자러기 내릴다.

자릅 몡 잔병. 니 형은 자릅 한 번 치른 일 없다. 어릴 때 자릅 치레를 하면 커서는 건강하대이.

자리 몡 질그릇이나 오지그릇을 만들 때 그릇의 크기나 일의 양을 따질 때 사용하는 단위. 여게 우리 동네는 여섯말들이 택이 한 자리가 되니더.

자리다 혱 짧다. 얼라가 마이 커가 소매가 자리졌대이.

자리바가치 몡 자루바가지. 자리바가치로 당가루 좀 떠 온나. 콩깍지는 자리바가치에 담아라.

자매기 몡 나락꽃. 자매기 필 때는 논물이 많아야지.

자먹다 동 잡아매다. 개가 나다니지 않게 잘 자먹으래이.

자무술래다 혱 까무러지다. 각중에 그런 소리를 들으깨네 놀래 자무술래 뿌린기라. / 자물채다.

자묵다 동 잡아먹다. 미꾸리를 자묵디이 힘이 나네. 자묵을 게 없어 남의 달구새끼를 자 자묵나.

자물씨 몡 자물쇠. 집 비울 때사 문을 자물씨로 잘 채워야재. / 문통. 셋대. 쇗대. 쇠대. 쇠통. 싯대. 자물세. 자물통. 자믈쌔. 재물통.

자물채다 동 까무러치다. 누 아가 자물채게 우노. 얼매나 놀랬는 동 자물챌 뻔 했잖나. / 자무술래다.

자바리 몡 그릇 따위의 밑바닥. 그릇 자바리가 올찮아가 자꾸 기운대이.

자발따지다 혱 자빠지다. 길이 디기 미끄럽대이. 안 자발따지게 조심해서 댕기라.

자방털 몡 재봉틀. 예전에사 집에서 자방털로 옷을 맨들어 입었지러. / 마선. 발틀. 자방침. 자봉침. 자봉틀. 재봉기. 재봉침. 지봉틀.

자배자배 튀 자세히. 우째된 일인지 자배자배 말해 봐라.

자부동 몡 방석. 손님 오셨으니 자부동 내와라.

자부래미 몡 아가미. 물괴기는 자무래미로 숨쉰데이. 붕어 자부래미에 바늘이 꼬피가 자피다.

자부레미 몡 졸음. 밥을 금방 먹고 났디 자부레미가 온대이. / 자버럼. 자보름. 자부람. 자부럼. 자부림. 자불음. 자브람. 자붊. 조리미. 졸엄.

자북하다 혱 자욱하다. 오늘은 안개가 자북하게 끼가 앞이 잘 보인대이.

자불대다 혱 종알대다. 뭐가 그래 맘에 안 들어 그래 종알대고 있노.

자불쑥 몡 쑥부쟁이. 가을게 산에 가면 색 곱은 자불쑥꽃이 마이 피어 있지러.

자빠둥하다 혱 거만스럽다. 가가 평소도 행동이 좀 자빠둥한 데가 있잖나. 자빠둥한 표정 좀 보래.

자빠좋다 동 넘어뜨리다. 가마이 좀 있거라. 그래 뛰 댕기다가 빨래 자빠줄라. 청소한다디만 가마이 있는 화분은 왜 자빠좋노. 빨래 장대이를 누가 이래. / 자빨시다.

자빨시다 동 자빠뜨리다. 사람을 자빨시다. / 자빠좋다.

자뿍 튀 자욱. 온 집에 자뿍 연기가 차서 매케하네. 잔에 자뿍 물을 따르거라.

자새 몡 개숫물. 예전에사 자새도 아껴 쓰고 그랬제. / 꾸정물.

자새 몡 공기놀이. 아들은 자새를 마이 하잖나. 자새도 여럿이 하만 더 재미있대이.

자새다 동 잣다. 양수기나 펌프 따위로 낮은 데 있는 물을 빨아 올리다. / 펌프를 자 새다.

자새받기 몡 엽전 다섯 개를 손등에 올려 받는 놀이. 야들아 자새받기 함 하자. 자새받기도 잘 할라그만 연습 해야 된대이.

자스러지다 동 자지러지다. 어제 밤에 낯선 그림자 보고 자스러졌다 자스러지게 기침을 하는구나.

자언 몡 장인. 자언 어른 그 동안 잘 계셨니껴. / 변장. 병자어런. 병장. 빙장. 병장님. 빙자님. 자인영감. 재인. 쟁인.

자에다 동 재우다. 얼라 자에라. 아를 자엤디만 조용하네.

자우 몡 쌍. 이번 장날에는 토끼 한 자우 사야 될따.

자잘궂다 혱 작은 일에도 재치있게 웃기는 장난을 잘하다. 그 사람은 자잘궂어서 인기가 많아.

자재기 🅜 자치기. 설날에 동네 아들이 모이만 자재기 놀이 했는데 요새는 통 못 볼시더.

자재다 🅞 잦히다. 논물을 잘 자재야 빨리 모를 심지. 밥물이 많아 한참을 자 잤다.

자재자재 🅟 주저주저. 자재자재 말하지 말고 빨리 대답 해래이. 할 말 있으만 빨리 해라. 자재자재 그다 보만 시간 다 간대이.

자재하다 🅞 주저하다. 아가 쑥스러운동 자재하기만 하노. 할라고 했으만 해야지 그래 자재하다아 시간만 보내만 니 손해지.

자지이다 🅞 잦히다. 논에 물을 넣어 잘 자지있다. 밥물이 많아가 잘 자지이지 않네. / 자재다.

자척 🅜 뜻밖의 손실이나 손해. 살다 보믄 자칙이 있기도 하지러.

자총파 🅜 쪽파. 곰탕에 넣게 자총파 좀 쓸어 온나. 밭 전체가 온통 자총파구나.

자치 🅜 자투리. 자치 무명. 옷감 쓰고 자치 모아가 밥상보 만들어 쓰먼 좋지 럴. / 짜트마리.

자테 🅟 에게. 저녁 먹고 나서 속죽 끓이가 소자테 갖다 줘야 된대이.

자트랑 🅜 겨드랑이. 자트랑을 건들므는 디게 간지럽대이.

자푸리 🅜 베로 짠 것. 자푸리는 비 짠 거를 말해. 자푸리 갖고 옷 맹글지.

작단 🅜 작당. 아들이 작단을 지기가 방이 난리이시더. 또 먼 작단을 하고 댕기길래 이래 늦게 댕기노?

작두사기 🅜 잔대. 작두사기사 생으로 마이 무쳐 먹어여.

작없 🅞 요량없다. 작없이 그래 행동하지 마라.

작은님 🅜 천연두. 작은님을 앓다. / 손님. 병. 꽃. 대역. 나그내. 마누라. 별성. 비슬. 손. 시돗소님. 시두. 얼국배기. 유구. 외소님. 지두술. 한굿. 한축.

작은당 🅜 한참. 산이 높아가 작은당 올라가이 하늘이 보이드라. 작은당 기다리도 안 오길래 먼 일이 났는가 싶드라.

작은아발 🅜 작은아버지. 내일 니네 작은아발네 좀 다녀 오그라. 이번 제사에는 작은아발이 못 온다카더라. / 작은아베.

작은아베 몡 작은아버지. 가서 작은아베 모셔 온나. / 작은아발.

작은어메 몡 작은어머니. 가서 작은어메 모셔 온나.

잔내비띠 몡 원숭이띠. 집에 잔나비띠가 세 명이나 있니더. 잔네 아들 띠가 잔나비띠라? / 잔나비.

잔네 몡 자네. 그 사람이 자꾸 그런다고 잔네도 그러면 못 쓰네. 잔네들은 그기 잘 모르지?

잔당흙 몡 찰흙. 굴뚝 연기 샐 때 잔당흙에 지푸라기 섞어가 바르먼 좋대이. / 조대흙.

잔두떼 몡 잔디. 모 쓰고 잔두떼를 심었니더. / 때. 때딴지. 띠. 잔띠. 참떼.

잔득하다 몡 술을 가득 들다. 술을 잔득하이 부 바라. 술을 하도 잔득하그러 부가 받아 마시느라 애 머었니더. / 잔에 가득하다.

잔등 몡 들보. 요새도 집 지을 때 잔등 올리고 음석 장만하고 고사 지내고 하는 집이 있지럴. / 대덜보. 덜보. 들반. 뜰보. 보짱. 사당.

잔등 몡 산봉우리. 입춘이 지나도 잔등에 누이 안 녹을 때가 많지럴. / 꼭두배기. 마랭이 만댕이. 메봉우리. 산말래이. 산꼭디. 산봉두리.

잔바심 몡 타작을 하고 난 뒤 남은 부스러기. 콩타작 하고 잔바심은 아직 남았니더.

잔삭다리 몡 자질구레한 일 또는 물건. 혼수는 큰덩거리는 다하고 잔삭다리는 아식 닐 했니더. '타삭은 다 했니껴' '큰 타작은 다 했고 잔삭다리만 남았니더.'

잔자무리하다 몡 자질하다. 올해는 우예됐는기 수확하는 거마다 잔자무리하노.

잔줄리다 통 전주르다. 몸을 잔줄리다. 날이 더분데 좀 잔줄리가 일하이소.

잔편 몡 웃기떡. 젯상에 올리거러 잔편을 마이 만들어야 될따. / 웃기.

잘 몡 자루. 잘을 벌리다. 곡석 담그러 잘 아가리 좀 벌리다고. / 잘기. 자리. 잣배기. 재루. 주머이. 마다리. 포대. 지리. 푸대. 잣배기.

잘개 몡 공기. 니도 잘개를 할라만 돌부텀 주 와래이. 밥 먹고 잘개만 했나. 어예 이꾸로 잘 하노?

잘개끈 몡 자리개. 잘개끈으로 볏단을 묶다.

잘개돌 몡 개상. 콩 타작 할 때사 마다에 멍석 깔아놓고 잘개돌로 쳐가 하먼 좋애.

잘개질 몡 개상질. 잘개질 요령으로 해야지 그래 힘만 쓰먼 어깨가 마이 아프대이.

잘개타작 몡 개상에다 태질로 터는 타작. 오늘은 날이 조으이 깨 비다 잘개타작해야 될따.

잘래미 몡 원숭이. 잘래미는 남길 잘 탄대이.

잘매 몡 길마. 옛날에사 길 떠날 때 잘매 얹어가 짐을 실었제. / 지르매. 질매.

잠 몡 좀. 잠이 생기다. 장마 때 옷에 잠이 생기먼 바람 부는 날 햇볕에 잘 말리야 된대이. / 조매. 조미. 좀벌레.

잠궁다 통 잠그다. 문을 잠궁다.

잠꿀게 몡 잠꾸러기. 알라때사 잠꿀게라도 안 아프고 잘 크먼 좋지럴. / 잠충이. 잠보. 잠꾸리기. 잠투이. 잠추이.

잠무술레다 통 기절하다. 아가 얼매나 놀랬으만 잠무술레겠노? 하도 놀래가 잠무술렐 뿐 봤다. / 자무술레다.

잠박 몡 건조기에 건조할 작물을 담는 상자. 잠박에 고추를 너무 많이 담지 마라.

잠절 몡 잠결. 뒷방 얘기 소리가 잠절에도 다 들리대. 해가 중천인데도 아직도 잠절이로?

잠차지다 통 열중하다. 한눈 팔지마고 앞에 어른 말씀하시는데 잠차져래이.

잠치 몡 잠꾸러기. 가는 잠치래.

잡두로 뛔 단단히 마음 먹고. 니가 평소에 잡두로 안하이 되는 기 있나. 내 오늘 잡두로 국 끼맀으이께네 밥 마이 무우라.

잡주지 몡 자부지. 밭 갈 때 잡주지 잘 잡아야지 앞으로 잘 나간대이.

잡치다 통 꼽치다. 실을 짜를 때 잡치가 짜르며는 일하기가 숩제.

잣다 통 자기 입으로 들추어 내다. 지가 잣아서 뚜드리 맞는 거 아이라. 지가 지 입으로 잣는 걸 누가 말리노.

잣솔꽂이 몡 잣에 구멍을 뚫어 솔가지를 꽂은 구절판 음식 중 하나. 잣솔꽂이를 꿰다.

장가래팥 명 낟알이 굵은 그루팥. 팥이 포롬하이 장가래팥이 맞니껴?

장강 명 정강이. 니 소싯적에 산에서 넘어져 장강이 쁘러졌었다 아이가. 좀 띠었디 장강 마디가 아풍갑떠라.

장개이지다 동 기절하다. 놀라서 장개이지다.

장구덮이 명 불룩하고 오망한 버치의 한 종류. 장구덮이를 굽다.

장구이 명 장군. 물, 술, 간장 따위의 액체를 담아서 옮길 때에 쓰는 그릇. 장구이로 술을 나르다.

장구지다 동 사람을 을매나 놀래키는 동 놀래가 장구지는 동 알았대이. / 까물씨다. 까물치다.

장께 명 된장 덩어리. 된장 끓이는데 장께를 안 풀었다고 뭐라 카잖나.

장꼬박 명 장독대. 장에 뭐 안 들어가그로 장꼬박을 깨끗이 해야 된대이. / 꼬뱅이. 장깐. 장끄방. 장꾸방. 장똑고방.

장난발 명 장난으로 하는 행동. 니는 장난발이 너무 심하다고 생각이 안드나. 다 큰 어른이 장난발이 심해서 어따 쓰노.

장다루 명 볏. 장닭이 썽이 났는 동 장다루를 빳빳하게 세웠대이. / 베슬. 베실. 비실. 비슬. 빛.

장도가지 명 장독. 장 담그기 전에 장도가지부팀 깨끗이 닦아 놔라. 장도가지가 반들반들한 기 윤기가 자르르 하네.

장도리 명 징두리. 장도리를 잘 쌓야 비바람이 불어도 벽이 안 무너지재.

장독 명 장딴지. 마이 걸었디만 짱딴기가 마이 땡기고 아프대이. / 장따리. 장딴기. 종단지. 쫑아리.

장돌 명 장도리. 못 치다 장돌에 맞아가 송가락을 다쳤니더.

장되장이 명 말감고. 장되장이가 되를 잘 되야 시끄럽은 일이 안 생기지러.

장두베기 명 정수리. 장두베기가 찢어지다.

장딸 명 수탉. 장딸이 아침만 되먼 저래 울어댄대이.

장떡 명 장떡. 자에 가도 장떡 사무울 도오이 어딘능기요. 장떡이 그래 묵꾸저 부머 한 넙떡이 사 묵으라.

장똑똑이 명 장조림. 간장을 넣고 쪼려가 장똑똑이를 만들다.

장리 명 찍게발. 장리에다 써레 손잡이 가로 대지.

장마 명 삼지구엽초. 장마로 잎을 뜯어가 우리고 꿀로 넣으면 차가 참 좋니더.

장마둥 부 항상. 장마둥 나가이 집안꼴이 말이 아이시더. 아랫마 아재는 장마둥 해가 질때꺼정 일을 하드만. / 전다지. 장다지.

장말래이 명 꼭대기. 언덕배기. 가다보면 장말래이가 나와. 장말래이 다 올라오면 보이. 장말래이 올라서 내리다 보면 동네가 훤하게 다 보이지.

장말래이 명 꼭대기. 언덕빼기. 가다보면 장말래이가 나와. 장말래이 다 올라오면 보이.

장머섬 명 농사일에 숙달된 장골 머슴. 일 잘하는 장머섬이 사람 메치 일을 하제.

장바구미 명 장바구니. 자아 가니 장바구미 들고 오니라. 장빠구미 들고 오니라 팔이 아프네. 이 집에 손님 오는가 장빠구미가 한그득이네.

장방 명 벽장. 귀한 물건 있으마는 장방에 보관했대이.

장병아리 명 수평아리. 마다에 장병아리가 마구 뛰어다닌대이. 장아 가거든 장병아리 몇 놈 사오소.

장빼 명 간장독의 뚜껑. 장빼를 덮다.

장빼기 명 장독 뚜겅. 소나기 온다카이 장빼기 모다 다드소. 이놈우 장빼기가 얼매나 무거운동 허리가 쑤시네.

장사질 명 장사길. 힘드러가 이제 장사질도 얼매 못할따. 장사질도 배워야 하지 아무나 하는 줄 아나.

장석 명 문과 문설주를 연결하는 얇은 쇠판. 문이 삐딱해가 보이 장석이 벌어졌드라. 장석에는 못을 단디이 박아야 문이 안 논다.

장석 명 섬. 곡식 따위를 담기 위하여 짚으로 엮어 만든 그릇. 장석에 보리를 담다.

장수손가락 명 엄지손가락. 장수손가락을 다치다.

장옿다 동 병 뒤에 회복되기까지 휴양하다. 아직은 장옿고 항상 조심해라.

장을 키우다. 관 장이 담그지 않아서 부족할 때 메주콩을 삶아 장단지에 있는 메주와 같이 섞는 것. 장독에 장을 키우다.

장잡히다 동 책잡히다. 뭘 그래 장잡히가 꼼짝도 모 하노. / 쟁잽히다.

장재이 명 장작. 겨울게 쓰려고 장재이를 마이 패 놨대이. / 뚱거리. 둥가지. 장재기. 장잭.

장제이뼈 뗑 종지뼈. 장제이뼈를 다치다.

장지 뗑 된장에 무를 박아 넣어 익힌 반찬. 장지를 담그다.

장지무꾸 뗑 장에 박아서 지를 담아 먹는 무. 딘장에 박아 놓은 장지무꾸를 내가 오늘 저녁 반찬을 해야될다. 뒷밭에 장지무꾸 캐러 가니더.

장찌 뗑 장아찌. 고초장 딘장에 무장찌 박아 놓았다가 입맛 없을 때 먹으만 좋지럴.

장채 뗑 도리깨 자루. 도리깨질 하다가 장채를 뿔자먹으믄 우짜노? 이 도리깨는 장채하고 회초리 새 있는 고리가 떠러져가 못 쓰니더.

장척 뗑 인두판. 인두 쓸 때사 화로 옆에 장척을 깔고 인도질 했지럴. / 윤두판. 윤디판. 전반.

장추바리 뗑 장을 담는 주발. 장추바리에 장을 담다.

장치 뗑 장끼. 수꿩. 요새 장치사 겁이 없어가 사람이 가차이 가도 도망을 안 가니더.

잦겨지다 동 잦혀지다. 바람이 하도 시게 불어가 모자가 잦겨졌대이.

잦이다 동 잦히다. 밥물이 끓으면 불의 세기를 잠깐 줄였다가 다시 조금 세게 해서 물이 잦아지게 하다 / 밥물을 잦이다.

잩 뗑 곁. 내 잩으로 온나. / 젙.

잩에집 뗑 이웃집. 잩에집으로 놀러가다.

재 뗑 조. 재로 다 익어가 베야 되겠니더.

재구로 뛰 겨우. 재구로 버스를 타다.

재그랍다 혱 쟁그랍다. 삽가래로 돌 긁을 때 나는 소리 들으면 귀 째그랍다 그래.

재끼다 동 잦히다. 오랜만에 고개 재끼고 하늘 구경 했니더.

재끼칼 뗑 주머니칼. 자를라그이 재끼칼도 없네. 재끼칼도 갈아가 댕기야 될다.

재다 동 겨냥하다. 새 잡을 때 잘 재가 쏴야 되니더.

재때배기 뗑 잿마루. 재때배기 올라서이 동네가 훤하이 다 보이네.

재랄 뗑 달걀. 기차에서 삶은 재란 먹으면 참 맛있었지럴.

재랍다 혱 저리다. 무찔한 걸 들었디만 팔이 재랍네. 한참 무릎을 꿇고 앉았더니 다리가 재랍다.

재록하다 [형] 물기가 조금 있다. 불고기는 재록하이 재와 나래이. 첨에는 재록하이 물 너어가 볶다가 나주에 물 부가 끓이만 된대이.

재만디이 [명] 잿마루. 재만디이에 올라가만 동네가 훤하그러 다 보인다.

재미 [명] 주머니. 운동회에 재미 터트리기도 하나. 재미 맨들그러 짜투리 천 좀 가 온나.

재미 [명] 살담배. 할배가 재미를 조이에 말아가 마이 피웠니더.

재밀개 [명] 고무래. 재밀개로 바닥을 고르다.

재밀시럽다 [형] 남보다 손재주가 있어 무슨 일이든 아기자기하고 색다르다. 자는 솜씨가 재밀시럽어 뭘 해도 잘하니더. / 자밀스럽다.

재바리다 [형] 재바르다. 하매 그걸 다했나. 재바리기도 하지. 해지기 전에 일을 끝내려면 재바리게 움직이래이. / 재바르다.

재발리 [부] 재발리. 가가 얼매나 재발리 가는동 모따라 갈따. 재발리 꿈적거려야 해지기 전에 일 치른대이.

재안바치 [명] 재간둥이. 그 사람 말마 재안바친동 머언동 알 수가 없어. 아가 재안바치래가 못 하는 기 없니더.

재열 [명] 묘터에서 관이 들어갈 자리. 재열 그리준 대로 빨리 파거래이. 풍수에게 재열을 잘 가르쳐 달라카그라.

재와 [부] 겨우. 이때꺼짐 재와 이거뿌이 못 했나? 재와 이거 줄라고 바쁜 사람 오라캤나? / 지와. 기와.

재이 [명] 쟁이. 그것이 나타내는 속성을 많이 가진 사람. 그렇게 말하면 무식재이라고 소문 난대이.

재장 [명] 기왓장. 뒤안에 가서 깨진 재장 가아 온나. 절에 가믄 재장 하나 사야 될다.

재채기 [명] 재화(災禍). 올해는 이상하게도 자꾸 재채기가 드네. 집터가 세서 그런동 그 집에 사는 사람은 한번씩은 재채기를 입는타카데.

재출 [명] 어떠한 남자에게 두 쨋번으로 시집간 여자. 재출을 가다.

재출르다 [동] 재촉하다. 풍물이 재출러도 춤이 짐작이라.

재침 몡 재채기. 아가 재침하고 열나는 거 보이 감기 걸릤는갑다.
재침양복 몡 남자 윗도리를 서양풍으로 입기 시작할 때에 깃을 제쳐 입는다고 해서 붙은 이름. 서울 갔다 오디만 재침양복 한 불 해 입고 왔데. 재침양복 빼 입고 어데 가니껴?
재키다 동 대다. 머가 그래 우수운동 웃어 재키고 있더라. 배가 고파가 밥을 정신 없이 먹어 재킸디만 채 한 기 겉다.
재포 몡 삼의 겉껍질을 벗겨서 삼고 짠 베. 재포는 딴 거 보다 올이 가늘고 색이 곱아.
잰중 동 잘난 척하며 으스대거나 뽐내는 짓. 뭐 그꼬 잘 났다고 잰중을 부리고 댕기는동.
잿갈 몡 젓갈. 생절이에 잿갈 너 버무리가 뜨신 밥에 먹으면 입맛 돌제. / 식캐. 젖.
잿노리 몡 노을. 오늘따라 잿노리가 더 붉은 거 굿네. 잿노리 지는 걸 보이 해가 곧 질다.
잿물대 몡 잿물을 거르거나 담아 두는 장소. 잿물대에서 잿물을 거르다.
잿째 몡 재를 속으로 넣은 송편. 잿째는 송편인데 재를 속에 넣는 거라.
쟁개미 몡 번철. 고기는 쟁개미에 구워야 제 맛이다.
쟁금대 몡 찌. 글이 좋으이 쟁금대에 적어 놓고 볼라그이더. 옛날에느 책 보다 보만 쟁금대가 책 새 끼 있디더.
쟁기날가지 몡 낫. 쟁기날사시가 살 늘어야 골이 잘 파이니더. 쟁기날가지가 삐풀람하이 흙이 안 디집지.
쟁나부리 몡 노을. 붉은 쟁나부리 지네. 쟁나부리 질 때꺼짐 노이 배가 안 고프겠나.
쟁치기 몡 모시나 베 따위의 옷감을 다듬지 않고 빨아서 널판지에 붙여 판판하게 말리는 것. 쟁치기를 하다.
젓가지 몡 젓가락. 어른 상에는 젓가지도 바리 정갈하게 놔야 된대이.
저거 데 저희. 저거 누부가 시집가니더.
저건하다 톙 어지간하다. 싫어도 저건하면 좀 갔다 와라. 니도 저건하네. 도와 달라카는데 눈도 꿈쩍 안나.

저게 ® 저기. 저게 그니까 가가 그랬다 카드라. 저게 잔네 소죽 줄 때 우리 소 좀 바 주게.

저그나마 ® 저나마. 저그나마 지 방청소를 하면 일이 덜 힘들따만. 저그나마 딸들이 엄마를 도와 주만 일이 수월할 텐데.

저기미 ® 지게미. 옛날에사 먹을 기 읍을 때 저기미도 먹었지럴. / 술찌게미. 술찌겡이. 술찌끼.

저깐 ® 저까짓. 저깐 돌이 뭐가 무겁다고 그러노. 저깐게 뭐가 우숩다고 야단들이노.

저꾸 ® 저렇게. 저꾸 시끄럽게 떠드이 다나가지.

저낭 ® 겨냥. 목표물을 겨눔. 잘 저냥을 하고 똑바로 보고 쏘만 바로 맞지. 저낭이 빗나가가 딴 데 맞았니더.

저낭하다 ® 겨누다. 활이나 총 따위를 쏠 때 목표물을 향해 방향과 거리를 잡다. 저낭하는게 형편 업디이 또 못 마추었나. 지대로 저낭해야 맞출 수 있니더.

저녀 ® 저녁에. 저녀 만내시더. 저녀 그래 마이 머면 살찐대이.

저녁노구리 ® 저녁노을. 저녁노구리가 차므로 아름답네. 저녁노구리가 지는 걸 보이 쪼매 있으면 어두워 지것네.

저드락 ® 겨드랑. 내 저드락이 꺼지 오는 걸 보이 마이 컸네. 덥긴 더운가 보네. 저드락에 땀이 다 차이네. / 저드랑.

저레기 ® 겉절이. 오늘 무꾸 저레기 좀 해 묵자. 배추가 만으이 저래기 좀 해 봐라.

저릅 ® 겨릅. 껍질 벗겨 내면 허연 저릅이 쑤욱 빠져나오지.

저리 ® 이부자리. 할배 주무시그러 저리 바 주고 왔니더. 어예 저리는 핀했나? / 자리.

저마이 ® 저만큼. 저마이 무던한 사람도 없지.

저붓 ® 젓가락. 어른이 되가 저붓질 좀 단디 해라이. / 재. 재가치. 재까락. 저까치. 젓까치. 저분. 저붐. 절. 저. 제까치.

저사리 ® 겨우살이풀. 저 나무 꼭대기에 저사리가 있잖나. 저사리가 사람한테 좋다그래가 그꾸 구한다카대.

저승질 [명] 저승길. 저승질엔들 노오자가 없으면 되겠능가? 저승질이 그치리 머언강?

저아래 [명] 그끄저께. 저아래 방물장수가 다니갔니더. 저아래를 깜빡하고 잊었뿌랬대이.

저어 [대] 저네. 저어 식구만 잘 먹고 잘 살라카믄 되나. 저어가 일을 한다캤으이 두고 봐야지.

저억답 [명] 저녁 무렵. 잔차집에는 저억답에 한번 가볼라고 하니더.

저임 [명] 점심. 저임 전에 초요구를 했디만 밥 생각이 없니더.

저임때 [명] 점심때. 배가 고픈걸 보이 저임때가 다 된나 보네. 저임때 울 집에 밥 묵으러 온나.

저임알 [명] 오전. 해가 뜰 때부터 정오까지의 시간. 저임알 일로 시작 했는디, 아즉 안 끈나네. 저임알에 퍼뜩 장에 댕기 온나.

저저모레 [명] 그글피. 잔찻날이 저모레가 아이고 저저모레시더. 아가 저저모레에 온다카는데 올란가 모르지.

저지랑 [명] 겨드랑이. 저지랑이 가렵다.

저질대 [명] 젖을개. 길쌈을 할 때, 베실이 마르면 물을 적시어서 축이는 나무토막. 나무 끝에 헝겊을 단다. 저질대 물 무치그러 물 좀 가 온나. 저질대로 물 축이가 짜래이.

저코 [형] 저렇게. 저코 말 많은 거 보이 속상했나 보네. 저코 까불다가는 자빠지지.

저태 [부] 여태. 저물도록 저태 고치 따고 있드만.

저푸다 [동] 흘레붙이다. 좋은 씨소 있거덩 이제 소를 저풀어야 될따. / 교배붙이다.

적 [명] 저녁. 적이 되다. 벌써 적 준비할 시간이대이. / 저녁. 저억. 저역. 전약. 지늑. 지역. 진약.

적 [명] 지짐. 출출해서 적을 부쳐 먹었다.

적다 [동] 삼이 생기다. 삼이 적다. 눈에 삼이 적으며 눈물이 막 흐르고 아프대이. 미칠 잠을 못 잤디만 삼이 적었니더.

적바람 🔖 간단한 편지. 적바람 한 자 적어 놓고 간다. 적바람 보냈다.
적셔 논 서답이다 🔖 이왕 이래 된거. 적셔 논 서답이라고 좋게 생각해래이.
적수 🔖 석쇠. 고기를 적수에 굽다.
적시다 🔖 저지르다. 자는 우예 나가기만 하믄 일을 적시고 댕기는 동 몰따.
적투말 🔖 절따말. 적투말을 타다. 예전에사 적투말이 많았는데 요즘에사 그것도 보기 힘들제.
전 🔖 옷감의 종류. 전으로 옷을 하고.
전니 🔖 모든. 비가 내리디만 전니 상추가 다 녹았네. 전니 닭들이 도망을 다 났사 잡지를 못 할다.
전다지 🔖 전부. 하는 말마다 전다지 거짓말이다.
전들꺼 🔖 제기랄. 전들꺼, 올개 농사는 비 때문에 다 망했다. 전들꺼, 손해를 마이 봤네.
전디다 🔖 견디다. 내사 속이 상해 전딜 수가 없니더. 문간바는 위풍이 얼매나 심한동 춥어가 전딜 수가 없니더.
전반 🔖 인두판. 인두질 할 때 전반이 올찮으믄 일이 힘들지러.
전방맹이 🔖 막걸리 같은 술이나 또는 대추, 매실청, 약재 따위를 고아 만든 원액. 전방맹이를 마실 때사 물에 타가 먹어야제.
전배기 🔖 전내기. 전배기 마싰더이 금방 취하니더.
전시이 🔖 전부. 일꾼들이 점심 묵고, 전시이 나무 밑에 눈 부치러 가드래이. 식구들 전시이 속을 끼린다 카는 기라. / 전신에.
전신만신 🔖 전부. 전신만신 내가 가진 기라꼬는 이기 다 다. 전신만신 우예 아프다는 사람뿌이로.
전신에 🔖 곳곳에. 전신에 내 할일 뿐이네. 전신에 책을 이코 피 놓고 있노. 정리 좀 해라.
전신에 🔖 모두. 가꼬 있는 기는 전신에 이거 쁘이다. 전신에 가버리이, 썰렁하네. / 전다지. 장다지.
전주다 🔖 견주다. 무슨 일을 전주기만 하노? 자네 집과 우리집을 전주는 건 가당찮네.

전판하다 🔄 온통 차지하다. 그 동네는 김 씨네가 전판해서 살잖나. 어물은 그 집서 전판하이 다리는 거 끼도 모한다.

절 🔄 겨를. 잠절에 들어가 먼 소린 동 몰시더. 아침절에 퍼뜩 댕기 온나.

절구고 🔄 절구공이. 절구고가 왜 이꾸 무겁노. 절구질 할라카이 절구고가 안 보이네. / 절구잘기.

절구바 🔄 절구. 보리 좀 가져다 절구바 좀 찌온나. 오늘따라 절구바 찧는 게 와이리 디노.

절구방애 🔄 절구. 옛날에사 집집마다 절구방애가 있어 깨도 찧고 고추도 찧고 그랬제. / 도구. 도구방애. 도굿대. 도구방아. 덜구. 절구통.

절구잘기 🔄 절구공이. 절구잘기 무가야 잘 찌인데이. 절구잘기에 뭐가 이리 마이 끼있노.

절구쟁이 🔄 성을 잘 내는 사람. 하는 짓둥머리 하고는 절구쟁이 가꾸먼. 절구쟁이 할부지 때 늦으마 살꿈 돌아뿌는 거 알제?

절리다 🔄 짧다. 손금을 보이 명이 절리네. 이 끈은 절러 쓰잘데기 없니더.

절마 🔄 저놈. 절마가 내 동기시더. 절마가 술 취했나. 어따 소리 치노? / 점마.

절케 🔄 저렇게. 뭐가 서러워 절케 슬피 우는지. 자는 절케 먹는대도 살이 안 찌노.

젉 🔄 겨울. 지난 젉에 하도 추버가 복상남기 얼어 죽었니더.

점반 🔄 겸상. 다 컸으이 점반으로 차려 주까? 어런들은 각반으로 채래 디리고 젊으이들은 점반으로 채래 조라.

점시리 🔄 조. 밥 지을 때 점시리 쪼매 너가 먹어도 괘안치. / 재.

점주 🔄 감주. 밥알이 동동 뜨도록 감주를 잘 만들면 점주가 돼.

접구 🔄 맛을 봄. 배고픈데 떡이라도 우선 접구를 하게.

접다 🔄 망치다. 배추 농사를 접어서 김장은 다 담갔네. 보리 농사를 접어 가지고, 여름 양식 걱정이 태산이래.

접살림 🔄 겹살림. 저 집 아재가 접살림을 차려가 집안이 절딴이 났니더.

접옷 🔄 겹옷. 겨울게 접옷에 솜 대가 입으면 따시재.

젓고기 🔄 새우젓. 자아 가그등 젓고기 좀 사 오소. 막걸리 안주하그러 젓고기

내 온나.

젓달이 명 단지의 면에 붙이는 손잡이. 젓달이를 달다.

젓대 명 씀바귀. 어디가서 이렇게나 젓대를 캐왔노. 입맛이 없으이 젓대를 묵어야 될따.

젓저리없다 형 실수 없고 빈틈없는 것을 말함. 그 사람은 모심시러 운게 젓저리없다.

정게이 명 전갱이. 오늘은 정게이가 많이 잡히네. 올해는 정게이 풍년일세.

정구공이 명 공이. 방아 찌야 되니 정구공이 가 온나. 올따라 정구공이가 와이리 무겁노.

정구다 동 겨누다. 그래 정구지 말고 얼른 싸아라. 낭게 디에 숨어가 가마이 정구 있다아 토끼가 나타나이 총을 쏘드라고.

정구지짠지 명 부추김치. 정구지짠지를 담그다.

정승콩 명 선비잡이콩. 정승콩을 따다.

정월장 명 정월에 담그는 장. 정월장을 담그다.

정재 명 부엌. 정재에 가서 물을 떠와라.

정주칼 명 부엌칼. 정주칼 숫돌에 갈았드이 잘 든대이. / 정지칼.

정지살림 명 부엌살림. 정지살림이라야 씰만한 기 없니더. 성지살림은 한말지기 작은 솥도 질솥이었니더.

정하다 동 여자를 데리고 살다. 상처하고 얼마 안디 후처를 정했다 하디더. 가가 나이 들두룩 혼자 살디이 그래 정해 혼사를 한다네.

제 명 매형. 내 술 좋아한다고 제가 술 보내 왔다. 제는 와 안 오고 누임만 왔드라.

제 씨 되다 관 농사의 작황이 아주 좋지 않아 이듬해 씨앗이나 할 정도도 소출이 적음. 올게사 제 씨 될 만큼 농사가 안 되가 뭐든 아끼야 된대이.

제거나모 부 적이나하면. 형편이 다소나마 된다면. 제거나모 니 방 정리는 니가 좀 해라. 제거나모 니가 참아래이. / 적으나마.

제끼 명 겨이. 집들이 한다고 제끼를 벌있니더.

제랄 명 계란. 그래도 제랄은 노린자가 맛있지. 아가 제랄을 좋아해가 제랄은 꼭 있니더.

297

제릅대 몡 겨릅대. 소죽 아궁이에 제릅대 너코 불 때라. 껍질을 빗긴 재릅대로 머할라 그노.

제릅살 몡 겨릅에 붙은 껍질. 삼이 설었다카만 벗기는 데 제릅살이 붙어 부래. 제릅살이 붙어 제릅대가 잘 나오지 않니더.

제리 뮈 제일. 니가 제리 잘 하네. 우리 동네가 제리 살기 좋은 곳이시더.

제립 몡 겨릅대. 제립으로 울타리도 맨들고 지붕도 얹고, 불쏘시개도 하고 그랬제.

-제만 -지만. 이 양말이 좀 커제만 신을만 할 기네 신고 가시이소. 차린게 좀 작제만 마이 드시이소.

제매 몡 매제. 제매가 고기 사 왔니더. 제매도 왔으이 술 한잔 해야 되다.

제물국시 몡 제물국수. 저억에는 제물국시나 해 묵자. 제물국시는 국시를 맨들어가 찬물에 건지야 된대이.

제비양대 몡 제비콩. 제비양대를 따다.

제비초리 몡 멍에에 다는 도구. 제비초리를 매달고.

-제요 -지요. 골고루 나나 먹는 기 마을 법도제요. 울 아 신수가 훤하제요?

-제이 뮈 -자. 텃바테 나가 보제이. 장날인디 장보러 가제이.

제작지다 몡 장난치다. 성냥갖고 제작지다가 걸리면 혼난다.

제피 몡 분디. 제피 냄새.

젠중 몡 제 잘난 듯 으스대는 것. 젠중을 부리다.

젠하다 휑 짠하다. 손주들 사진 보이 가슴이 젠하대이.

져놓다 몡 겨누다. 어따대고 저눃노. 똑바로 저눃야 마칠 수 있제.

조갑지 몡 조개. 된장 꿇일 때 조갑지 너으면 시원하고 맛있대이.

조개 몡 주걱. 조개로 밥을 푸다.

조구리 몡 조리. 자아 가그등 조구리 하나 사 온나. 밥 할라만 조구리로 일라가 안치래이.

조근당 뮈 한참. 이번에 가면 조근당 못 볼긴데 있다 가래이. 조근당 소식이 없디이 우엔 일이고?

조근데 뮈 얼마간. 서울 아덜에게 돈을 조근데 부칫니더.

조꾼 몡 보초. 조꾼을 서다. 수박 서리 못 하거러 조꾼 좀 서야 될따.

조당수물 몡 메밀가루에 술을 쳐서 미음과 비슷하게 쑨 음식. 밥이 안 넘어가만 조당수물이라도 머어 바라. 조당수물이 멀거이께는 물처럼 마시라. / 조당수.

조래기 몡 전짓대. 감을 딸라카먼 조래기가 있어야제. / 쪽자.

조래기 몡 주루막. 조래기에다 초배기 넣어가 갔다.

조롲다 동 끈 따위로 조르다. 목을 조롲다.

조롲다 동 조리다. 음식을 조롲다.

조막띠 몡 주먹. 조막띠만한 녀석이 힘은 세네.

조매 뭐 좀처럼. 가가 조매 남 험담할 사람이 아이라. 이 양반 같은 사람은 조매 없니더.

조매 몡 신위를 묻고 제사를 끊어 버림. 고향 떠날 때 신위를 다 조매를 했니더. 조매를 했으이 지사는 안 지내니더. 이번에 고조부 제사를 조메했다.

조물수이 몡 별자리의 하나. 올 저녀는 조물수이가 보일다. 저짝 보이는 기 조물수이 아이라.

조박다 동 쥐어박다. 그래 하이 내가 조박는 거 아이라. 한 대 조박았디만 저래 우네. / 지박다.

조배기 몡 잎이 까끌한 나물. 조배기로 먹으이 입이 까끌한 기래.

조비름 몡 쇠비름. 길가 조비름이 항거 났디더. 한낮이 되이 조비름이 오므라들대.

조선종오 몡 한지. 조선종오에 그림을 그리다.

조선지렁 몡 조선간장. 조선지렁을 만들다.

조아리뼈 몡 종지뼈. 조아리뼈 아파가 계단도 못 오르내리니더. 무릎이 신찮디만 그이 조아리뼈 근바서 소리가 나데. / '조아리'는 '종아리'의 방언형.

조앙각시 몡 조왕. 올개도 무탈하게 해 달라고 조앙각시한테도 지사를 지내야지. 정성을 드리이 조앙각시가 잘 살피 주실기라.

조약 몡 주악. 조약 맨들그러 찹쌀가루 가 온나. 조약은 불천위제사에 웃께이로 쓰이니더.

조약담 몡 흙 한 켜씩 쌓아 올린 담. 누 집 담인동 조약담으로 참하기 쌓았니더.

조약담이래도 단단은 하이더.

조오 📖 종이. 예전에사 조오가 마이 귀했재. / 조이. 종우.

조오방아 📖 디딜방아. 조오방아 찧일 때 손 안 찡기그러 조심해래이. 조오방아로 찹쌀 좀 쪼매 찌 온나.

조우다 📖 죄다. 나사를 단디 조워야 된대이.

조이 📖 다행히. 장마비를 조이 잘 넘깄다. 그 힘든 일을 조이 했네.

조작이다 📖 일을 시원스럽게 하지 못하고 꼼지락거리다. 조작이지만 말고 팍팍 좀 해라. 조작이는 거 보이 일을 마이 안 해 본 솜씨라.

조치바리 📖 달리기. 조치바리서 일 등을 해 본 적이 없더. 조치바리를 한다고 신도 벗어 놓고 막 달리데. / 조춤바리.

조포 📖 두부. 옛날엔 다 집에서 조포 맨들어 먹었지러. / 더부.

족집개 📖 밑싣개. 그네 족집개에 발 올리가 탈 때 조심해래이. 족집개가 삐뚤어가 그네 앉지를 못 해.

졸곧다 📖 올곧다. 나무가 똑바로 졸곧게 자랐다. 그 사람은 성품이 참 졸곧아.

졸궇다 📖 조리다. 찌개를 졸궇다.

졸기다 📖 빠르게 달리다. 차를 졸기다.

졸대 📖 굽도리. 도배하고 졸대꺼짐 해 놓이 모양이 좀 나네. 졸대를 다르게 하이 보기도 낫니더.

졸들다 📖 숙달되다. 습관이 되다. 원래 처음에는 실수한다. 졸들면 괜찮아.

졸럭하다 📖 절약하다. 아들 키우고 살라카만 어예든동 졸럭해서 살아야 되지. 졸럭한다고 그꼬 안 쓰노?

졸로 📖 저리로. 고마 졸로 안 가나? 어데 가나 물어도 대답도 안 하고 혼자 졸로 가데요.

졸로래기 📖 조르르. 담비락 밑에 졸로래기 앉아가 머 하노? 병아리들이 졸로래기 암탉 따라 가는 것 좀 보소. / 쫄로리.

졸미기 📖 족. 호박을 따가 봉당에 졸미기 놔 놨데.

졸배기 📖 조리. 졸배기 가아 쌀 이린 담에 밥 안치래이. 예전에는 쌀에 돌이 많애서 졸배기로 이리야 됐제.

졸지 명 방에 덧댄 종이. 졸지를 덧대야 방이 이쁘지.
졸쿻다 동 조르다. 목로에 토끼가 걸리갖고 졸케면 죽어.
종개이 명 정강이. 무릎 아래에서 앞뼈가 잇는 부분. 아까 의자에 박았디만 종개이에 멍이 퍼렇네.
종굴바가치 명 간장을 떠낼 때 사용하는 조그마한 바가지. 종굴바가치로 간장을 뜨다.
종글박 명 조롱박. 물 떠 먹을 때 종글박 쓰먼 좋제. / 종글박.
종대기 명 종지. 장 담그러 종대기 가 온나. 종대기를 다 어데 나났는동 암만 찾아도 없니더. / 종지기.
종도리깨 명 여럿이 함께 도리깨질을 할 때 우두머리 격이 아닌 사람이나 그 사람이 쓰는 도리깨. 타작할 때사 앞집 아재가 종도리깨를 참 잘 이끌지러.
종떼 명 고줏대. 종떼 할 나무좀 해 온나.
종바리 명 종지. 상에 고추장 종바리 좀 올리라.
종발나물 명 콩제비꽃. 종발나물을 뜯다.
종시미 명 별자리 이름. 종시미가 보이나 찾아 보자. 깜깜하이께네 종시미가 잘 보이네.
종이닥파리 명 단풍취. 종이닥파리를 꺾다.
종재기뼈 명 종지뼈. 나이가 드이 종재기뼈가 신찮네. 오토바이 타다 종재기뼈에 금이 갔다니더.
종제미 명 종기. 종제미 났는 걸 고냥 놔뒀디만 곪아 터졌니더.
종주발거리다 동 종알거리다. 뭐라캤디 종주발거리기는. 종주발거리지 말고 큰소리로 말해라.
종지개 명 보조개. 종지개 드가게 한다고 손으로 누루고 있잖나. 아가 종지개가 양짝으로 들어가는 기 귀엽네.
종지미 명 종기. 어예댄 종지미가 이칠 크꼬? 자아 허벅지 종지미서 고롬이 한 종지기도 더 나왔실끼다. / 종짐.
종치기 명 온종일 일을 하는 행위. 종치기로 일을 하다.
죄 명 조. 내캉 거랑 건내 죄밭 매로 가재이. 웬 죄 이식이가 이꾸 크꼬?

죄나이 📖 천천히. 그꼬 급히 안 해도 된다. 죄나이 해라.

죄롭다 📖 죄스럽다. 어매한테 그래 말을 한 기 얼매나 죄로분지 몰라.

죄밥 📖 조밥. 죄밥 실부머 묵지 마라. 죄밥에다가 무심 반찬을 해애 묵덩기요? 산중 사람들은 죄밥 앰 묵능 기이 소월이란다.

죄밭 📖 조밭. 재산이래야 죄밭 멧 되지기 뿌이라니더. 죄밭고라느 아무 짝에도 몬 신다. / 조밭.

죕씨 📖 조의 씨앗. 올게는 조농사 쪼깨 지을라꼬 죕씨를 쪼매 심었니더.

주 📖 바지. 주 걷어라.

주개 📖 주걱. 이전엔 밥 풀 때 나무 주게를 마이 썼지.

주게턱 📖 주걱턱. 선본 사램이 주게턱이라 마음에 안 드는 갑드라. / 주걱턱.

주끼다 📖 '말하다'의 비속어. 그만 좀 주껴라.

주두바리 📖 주둥이. 사람의 입을 속되게 이르는 말. 뭐가 맘에 안드는동 아가 주두바리를 쑥 내밀고 있대. 주두바리가 닷 발은 나왔다. / 입수버리. 주디.

주디 📖 주둥이. 일부 짐승이나 물고기 따위의 머리에서, 뾰족하게 나온 코나 입 주위의 부분. 제비 새끼 떨어짔는 거 주 가주골랑 주디를 벌려 보이께네, 주디 속에 전부 까시가 들었어요.

주망 📖 주머니. 손에 들고 댕기다 잊아뿔라. 주망에 너라. 돈은 주망에 너어 두게. / 주매이. 주마이.

수먹마 📖 반하. 식물천남성과의 여러해살이풀. 주먹마를 캐다.

주먹잽이 📖 아가리가 좁고 뭉툭하게 만든 단지. 주먹잽이를 만들다.

주멩 📖 주머니. 주멩에 손 너어라. 주멩도 없어가 영 불편하이더. / 주마이. 주메이. 주미이. 주망. 주메이.

주모김 📖 엄지손가락과 다른손가락 사이. 주모김이 잘 안벌려진다.

주묵 📖 주먹. 주묵 잘못 쓰먼 클난대이.

주문 📖 주머니. 옷에 주문이 많내가 좋니더. 주문을 다 디비바도 없네. 분며이 주문에 넣는데 어데 갔능가? / 주메이. 주마이. 주미이.

주미 📖 주머니. 도시락은 어데 두고 주미만 가 왔노? 신발은 벗어가 주미에 너어래이.

주밍이 몡 주머니. 주밍이에 뭐가 들어가 그래 뽈록하노. / 주메이. 주뭉이. 줌치.

주벅주벅 뛤 주렁주렁. 열매 따위가 많이 달려 있는 모양. 사과가 주벅주벅 열리다.

주새 몡 주책. 그 사람 주새이 심하디더. 나이 든 사람이 주새이지. 젊은 아들 하고 같이 할라그노? / 주착.

주옇다 동 집어넣다. 들고 있지 말고 주마이에 주여라. 빨래 다 말랐으만 개갖고 마카 농에 주옇라.

주우밑 몡 바짓가랑이. 나무에 걸리가 주우밑이 터졌디더. 산에 올라갔다 왔디만 주우밑꺼짐 땀이 찼네.

주우적삼 몡 바지저고리. 두루매기를 입으야지. 주우적삼만 입고 나가만 되나? 아들 장가 들께네 주우적삼 새로 한 불 맞차야 될시더. / 주우적새미.

주잔추다 동 주저 앉히다. 나갈라 그는 아를 이래 주잔차도 될동 몰시더. 아를 주잔차가 얘기라도 들어 봐야 하지 않나?

주장 뛤 주로. 가는 주장 지 얘기만 하고 남 얘기는 듣지도 않애. 모심기는 주장 큰집부텀 했으이 올개도 큰집부텀 할기래.

주장맞다 동 부정타는 일을 저지른 결과로 벌받다. 주장맞아 죽을다.

주절껍지 몡 지저깨비. 나무를 깎거나 다듬을 때에 생기는 잔조각. 뭐 맨든다고 주절껍지 주 가디이 맨들었나? 공작 시간에 주절껍지 가주구 돗단배도 맹글고 했다.

주점머리 몡 주전부리. 주점머리 할 거 뭐 없나. 입이 궁겁네.

주천 몡 그네. 동네 사람들이 단오에 주천 띤다고 준비하드라. 주천 띠러 가시더. / 추천. 군데. 군디.

죽깨다 동 지껄이다. 그래 죽깨지만 말고 함 해 바라. 머라고 죽깨노?

죽삼 몡 대나무로 짠 적삼. 날이 더우이 죽삼 받차 입으소. 죽삼을 입으이 덜 덥니더.

죽져 몡 등겨. 소죽 낋일 때 죽져 쪼매 너라.

죽져장 몡 보리된장. 죽져장을 담그다.

죽져장 몡 등겨를 발표시켜 보리밥과 섞어서 익혀 만든 된장의 한 가지이다. 경

303

상도 지방 특유의 음식이다. 등기를 갖고 보리밥하고 섞어 만든 기 죽져장이라.

죽죽이 ⓟ 많이. 거는 버섯이 죽죽이 난다카대. 올개는 깨를 죽죽이 했다만 일이 많니더.

줄궁다 ⓣ 줄이다. 옷을 줄궁다.

줄대 ⓟ 바지랑대. 줄대를 바로 과야 줄이 안 흔들리지러.

줄대뿌리 ⓟ 벽에 걸린 옷걸이 장대. 옷 벗어가 줄대뿌리에 걸어 나라. 줄대뿌리에 걸린 옷 좀 가 온나.

줄미기 ⓟ 죽. 곶감 맨든다고 감을 깎아가 줄미기 달아 났니더. 뭐 산다고 사람들이 줄미기 서가 있디더.

줄빼이 ⓟ 구두쇠. 가는 줄빼이라가 돈쓰는데는 고마 인색하대이.

줄우다 ⓣ 줄이다. 옷이 너무 커가 줄웠대이.

줄웋다 ⓣ 줄이다. 옷을 줄웋다.

줌치 ⓟ 주머니. 줌치에 돈 넣고 댕기지 말거래이.

줌치기 ⓟ 한 줌 정도의 크기로 묶은 볏단. 나락가리 가가 줌치기 쭘 되그러 나락 좀 가 온나. 나락을 줌치기로 나나 나라.

중궁이밥 ⓟ 주먹처럼 둥글게 뭉친 밥덩이. 물도 안주고 이래 중궁이밥만 내밀며는 되니꺼?

중기 ⓟ 중양절. 그 집은 중기라도 제 올린다캐. 우리 어릴 때는 중기에 국화전도 부치고 했는데 요새 아들은 중기도 모를 기래. / 중구. 중구.

중꽃 ⓟ 제비꽃. 담비락 밑에 중꽃이 소복이 폈디더. 보이 중꽃도 엉가이 이쁘네.

중님이 ⓟ 여자 하인. 가가 그 집 중님이로 고생 마이 했제. 시집 갈 때 중님이 델고 갔드랬어.

중발이 ⓟ 탕을 담는 그릇. 중발이에 탕을 담고 반찬도 냈다.

중시 ⓟ 홍시를 만드는 크고 좋은 감. 중시로 홍시를 맨들어 먹어야 맛이 나니더.

중신재이 ⓟ 중매쟁이. 혼인을 할라그만 중신재이한테 부탁을 했지. 중신재이 통해 선을 바도 마뜩잖은동 대답이 없네. / 중매재이.

중우말 ⓟ 바지허리. 씨름한다고 큰아가 지 동상 중우말을 잡고는 패대기를 치데. 지 혼자 옷 입는다고 해가 입으라캤디만 중우말을 치키고 하데.

중점 몡 점심. 중점 대강 먹고 출발 하재이. 중점이 시원찮앴는동 허기가 지네.

중치 몡 가슴. 중치가 맥히다. 중치가 맥해가 답답하이더. 아적부터 중치가 답답하네.

중치 몡 중고기. 고기가 중치래노이 무겁네. 중치는 사야 머얼 기 있지. 작은 건 머얼 것도 없니더. / 중간치.

중치다 통 그만두다. 공부를 중치다.

쥐개다 통 쥐이다. 아가 하도 우이 사탕이라도 쥐개 조 보소. 안 가가 갈라그는 걸 손에 꼭 쥐개가 보냈니더.

쥐구무 몡 쥐구멍. 쥐구무 단다이 막아래이. 와이리 쥐구무가 많노. / 쥐굼. 쥐구영. 지굼게. 쥐굼.

쥐옇다 통 집어넣다. 배고파노이 지 입에다 쥐이옇기 바쁘구먼. 웅덩이에다가 돌멩이 쥐옇지 마라.

지가끔 囝 저마다. 지가끔 한 마디씩 하이 이래 시끄럽대이. / 시시마끔. 시시만큼.

지개이 몡 지경(地境). 이 재만 넘으면 상주 지개이다.

지갯작지 몡 지겟작대기. 아부지가 성이 나먼 지갯작지 들고 나섰니더. / 지작대기.

지거럽다 혱 가렵다. 바지에 벌기가 들어갔는동 사타래이가 지거럽대이.

지게목발 몡 지겟다리. 지게 맹글 때 지게목발 길이가 잘 맞아야 지게가 안 넘어진대이.

지게발 몡 까치발. 조용하라카이 지게발로 다니네.

지게발 몡 지게꼬리. 지게발 단단히 묶었나? 지게발이 짧아서 지게가 넘어질다.

지게짝지 몡 지게작대기. 니 지겟작지로 함 맞아 볼래. 지게에 짐 싫어야 하니, 지겟작지 좀 잡고 있어라. / 지게짝대기.

지겟자리 몡 삶의 터전을 비유적으로 이르는 말. 지겟자리가 오래 살다모븐 고향과 맞잽이지러.

지겟자리를 놓다. 囝 삶의 터전을 잡다. 내사 마 이 동네에 지겟다리를 놓을라꼬 맴 먹었니더.

지고뎃사람 몡 토박이. 저 사램이 진짜로 이 동네 지고뎃사람이시더.

지구돌 몡 둥글고 납작한돌. 지구돌을 차고 논다.

지굼 몡 비듬. 어깨에 허연게 지굼 떨어진 거 아이라. 요즘 머리를 감아도 지굼이 마이 생기네.

지글지글하다 동 근질근질하다. 방에서 공부만 하니 몸이 지글지글하지 않더냐? 일을 하고 싶어 손이 지글지글하네.

지기 젭 그릇을 나타내는 접미사. 누가 버지기 터지는 소리 하노. 종지기 하나 내 오소.

지기다 동 부리다. 말성을 지기지 말고 말 잘들어라. 심술을 지기면 지한테 해롭지.

지꼬리 몡 덜미. 목덜미. 지꼬리를 잡히다.

지끼다 동 지껄이다. 뭐 그래 시끄럽게 자꾸 지끼니꺼. / 주짓깨다. 처주끼다.

지나 몡 지네. 지나를 약에 쓴다.

지느리콩 몡 쥐눈이콩. 지느리콩을 꺾다.

지다 혱 길다. 요즘은 해가 마이 지러 졌다. 지고 짧은 것은 대봐야 안다. / 질다. 기다.

지다구땅 몡 진흙땅. 지다구땅에다 뭘 심그노.

지다꿈하다 혱 기다랗다. 지나가는 뱀을 봤는데 지다꿈하데. 머리카락을 지다꿈하게 늘어 뜨리고 다녔제.

지단하다 혱 기다랗다. 자다하한 머리카락.

지대 閈 저절로. 이마빼이에 빨갛그러 뭐가 났디만 지대 없어졌뿌데.

지대다 동 지껄이다. 아이들이 지대는 소리가 시꺼럽네.

지덜쿠다 동 무거운 물건을 올려 누르다. 나앗가리 위에 다가 돌이라도 지덜쿠어야 바람에 안 날리지. 구멍에다 큰 돌 하나 지덜쿠어라. / 지들쿠다. 지들구다.

지동 몡 물레가 마찰되어 마모되는 것을 막기 위해 꽂는 견고하고 단단한 둥근 엽전 모양의 나무. 지동을 박다.

지들쿠다 동 받치다. 빨랫대 넘어질래이 돌그로 지들카놔라. 문닫히는 소리에 아 놀랠라. 저 방문 좀 지들카라. 비니루 날리던데 돌그로 지들쿠든동 해라.

지랄문디이 관 빌어먹을. 지랄문디이 재수가 업스이 되는일이 하나도 없네.

지랑이 명 간장. 음식의 간을 맞추는 데 쓰는 짠맛이 나는 흑갈색 액체. 국에 지랑이를 넣다.

지랑해 명 땅거미. 지랑해 지두룩 일했니꺼?

지래기 명 겉절이. 여개 파지래기 하나 갖다 주소.

-지러 어미 -다. 금새 지나가 못 봤지러. 다 보이는걸 보이 물이 어지가이 막지러.

-지러 어미 -지. 누가 봐도 답답하지러. 니가 안 묵으면 내가 좋지러.

-지러요 어미 -지요. 자아는 지가 댕겨 오지러요. 해무꺼 업스면 업는대로 묵지러요. / 지럴요.

지렁 명 간장. 지렁 좀 떠 와 보래.

지렁 명 기장. 바지 지렁이가 길어가 땅에 다 끌리니더. / 지장.

지렁장 명 간장. 미역국에 간할 때 지렁장을 넣지러. / 지랑물. 지랑.

지렁종지기 명 간장종지. 지렁종지기가 새우젓 담기도 좋지. 지렁종지기에 장 좀 내온나.

지레그릇 명 질그릇. 전에는 음식을 지레그릇에 해 먹었지. 지레그릇에 물기 없는 거 주로 담았어.

-지로 어미 -지. 얼라가 아픈동 좀해 먹지로 않니더.

지르개미 명 지느러미. 물고기가 쪼매해도 지르개미를 흔들민서 가는 기 엉가이 재발라.

지르마 명 안장. 소 등에 지르마 좀 배끼라. 소 등에 지르마 좀 지워라. / 지르매. 길마.

-지를요 어미 -지요. 지도 같이 가지를요. 하는기메 이기도 하지를요.

지름 명 곁두리. 일 빨리 해 놓고 지름 먹자.

지름도가 명 주유소. 지름도가서 지름을 받았다.

지름비이 명 기름병. 오늘은 자아 가서 찬지름 짤라카이 지름비이 좀 준비해

라. 지름이 다 됐나보네. 지름비이 찾아 온나.

지름접시기 몡 기름접시. 불 킬라카이 지름접시기에 지름 좀 내 온나. 지름접시기에 지름 좀 부라. / 지름접세기.

지름콩 몡 나물콩. 지름콩을 내다.

지릅도우 몡 크기가 작은 물동이. 지릅도우에 물을 푸다.

지리다 동 기리다. 자가 그래도 주근 지 어마이를 얼매나 지리는동 효녀 아이가.

지리솥 몡 질솥. 지리솥이 우예 생긴는동 모르제? 젊은 아들은 지리솥을 본 사람이 마이 없대이.

지릿대 몡 가마니나 포대 속의 곡식을 검사할 때 쓰는 쇠나 대나무로 된 끝이 뾰족한 대롱. 나락 수매할 때 지릿대로 가마니를 찔러 보고 하재.

지마끔 몡 제각기. 추석이라고 다 모있디만 지마끔 다 가고 집이 텅 빈 거 같네. 싸우지 말고 지마끔 나눠 머어라. 지마끔 다 해라.

–지만도 에 -지만. 어렵게 살지만도 나쁜짓은 안한다카이.

지만읎다 형 버릇없다. 어른들 앞에서 지만읎이 까불면 혼난다. 저 지만읎는 행동들은 어따 쓸고. / 지망없다.

지만증 몡 지루해서 견디기 어렵고 짜증나는 것. 기다리고 있으이 지여버서 지만증나네.

지만쩡나다 형 지루하다. 하루종일 고추 닸디만 인제는 아구 지만쩡난다.

지만하다 형 중단하다. 비가 올라 카이 일은 지만하고 설거지나 하시더. 지만하시더 제가 잘못 했니더.

지망없다 형 버릇없다. 어른 말하는데 지망없이 대꾸하노? 지망없는 기는 절대 바 주믄 안 된대이.

지망지마이 분 함부로. 지망지마이 말하지 마래이. 지망지마이 말하다 일 맨들지 말고 가마이 있어라. 그 사람은 아무 생각없이 지망지마이 말 해갖고 괜히 싸움만 나게 만드노.

지매 몡 매형. 지매가 온다카이 술이나 한잔 해야 될다. 지매는 요즘 건강이 어떻다노?

지매 몡 키. 배 방향을 바꿀라카먼 지매를 돌리야제.

지매때 몡 상앗대. 전에 나루가 있을 적에사 지매때로 배를 저어가 건너로 농사지으러 댕겼지.

지미때 몡 노. 지미때를 빨리 저어야 배가 날래 가니더.

지분대다 동 찝쩍거리다. 그 사람이사 온 천지로 지분대고 댕기니더.

지불다 동 기울다. 겨울이 되이 해가 일찍 지분대이.

지붕밑 몡 처마. 지붕밑이 길어야 여름에 시원하고 비도 덜 들이치제.

지붕지슬 몡 추녀. 지붕지슬에 고드름 달렸다.

지브다 혱 삐뚤다. 지브게 섰지 말고 줄 좀 맞추소.

지살이꾼 몡 자작농. 그 농부는 지살이꾼이다.

지상 몡 언동이 몹시 막된 사람을 비난조로 이르는 말. 어쩌다 멀쩡하던 사람이 지상이 됐노?

지새리 몡 산기슭. 그게 지새리에 산돼지가 내려와가 밭은 마웋고 갔니더.

지새보 동 흘겨보다. 사람을 지서로 안 보고 그래 지새보노. 지새보는 것 좀 봐라. 못됐그러.

지설기 몡 산기슭. 어메는 지설기에 나물 뜯는다꼬 나가셨니더.

지수우다 동 나무나 풀, 머리카락 등을 자라게 하다. 논둑 그만 지수우고 좀 메소.

지슬 몡 기스락. 지슬에 낙숫물 떨어진다.

지슬갱이 몡 산기슭. 비가 마이 오만 저게 지슬갱이에사 원쩨 가지 마래이.

지시래기 몡 산기슭. 거게 지시래기가 미터로는 최고씨더.

지시리들다 동 찌들다. 좋지 못한 상황에 오랫동안 처하여 그 상황에 익숙해지다. 일에 지시리들다.

지심 몡 김. 밭에 지심을 매다.

지애집 몡 기와집. 오래되이 지애집에 지애가 빠져가 비가 마이 새니더.

지억사리 몡 땅거미. 해가 진 뒤 어스레한 상태. 또는 그런 때. 지억사리가 지다.

지업다 혱 지겹다. 아지매 얘기 끝까지 듣느라 지업어 죽는 동 알았대이.

지영시리 囝 조용히. 지영시리 공부하다.

지우다 동 그릇이나 잔에 담긴 액체를 조금 따르다. 대지비에 물로 지우고 반만 일로 도고.

309

지우다 통 콩이나 깨 따위의 깍지를 바람에 날리다. 바람이 좋으니 콩 좀 지우자.
지울밥 명 밀기울밥. 지울밥을 짓다.
지이 부 천천히. 가는 말을 참 지이 한대이.
지작대이 명 주로 지게를 받치는 데 사용하는 기다란 작대기. 지작대이를 받치다.
지장나물 명 풀솜대. 지장나물을 뜯다.
지재오다 통 차례지다. 그래 일을 해 줘도 내한테 지재오는 기 얼매 없니더.
지저거리하다 형 질퍼덕거리다. 밀가리 반죽이 이래 후럽고 지저거리해가 지짐이 되나?
지저굼 부 제각기. 지저굼나 나해라.
지적 명 제격. 니한테는 그 옷이 딱 지적이께네 딴 소리 하지 말거래이.
지점하다 통 집을 짓기 위해 땅을 다지는 것을 말한다. 집 지을 때 야물어지라고 땅을 다지는데 그기 지점하는기야.
지정머리 명 짓거리. 흥에 겨워 멋으로 하는 짓. 고런 지정머리 계속 하며는 내한테 당한대이.
지지껍질 명 소나무 껍질. 지지껍질 뺏기가지고 돛단배도 만들고 나막신도 만들었어.
지지난해 명 재작년. 저기 지지난해에 이사온 집에가 도로 도시로 나 간다디더.
지지래기 명 산기슭. 앞산 지지래기에 가문 산나물로 많니더.
지지마금 부 제각기. 어예 한 형제가 그래 지지마금 생각이 다르노.
지지미 부 각각의 자기 자신. 자기 일은 지지미 알아서 하시소.
지지바 명 계집아이. 지지바들이 뛰어댕기면 안된다.
지지부리하다 형 대수롭지 아니하고 자질구레하다. 음식을 못 하면 남 음식할 때 지지부리한 일만 했야지. 마늘 찧고, 찌꺼기 갖다 버리고. 꼭 지지부리한 일은 내가 하고 큰 일은 형님이 다 알아서 하시지.
지질 명 농사를 지을 때 주가 되는 작물을 심고 남은 땅. 고추밭 지질에다 배차하고 콩을 좀 심궈 놨니더.
지집질 명 계집질. 어데서 지집질로 하다가 아직에 집에 들어오노.
지채이 명 방가지똥. 봄에 지채이를 뜯다.

지추리 몡 삼나무 껍질을 벗겨 말린 것. 지추리 비비 가지고 이사 가지고 포를 짰지.

지칠구다 혱 한데 끌어 모으다. 어설픈 것좀 지칠가라. 여개 저개 히씨 놓지 말고 지칠가라.

지캐다 톰 쥐이다. 니는 남자가 여편네한테 지캐가 기를 못피노.

지태다 톰 기대다. 할매요, 덤 힘들거러 벽에 지태 앉으시소. 자꾸 남한테 지태고 지가 안할라 그러며는 우예노.

지평 몡 지팡이. 노인들이 지평을 짚고 다닌다.

지풀매기 몡 애벌매기. 지풀매기를 하다.

지피 몡 산초. 미꾸리 끼릴 때는 지피가루 너면 냄새가 덜하디더.

지화 몡 겨우. 너거들은 지화 요거 때문에 그래 싸웠나. / 기와. 재와. 지와.

직신거리다 톰 찝쩍거리다. 남우 물건을 직신거리만 되나?

직이다 톰 비틀다. 달구 잡을 때는 모가치를 직이야 되니더.

진가루 몡 진눈깨비. 날세가 눅으이 그런 동 진가루가 온대이. / 진갈배기. 진사. 진설.

진갈배기 몡 진눈깨비. 눈이 올라만 좀 펑펑오지 진갈배기가 오네. / 진갈배기. 진사. 진설.

진기다 톰 엉기다. 진겨서 싸우다.

진도리 몡 팽이치기. 진도리 하자.

진드래미 몡 지느러미. 물고기의 진드래미를 잘라라.

진무시 몡 왜무. 우리사 진무시는 쓸 데가 없으이 심구지를 않니더.

진버섯 몡 진버짐. 아가 디게 클라는동 얼굴에 진버섯이 마이 났대이.

진보다 톰 다치다. 무거운 짐 들다가 허리 진본 사램 많지러.

진사 몡 진눈깨비. 무다이 진사가 와가 밭에 숨군 고추가 다 얼금해가 죽었뿌랬대이. / 진가루. 진갈배기. 진설.

진설 몡 진눈깨비. 진설에 안미끄러지거러 조심해라. / 진가루. 진갈배기. 진사.

진이 톰 천천히. 급히 가지마고 진이 조심해가 운전해래이.

진자리꼽재기 몡 구두쇠. 아제는 그케 진자리꼽재기매이로 살아도 내보다 못

사디더.

진주고물 몡 녹두를 갈아서 찐 고물. 진주고물을 치다.

진진물 몡 진딧물. 고추밭에 진진물이 매란이 없니더.

진차이 뷔 공연히. 진차이 말을 해서 말 듣게 하노. 진차이 그케가지고 무르막 음하도록 한다. 안 해도 될 말을 진차이 해 갖고 기분 안 좋게 하노.

진컬 몡 수렁. 기옹기가 진컬에 빠져가 나오지를 모하이 같이 가가 쫌 땡겨주소.

진풀 몡 가시덤불. 밭둑에 진풀이 디게 뻗쳤대이.

질거밥 몡 뜸이 덜 든 밥. 안죽 뜸이 덜 들었는데 질거밥이라도 먹고 갈라나.

질검밥 몡 콩나물밥. 질검밥을 짓다.

질경우 몡 질경이. 밭에 질경우로 뽑고 나이 허리가 아파 죽을따.

질게 뷔 지레. 질게 겁을 낸다.

질굼 몡 엿기름. 감주에 질굼이 너무 마이 드가가 안될시더.

질금콩 몡 기름콩. 질금 내그러 질금콩 갖고 온나. 질금콩은 보통 노란콩보다 더 쪼그마하게 생깄어.

질기 뷔 미리. 숙제를 질기 하다. 감주 하라카는데 알아야지. 질기로 해보만 알까. 질기로 하는 것도 다 똑같애.

질기비 몡 질경이. 논둑에 질기비가 마이 컸디더.

질껏해야 뷔 기껏해야. 논이라고 질껏해야 두 마지기밖에 안 되는 걸 그꼬 싸우냐.

질나다 동 길들다. 기계도 질나면 새거보다 더 잘되니더.

질단하다 혱 기다랗다. 남자가 키가 질단한 게가 훤출하이 좋애.

질래 뷔 정말. 질래 한 번만 더 하면 가만 안 둔대이.

질랭이 몡 남을 잘 속이는 재주를 가진 사람. 질랭이에게 속다.

질러막다 동 가로막다. 니는 자꾸 남에 말을 질러막고 나서노.

질매 몡 멍에. 말이 질매가 없으면 사람이 우예 타노. 후체이를 너무 깊게 대며는 질매도 뽈대진대이.

질밀 몡 굳은밀. 질밀에 물을 넣어가 반죽하다.

질새요강 몡 놋요강. 신행 갈라면 질새요강도 가마에 넣어가 나서제.

질쭘하다 [형] 길쭉하다. 밭에 심가둔 대추낭기 질쭘하게 잘 컸디더.

짐바 [명] 질빵. 무거운 등짐은 짐바를 걸어가 지면 좋애. / 진빠.

짐쌈 [명] 구운 김. 짐쌈에 참기름 발라가 밥 먹으씨더.

짐장철 [명] 김장철. 여자들이사 짐장철이 지나야 인제 일년 일이 마치지.

집간장 [명] 조선간장. 소고기국에사 집간잔을 써야 되니더.

집게 [명] 벼훑이. 집게로 벼를 훑다.

집구적 [명] 집구석. 그매이 집구적에 드가이 뭐하니껴.

집나물 [명] 채소. 여게는 촌이께네 어지간한 집나물은 모도 직접 길러가 먹니더.

집대박 [명] 지붕꼭대기. 호박 덤불이 집대박에꺼정 올라갈라카네.

집대배기 [명] 용마루. 사람이 죽으며는 집대배기로 올라가가 초혼을 해여.

집동 [명] 짚단을 쌓은 더미. 가을게 추수하고 집동을 쌓아놓으만 낭주에 쓸 데가 많애.

집들막 [명] 집으로 들어가는 입구. 그 집이 잔치를 하이 집들막에 들어가기가 바쁘게 술부터 주더래이.

집신쟁이 [명] 속신에서 견우성을 이루는 말. 집신쟁이가 칠석이 되만 수끼떡할매하고 만나여.

집어옇다 [동] 집어넣다. 나쁜 짓 하는 놈들은 감옥소에 집어옇가 고생을 시켜야 돼.

집장 [명] 청국장. 집장을 담그다.

집절 [명] 규모가 아주 작은 절. 요새 뭔 집절이 이래 많애가 모도 사람이 댕기기는 하는 동 몰따.

집지다 [동] 맛있다. 밥이 집지다.

집청 [명] 조청. 집청을 고다.

짓고치 [명] 풋고추를 소금에 절인 반찬. 짓고치를 먹다.

짓등머리 [명] 모양. 짓. 야는 아가니까 하는 짓등머리가 예쁘잖아. 춤 추는 짓등머리 좀 봐라.

짓아비 [명] 한 가정을 이끌어 나가는 사람. 낭주에 커가 짓아비 짓을 해보면 지아부지가 고생한 거 아께래.

징개 ᠍ 삼을 삼을 때 삼 모숨을 걸치는 것.

징거마지 ᠍ 징거미새우. 요새는 물이 더러워져가 거랑에 징거마지가 살지를 모해.

징고리 ᠍ 진피대고, 검질긴 성미의 사람. 그 사람 참 징고리야.

징고이 ᠍ 매우 끈덕지게. 니가 징고이 졸라도 안된대이. 징고이 나댄다. 고마 가만 좀 있어라.

징구랍다 ᠍ 연기가 나서 눈이 맵고 코가 맵다. 연기 때문에 눈이 징구랍다.

징그럽다 ᠍ 지겹다. 이젠 고마 징그럽다.

징기다 ᠍ 간직하다. 중요한 물건 장롱 속에 징기 두고 그랬지.

징기미 ᠍ 민물새우. 개울에서 징기미 잡고 했지.

징업다 ᠍ 지겹다. 이젠 고마 징업다.

징치 ᠍ 곱슬머리. 징치를 펴다.

징판 ᠍ 쓰레받기. 비만 갖고 오고 징판은 안 갖고 오나. 씰어 담을라카만 징판이 있어야지.

징푸물 ᠍ 풍물놀이에 쓰는 악기를 통틀어 이르는 말. 전에는 동네서 모도 징푸물로 시시마꿈 들고 나와가 놀기도 했니더.

짚가망 ᠍ 가마니. 쌀 너크러 짚가망 가져 오니라.

짚내끼 ᠍ 짚나라미. 마당에 떨어진 짚내끼 좀 씰어내라.

짚동 ᠍ 짚으로 만든 콩나물시루. 짚동에 콩나물을 키우다.

짚모개미 ᠍ 새꽤기. 남자들이사 겨울게 짚모개미로 엮어가 집에 쓸 연장을 만드니더.

짚바 ᠍ 짚으로 꼬아 줄처럼 만든 것. 지게에 짚바가 끊어졌디더.

짚새기 ᠍ 짚신. 짚으로 짚새기를 삼는다.

짚소구리 ᠍ 삼태기. 밭에 걸금 낼 때 짚소구리 쓰먼 되제. / 산대기. 소구리.

짚수시개 ᠍ 짚수세미. 짚수시개에 개와가리 문처가 녹그럭 닦아라.

짚수제 ᠍ 짚수세미. 짚수제로 그릇을 닦다.

짚시개 ᠍ 짚신. 전에자 남정네는 모도 짚시개로 신꼬 댕겼니더.

짚신재이 ᠍ 짚신을 파는 장사꾼. 고무신 나오기 전에사 짚신재이가 신을 미고 온 동네로 댕겼지러.

짚쑤세 몡 짚북데기. 짚쑤세 좀 털어라.

짚패기 몡 짚의 마디 가운데 가장 위에 있는 마디. 짚 여러 마디 중에 가장 위에 꺼를 짚패기라 그래.

짚풀 몡 지푸라기. 마늘밭에 짚풀로 쫌 덮어주고 오이라.

짚풀빗자루 몡 풀비. 문바틀라 카이 짚풀빗자루로 만들어 보소.

짚호깨이 몡 짚홰기. 장난이라도 짚호깨이는 뽑지 말거래이.

짜가리 몡 떡잎. 씨는 짜가리 보면 알지.

짜갈리다 동 나누다. 배차 짜갈리가 소금에 잘 저리래이. / 나리. 논갈리다. 농갈리다. 분추다.

짜개 몡 공기놀이. 짜개를 하다.

짜구 몡 한쪽은 망치 다른 쪽은 나무를 다듬을 수 있는 장도리의 일종. 짜구로 나무를 다듬다.

짜구 짜개 몡 공기놀이. 돌 주 갖고 짜구하자.

짜구받기 몡 공기놀이. 짜구받기를 하다.

짜궁다 동 물건을 한쪽으로 촘촘히 정리하다. 짐을 더 싣게 물건을 짜궁다.

짜꺼리 몡 곡식을 담을 때 사용하는 짚으로 만든 큰 독. 큰 짜거리에 나락 퍼 붓고 했어.

짜다 동 쌓다. 담장을 짜다.

짜다라 円 특별히. 짜다라 일이 있나?

짜달시리 円 그다지. 별로. 고기는 짜달시리 좋아하지 않니더.

짜대 몡 찌도. 짜대에 말을 놓다.

짜드록 円 잔뜩. 밥을 짜드록 먹다.

짜들 円 잔뜩. 잔칫집에 짜들 채리나도 젓갈 갈 데가 없니더.

짜들다 동 물건을 부수다. 술에 취해 집안을 다 짜들다.

짜들다 동 퍼붓다. 소나기가 짜들다.

짜부래지다 동 까부라지다. 기운이 빠져서 나른해지는 것을 말한다. 일이 디가 꼬 눕자마자 짜부래지네.

짜자하다 휑 잘다. 알곡이나 과일, 모래 따위의 둥근 물건이나 글씨 따위의 크기가 작다. 길이가 있는 물건의 몸피가 가늘고 작다. 올해는 콩이 안 굵고 전다지 짜자하네. 무꾸가 짜자한 거밖에 없노.

짜작쿰하다 휑 자잘하다. 여러 가지 물건이나 일, 또는 여러 생각이나 행동 따위가 다 작고 소소하다. 짜작쿰한 이야기.

짜질박하다 휑 자질자질하다. 고등어 찌질 때 짜질박해지거든 불 끄거래이.

짜찜 몡 짜임새. 짠 모양새. 짜찜이 곱다.

짜채다 툉 쪼들리다. 핵교 댕기는 아들이 많애노이 살림이 더 짜채니더.

짜치기 몡 자로 재어 팔거나 재단하다가 남은 천의 조각. 짜치기 쪼매 남아가주고 보재기 맨들었잖아.

짜치다 툉 쪼들리다. 옛날엔 살림이 짜치가 고생 마이 했니더.

짜치이다 휑 궁핍하다. 살림이 적어 사는게 짜치인다.

짜투매기 몡 자투리. 짜투매기 남는 거 있으면 갖고 온나.

짝다 툉 꼬집다. 아무리 그캐도 남으 얼굴을 짝고 그러만 되나.

짝다리 몡 삭정이. 벼가 짝다리가 많다.

짝대기패 몡 폭도. 폭동을 일으키거나 폭동에 가담한 사람의 무리. 짝대기패가 폭동을 일으키다.

짝배기 몡 왼손잡이. 어구 자 왼손으로 밥 먹는 거 보이 짝배기다.

짝손이 몡 지겟작대기. 짝손이를 잘 받차 놔야지 지게가 안 자빠지지.

짠다구 몡 잔대. 짠다구가 나다. 둑방에 짠다구가 전다지로 깔렸니더.

짠지 몡 배추김치. 짠지를 담그다.

짠지갱시기 몡 멸칫국물에 김치, 수제비, 시래기 등을 넣어 멀겋게 끓인 죽. 겨울에 짠지갱시기 해먹으면 얼매나 맛있다고. 야야, 올적에는 짠지넣고 짠지갱시기 해먹자. 어렸을 때 짠지갱시기를 하도 마이먹어갖고 인제는 입에 대지도 않는다.

짠지갱시기 몡 멸칫국물에 김치, 수제비, 시래기 등을 넣어 멀겋게 끓인 죽. 겨울에 짠지갱시기 해 먹으면 얼매나 맛있다고.

짠지적 몡 김치전. 올 저녀는 짠지적이나 해야 될다.

짠지집 圏 김칫독이 얼지 않도록 하기 위해 지은 움막집. 짠지집을 짓다.
짤개 圏 공기놀이. 너들은 모이기만 하만 짤개만 하노.
짤다 图 짜다. 누르거나 비틀어서 물기나 기름 따위를 빼내다. 참기름을 짤다.
짤딱막하다 圏 짤따랗다. 짤딱막한 작대기.
짤쭘하다 圏 짤막하다. 키가 짤쭘하다.
짤프다 圏 물기 등을 짜다. 나물 삶아가 꼭 짤파서 무치만 된다. 빨래는 매 짤프고 탁탁 털어가 널어야 된대이.
짬직하다 圏 조용하고 참하다. 박실이사 째매할 때부터 짬직했어.
짭댕이 圏 대님. 제사 지낸다고 남자들이 한복 입고 짭댕이를 치고 그랬제. / 발댕이.
짭박없다 圏 끄떡없다. 내가 안직도 쌀 한 가마는 짭박없네.
짭질받다 圏 일이나 솜씨가 깔끔하다. 아가 짭질받네.
짭짤받다 圏 반찬의 간이 적절하여 맛이 있다. 음식이 짭짤받다.
짱 圏 돌쩌귀. 문짝을 문설주에 달아 여닫는 데 쓰는 두 개의 쇠붙이. 짱을 박다.
짱고리 圏 정수리. 얼매나 무거운동 짱고리 빠질라칸다.
짱꼴래 圏 제기. 옛날엔 아덜이 짤꼴래 마이 하고 놀았지러.
짱바구 圏 정수리. 머리 위의 숫구멍이 있는 자리. 찡바구가 찢어지다.
째롬하다 圏 갸름하다. 째롬하이 생겨가지고. 째롬하게 생긴 거 안 있나.
째리보다 圏 째려보다. 째리보는 눈매.
째맨치 圏 조금만. 친구를 째맨치 기다리다.
째비다 圏 꼬집다. 가가 째비면 살짝만해도 얼매나 아픈동 몰다.
째우다 圏 조르다. 다른 사람을 째우다.
째직째직하다 圏 자작자작하다. 아직 물이 째직째직한 거보이 밥이 덜 됐다.
짹 圏 짝짝이. 서로 짝 아닌 것끼리 합하여 이루어진 한 벌. 짹 구두.
쨀기다 图 지리다. 똥이나 오줌을 참지 못하고 조금 싸다. 오줌을 쨀기다.
쨀쭘하다 圏 갸름하다. 쨀쭘하게 생기다.
쨀쭉하다 圏 가늘고 길쭉하게 생긴 모양. 가는 얼굴이 쨀쭉하게 생겼더라. 오이가 쨀쭉하게 잘 생겼네.

쨍기비락 图 날벼락. 그래 잘못된 짓 하고 댕기면 쨍기비락으로 맞는대이.

쨍배기 图 정수리. 숨골. 쨍배기를 때리면 안 된다.

쩌귀다 图 짜개다. 김장할라꼬 배추 쩌귀가 소금물에 담가 놨니더.

쪼가리 图 삭정이. 쪼가리를 꺾다.

쪼갈리다 图 쪼개다. 수박 얼른 쪼갈라라 먹그러. 옛말에 콩 한쪽도 쪼갈리 먹는다 했다. 혼자 다 먹지 말고 쪼갈리가 나나 머라.

쪼개 图 조각. 한 물건에서 따로 떼어 내거나 떨어져 나온 작은 부분. 과일 쪼개.

쪼개주밍이 图 한복 조끼에 달린 주머니. 쪼개주밍이를 달다.

쪼갱이 图 쪼가리. 쪼갱이에 뭐라고 써 있는 동 봐라. 쪼갱이가 요롱다.

쪼구락사리 图 주름살. 얼굴 피부가 노화하여 생긴 잔줄. 쪼구락사리가 지다.

쪼그라뜨리다 图 쪼그리다. 공을 쪼그라뜨리다.

쪼그락지 图 무말랭이. 무를 반찬거리로 쓰려고 썰어 말린 것. 무꾸 말리면 쪼그라들잖아. 그래갖고 쪼그락지라 그러는거지.

쪼그락초 图 품질이 좋지 않은 건고추. 고추가 다 쪼그락초가 됐다.

쪼그래기 图 무말랭이. 쪼그래기를 널다.

쪼까뿌리다 图 쫓아내다. 산짐승을 쪼까뿌리다.

쪼다 图 조르다. 다른 사람에게 차지고 끈덕지게 무엇을 자꾸 요구하다. 아이가 장난감을 사달라고 쪼다.

쪼다리 图 옹기의 면에 붙이는 손잡이. 쪼다리를 달다.

쪼대 图 찰흙. 사기그릇을 잘 만들라만 쪼대가 좋아야 한다.

쪼로미 图 가지런히 늘어선 모양. 옆으로 쪼로미 서라.

쪼록싸리 图 싸리나무의 일종. 쪼록싸리 필 때 왔다.

쪼루우다 图 졸이다. 마음을 쪼루우다.

쪼막쪼막하다 图 조그마하다. 아이가 키가 쪼막쪼막하다.

쪼막쪼막하다 图 조만조만하다. 크기와 부피가 작다. 무꾸구데이 가서 무꾸 조막조막한 거 골리 갖고 온나.

쪼매 图 쪼끔. 점심을 쪼매 먹었더니 금방 배가 고프대이. / 쬐매. 찌매.

쪼매이 图 꼬마. 쪼매이가 장난감을 가지고 놀다.

쪼매하다 ᄒᆢ 작다. 아이가 나이에 비해 쪼매하다.
쪼맨꿈하다 ᄒᆢ 조그마하다. 알매이가 쪼맨꿈한 거는 이짜 담아라.
쪼맨침 ᄆᆢ 조금만. 나도 맛 좀 보게 쪼맨침만 줘 봐라. 마이는 말고 쪼맨침만 도와 다고. 쪼맨침 머라 그이 지 혼자 한 그릇 다 먹었네. 물 쪼맨침만 넣고 끓이래이.
쪼물딱거리다 ᄃᆢ 조몰락거리다. 송편만들라캤디만 쪼물딱거리기만 하노. 제대로 좀 맨들어라.
쪼바리 ᄆᆢ 조뱅이. 봄에 새순나만 쪼배기 나물 해갖고 먹어.
쪼박쪼박 ᄆᆢ 크기가 작은 열매가 많이 달려 있는 모양. 은행이 쪼박쪼박 많이 열었더라.
쪼배기 ᄆᆢ 밭에서 나는 나물. 이전에는 송구 해 먹고, 쪼배기 나물 해 먹고 했지.
쪼배기 ᄆᆢ 쪽박. 쌀단지에서 쪼배기로 쌀을 퍼면 된다.
쪼불시다 ᄃᆢ 쪼그리다. 쪼불시고 앉다.
쪼삣하다 ᄒᆢ 뾰족하다. 옥수수 말리가 쪼삣한 거로 타가 밥 지을 때 너면 별미제.
쪼이꾼 ᄆᆢ 노름꾼. 쪼이꾼이 노름을 해.
쪼이다 ᄃᆢ 쫓기다. 범인이 경찰한테 쪼이다.
쪼이판 ᄆᆢ 노름판. 저 집은 밤만 되며는 쪼이판이 벌어져.
쪼자리 ᄆᆢ 꼭지. 고추 쪼자리를 따다.
쪼짜바리 ᄆᆢ 달리기. 운동회 때면 아덜이 쪼짜바리를 하지러.
쪼채다 ᄃᆢ 쪼들리다. 올해는 이래 집이 가난에 쪼채가 어렵대이.
쪼추바리떡 ᄆᆢ 집에서 부리던 머슴이 떠나는 날 만들어 보내는 떡. 농사철 끝나고 머슴 길 떠날 때 쪼추바리떡을 맨들어 싸가 보냈니더.
쪼춤바리 ᄆᆢ 달리기. 그 아이가 쪼춤바리를 잘 한다.
쪽대기 ᄆᆢ 애꾸눈이. 어린 아덜은 쪽대기 보만 놀라지럴. / 눈까제비.
쪽두박 ᄆᆢ 쪽박. 쪽두박을 따다.
쪽듯이 ᄆᆢ 고스란히. 밥이 쪽듯이 남다.
쪽바로 ᄆᆢ 똑바로. 줄 쪽바로 서라. 쪽바로 해래이. 저짜로 쪽바로 가만 역이 나오니더.

쪽바르다 🅗 똑바르다. 쪽바르게 걷다.
쪽발이 🅝 언청이. 그 집에사 쪽발이가 나가 걱정이 많애.
쪽배기 🅝 물바가지. 방티물 쪽배기로 퍼 버리라. 쪽배기로 물 퍼 담아라.
쪽배기 🅝 뚝배기. 쪽배기로 된장국을 끓이다.
쪽찌기 🅝 간장 따위를 뜨는 작은 바가지. 간장단지 가만 쪽찌기 있으이 그거 갖고 간장 한 쪽찌기만 떠 온나.
쫄궇다 🅢 조리다. 생선을 쫄궇다.
쫄로리 🅟 나란히. 장난감차를 쫄로리 세워 놨네. 호박이 쫄로리 놓있대.
쫄이키다 🅢 졸다. 찌개, 국, 한약 따위의 물이 증발하여 분량이 적어지다. 찌개가 쫄이키고.
쫄짝하다 🅗 폭이 좁고 길쭉하다. 몸이 쫄짝하다.
쫄쫄이 🅝 손안에 있는 동전의 개수를 알아맞히는 노름. 쫄쫄이를 하다.
쫍다 🅢 쪼다. 책상을 연필로 쫍고 하며는 안되니라. 닭이 모이를 다 쫍아 먹었대이.
쫑갑치 🅝 조개껍데기. 쫑갑치 주가 목걸이 맨들어 준다카디만.
쫑고리 🅝 조롱박으로 만든 작은 바가지. 쫑고리 갖고가 장물 떠온나.
쫑골박 🅝 조롱박. 쫑골박을 톱으로 타서 바가지 만들어야 되는데.
쫑구래기 🅝 조롱박. 쫑구래기 갖고 장 뜨는 바가지 만들잖아. 쫑구래기 갖고 상 쁜다. 쫑구래기 갖고 가서 장물 떠 온나.
쫑굴바가치 🅝 작은 바가지. 쫑굴바가치가 깨지다.
쫑그락바가치 🅝 작은 바가지. 쫑그락바가치에 간장을 담다.
쫑기다 🅢 비좁다. 쫑기니까 저짜로 내다 앉아라. 요새 살이 쪘는동 옷이 마이 쫑기네. 바지가 쫑겨 못 입을다.
쫓게가다 🅢 쫓겨가다. 망보다가 들켜가 쫓게가느라고 혼이 났니더.
쫓다 🅢 좇다. 어쩔 도리가 없어가 그 사람 말을 쫓기로 했니더.
쫓이다 🅢 살림이 어려워지는 것. 그 집은 그꼬 쫓이 가지고 아들학교는 우예 시키노.
쭈구럭살 🅝 주름살. 언제 이래 쭈구럭살이 생깄는동 몰따. / 주롬살.

쭈구리 [명] 쭉정이. 타작해봐야 올개는 가물어가 쭈구리빼이 없을기다.

쭈굴사리 [명] 주름. 어매 얼굴에 쭈굴사리가 마이 져가 맴이 올찮니더. / 주롬. 쭈구럭살.

쭈굴시럽다 [형] 겸연쩍다. 얼굴을 대하기가 쭈굴시럽다. 잘못한거도 없는데 그래 쭈굴시럽게 그러니껴. 지가 잘못한 게 있는 걸 아는 동 저래 쭈굴시럽게 구네.

쭈글시다 [동] 쭈그리다. 쭈글시 앉지 말고 허리 피고 앉아라.

쭈글시럽다 [형] 부끄럽다. 앞에 나가 할라그이 쭈글시럽네.

쭈루우다 [동] 줄이다. 바지 길이를 쭈루우다.

쭈무리다 [동] 머뭇거리다. 쭈무리고 서있다.

쭈추 [명] 지치. 산에서 쭈추를 캐다.

쭉다리 [명] 다리. 쭉다리를 건너다.

쭉떡 [명] 쭉정이. 쭉떡 쌀.

쭉뚜막 [명] 토방. 쭉뚜막에 앉다. 쭉뚜막에 신발이 없는 거 보이 집이 비었는갑다.

쭉띠 [명] 쭉정이. 가물어서 쭉띠가 많이 생겼다.

쭉자궁이 [명] 맞장구. 그래 쭉자궁이 쳐 주이 별거 아니지만 힘이 난대이. / 쭉자쿵이.

쭉찌이 [명] 쭉정이. 콩타작 하는데 우예 쭉찌이 뿐이로.

쭉해야 [부] 기껏해야. 쭉해봐야 이 모양이네. 쭉해야 동생이 형을 못 따라 가더라. 밭일을 쭉해야 몇 골 못 했니더.

쭐래기 [명] 잉어 새끼. 잉어 잡아 온다디만 쭐래기만 잡았네.

쭐룩이 [부] 나란히. 물건을 쭐룩이 놓다.

찌개지다 [동] 찌그러지다. 집에 냄비가 다 찌게져서 다시 사야 될씨더. 태풍에 비가 마이 와가 집이 잠겨놓이 구들이 찌게졌니더.

찌개털 [명] 덫. 찌개털을 놓다.

찌거리 [명] 멍에. 논에 쟁기하러 가거러 소 찌거리 좀 가온나.

찌그리다 [동] 대문을 닫다. 아직 아들이 다 안 들어 왔으이 대문을 쪼매만 찌그리 놓고 오소.

찌다하다 휑 기다랗다. 찌다한 작대기.
찌래기 맹 길이. 바지 찌래기가 너무 길어서 좀 짤라야 될따.
찌럭지 맹 길이. 소매 찌럭지가 짧아서 못 입을다.
찌렁내 맹 지린내. 찌렁내가 등천을 한다.
찌루구 맹 기러기. 찌루구가 무리 지아가 날아가대. 찌루구 날아 가는 거 보만 줄 지아서 가지 왜. 찌루구 날아 가는 것 좀 봐라.
찌부둥하다 휑 찌뿌드드하다. 몸이 찌뿌둥하다.
찌부래지다 통 흐려지다. 갑자기 찌부래지디만 금방 햇빛이 나네. 양은 그릇이 다 찌부래졌다.
찌부리다 통 기울이다. 기울다. 술잔을 찌부리다.
찌부리다 통 찌푸리다. 인상을 찌부리다.
찌부쟁이 맹 신기료장수. 찌부랭이가 신을 고치다.
찌부퉁하다 휑 찌뿌듯하다. 찌부퉁한 허리.
찌불떵하다 휑 기우뚱하다. 액자가 찌불떵하게 걸리다.
찌시레기 맹 쓸 만한 것을 골라낸 나머지. 콩 따듬고 찌끄레기 있잖아. 그런 걸 찌시레기라 그래.
찌우다 통 끼우다. 찌거리 찌왔나?
찌우뚱거리다 통 끼우뚱거리다. 배가 찌우뚱거리다.
찌울딱하다 휑 기우듬하다. 액자가 찌울딱하다.
찌웃하다 통 끼웃하다. 남의 물건을 찌웃하다.
찌이다 통 끼이다. 틈새에 박히다. 손가락이 문틈에 찌이다.
찌지다 통 끓이다. 끓다. 국을 찌지다.
찌지하다 휑 지저분하다. 방바닥이 찌지하다.
찌짐바탕 맹 놀림거리. 저 사람은 행동하는 거 보면 남의 찌짐바탕밖에 안되 그러 해.
찌티리다 통 끼얹다. 불을 껄라며는 흙을 찌티리면 된대이.
찌티리다 통 끼얹다. 여름에 더울 적에 몸에 찬물을 찌티리먼 씨원태이.
찍개칼 맹 접을 수 있게 만든 칼. 밖에 가서 쓸라만 찍개칼 갖고 가자. 찍개칼을 갖고 가만 접을 수 있어 낫다. 찍개칼 끈 달아서 옆에 차 갖고 다니민서 나물도 하고 과일도 깍아 먹고 하지.

찍게 [명] 벼훑이. 찍게로 타작을 하다.

찐꼴대다 [동] 귀찮게 굴다. 아:가 하도 찐꼴대서 일을 못 하겠네.

찐맛없다 [형] 재미없다. 아기자기하게 즐겁고 유쾌한 기분이나 느낌이 없다. 찐맛없그러 그게 뭐로.

찐지르기 [명] 부스러기. 나무 찐지르기 모아 다가 태와라.

찔굿다 [형] 끈질기다. 찔굿은 노력.

찔길이 [명] 질공이. 찔길이를 뽑다.

찔께이 [명] 지렁이. 비만 오면 찔께이가 나오지.

찔둑없다 [동] 귀찮게 굴다. 경우 없이 하고 싶은 대로 하다. 지 하고 싶은대로 찔딱거리는 걸 보고 찔둑없다고 해.

찔라메 [명] 여치. 아침부터 짤라메 우는 소리가 시끄럽데이.

찔락거리다 [동] 잘난 체하며 다니는 모양. 찔락거리고 다니대.

찔쭉하다 [형] 못마땅하여 삐친 듯 뚱하다. 잘난 체 하다. 거만하다. 뭐가 그래 못마땅해 가지고 입을 내밀고 찔쭉하게 서 있는 모습 좀 봐라. 잘났다고 찔쭉하게 빼지 좀 마소.

찔쭘하다 [동] 으스대다. 사람이 찔쭘하다.

찔찔이 [명] 허튼모. 찔찔이를 하다.

찜맛없다 [형] 쑥스럽다. 남한테 얘기하기도 찜맛없고 해서 가마이 있었지.

찡가리 [명] 눈썹줄. 찡가리를 잇다.

찡굴대다 [동] 귀찮게 하다. 귀찮게 굴다. 성가시게 하다. 왜 이꼬 찡굴대노. 가만 좀 있어라.

찡궇다 [동] 끼우다. 넘어지지 않게 바닥에 돌을 찡궇고.

찡글시다 [동] 얼굴의 근육이나 눈살을 몹시 찌그리다. 얼굴 찌그리는 걸 찡글시다고 하지. 야는 뭐가 불만인동 찡글시고 있노.

찡글시다 [동] 찡그리다. 머리가 아프다디만 얼굴 찡글시고 있네. 야는 뭐가 불만인동 찡글시고 있노. 새댁이가 왜 얼굴을 찡글시고 있노.

찡기이다 图 치이다. 무거운 물건에 부딪히거나 깔리다. 자동차에 찡기이다. / 끼이다. 끼다.

차개다 图 차이다. 소 마구치다가 소한테 차갤 뻔 했니더.

차게차게 图 차곡차곡. 안 입는 옷은 가방에 차게차게 넣어 갖고 내 놔래이. 물건을 차게차게 얹어라.

차께 图 덫. 차께로 놀개이, 너구리 잡지.

차단지 图 얄밉게 똑똑한 척하는 사람. 말을 야무지게 차단지같이 해. 다가 말을 얼매나 잘 하는 동 차단지네 차단지. 차단지그치 말은 잘 하지 왜.

차단지 图 찹쌀가루로 만든 부꾸미. 차단지를 굽다.

차댕기다 图 차다. 발로 내어 지르거나 받아 올리다. 발로 사람을 그쿠로 차댕기만 우예노.

차돎 图 차돌. 차돌 그 사람이사 차돎이래가 얼매나 일을 야무지거러 하는 동 몰래.

차드랑 图 겨드랑이. 니는 왜 자꾸 내 차드랑을 잡고 늘어지도.

차디기 图 자루. 물건을 담을 수 있게 만든 주머니. 콩타작 한 거 담그러 차디기 갖고 온나.

차따리 图 차라리. 남 시기지 말고 차따리 니가 해라. 고민하지 말고 차따리 해 삐리라. 똑부러지고 짝짝부쳐가 말하는 게 차단지그치 한다 그래.

치민하다 图 잘난 체하며 건방지다. 자만해가지고 남이사 뭐라카든동 마든동 지 요량대로만 한다카이.

차맣다 图 예쁘다. 얼굴이 차맣다고 마음도 착한 게 아이래.

차물 图 차가운 물. 니는 헛물 키지 마고 차물 마시고 속 차리라.

차박하다 图 물속에 든 것이 잠길만하다. 손 넣어 보고 잠길만하게 차박하게 부라.

차반상 图 다과를 내는 상. 손 오셨으이 어여 차반상 내 오이라.

차분지다 图 덮은 이불을 걷어 제치다. 아가 자다가 이불을 얼매나 차분지는지 아 이불 덮어 주느라 잠도 못 잤네.

차죄 图 차조. 밥에다가 차죄로 넣고 안쳤디만 노란 게가 맛이 좋애.

차지쌀 몡 차좁쌀. 차지쌀로 밥을 하다.
차짐질 몡 풍계묻이. 내사 차짐질서 한 번도 이겨보지러 모했어.
차케 몡 덫. 산에 차케에 토꾸가 잡혔대이. / 착개.
차판 몡 다반. 접시 나르거러 차판 가 오이라.
차현 몡 차멀미. 버스에 뭔 내미가 나가 이래 차현이 심하이더.
찰 몡 때리는 횟수를 세는 단위. 니 분 풀리거러 내로 몇 찰 때리라.
찰기지다 톙 차지다. 이번에 찰밥은 디게 찰기지고 맛이 좋니더.
찰꾸비이 몡 찹쌀가루로 만든 부꾸미. 찰꾸비이를 부치다.
찰밥때 몡 도깨비바늘. 가을게 산에 댕기오만 아랫도리에 찰밥때가 억쑤로 마이 붙어 있지러. / 까치풀.
참나물꽃 몡 금낭화. 참나물꽃이 피다.
참다 톙 차다. 저게 개골에 새미사 물이 디게 참고 맑니더.
참망개덤불 몡 청미래덩굴. 밭둑에 참망개덤불이 매란이 없이 기올라 가가 제초제를 쳐야 될씨더.
참봉 몡 맹인. 가는 얼라 때 열이 디게 나디만 참봉이 되가 내가 마음이 이래 아프니더.
참비듬 몡 참비름. 밭골에 참비듬도 나물로 해먹었디래.
참솥 몡 발이 있는 솥. 참솥에 국을 끓인다.
참열합 몡 털격판담치. 참열합을 따가 국 끓이면 국물이 씨원하지럴.
참외골부리 몡 기형으로 자라 고둥 모양으로 생긴 참외. 참외골부리를 따서 버리다.
참집 몡 새참으로 먹을 음식을 파는 가게. 니는 잠깐 참집에 가가 일꾼들 먹을 거로 사가 오이라.
참피 몡 물피. 참피를 뽑다.
참피리 몡 잉엇과의 민물고기. 요 앞에 거랑에는 반도만 들고 나가면 모도 참피리가 잡히니더.
참항이 몡 참하게. 우리 누부사 참 참항이 생겼니더.
찹쌀굽이 몡 찹쌀로 만든 노티. 찹쌀굽이를 만들다.

찹쌀노치 찹쌀로 만든 노티. 찹쌀노치를 굽다.

창걸래 방아깨비. 창걸래가 들에서 날다.

창졸에 갑자기. 잠깐 한눈팔다 보이 창졸에 이런 일이 생기니더.

창지칸 헛간. 창지칸에 곡식을 쌓다.

채 총채. 말총이나 헝겊 따위로 만든 먼지떨이. 채로 먼지를 털다.

채계놀이 장에서 비싼 이자를 받고 돈을 빌려준 뒤 돌아오는 장날마다 본전의 일부와 이자를 거두는 고리대금업. 장날 채계놀이를 하다.

채다 빌리다. 옆집에 돈 챈 거 얼른 갚아라.

채다 취하다. 음복을 쪼매 했드이 고마 술이 채니더.

채당새기 채로 엮어 만든 반짇고리. 채당새기에서 바늘을 꺼내다.

채수건 때수건. 때 밀라만 채수건으로 빡빡 밀어야지. 그래 물만 홀짝거리만 되나.

채이다 챙기다. 짐을 채이다.

채자칠 한방에서 미나리냉이의 뿌리를 일컫는 말. 채자칠을 캐다.

채진밭 남새밭. 집 앞에 채진밭에 상추도 심꼬 고추도 심거가 먹으이 참 편하고 좋애.

채질 도리깨질. 채질을 하다.

채팍 새우. 절지동물문 십각목 장미아목을 통틀어 이르는 말. 채팍을 잡다.

책가불 책가위. 이전에사 핵교 다닐 때 책가불을 싸가 다녔대이. / 책가울. 책까풀. 책꺼풀.

챗국 냉국. 챗국을 먹다.

챗돌 댓돌. 챗돌에다 나락을 털다.

챗머리 수전증처럼 머리가 저절로 흔들리는 것을 챗머리 흔든다고 한다. 옆집 아지매는 볼 때마다 챗머리 흔들데.

챗물 맹물에 간장으로 간을 하고 오이를 채쳐 넣어 만든 음식으로 여름철에 많이 먹는다. 올 점심은 시원하게 오이 챗물 해 먹자.

챙시 창자. 챙시가 꼬였는동 배가 왜 이리 아프노.

처가곳 처가가 있는 마을. 옛말에 통시랑 처가곳이 멀면 좋다는 말이 있니더.

처마 몡 치마. 옛날에사 여자들이 다 처마를 입었제. / 치매.

처매자래기 몡 치맛자락. 니는 처매자래기를 땅에 질질 끄고 댕기노.

처연하다 몡 행동이 듬직하고 의젓하다. 점잖다. 그만 좀 뛰다니고 처연하이 좀 앉아 있어라.

처입 몡 처녑. 내사 처입은 비우가 상해가 못 먹겠대이.

처자구신 몡 여자 모습을 한 귀신. 사람이 기가 약하며는 처자구신이 보인다 캐.

처자내다 몡 뒤처지다가 앞질러 가다. 꼴지로 가디 어느새 다 처자내고 일등을 하대.

처자내다 몡 뒤처지다가 앞질러가다. 꼴지로 가디 어느새 다 처자내고 일등을 하대. 천천히 온다꼬 뭐라 캤디만 고마 우릴 처자내고 저까지 가네. 아가 달리기를 얼매나 잘하는동 금세 처자내네.

처재 몡 처녀. 다 큰 처재가 그래 뛰댕기면 되나.

처재다 몡 처쟁이다. 고추를 어여 팔아야지 창고에 처재가 있으면 될리껴?

처주깨다 몡 지껄이다. 되고마고 처주깨면 한 번 디게 당할 줄 알아래이.

척사 몡 고기나 굳은 떡 조각 따위를 굽는 기구.

척사 몡 쌍윷. 얼라 때 공부되라꼬 종경도하고 척사도 하고 건곤윷도 놀았지러.

천간시럽다 몡 점잖다. 점잖은 아들한테 천간시럽다고 해. 야는 아가 나대지도 않고 디기 천간시럽네.

천동만동 몡 정신없이. 사고났다는 말로 듣고 천동만동 뛰가 왔니더.

천만 몡 기관지에 경련이 일어나는 병. 몸을 마구 돌렸디만도 각주에 천만이 생겨가 이래 기침이 나고 고생하니더.

천망개 몡 새박. 식물 박과의 한해살이풀. 천망개를 따다.

천방 몡 냇둑. 아부지는 천방에 낚수하러 가셨니더.

천불나다 몡 속타다. 천불나게 좀 하지 마라. 말을 얼마나 안 듣는 동 속 천불 난다. 천불나서 못 앉아 있을다. 바람 좀 쐬야지.

천사 몡 할 수 없이. 천사 내가 가야 될따.

천상이다 몡 똑같다. 모양, 태도, 행동 따위가 아주 비슷하게 닮다. 목소리가 천상이다.

천앙당 [명] 성황당. 천앙당에서 기도하다.
천없다 [형] 세상없다. 천없는 물건.
천자 [명] 천장. 반자의 겉면. 천자이 무너지다.
천장뿔 [명] 위로 향하여 난 소뿔. 솬지가 천장뿔이 난대이.
철갑하다 [형] 온몸에 두르다. 옷이 흙으로 철갑을 했다.
철갱 [명] 수수경단. 철갱을 만들다.
철갱이 [명] 잠자리. 하늘에 철갱이가 와이리 많노?
철거지끈 [명] 껑거리끈. 철거지끈이 끊어지다.
철고리 [명] 쇠로 만든 소줏고리. 철고리로 소주를 내리다.
철남시 [명] 천남성. 뒷산 벤달에 철남시가 마이 났니더.
철딱상이 [명] 철딱서니. 아이가 철딱상이가 없다.
철떡거리다 [동] 떠들다. 잘 모르만 철떡러리지 말고 조요히 있어래이.
철리뱅이 [명] 잠자리. 잠자리목의 곤충을 통틀어 이르는 말. 철리뱅이가 날다.
철방하다 [동] 칠갑하다. 얼라가 어데서 놀았는동 온몸에 저래 흙으로 칠갑을 했노.
철사쟁이 [명] 땜장이. 철사쟁이가 단지를 고치다.
철숭이 [명] 도깨비바늘. 철숭이가 붙다.
철철이 [명] 풀무치. 논에 철철이가 많으만 곡석이 안되니더.
철태쟁이 [명] 땜장이. 철태쟁이가 그릇을 때우다.
첨망개 [명] 청미래덩굴. 첨망개가 나무를 감다.
첨방 [명] 처마. 지붕이 도리 밖으로 내민 부분. 첨방이 길다.
첨방물 [명] 낙숫물. 첨방물이 떨어지다.
첩문 [명] 여닫이문. 첩문을 열다.
첩산이 [명] 정식 아내 외에 데리고 사는 여자. 첩산이가 들면 우예든동 집이 소란치러.
첩산이질 [명] 남의 첩이 되어 사는 것을 이르는 말. 첩산이질을 하다.
첫디이 [명] 첫아기. 첫디이를 낳다.
첫새복 [명] 첫새벽. 첫새복에 길을 나서다.

첫친정 ⓜ 근친. 시집간 딸이 친정에 가서 부모를 뵘. 첫친정을 가다.
청 ⓜ 마루. 여름에 씨원한 청에 누버가 마이 잤니더. / 동마리. 마리. 마리청.
청간시럽다 ⓗ 쑥스럽다. 청간시러운 행동.
청관재이 ⓜ 음식에 대하여 지나치게 체면을 차리는 사람. 청관재이가 체면을 차리다.
청국밀 ⓜ 귀리. 청국밀이사 사램은 잘 안 먹고 짐승이나 멕였지.
청귀틀 ⓜ 마룻귀틀. 청귀틀을 든든하게 써야 청이 든든하대이.
청서목 ⓜ 여우콩. 청서목을 심다.
청소깝 ⓜ 솔가지. 청소깝을 뿌러뜨리다.
청절미 ⓜ 푸른색이 도는 차좁쌀. 청절미를 먹다.
청차조 ⓜ 푸른색이 도는 차좁쌀. 청차조를 찧다.
청포쑥 ⓜ 바위구절초. 청포쑥을 뜯다.
체이 ⓜ 키. 체이로 쌀을 까분다.
쳐자내다 ⓗ 앞지르다. 달리기 하는데 가자 다 쳐자냈다. 막 띠 가디만 마카 쳐자내데.
초 ⓜ 눈꼽. 눈에 초가끼었다.
초다디메 ⓜ 처음. 무슨 일이든 초다디매 잘해야 한다.
초다짐 ⓜ 어떤 일을 시작할 무렵. 초다짐부터 노력하다.
초달기 ⓜ 어떤 말이나 행동에 대해 이유나 구실을 만들어 내세우는 것을 이르는 말. 초달기를 하다.
초때뻬 ⓜ 정강이. 앞을 안 보고 가다 들마루에 초때뻬 차이가 억수로 아프대이.
초래 ⓜ 목화꽃. 초래가 피다.
초래꽃 ⓜ 초롱꽃. 초래꽃을 꺾다.
초래이 ⓜ 잠자리. 가을이 되며는 초래이가 들에 천지래.
초리다 ⓗ 조금 부족하다. 돈이 초리다.
초배기 ⓜ 점심. 옛날에사 학교 갈 때 초배기를 싸가 다녔지.
초시기 ⓜ 돗자리. 여름에 씨원한 그늘에 초시기 깔고 앉아 이바구하면 좋지러.
초실하다 ⓗ 부실하다. 부족하다. 약하다. 아가살도없고 초실하네. 폐백이 초시하데.

초아재비 몡 빙초산. 초아재비사 마이 독하니 물을 타가 음식에 써야 된대이.

초연 몡 호미씻이. 초연을 먹다. / 나다리. 마당떼기. 망울지섬. 시무거리. 품꾼먹이. 초염먹다. 초염먹이. 푸꾸. 푸꾸래. 풀꾸. 함추. 꼼비먹다. 서리치묵다. 솜모둠먹다. 푸꾸먹다. 푸굿먹는다. 푸꾸매기하다. 초염먹다. 히추먹다. 히추하다.

초염 몡 학질. 옛날에사 초염하면 사람이 죽기도 했드래.

초염먹다 통 호미씻이하다. 초염먹을라고 사람들이 모였다. / 나다리. 마당떼기. 망울지섬. 시무거리. 품꾼먹이. 초연. 초염먹이. 푸꾸. 푸꾸래. 풀꾸. 함추. 꼼비먹다. 서리치묵다. 솜모둠먹다. 푸꾸먹다. 푸굿먹는다. 푸꾸매기하다. 초염먹다. 히추먹다. 히추하다.

초우성 몡 미치광이풀. 초우성이 자라다.

초지짱 몡 초배지. 초지짱을 붙이다.

초질 몡 학질. 초질을 하면 열이 많이난다.

촉 몡 싹. 봄이 오이 나무마다 새 촉이 났대이.

촉바르다 혱 재바르다. 촉바르게 말을 해 가지고.

촉신 몡 짚신. 할배가 촉신 삼는다꼬 짚 더 단 가 오라 하디더.

촌구적 몡 촌구석. 촌구적에서 살다.

촌삐기 몡 촌뜨기. 촌삐기그치 두리번 거리지 좀 마라.

촌살금 몡 싸리울. 촌살금을 엮어 세우다.

촌치이 몡 조충강의 동물을 통틀어 이르는 말. 촌치이가 기생하다.

출래받다 혱 경박하다. 아가 그꼬 출래받아서 시집가서 우옐라꼬 그러노.

출비디이 몡 졸랑이. 출비디아 행동을 하다.

촘패이 몡 썩은 홍시. 감이 잘 익었는 줄 알았디만 촘패이래이가 못 먹겄다.

촛대 몡 두루미. 촛대에 술을 담다.

촛대뼈 몡 정강이. 촛대뼈를 차였다.

총냉이 몡 짓이 경박한 사람. 총냉이 짓을 한다.

추그리다 통 부추기다. 싸움을 말리라꼬 하는데 무슨 맴으로 이리 부추기니껴.

추깨이 몡 바보. 그 사람 하는 짓을 보이 추깨이다. 추깨이그치 그래 웃지 좀 마라. 생각이 그래 안 되나. 추깨이가 따로 없네.
추깨이 몡 바보. 어리석거나 멍청하고 못난 사람. 그 사람 하는 짓을 보이 추깨이다.
추달하다 통 닦달하다. 범인을 추달하다.
추돌 몡 발이나 자리 따위를 엮을 때 끈을 감아 늘어뜨리는 추. 추돌을 움직여 발을 짜다.
추두베다 통 들추어 뒤집다. 옷을 추두베다.
추리하다 톙 행색이 초라하다. 그 사람은 늘 추리하다.
추물 몡 침. 음식 냄새가 조애가 추물이 고인대이.
추물다 톙 나이가 들면서 검버섯 등이 피어 얼굴이 깨끗하지 못하고 생기가 없다. 나가 드이 얼굴이 추물어가 사진을 잘 안 찍니더.
추미 몡 모숨. 논에 가서 짚 두 추미 갖고 온나.
추성 몡 갈무리. 겨울게 먹을 식량을 잘 추성해 노만 겨울게 편하지러.
추시리다 통 추이다. 어지가이 넣었거든 푸대를 추시리야 마이 드간다. 흔들어서 추시리가 너어라.
추이 몡 자두. 자두나무의 열매. 여게 나무는 추이가 디게 굵니대이.
추이다 통 치오르다. 아래에서 위로 향하여 오르다. 불길이 추이다.
추잡다 톙 추하다. 어른이 추잡그러 아:들거를 뺏아먹나. 추잡은 짓 좀 고마해라.
추접다 톙 추하다. 사램이 돈을 너무 밝히면 추접어지니더.
추지 몡 부스럼. 추지가 나다.
추지다 톙 질다. 밥이 추지다.
축기 몡 바보. 축기를 놀리다.
축단 몡 죽담. 장마가 오기 전에 축단을 단디 쌓야 할씨더.
축담 몡 댓돌. 축담을 오르다.
축우다 통 축이다. 목을 축우다.
출청찮다 톙 사람의 행동이나 성격 따위가 너저분하고 변변찮다. 행실이 출청찮은 사램은 본대 가까이하믄 안 된대이.

331

출추리하다 툥 출출하다. 겨울게는 밤이 길어가 배가 출추리할 때가 많지러.
춤 쩝 씩. 그 수량이나 크기로 나뉘거나 되풀이됨'의 뜻을 더하는 접미사. 사람들에게 선물을 하나춤 주다.
췌다 툥 연장을 빌리다. 연장을 체다.
취정 명 주정. 술에 취하여 정신없이 말하거나 행동함. 또는 그런 말이나 행동. 술을 마시고 취정을 하다.
층거리 명 층. 짐 올릴 때 한 층거리 올리고 또 한 층거리 올려라.
치거리 명 산기슭. 치거리가 경사가 심하다.
치걸 명 중턱. 치걸에서 쉬어가다.
치놀다 툥 자신보다 위 또래의 사람들과 어울리거나 놀다. 자는 저래 항시 지 형 친구들과 치노니더.
치다 툥 버리다. 톱을 치다.
치다보다 툥 쳐다보다. 와 그리 사람을 빤히 치다보노.
치대기 명 여러 논에 물을 댈 때 낮은 곳에 있는 논에서부터 높은 곳에 있는 논으로 물을 대는 것. 논물 치대기를 하다.
치대다 툥 사람에게 귀찮게 엉겨 붙다. 야는 가마이 앉아있지 못하고 왜이래 사람한테 치대노.
치도 명 신작로. 새로 치도를 닦다.
치들치들 튄 초들초들. 배추가 치들치들 마르다.
치뚜아리 명 참취. 치뚜아리를 뜯다.
치뜨럽다 톙 치사하고 더럽다. 치뜨러워서 그 일은 안 할란다.
치레기 명 찌꺼기. 음석물 치레기 밭에 버리면 거름되제. / 찌끼.
치릏다 툥 돈 등을 갚다. 돈을 치릏다.
치매때 명 티끌을 골라내는 도구. 타작하며는 바닥에 꺼는 풍구로 날리고 치매때로 까부지.
치목 명 키. 옛날에사 얼라가 밤에 오줌 싸먼 치목을 쓰고 소금 얻으러 다녔지. / 채이. 케이. 치이. 치. 치매때.
치받아보다 툥 올려다보다. 하늘을 치받아보다.

치숫다 형 지저분하고 더럽다. 언나 치숫은 거 하고 노인 치숫은 건 못볼레라.
치시리다 동 추스르다. 얼매나 서러운동 치시리가매 운다. 옷을 치시리고 댕겨래이.
치우다 동 결혼을 시키다. 아들을 치우다.
치웁다 형 춥다. 날씨가 치버지기 전에 김장을 해야 된대이.
치이 명 키. 치이로 쌀을 까분다.
치이다 동 지치다. 힘든 일을 하거나 어떤 일에 시달려서 기운이 빠지다. 힘이 들어 치이다.
치치로 부 켜켜로. 고물을 치치로 뿌리다.
치케 명 덫. 치케 놓고 기다리면 토끼가 온대이.
치키다 동 추켜올리다. 바지를 치키다.
치탁삐탁 부 화가 나서 표정이나 행동에 나타난 모습. 기분이 나빠서 치탁삐탁 투덜대다.
칙싸리 명 물레바퀴의 살. 칙싸리가 부러지다.
친기다 동 치이다. 무거운 물건에 부딪히거나 깔리다. 자동차에 친기다.
친질 명 메질을 한 질흙. 친질 덩어리.
칠 명 칡. 칠이 뻗어가다.
칠개이 명 질경이. 칠개이를 뽑다.
칠개이덤풀 명 칡덩굴. 칠개이덤풀이 무성하다. / 칠개이넌풀.
칠개이뿔거지 명 칡뿌리. 요새 사람들이 모두 칠개이뿔거지가 몸에 좋다고 캐가 다리니더.
칠거리 명 밀치. 말이나 당나귀의 안장이나 소의 길마에 걸고 꼬리 밑에 거는 좁다란 나무 막대기. 칠거리를 걸다.
칠기 명 칡. 칠기 캐가 즙 내가 먹으먼 몸에 좋지러.
칠기덤풀 명 칡덩굴. 칠기덤풀이 기어오르다.
칠기뿌리 명 칡뿌리. 칠기뿌리를 캐다.
칠떡 명 칡. 칠똑이 나무를 감다.
칠떡뿌리 명 칡뿌리. 칠떡뿌리가 어예 이쿠 굵노.

칠뿌리 뗑 칡뿌리. 우리 동네사 산이 깊어가 겨울게 칠뿌리로 캐가 팔기도 마이 하이더.

칠칠받다 톙 칠칠하다. 새댁이가 일하는 솜씨가 엉가이 칠칠받네. 저래 칠칠받그러 숩게 하이 얼매나 좋노.

칠칠이 뗑 여치. 가을게 칠칠이가 우이 인제 곧 추워질따.

칠찮다 톙 칠칠하다. 아가 행동이 칠찮다고 욕을 마이 듣재.

침 쩝 쯤. 알맞은 한도. 그만큼가량을 더하는 접미사. 내일침 가려하다.

칩다 톙 춥다. 날씨가 칩다.

칭개다 동 치이다. 무거운 물건에 부딪히거나 깔리다. 일에 칭개다.

칭거무 뗑 멍. 심하게 맞거나 부딪쳐서 살갗 속에 퍼렇게 맺힌 피. 칭거무가 들다.

칭굴 동 치이다. 갑자기 골목에서 아가 뛰나오는 바람에 급정거를 했잖애. 까딱하만 아 칭굴 뻔 했지.

칭칭거리다 동 칭얼거리다. 아기가 칭칭거리다.

카매 조 -보다. 내가 너카매 공부를 잘한다. / 카머.

칼밥 뗑 떡을 괼 때 자르고 남은 부스러기. 칼밥을 남기다.

칼자리 뗑 칼자루. 칼자리를 잡다.

칼제비 뗑 칼새. 칼제비는 디게 빨리 난대이.

칼칼하다 톙 행동이나 성격이 곧고 솔직하다. 칼칼한 성격.

칼컬이 뷔 깨끗이. 옷을 칼컬이 빨다.

칼쿻다 톙 깨끗하다. 배추를 칼크케 씻어라.

캄카무리하다 톙 어두컴컴하다. 밤이 카카무리하다.

캐 뗑 키. 식물이나 수직으로 세워진 물체의 높이. 캐로 곡식을 까부르다.

캐삿다 동 해대다. 욕을 캐삿다.

캥이 뗑 키. 캥이로 쌀을 까부르다.

커단하다 톙 커다랗다. 커단한 바위.

-커덩 에 -거든. 힘이 들커덩 쉬어라.

커영 조 커녕. 비커영 구름도 한 점 없다.

컹 조 -과. 형컹 동생.

컹하다 ® 흥건하다. 물을 쏟아 바닥이 컹하다.
코곤지 ® 고삐. 코곤지 잡고 앞장서라.
코기리다 ® 코골다. 코기리는 소리 때매 잠을 한숨도 못 잤니더.
코꼰드레 ® 소의 코에 끼는 나무. 송아지가 힘이 세진 걸 보이 코꼰드레 낄 때가 됐나보네. / 코꾼드리.
코꾸마리 ® 콧구멍. 코꾸마리 벌렁벌렁 하며 이야기하는 걸 보이 화가 마이 났나보네.
코꿰뜨레기 ® 코뚜레. 송아지에게 코꿰뜨레기를 걸다.
코끈티이 ® 코끝. 코끈티이가 날카롭다.
코끗테기 ® 코빼기. 코끗테기를 못보다.
코따데기 ® 고딱지. 코에 코따데기 묻었다 띠라.
코빼기 ® 코끝. 콧배기가 찡하다.
코뺑보 ® 함실코. 요새사 함실코 보기 쉽지 않지럴.
코시다 ® 고집세다. 얼매나 코신지 말도 안들어.
코지레이 ® 조금. 적은 정도나 분량 / 돈이 코지레이가 있다.
코쿨 ® 고콜. 코쿨에 불을 피우다.
콘두라지 ® 쇠코뚜레. 송아지가 좀 크만 콘두라지를 해야지. 소 콘두라지 끼라. 소가 안 움직이그러 콘두레 좀 잡아라.
콧구여 ® 콧구멍. 콧구여서 피가 나다.
콧굼 ® 콧구멍. 콧굼이 막히다.
콧굼기 ® 콧구멍. 콧굼기를 후비다. / 콧궁기.
콧부불 ® 콧대. 옛날엔 여자가 콧부불이 넘 높으만 시집을 못 간다고 했지러.
콩깍질 ® 콩깍지. 콩깍질을 까다.
콩꼬무리하다 ® 쿠리터분하다. 냄새가 콩꼬무리하다.
콩따지 ® 꽃다지. 봄에 노랗게 꽃 피는 콩따지도 먹었어.
콩망두떡 ® 멥쌀로 가루를 지어 속이 비게 만들어 쪄서 콩가루를 묻힌 떡. 콩망두떡을 찌다.
콩망세기 ® 소견떡. 돌에 소견 널르라고 콩망세기를 한다.

콩어리 몡 콩강정. 콩 튀기가 엿물로 콩어리 만들어 놨다가 출출할 때 먹으면 달고 고소하지러.

콩장 몡 맑은 장국에 콩가루를 풀어 끓은 국. 콩장을 끓이다.

콩칠팔새삼육하다 혱 콩팔칠팔하다. 남의 말에 콩칠팔새삼육하다.

콩콤하다 혱 쿠리터분하다. 냄새가 콩콤하다.

-쿠롬 에 -게끔. 차가 지나가쿠롬 길을 넓히다.

쿨내 몡 구린내. 쿨내를 풍기다.

크니일꾼 몡 일을 잘 하는 일꾼. 크니일꾼이 일을 하다.

크다꿈하다 혱 커다랗다. 크다꿈한 눈.

크단하다 혱 커다랗다. 크다한 목소리.

-크덜랑 에 -거든. 학교에 가크덜랑 공부를 열심히 해라.

-크덩 에 -거든. 집에 가크덩 숙제부터 해라.

큰낭자 몡 다리. 큰낭자를 드리다.

큰돈머리 몡 돈을 크게 써야 할 경우나 액수. 큰돈머리가 크다.

큰두루막 몡 큰소매가 달린 두루마기. 큰두루막을 다리다.

큰아베 몡 할아버지. 큰아베께서 아베를 부르신다.

큰어메 몡 할머니. 큰어마가 집에 오시다.

큰어마시 몡 큰어머니. 큰어마시를 뵙다.

키 몡 층. 세난이 키가 많다.

-키나 에 -거나. 비가 오키나 눈이 오다.

-킬래 에 -기에. 친척이 집에 오킬래 마중을 나가다.

타드기 몡 딱따구리. 딱따구릿과의 새를 통틀어 이르는 말. 타드기가 나무를 쪼다.

타라미다 동 고개를 갸우뚱거리며 근심스러운 표정을 짓다. 니는 왜 그래 타라미고 섰노.

타래기 몡 고삐. 말이나 소를 몰거나 부리려고 재갈이나 코뚜레, 굴레에 잡아매는 줄. 타래기를 잡다.

타래기 몡 타래. 사리어 뭉쳐 놓은 실이나 노끈 따위의 뭉치. 또는 그런 모양으로 된 것. 타래기를 감다.

타래기버선 몡 타래버선. 아기가 타래기버선을 신다.

타래꼴배이 몡 다슬기. 타래꼴배이는 똥뚜바리 잘라갖고 꺼내 먹는기야. / 타리꼴배이.

타래난 몡 마편초. 타래난을 키우다.

타루박 몡 두레박. 타루박으로 물을 긷다. / 두봉. 다루박. 두리박. 드레박. 따루박. 따르박. 따리박. 딸박. 딸베이. 딸베기. 떠럼박. 뚜레박. 뚜룸박. 뚜리박. 뜨래. 뜨래박. 뜨럼박. 뜨럼백. 뜨럼박. 뜨레. 뜨레기. 뜨레박. 뜨레베기. 뚜루배기.

타부리 몡 투레질. 아기가 타부리를 하다.

타불타불 閉 고루고루. 음식을 타불타불 섞다.

타불타불 閉 까불거리며 걸어 가는 모양. 아이가 타불타불 걷다.

타줄지둥 몡 나루채. 타줄지둥을 박다.

탁배기 몡 막걸리. 일할 때 탁배기를 한잔 걸치며는 배도 부르고 힘도 나잖나.

탁주꼬재이 몡 자부지. 탁주꼬재이를 잡다.

탈시다 통 툭치다. 가마이 있는데 자가 탈시는 통에 손에 잡고 있는 사과를 널짰잖아. / 탈치다.

탈어미다 통 고개를 처뜨리다. 실망해서 고개를 탈어미다.

탈치다 통 낚아채다. 남의 물건을 재빨리 빼앗거나 가로채다. 남의 가방을 탈치다.

탈탈이 몡 오토바이. 탈탈이를 타다.

탑타부리하다 혱 텁텁하다. 입맛이 탑타부리하랴.

탕감메 몡 곰방메. 텅감메로 흙덩이를 깨다.

탕수 몡 탕. 제사에 쓰는, 건더기가 많고 국물이 적은 국. 탕수를 끓이다.

태가 몡 대가. 대금. 태가를 지불하다.

태가 나다. 몡 옷을 입은 모습이 좋아 보이는 상태를 이르는 말. 며느리는 한복을 입으만 태가 나니더.

태방주다 통 타박하다. 허물이나 결함을 나무라거나 핀잔하다. 잘못한 사람을 태방주다.

태배기 閉 매우 많이. 욕을 태배기로 묵었다. 일을 태배기로 했디만 디 죽을따.

태상 [명] 나락을 타작할 때 두드리는 돌. 태상에다 나락을 뚜디리.

태쇠 [명] 쟁기의 보습을 술에다 끼울 때 뒤를 잡아 주는 쇠. 태쇠를 박다.

태수 [명] 밭이나 논에서 곡식을 거둬들일 때의 수확량. 이 땅은 보기보다 태수가 적게 난다.

태지게 [명] 개상. 볏단을 메어쳐서 이삭을 떨어내는 데 쓰던 농기구. 태지게에 볏단을 치다.

태치미 [명] 목침. 자고 있는데 각중에 태치미를 빼며는 우에노. / 나무비게. 디침. 먹띠기. 목치미. 몽치미. 몽침. 복침. 티치미. 티침. 태침.

태평채 [명] 탕평채. 설에 미물묵에 소고기 볶고 김치, 콩나물, 파도 넣어가 태평채를 만드니더.

택대다 [동] 계산하다. 돈을 택대다.

택주바리 [명] 턱. 사람의 입 아래에 있는 뾰족하게 나온 부분. 택주바리에 밥풀 띠라.

탯단 [명] 한 주먹 정도의 크기로 묶은 볏단. 탯단을 묶다.

탱대미 [명] 댕댕이덩굴. 탱대미 덤불이라고 그걸 거둬서 얽어 노끈 대신 썼어. 탱대미 넝쿨 거둬 온나.

탱보 [명] 애꾸눈이. 탱보가 길을 가다.

터드레 [명] 요질. 요질을 두르다.

터리 [명] 털. 자도 남자라꼬 벌써 코밑에 터리가 난대이. / 터래기.

터부럭배추 [명] 속이 빈 배추. 터부럭배추를 절이다.

터서리 [명] 텃밭. 터서리 가서 호박하나 따 온나. 올해는 터서리에 고추나 좀 심어 볼까하네. 터서리 농사가 꽤 크네.

터서리 [명] 텃밭. 집터에 딸리거나 집 가까이 있는 밭. 터서리 가서 호박하나 따 온나.

터주다 [동] 터뜨리다. 운동회 할 때 풍선 떠주는 놀이 하고 그랬제. / 터줗다.

털구 [명] 바보. 옷이 그게 뭐로. 털구그치 해 갖고 다니노.

털배 [명] 심통. 마땅치 않게 여기는 나쁜 마음. 털배를 부리다.

털분하다 [동] 뒤집어쓰다. 괜히 남의 일에 끼었다가 욕만 털분했니더.

털썩하다 ⓧ 실컷 먹다. 일을 마이 하고 났디 배가 엄청 고파가 밥을 털썩했습니더.
텲다 ⓧ 떫다. 감이 덜 익어가 아즉 마이 텲대이. 땡감은 텲어서 먹어봤자 맛도 없대이.
텅고리 ⓧ 투가리. 텅고리사 가시가 있어가 쏘이며는 아프대이. / 텅갈로. 텅어리.
텅그란 ⓧ 워낙. 텅그란을 달다.
텅버리 ⓧ 자가사리. 텅버리를 잡다.
테매꿈 ⓧ 태몽. 테매꿈을 꾸다.
테메우다 ⓧ 무슨 일이 매우 잘 되다. 올게도 작년맨치로 농사가 테메워야 될낀데.
테테부리다 ⓧ 행패를 부리다. 저 사람은 술만 먹으만 저래 테테부리더.
텍수가리 ⓧ 턱. 그놈 텍수가리를 때려줬지.
토감 ⓧ 시신을 임시로 땅에 묻어 놓는 것. 토감을 만들다.
토구 ⓧ 안개. 토구 쪘다.
토구 ⓧ 황사. 봄이 되이 토구가 와가 목이 아프대이.
토구리다 ⓧ 쪼그리다. 토구리고 앉다.
토구통 ⓧ 절구. 곡식을 빻거나 찧으며 떡을 치기도 하는 기구. 토구통에 곡식을 찧다.
토까비 ⓧ 도깨비. 토까비에 홀렸는동 정신이 하나도 없대이. / 톳재비.
토까비바늘 ⓧ 도깨비바늘. 옷에 토까비바늘이 달라붙다.
토깡 ⓧ 토끼. 토깡을 키우다.
토꾸방아 ⓧ 절구. 토꾸방아를 찧다.
토끼나무 ⓧ 가막살나무. 토끼나무를 키우다.
토랑개 ⓧ 토련기. 토랑개로 흙을 이기다.
토맷간 ⓧ 방앗간. 토맷간에서 곡식을 찧다.
토반찬 ⓧ 제사에 사용하는 토막 낸 생선. 토반찬을 찌다.
토시다 ⓧ 웅크리다. 날이 춥다꼬 그래 토시고 있으만 더 춥대이.
토아다 ⓧ 통하다. 마음을 토아다.

토종장 [명] 조선간장. 토종장을 담그다.

토툽 [명] 손톱. 토툽이 갈라졌다.

톨배기 [명] 톨. 밥 한 톨배기.

톳재비 [명] 도깨비. 톳재비한테 홀렸나, 우째 정신을 못 차리노?

통끼 [명] 탕기. 젯상 차릴 때 탕이사 통끼에 담아 내야지러.

통다지 [명] 통째. 통다지. 통다지로. 그걸 자르지도 않고 통다지로 삶았나.

통물레 [명] 물레의 몸체. 통물레를 세우다.

통바가치 [명] 쇠죽바가지. 통바가치로 딩기 퍼 갖고 소죽 끓이는 데 너라. 소죽 푸그러 통바가치 갖고 온나.

통밤 [명] 밤송이 안에 밤 하나만 들어 있는 밤. 밤이 하나만 들어 있는 기 통밤이고 두 개 든 건 쪽밤이지.

통빼기 [명] 쇠죽바가지. 소죽바가지. 소죽 풀 때 쓰던 바가지. 소죽 푸그러 수죽 통빼기 가주 온나. 소죽통빼기 어데 있노.

통솔 [명] 새를 잡기 위해 대나무로 둥글게 만든 도구. 통솔로 참새를 잡다.

통시비타리 [명] 재래식 변소의 발판. 통시비타리에 발을 걸치다.

통죽 [명] 맞담배질. 친구와 통죽을 하다.

톺다 [동] 생선의 꼬리, 지느러미 등을 잘라내다. 쪼구 잘 톺아가 올리래이.

퇴배기 [명] 튀밥. 장날에 강냉 갖고 가서 퇴배기 해 가 오고 했는데 요즘에는 퇴배기 하는 데도 별로 없대.

퇴줄 [명] 동력분무기에서 퇴수를 내보내는 고무호스. 퇴줄을 약통에 담그다.

투구바리꽃 [명] 투구꽃. 투구바리꽃이 자라다.

투바리 [명] 뚝배기. 투바리에 찌게를 끓이다.

투시이 [접] 투성이. 비가 와서 길이 흙투시이가 되다.

툭가리 [명] 뚝배기. 툭가리에 장 끓이면 맛이 달라.

툭구바리 [명] 철모. 저짜서 군인들이 툭구바리 쓰고 훈련하고 있디더.

툭바리 [명] 종지. 짠지 쫌 툭바리에 담아가 나오소.

툭배이 [명] 뚝배기. 툭배이에 탕 끓이면 잘 식지를 않애. / 툭구바리. 툭시리. 툭배기. 툭뱅이.

툭수가리 🅂 턱주가리. 툭수가리를 치다. 툭수가리에 밥풀 묻었다. / 턱주가리.
툭시기 🅂 뚝배기. 툭시기에 된장을 끓이야 제 맛이지.
퉁구마리 🅂 멱둥구미. 퉁구마리를 엮다.
퉁굴레 🅂 땅따먹기 놀이에 쓰는 사금파리. 땅따먹기 잘할라믄 퉁굴레를 잘 퉁기야 된대이.
퉁방울 🅂 말방울. 말에게 퉁방울을 매달다.
퉁퉁이 🅂 덜 건조된 건고추. 고추를 말렸더니 퉁퉁이가 많다.
튀굶다 🅂 튀기다. 쌀을 빠짝 말라가지고 기름에 튀가서 유과 겉에다가 바르니더.
튕굶다 🅂 튕기다. 돌을 튕굶다.
트끄집이 🅂 티. 곡석 타작 다 했으믄 트끄집이를 다 골라내야 된대이.
-트라 🅔 -더라. 물이 참 맑트라.
틀방 🅂 재봉틀이나 바느질로 옷을 수선하는 가게. 틀방에서 옷을 고치다.
틀배나다 🅂 틀어지다. 꾀하는 일이 어그러지다. 약속한 기 틀배사서 안 가게 됐니더.
틀집 🅂 기계로 옷을 수선하거나 솜을 타 주는 가게. 틀방에서 솜을 타다.
티 🅂 가시. 여름에 음석물 상하믄 티가 생긴대이.
티 🅂 고개. 산이나 언덕을 넘어 다니도록 길이 나 있는 비탈진 곳. / 티를 넘다.
티내다 🅂 어떠한 기색을 드러내다. 나쁜 마음을 얼굴에 티내다.
티마 🅔 터이면. 내일 갈 티마 그리 알아라.
티미 🅂 더미. 나락티미를 잘 쌓아야 한다.
티미하다 🅗 멍청하다. 사람이 티미하다.
티방 🅂 통. 가도 잘해 볼라꼬 그래 했는데 티방 그만 좀 주이소.
티이내애다 🅂 퇴내다. 음식에 티이내애다.
티판 🅂 횡재. 그 사람 티판 만냈네. 잔네는 티판 만냈네 그래.
티하다 🅂 곡식의 껍질을 벗기기 위해 뜨거운 물을 붓거나 적시다. 메물을 티하다.
틴틴 🅂 통통. 키가 작고 살이 쪄 몸이 옆으로 퍼진 모양. 살이 틴틴 찌다.
팅굶다 🅂 퉁기다. 지게 작대기를 팅굶디만 지게가 넘어졌니더.

파게다 동 갈다. 잘게 부수기 위하여 단단한 물건에 대고 문지르거나 단단한 물건 사이에 넣어 으깨다. 깨를 파게다.

파대 명 파의 줄기. 파대를 뽑다.

파람 명 발. 불 땔 때 쓸라꼬 수숫대 한 파람 가져 왔니더.

파래 명 맞두레. 파래로 물을 푸다.

파래반티이 명 맞두레에 달린 두레박. 파래반티이에 물어 퍼서 두레질을 하다.

파래웅디이 명 맞두레질로 물을 푸기 위하여 파 놓은 웅덩이. 파래웅디이를 파다.

파래이꽃 명 마디풀. 들판에 파래이꽃이 자라다.

파래질 명 두레질. 날이 가물어가 파래질을 해가 논에 물을 댔니더.

파랭이똥 명 파리똥. 파랭이똥이 나다.

파랭이채 명 파리채. 파리를 때려잡는 데 쓰는 채. 파랭이 잡거로 파랭이채로 찾아 오이라.

파려하다 형 파리하다. 파련한 얼굴.

파리꽃 명 패랭이꽃. 파리꽃이 꽃을 피우다.

파샇다 동 찧다. 마늘을 파샇다.

파이하다 동 그만두다. 농사일 파이하고 나면 여유가 좀 생기제.

파착없다 형 조심성 없다. 파착없이 그래 가볍게 행동하면 안된다.

팍삭 담겨 있던 물건이나 모여 있던 사람이 한꺼번에 흩어져 버리는 모양. 안에 있던 사람들이 팍삭 다 나왔잖나.

판 명 상. 손님들 오기 전에 판을 차리놔야 될따.

판막다 동 씨름판에서 최종 승리하다.

판엿 명 갱엿. 엿쟁이가 판엿을 팔어.

팔개질 명 돌팔매질. 팔개질을 하다.

팔띠기 명 팔꿈치. 뭔 일로 팔띠기로 사람을 이래 툭툭 치노. / 팔꾸무리.

팔몽세이 명 팔목을 낮추어 하는 말. 팔몽세이를 잡아 갖고 델꼬 왔니더.

팔부자 명 재산이 매우 넉넉한 부자. 팔부자가 되다.

팔빙시이 명 곰배팔이. 팔빙시이가 팔을 흔들다.

팔자 명 바닥에 팔자(八字) 모양의 금을 그어놓고 편을 나누어 노는 놀이. 아이들이 운동장서 팔자를 하고 논다.

팔자로 ⓘ 천생. 하늘로부터 타고남. / 그는 팔자로 농부이다.

팟장다리 ⓘ 팟종. 이집은 이래 팟장다리가 좋애가 씨가 마이 날씨터.

팡팡하다 ⓘ 배부르다. 위아래와 비교하여 가운데가 불룩하다. 단지가 팡팡하다.

팥국 ⓘ 장국에 콩가루를 묻힌 팥잎을 넣고 끓인 국. 팥국을 끓이다.

팥비영하다 ⓘ 불그스름하다. 하늘이 팥비영하다.

팥잎밥 ⓘ 팥잎을 함께 넣어 지은 밥. 팥잎밥을 짓다.

패니 ⓘ 보늬. 패니를 벗기다.

패다 ⓘ 캐다. 땅속에 묻힌 광물이나 식물 따위의 자연 생산물을 파서 꺼내다. 나물을 패다.

패띠기 ⓘ 딸꾹질. 패띠기이 나오다.

패랍다 ⓘ 야위다. 요새 어데 아프나? 얼굴이 패랍네.

패리꽃 ⓘ 바위구절초. 패리꽃이 피다.

패밭다 ⓘ 뱉다. 입에 뭐가 들어갔는동 침을 패밭아야 될따.

패밭다/패받따 ⓘ 뱉다. 밥에 돌이 드가가 씹다가 패밭았대이.

팬수 ⓘ 대장장이. 팬수사 여름에도 불앞에서 일하이 마이 고되니더.

팬수깐 ⓘ 대장간. 팬수깐은 가마 있어도 땀이 줄줄 흐른대이.

팬수재이 ⓘ 대장장이. 팬수재이가 쇠를 두드리다.

팬하다 ⓘ 빠르다. 세월이 팬하다.

팬하다 ⓘ 편편하다. 이불 팬하게 피 나라.

팸구나무 ⓘ 팽나무. 팽구나무가 자라다.

팽구리 ⓘ 팽이. 얼음판에서 팽구리 치고 놀았지.

팽기치다 ⓘ 패댕이치다. 화가 나서 들고있던 물건을 팽기쳐 버렸다.

팽다리 ⓘ 책상다리. 팽다리 오래하고 앉았디만 일나지를 모 하겠대이.

팽달치다 ⓘ 평다리치다. 바닥에 다리를 팽달치다.

팽대이 ⓘ 팽이. 얼음판에서 팽대이를 가지고 놀았다.

팽대이 ⓘ 풍뎅이. 풍뎅잇과의 구리풍뎅이. 팽대이가 날다.

팽대이치다 ⓘ 평다리치다. 그냥 핀하게 앉으소. 팽대이치만 된다.

팽댕이 몡 책상다리. 뭔 여자가 저래 보기싫거러 팽댕이로 앉았노.

팽댕이 몡 팽이. 둥글고 짧은 나무의 한쪽 끝을 뾰족하게 깎아서 쇠구슬 따위의 심을 박아 만든 아이들의 장난감. 모두 모여가 팽댕이나 치고 노자.

팽밍이 몡 워낭. 소에게 팽밍이를 매달다.

퍼드러지다 동 기운이 풀려 몸을 가누지 못하다. 몸이 퍼드러지다.

퍼드레기 몡 속이 차서 서 있는 것이 아니라 퍼드러져 있는 배추. 옛날에는 퍼드레기 갖고 김치 담갔지. 요새그치 이꼬 좋은 건 없었어.

퍼뜩하머 쀼 걸핏하면. 퍼뜩하머 화를 내다.

퍼럭퍼럭 쀼 왈가닥. 작고 단단한 물건들이 서로 거칠게 부딪치는 소리. 그릇 퍼럭퍼럭 무너지다.

퍼스륵하다 톙 퍼석하다. 밥을 해노이 퍼스륵해져서 맛이 없네. 금방해야 맛있지.

퍼얹다 동 액체나 가루 따위를 퍼서 끼얹다. 마당에 물을 퍼얹다.

퍼좋다 동 퍼지게 하다. 죽 끓일 때 너무 퍼좋지 마래이.

편떡 쀼 얼른. 시간을 끌지 아니하고 바로. 밥을 편떡 먹어라.

편편시럽다 톙 뻔뻔스럽다. 편편시러운 행동.

편편시리 쀼 아무 하는 일 없이. 일은 안 하고 편편시리 그래 놀기만 하면 우예노.

펏떡 쀼 냉큼. 밥을 펏떡 먹다.

펏떡펏떡 쀼 어서어서. 모두들 펏떡펏떡 오세요.

펑퍼지르다 동 퍼지르다. 펑퍼지르고 앉다.

펭밍이 몡 워낭. 당나귀 펭밍이.

펭시 몡 팽이치기. 야들아, 펭시하러 가자.

편담 몡 토담. 편담을 쌓다.

편적 몡 반듯하게 썰어서 상에 올린 묵. 편적을 상에 올리다.

폐만언하다 동 여러 말 할 것 없다. 폐만언하고 결정을 하다.

포 몡 미납세. 포를 내다.

포구 몡 오디. 뽕 따러 가갖고 포구만 실컷 먹고 왔나.

포구질 몡 딸꾹질. 포구질을 하다.

포디 [명] 오디. 포디 따 먹으면 손하고 입이 시커매.

포롬하다 [형] 파랗다. 색깔이 포롬하다.

포리하다 [형] 연하게 파란색의 느낌이 있다. 이불 호청에 풀 메기노이 포리한 게 산뜻하네. 잎사귀가 나올라고 포기하다.

포원 [명] 소원. 어떤 일이 이루어지기를 바람. 포원을 빌다.

폭닥하다 [동] 폭신하다. 솜이 들어가서 그런동 폭닥하네. 이불이 폭닥하이 따듯하다.

폴로 [명] 풀무. 폴로를 돌리다.

퐁당하다 [형] 품이 넉넉하다. 형아 잠바를 입혀보이 퐁당하네.

퐁상시럽다 [형] 얄밉게 행동하는 것을 말한다. 노는 기 얼매나 퐁상시럽게 노는 동.

퐁신 [명] 영악한 아이를 나타내는 말. 어린애가 하는 짓이 참 퐁신이야.

퐁신스럽다 [형] 하는 짓이 얄밉다. 딸아가 하는 짓이 퐁신스럽기도 하다.

푸꾸 [명] 호미씻이. 푸꾸를 먹다. / 나다리. 마당떼기. 망울지섬. 시무거리. 품꾼먹이. 초연. 초염먹다. 초염먹이. 푸꾸래. 풀꾸. 함추. 꼼비먹다. 서리치묵다. 솜모둠먹다. 푸꾸먹다. 푸굿먹는다. 푸꾸매기하다. 초염먹다. 히추먹다. 히추하다.

푸꾸래 [명] 호미씻이. 푸꾸래 먹다. / 나다리. 마당떼기. 망울지섬. 시무거리. 품꾼먹이. 초연. 초염먹다. 초염먹이. 푸꾸. 풀꾸. 함추. 꼼비먹다. 서리치묵다. 솜모둠먹다. 푸꾸먹다. 푸굿먹는다. 푸꾸매기하다. 초염먹다. 히추먹다. 히추하다.

푸리이 [명] 수제비. 먹을 게 없을 때는 푸리이도 마이 해 먹었지.

푸심이 [명] 풀솜. 푸심이를 넣어 옷을 만들다.

푸우다 [동] 피우다. 피다의 사동사. 아이가 재롱을 푸우다.

풀꾸 [명] 호미씻이. 풀꾸를 먹다. / 나다리. 마당떼기. 망울지섬. 시무거리. 품꾼먹이. 초연. 초염먹다. 초염먹이. 푸꾸. 푸꾸래. 함추. 꼼비먹다. 서리치묵다. 솜모둠먹다. 푸꾸먹다. 푸굿먹는다. 푸꾸매기하다. 초염먹다. 히추먹다. 히추하다.

풀뀌발 [명] 귀얄. 배름빡에 조이 바를 때 풀귀발로 풀 바르면 편하재. / 풀솔. 풀비. 풀게알. 풀꾸발.

풀다 图 갹출하다. 비용을 풀다.

풀다 图 까부르다. 키로 곡식을 풀다.

풀대죽 图 풀떼기. 잡곡의 가루로 풀처럼 쑨 죽. 야는 풀대죽도 못 먹었는 동이래 힘을 못쓰노.

풀때질 图 팔매질. 풀때질을 하다. 뭐 잡을라꼬 그래 풀때질을 하노.

풀뚝 图 팔뚝. 풀뚝 만한 물고기를 마이 잡았니더.

풀리이다 图 풀리다. 추위가 풀리이다.

풀빗자리 图 풀가지를 묶어 풀칠을 할 수 있도록 만든 솔. 풀빗자리로 풀칠을 하다.

풀새미 图 누에고치를 조금 베어서 물레를 돌리다가 명주실이 끊어지면 실을 잇는 데 쓴다. 풀새미가 쪼매 찐득하거든 그래서 실 끊어진데 쪼금 베가 붙이만 깜쪽 같애.

풀소수게 图 귀얄. 풀소수게로 풀필을 하다.

풀소수게 图 귀얄. 풀솔. 풀칠할 때 풀소수게로 하지.

풀쌔비 图 풀쐐기. 풀쌔비를 잡다.

풀씨미 图 풀솜을 늘여 만든 실. 풀씨미를 잣다.

풀퍼디기 图 작은 불을 피울 때 쓰는 잡목이나 마른 풀. 풀퍼디기로 불을 피우다.

품 图 삯. 일을 잘해가 품을 넉넉히 받았니더.

품다 图 긷다. 우물에서 물을 품다.

품사람 图 놉. 하루하루 품삯과 음식을 받고 일을 하는 품팔이 일꾼. 품사람이 일을 하다.

품아이 图 품앗이. 품아이로 일을 하다.

풋잎사구 图 풋나물. 봄에 풋잎사구 나물해 가 먹으면 입맛 돌고 좋애.

풍 图 자두. 자두나무의 열매. 풍이 열리다.

풍디 图 풍뎅이. 풍뎅잇과의 구리풍뎅이. 풍디가 날다.

풍병 图 문둥병. 풍병에 걸리다.

풍사리 图 풍약. 화투 놀이에서, 단풍 넉 장을 갖추어서 이루는 약. 풍사리를 하다.

풍신꼬라지 몰골. 볼품없는 모양새. 풍신꼬라지가 형편없다.
풍장이 허풍선이. 그래 허풍을 마이 떠니 모다 풍장이라 하지.
피거리 포기. 풀 한 피거리.
피기 포기. 올게는 배추 피기가 좋니더.
피니 보늬. 피니를 벗기다.
피덕피덕 꾸덕꾸덕. 날이 추와가 글로. 하루 점도록 널어놔도 빨래가 피덕피덕하네. 오징어 피덕피덕 말린 거가 피대기 아이라.
피덕하다 생선 등이 완전히 건조되지 않고 습기가 남아 있는 상태. 오징어가 아직 피덕하네.
피데기 반건조한 오징어. 오징어 피데기가 맛이 난다.
피라미꽃 패랭이꽃. 피라미 꽃따가 뭐 할라고 그러노. 고참, 피라미꽃이 쪼매한기 색도곱네.
피삐 삘기. 피삐를 뽑다.
피편 얇게 저민 수육. '적'과는 다름. 김장할 때는 피편을 해먹지.
핑경 풍경. 동네가 핑경이 참 좋다.
핑구리 팽이. 둥글고 짧은 나무의 한쪽 끝을 뾰족하게 깎아서 쇠구슬 따위의 심을 박아 만든 아이들의 장난감. 핑구리를 치다.
핑기다 번지다. 액체가 묻어서 차차 넓게 젖어 퍼지다. 냄새가 핑기다.
핑댕이 팽이. 둥글고 짧은 나무의 한쪽 끝을 뾰족하게 깎아서 쇠구슬 따위의 심을 박아 만든 아이들의 장난감. 핑댕이를 치다.
핑딩 팽이. 둥글고 짧은 나무의 한쪽 끝을 뾰족하게 깎아서 쇠구슬 따위의 심을 박아 만든 아이들의 장난감. 핑딩을 돌리다.
핑딩이 팽이. 알라 때 빙판에서 핑딩이 돌리며 마이 놀았제. / 광이. 핑디.
하구 논에 물을 빼거나 빠지는 곳. 비가 와서 하구를 치고 왔다.
하근장 수다. 하근장을 떨다.
하근장스럽다 수다스럽다. 하근장스럽게 말을 하다.
하기로 아무렴. 하기로 가가 잘될 줄로 나는 알았대이.
하늘말라리 쇠비름. 쇠비름과의 한해살이풀. 하늘말라리를 캐다.

하늘집개 🏷 장수하늘소. 어젯밤에 하늘집개 잡으러 갔다.

하리 🏷 에누리. 하리가 없다.

하리 🏷 풀무. 하리로 불을 피우다.

하릿강새이 🏷 하룻강아지. 하릿강새이가 까불다.

하릿밤 🏷 하룻밤. 하릿밤을 지내다.

하마고지 🏷 달팽이. 하마고지가 기어가다.

하마나하마나 🏷 이제나저제나. 하마나하마나 기다리다.

하매 🏷 달팽이. 하매가 기어가다.

하삭다 🏷 곰삭다. 옷이 하삭다.

하수하다 🏷 넋이 나간 듯이 정신을 차리지 못하다. 각중에 이런 일을 당하이 하수해가 경황이 없니더.

하티 🏷 화로. 겨울게 하티에 불씨 담아가 방아 들라 놓고 그랬제. / 하리.

학 🏷 학질. 학을 앓다.

한갓 🏷 오직. 한갓 공부만을 하다.

한거석 🏷 한가득. 쪼매만 줘도 되는데 이꼬 한거석 너어 갖고 주니껴. 상추 한 거석 해 왔다. 봉새기에 한거석 수북하게 담아라.

한글량 🏷 한결같이. 장마비가 한글량 온다.

한단 🏷 한때. 어느 한 시기. 한단을 보내다.

한말리 🏷 안나무. 한말리가 부러지다.

한몫하다 🏷 어떠한 이득을 챙기다. 사업으로 한몫하다.

한불짝 🏷 한쪽 귀퉁이. 그거 한불짝에 치아나라. 한불짝에 안 치우나. 한불짝에 놓는다꼬 한 기 어데 됐는동 안 보이네.

한이불 🏷 솜이불. 겨울에는 한 이불을 덮는다.

한적기 🏷 많이. 일을 한적기 하다.

한짜 🏷 한쪽. 한짜 구석진 곳.

한쪽눈 🏷 애꾸. 다쳐서 한쪽눈이 되다.

한참에 🏷 한숨에. 산을 한참에 오르다.

한창꾼 🏷 원기가 한창인 사람, 장정. 밥 먹는 것을 보니 정말로 한창꾼이네.

한패짱 몡 패. 사람들이 한패짱 몰려 오네.

할 몡 하늘. 비가 올라는동 할이 흐려지니더.

할랑개비 몡 바람개비. 팔랑개비. 할랑개비를 돌리다.

할망 몡 할머니. 할망께서 돌아가시다.

할망고리이 몡 달팽이. 할망고리이가 기어가다. / 할매고동이. 꽃빼이. 널패이. 늘팽이. 달피이. 달파이. 덜패이. 들피. 털패이.느글팽이. 널팽이. 단둥이. 달팡이. 달패. 동바리. 무당. 문디골베이. 아마고디. 하마고둥이. 할마고등이. 달팡구리. 댄댄무시. 댄댄이모시. 문둥골뱅이. 하마고지. 하매.

할매고동이 몡 달팽이. 할매고동이를 잡다. / 할망고리이. 꽃빼이. 널패이. 늘팽이. 달피이. 달파이. 덜패이. 들피. 털패이.느글팽이. 널팽이. 단둥이. 달팡이. 달패. 동바리. 무당. 문디골베이. 아마고디. 하마고둥이. 할마고등이. 달팡구리. 댄댄무시. 댄댄이모시. 문둥골뱅이. 하마고지. 하매.

할미대 몡 할미꽃. 봄에 할미대가 제일 머여 피지.

함목 뛰 함께. 공부를 함목 하다.

함베기 몡 황소. 큰 수소. 함베기가 고집이 세다.

함지반티이 몡 함지박. 함지반티이에 밥을 푸다.

함추 몡 호미씻이. 함추를 하다. / 나다리. 마당떼기. 망울지섬. 시무거리. 품꾼먹이. 초연. 초염먹다. 초염먹이. 푸꾸. 푸꾸래. 풀꾸. 꼼비먹다. 서리치묵다. 솜모둠먹다. 푸꾸먹다. 푸굿먹는다. 푸꾸매기하다. 초염먹다. 히추먹다. 히추하다.

합닫이 몡 여닫이. 합닫이를 열다.

합식기 몡 주발보다 납작한 밥그릇. 합식기에 밥 퍼라.

핫수사 몡 하뿔사. 핫수사 내가 말하는 거로 깜박 했대이.

항거석 뛰 많이. 산에 나무하러 갔다디만 항거석 해놨네.

항구 뛰 아직까지. 항구 안 했나?

항굴래 몡 방아깨비. 아들이 항굴래 잡는다고 정신이 없디더. / 항골래. 항골애비.

항그딱 뛰 가득. 아버지께서 선물을 항그딱 가지고 오셨다.

해 몡 것. 이게 니 해도 아인데 왜 니가 유세로.
해 몡 물장군. 해가 헤엄치다.
해거너름 몡 해거름. 아재는 다 된 해거너름에 어데를 그래 바쁘게 가니껴?
해골초 몡 희나리. 올개는 고추가 병이 들어근동 해골초가 마이 나오네.
해굴다 동 지나친 말이나 행동을 하다. 디게 해굴면 내한체 당는대이.
해굽다 혱 가볍다. 뭐가 들었는동 이꼬 해굽하노.
해그다 동 지나친 말이나 행동을 하다. 야가 오늘은 유독시리 해그고 사람 속을 뒤집노.
해깝하다 혱 가볍다. 무겁다하디 들어보이 해깝하네. 상자가 해깝한데 안에 뭐 들었노?
해끝 몡 해의길이. 겸에는 해끝이 없어.
해들다 동 붙잡다. 집에서 어매가 해들어가 더 있다가 왔니더.
해딱 몡 발딱. 잣치기는 나무 귀티를 치면 해딱 디비가지고 노는기라.
해딴 몡 해지기 전. 해딴에 다 끝낼라카만 얼러 해야된대이.
해락 몡 절도. 일이나 행동 따위를 정도에 알맞게 하는 규칙적인 한도. 해락을 지키다.
해마중 몡 해마다. 요 때가 되면은 인제 농사가 시작디더.
해미세 몡 행동. 씰데없는 해미세를 하노.
해방새 몡 오목눈이. 헤빙새가 날아다니다.
해배긴날 몡 늘. 해배긴날 내 말을 듣지 않다.
해뱅이 몡 새꽤기. 짚으로 해뱅이로 단을 져가 쌓아 놓으만 어데든동 요긴케 쓰니더.
해복간 몡 해산에 관계된 일을 도와주는 일. 해복간 어데서 할 꺼로?
해비다 동 해롭게 하다. 죄 없는 사람 해비지 좀 마라.
해애 몡 게아재비. 웅디에 해애가 저쿠 많노.
해지미 몡 햇무리. 해지미가 저래 끼이 내일은 비가 올따.
해초거랑 몡 수채구멍. 해초거랑에 뭐를 버리가 이래 썩는내가 나노.
해추 몡 도랑. 큰물이 지이 해추서도 고기가 잡힌대이.

해출이 [명] 해충. 해출이가 뿌렁지를 파먹어가 소낭기 저래 커지를 못한대이.

핼랑거리다 [형] 화가 나거나 못마땅해서 눈을 할기다. 핼랑거리기만 하고 말을 안 해.

햅갉보리쌀 [명] 햇보리를 찧어 낸 쌀. 햅갉보리쌀로 밥을 짓다.

햇매 [명] 햇무리. 햇매가 지다.

햇물 [명] 햇무리. 야야 햇물 졌으이 내일 집 나설 때 우산 꼭 챙기거래이.

햇이불 [명] 솜이불. 날이 차니 햇이불 꺼내 덮어야 될따.

햇테 [명] 햇무리. 저래 햇테로 찌있으이 우산 갖고 나가이소.

행개미 [명] 아주 부드러운 흙. 행개미 갖고 흙장난 마이 했지.

행굼통 [명] 구멍이 뚫린 나무통. 행굼통은 생각도 않고 이래 짐을 마이 신노.

행글다 [동] 삐뚤어지다. 아덜 자꾸로 오냐하고 키우면은 낭주에 행글어서 못 쓴대이.

행금재이 [명] 소금쟁잇과의 애소금쟁이. 좀등빨간소금쟁이 따위를 통틀어 이르는 말. 웅디에 행금재이가 버글거린대이.

행동머리 [명] 행동거지. 니는 행동머리가 왜 그렇노.

행자 [명] 먼 길을 떠나 오가는 데 드는 비용. 아들 집에 갔다가 행자로 마이 받아가 아죽 돈이 많애.

허구레 [명] 부리망. 풀 못 뜯그러소 허구레 씌와라. 소 허구레 씌울라 그이 안 보이네. 어데있나 찾아봐라. 소한테 허구레 씌와놨드이 답답한기래.

허깨다 [동] 헐다. 집 따위의 축조물이나 쌓아 놓은 물건을 무너뜨리다. 오래된 집을 허깨다.

허댕기다 [동] 나다니다. 날 추운데 허댕기지 말고 얼러 집에 드가그라.

허덜푸리하다 [형] 야무지지 못하고 싱겁다. 허덜푸리해서 일을 잘 해 낼동 몰다.

허덥하다 [형] 깔끔하지 못하다. 허덥하게 해 있지말고 세수 좀 하고 다니래이.

허드레짐치 [명] 재래종 무를 잎사귀째 양념을 해 주머니에 넣고 봉해 익힌 김치. 허드레짐치를 담그다.

허무사 [명] 자두. 자두나무의 열매. 허무사를 따다.

허물 [명] 보늬. 허물이 뚧다.

허바리 [명] 행동이 얌전치 못하고 덤벙대는 성격의 사람. 그 사람 하는 짓이 꼭 허바리다.

허발 [명] 허풍. 허발을 치다.

허벅하다 [형] 깔끔하지 않고 덥수룩해 보이는 모습을 말한다. 허벅하게 해가 다니지 마래이.

허시다 [동] 헤치다. 헤집다. 고추 심는데 도우라고 했디만 땅만 허시놨네.

허실허실하다 [형] 흐물흐물하다. 푹 익어서 매우 무르다. 허실허실한 채소.

허용 [명] 시늉. 우는 허용을 하다.

허우골 [명] 밭에 작물을 심는 두둑과 두둑 사이. 사람이 다닐 수 있는 고랑. 허우골에 풀을 뽑았다.

허접하다 [형] 싱겁다. 허접한 사람.

허치 [명] 언청이. 허치가 말을 하다. 허치기.

헉찌 [명] 극젱이. 헉찌로 골을 타다.

헌디 [명] 버짐. 얼굴에 헌디가 났다.

헌치다 [동] 뿌리다. 나물 무치고 나서 깨 헌쳐라. 배추 저릴 때 소금 제대로 헌쳐라. 씨를 제대로 헌쳐야 싹이 잘난다.

헐겅하다 [동] 헐렁하다. 틈새에 종이를 끼워 놨는데도 헐겅하네. 신발이 헐겅해서 자꾸 벗끼진다.

헐래헐래 [명] 어린아이에게 두손을 어깨 높이로 들어 손바닥을 보인 후 부르는 시늉을 하여 따라하게 가르치는 것. 헐래헐래를 가르치다.

헐무리하다 [형] 허름하다. 집이 헐무리하다.

헐무리하다 [형] 값이 싸다. 자: 갔디만 고등어가 헐무리해서 마이 샀니더.

헐바 [명] 허리띠. 헐바를 차다.

헐수찮다 [형] 변변찮다. 인물이 헐수찮다.

헐우다 [동] 헐다. 집 따위의 축조물이나 쌓아 놓은 물건을 무너뜨리다. 울타리를 헐우다.

헐채다 [동] 흩어지다. 때되만 다 헐채고 회관에는 아무도 없니더.

헐청이 [명] 언청이. 헐청이가 태어나다.

헐추리하다 동 출출하다. 점심을 안 먹었더니 배가 헐추리하네.
헐치다 동 흩뜨리다. 옷을 헐치다.
헐치이 명 언청이. 얼라가 헐치이로 나서 안됐다.
험다리 명 흠집이 있는 과일. 험다리인따나 드시 보소. 사과 따는 데 도와줬디만 흠다리를 항거 주네.
험디이 명 흠집이 생긴 과일. 험디이를 먹다.
헛소리 명 잠꼬대. 자면서 헛소리를 하다.
헛택 명 허탕. 하루 종일 장사를 헛택을 하다.
헝감스럽다 동 부풀려 이야기하다. 그 양반이 말을 헝감스럽기 하잖아.
헤가리 명 서캐. 전에 아덜 챔빗으로 머리를 빗기면 헤가리가 떨어졌니더.
헤그러다 동 지나친 말이나 행동을 하다. 니는 꼭 내한테만 헤그러고 남들한데는 안하데?
헤글다 동 나부대다. 인제는 그만 헤글고 잠자코 있거래이.
헤미 명 헤엄. 수영. 가는 헤미를 잘친다.
헤비뜯다 동 꼬집다. 얼라가 자꾸로 지 낯을 헤비뜯어가 상처가 나니더.
헤초 동 분디. 헤초를 찧다.
헤초 명 제피. 추어탕에는 헤초를 너야 냄새가 덜난다. / 히추.
헹궇다 동 헹구다. 빨래을 헹궇다.
혀납대기 명 혀짤배기. 그 사람은 혀납대기래갖고 발음이 신통찮애.
혁유 명 석유. 겨울 오기 전에 보일러에 혁유로 항거 채워놓으소.
현반 명 선반. 방에 현반을 달다.
형님 명 언니. 안동형님은 자아 가신다카디더.
호까지 명 개호주. 안죽 여게 깊은 산에사 호까지가 있다고 카디더.
호깨이 명 고갱이. 그꼬 안 풀피만 짚 호깨이 갖고라도 쑤시 보소.
호다리호다리 명 도리도리. 얼라가 호다리호다리로 하는 거 보이 디게 귀엽대이.
호다이 명 목말. 남의 어깨 위에 두 다리를 벌리고 올라타는 일. 호다이를 타다.
호디기 명 풀피리. 호디기 불어 봐라.

호디기바람 몡 회오리바람. 고추 널어놨디만 호디기바람이 불어갖고 다 날렸다. / 호더락바람.
호래기 몡 갑오징어. 요새 호래기가 마이 헐테.
호리깨 몡 벼훑이. 호리깨로 이삭을 훑다.
호리뺑빼이 몡 아주 쉬운 일을 뜻하는 말. 맡은 일이 호리뺑빼이이다.
호리호리하다 혱 간간하다. 입맛 당기게 약간 짠 듯하다. 국이 호리호리하다.
호매이고기 몡 양미리. 겨울에는 호매이고기 꾸 먹는 기 별미래.
호박건박 몡 호박고지. 호박건박 무치가 밥 비베 먹으이 꼬들하이 좋대이.
호박고 몡 절굿공이. 절구에 호박고가 어데 갔노.
호박북시미 몡 호박을 떡같이 찐 것. 호박범벅과는 다름. 호박 북시미를 해먹었다.
호박소주 몡 호박을 고아서 내린 물. 호박소주를 마시다.
호박수세기 몡 호박범벅. 호박수세기 해놨으이 와서 머라.
호방시다 동 고소하다. 그꼬 돈 벌었다고 자랑하디 망했다만. 호방시다.
호부랍다 혱 호강스럽다. 요새 아들이사 만판 호부랍지. 우리 클 때는 밥도 못 먹는 기 여사지.
호부차 몡 혼자. 내사 직장 때문에 나와 사이 노상 호부차 밥을 먹니더.
호분이불 몡 홑이불. 겨울에도 호분이불만 덮고 잔다.
호분차 몡 홀로. 아지매는 자식들 앞세우고 호분차 사니더.
호분하다 혱 바쁘다. 호분해서 눈고뜰새 없다.
호불 접 홀, 짝이 없이 혼자뿐인'의 뜻을 더하는 접두사. 아지매는 호불어른 뫼 신다꼬 고생이 많애요.
호불아바이 몡 홀아비. 혼차 사이 방에 호불아바이 내미가 난대이.
호불할마시 몡 홀로 사는 할머니. 호불할마시가 농사를 얼매나 마이 하는동 억척이래.
호빠 몡 밭의 풀을 끌 때 사용하는 농기구. 삽가래처럼 생겼다. 호빠로 풀 끌거라.
호소리 몡 솔기. 이불을 우에 덥었는데 호소리가 다 터졌노. 바지 호소리가 다 터졌네. 꾸메야 될다. 이불 꾸멜 떼 호소리를 잘 맞차 해야지.
호작질 몡 장난질. 왜 가마있는 사람한테 호작질을 그래 하노.

호잡다 图 꼬집다. 할퀴다. 그 애는 화가 나면 자꾸 친구를 호잡는다.
호장저고리 图 회장저고리. 호장저고리가 끝동이 색이 안맞니더.
호정 图 변소. 호정이 내미가 마이 나이 사람 불러가 치 내소.
호제비다 图 꼬집다. 동생을 호제비면 우예노. / 꼬제비다.
호좁다 图 매우 좁다. 생각하는 기 그래 호좁아 갖고 우예노. 남이 뭐리칸다고 호좁그러 저래 꽁해 있니더.
호주멍이 图 호주머니. 장아서 호주멍이가 떨어져가 돈을 다 잃었뿌랬어여.
호호막막하다 图 허허하고 막막하다. 딸을 치우고 나이 집이 호호막막하이 기분이 좋잖애.
혹가지 图 새끼나 노 따위로 옭아서 고를 내어 짐승을 잡는 장치. 나라서 허락을 해야 산에 혹가지도 놓니더.
혹개이 图 벼나 보리 따위 식물의 고갱이. 뭐가 낐낄래 그래 안 빠지노 혹깨이로따나 쑤시 봐라.
혹걸리다 图 어려운 부분에서 일이 잘 풀리지 않다. 내도 인제 총명이 다됐는동 자꾸 혹걸리고 하니더.
혹다리 图 혹. 병적으로 불거져 나온 살덩어리. 혹다리를 달다.
혹뿔재이 图 혹부리. 그 혹뿔재이사 심술이 혹에 가득해가 행실이 고약해.
혹이 图 어쩌다가. 야야 멀쩡한 아가 혹이 그런 짓을 했노.
혼거 图 홀아비. 아제가가 인제 혼거가 됐으이 마이 쓸쓸할씨더.
혼동백 图 생강나무. 혼동백을 베다.
혼잡 图 소꿉놀이. 우리 집은 아덜이 혼잡을 마이 해가 이래 어지럽니더.
혼잡놀이 图 소꿉놀이. 야들아, 혼잡놀이 하자.
혼찜 图 혼겁. 너거들이 혼찜이 나봐야 말로 잘 들을기라.
홀갑다 图 홀가분하다. 일을 다 해노이 그래도 홀갑다.
홀끼이다 图 '핥다'의 사동사. 얼라들 사탕 홀끼이지 않애야 이 안 썩는대이.
홀대 图 휘파람. 홀대. 홀대를.
홀망시럽다 图 실타래가 얽히듯이 일이 엉켜 있다. 이리저리 정신없이 바쁘다. 홀망시러워서 자꾸 잊어버리네.

홀망치다 ® 정신없다. 홀망치가 생각이 안난다. 약속해 놓고 또 잊었뿐네. 요새는 홀망치서 자꾸 잊어 버리. 홀망치서 금방 들은 것도 생각이 안나네.

홀부리하다 ® 얇고 부드럽다. 이불이 두껍지도 않고 홀부리한 기 희한하네.

홀아바이 ® 홀아비. 작은아베가 홀아바이로 있으이 신경이 많이 쓰이니더.

홀연하다 ® 아무도 모르다. 사람이 홀연하거러 없었겠대이.

홀치기 ® 올가미. 홀치기로 토끼를 잡았다.

홀캐 ® 전통 혼례에서 집례자가 절차를 크게 외치는 것. 혼사사 홀캐가 소리를 해야 시작지러.

홀켕이 ® 올가미. 새끼나 노 따위로 옭아서 고를 내어 짐승을 잡는 장치. 홀켕이에 걸리다.

홈취 ® 솜나물. 홈취를 뜯다.

홍골래 ® 살구. 홍골래가 노랗게 익으만 얼매나 맛있는데.

홍굴래 ® 자두. 자두나무의 열매. 홍굴래를 따먹다.

홍대 ® 흰색 점이 있는 동부. 홍대를 따다.

홍돈홍돈 ® 바빠서 정신없이. 이래 홍돈홍돈 살다보이 낙이 없이더.

홍두깨비 ® 소꿉장난. 야들은 모여서 홍두깨비 하는갑네.

홍두깨자락 ® 논바닥을 쟁기로 골고루 갈지 못해서 생흙이 홍두깨 모양으로 남아 있는 부분. 요새 기계로 논을 갈며는 전다지 홍두깨자락이 남니더.

홍말 ® 목말. 얼라를 홍말 태운다.

홍오리 ® 부리망. 밭일할 때 홍오리 안 씨만 소가 눈에 띠는 대로 다 먹을라 카거든. 그래가 밭 갈러 갈 때 홍오리 씨아야 돼.

홍채다 ® 술 취하다. 자가 홍챘나. 왜 저카노.

홍치다 ® 어려운 부분에서 일이 잘 풀리지 않다. 자꾸 일이 이래 홍치가 걱정이대이.

홑밀 ® 귀리. 귀밀을 홑밀이라 그래. 홑밀은 밀인데 키 큰 거 있어.

홑잇 ® 홑청. 이불 홑잇 풀 해라.

화그륵 ® 사기그릇. 화그륵이사 본새 잘 깨지이 인제는 모도 쓰지를 않니더.

화랭이 ® 화랑이. 화랭이가 놀아주면 디게 재미가 있었디래.

화사바리 圐 사기로 만든 국그릇이나 밥그릇. 위는 넓고 아래는 좁으며 굽이 있다. 수제비로 화사바리에 담아 오이라.

화저까치 圐 부젓가락. 화리에 불이 식으이 화저까치로 불씨 뒤베래이.

환지갱이 圐 장대. 빨랫줄에 빨래 널고 환지갱이를 안 받추만 빨랫줄이 처지잖아. 환지갱이 세워놨디만 잠자리가 앉아 있네.

활끈 圐 무명활의 줄. 활끈이 끊어져가 미영을 못 탈씨더.

활손 圐 무명활에서 활줄을 잡는 천 조각. 활손을 대고 미영을 타면 먼지가 말도 아이래.

황갑 圐 엉겁결. 황갑에 착각을 해가 거시름돈을 잘못 받았니더.

황골애비 圐 방아깨비. 요새 논에사 농약을 치이 황골애비도 없고 메때기도 잘 없니더. / 황골아비.

황굴레 圐 방아깨비. 풀숲에 황굴레가 마이 보이네.

황두 圐 자두. 자두나무의 열매. 황두가 익다.

황새고디 圐 우렁이. 여게는 못이 좋애가 황새고디로 삶아가 묵니더.

황소벌레 圐 하늘소. 황소벌레가 날다.

황초굴 圐 담뱃잎을 건조시키기 위해 지은 집. 예살에는 황초굴에서 담배를 말렸지.

황태보푸리 圐 황태의 살을 긁어 보푸라기로 만든 것에 양념을 무친 음식. 요새 황태보푸리사 이가 안좋은 노인들 찬으로 참 좋애.

회초구영 圐 매우 좁고 작은 개울. 우리사 모도 논에 물을 회초구영서 대니더.

회품 圐 사람의 성질이나 됨됨이. 우리 시어른들은 모도 회품이 온화하싰니더.

횟돌가리 圐 석회석을 태워 이산화 탄소를 제거하여 얻는 산화 칼슘과 산화 칼슘에 물을 부어 얻는 수산화 칼슘을 통틀어 이르는 말. 이 지역은 미로 쓸 때 횟돌가리를 넣니더.

후디리다 圐 두들기다. 콩타작 하는데 그꼬 후디리만 콩 다 뿌새지잖나.

후루래기 圐 목이버섯. 미듯한 거는 독버섯이고 후루래기는 목이버섯을 후루래기라고 해.

후루배 圐 정월대보름날 수숫대로 나락, 벼, 콩 따위를 만들어서 거름에 갖다 놓고 타작하는 행동을 행하는 행위. 후루배 하러 가자.

후룸하다 ® 묽다. 죽이나 반죽 따위가 보통 정도에 비하여 물기가 많다. 죽이 후룸하다.

후리 ® 풀무치. 후리가 모로 마이 망쳐놨니더.

후리하다 ® 묽다. 술이 후리하다.

후리하다 ® 후줄근하다. 옷이 후리하다.

후릿대 ® 연자매의 방틀에 붙은 나무로 만든 자루. 후릿대가 든든해야 소가 방애를 이끌제요.

후비다 ® 훑다. 벽에 불이 잘 안드가이 연통 후비가 고쳐 주소.

후재 ® 병충해. 요새 후재에 농약을 너무 독하게 쳐가 땅이 점점 안 좋아지니더.

후제비다 ® 한데 모였던 것을 따로따로 떨어지게 하다. 니는 책을 온 방에 후제비고 있노.

후줌추리하다 ® 모양이나 차림새 따위가 깔끔하지 않다. 사람이 그꼬 후줌추리하게 해 다니면 되나. 후줌추리하게 다니디만 요새는 좀 낫네.

후지깨다 ® 쫓기다. 요새는 일에 후지깨노이 정신이 하나도 없다.

후지깨이 ® 막대기. 마다 콩 널어났디만 새가 와가 후지깨이 휘둘러가 쫓았니더.

후지박히다 ® 구박을 받다. 아가 너무 후지박히면 어데 가가 지노릇을 못하니더.

후지지다 ® 윽박지르다. 아를 그래 맨날 후지지만 기가 죽지.

후짓다 ® 쫓기다. 자꾸 마음이 후짓어가 이래 기분이 사납니더.

후짖다 ® 쫓다. 동네 아들이 걸버새이를 후짖으며 따라다니네.

후짛다 ® 내쫓다. 요새 산짐승은 아무리 후짛어도 겁을 안내니더.

훅기 ® 쟁기. 밭 갈그러 훅기 챙기라.

훅지 ® 논밭을 가는 농기구. 요새는 모도 기계로 일을 하이 훅지가 있는 집도 드무니더.

훌기다 ® 후리다. 나는 반두를 대고 너는 고기를 훌겨 와라.

훌립나무 ® 화살나무. 훌립나무로 마다아 마이 키우니더.

훌배다 [형] 후리쳐 패다. 한번에 훌배뿌리라. 확 훌배뿌릴까.
훌빈하다 [형] 텅비다. 쉬는 날이 아니라서 장이 훌빈하네.
훌빈하다 [형] 훌훌하다. 죽을 훌빈하게 쑸으께네 한 번 잡사 보소.
훌쫓치다 [동] 훌쫓는다. 냉대하며 마구 쫓아버린다. 텃밭에 들어간 닭을 훌쫓친다.
훌채다 [동] 쫓기다. 농사철에는 일에 훌채 못 산다.
훌치다 [동] 훑다. 빨랫줄 드러븐 거 걸레로 훌치가 옷 널어래이.
훌치리 [명] 나무줄기. 훌치리에 걸려 넘어지지 않게 조심해라.
훌후루하다 [형] 홀홀하고 묽다. 국이 홀후루하다.
훔치다 [동] 움키다. 자는 뭐든 한 번 훔치면 절대 안 내놓대이. / 움치다.
훗다 [동] 쫓다. 왜 오는 사람을 훗고 그러이껴?
훗잎 [명] 화살나무의 잎. 없이 살 때사 어데 훗잎이라도 따가 나물로 무쳐먹고 했니더.
휘뚜리 [부] 휘뚜루. 요런 연장은 밭일에는 휘뚜리 쓰이니더.
휴월찮다 [형] 수월찮다. 요새 일이 휴월찮아가 몸이 마이 피곤하이더.
휴월하다 [형] 수월하다. 일로 힘들게 하지 마고 쫌 휴월하게 하시더.
흐들스레 [부] 흐드러지게. 꽃이 흐들스레 피었다.
흑가래 [명] 흙손. 미장 잘 하려면 흑가래도 좋아야지만 기술이 있어야제. / 쉬손. 왕토칼. 행대미. 흘손. 황투손.
흑지 [명] 극젱이. 소 부리가 밭 갈 때 땅에 흑지를 적당이 넣야 된대이. / 따부. 쟁가리. 훅찌. 훌치. 후칭이. 후체이.
흑지날 [명] 쟁기, 극젱이, 가래 따위 농기구의 술바닥에 끼우는, 넓적한 삽 모양의 쇳조각. 흑지날을 이케 깊게 대면 돌에 박히가 흑지가 뿔대진대이.
흖다 [형] 흔하다. 세월이 좋애가 겨울게도 과일이 이래 흖게 있대이.
흘대배기 [명] 흙투성이. 비오는 날로 일을 했디만 천지로 흘대배기가 됐대이.
흘때기 [명] 버들피리. 버들가지의 껍질로 만든 피리. 흘때기를 불다.
흘때기 [명] 피리. 이전에는 장구치고 흘때기 불었지.
흘문지 [명] 흙먼지. 세차를 안했디만 차가 흘문지가 그득하대이.
흘백동 [명] 흙벽돌. 흘백동도 빠작 말리면 디게 딱딱하이 오래가여.

흘삐 ® 흙덩어리. 눈에 흘뻐 깨느라 애 먹었네.
흘티리 ® 깨끗이. 그릇을 흘티리 행가야지 대강 그래 행구면 안된다. 흘티리 옷 좀 손질해 놔라. 밖에서 놀았으만 손을 흘티리 씻어야지.
흙대배기 ® 흙투성이. 밖에서 놀디만 흙대배기를 해 갖고 왔네.
흙티비기 ® 흙투성이. 비오는데 밖에서 놀디만 옷이 흙티비기네.
흥정망정 ® 흥청망청. 젊은 기 시간을 이래 흥정망정 보내면 되나?
희끄덕하다 ® 희끄무레하다. 밤에 걸어가는 데 뭐 희끄덕한 기 보이는기라.
희나리 ® 품종이 좋지 못한 건고추. 고추가 희나리가 많이 생겼다.
희득스그리하다 ® 빛깔이 희면서 탁하고 어둡다. 천도 꺼끄리하고 색도 희득스그리한 기 별로네.
희룸하다 ® 엉성하게 빛깔이 허여멀걸다. 색이 희룸하네.
희리림히 ® 부옇게. 왜 이래 물이 희리림히 더럽노.
희숭수레하다 ® 빛깔이 깨끗하지 못하고 약간 희다. 색깔이 희숭수레한 기 깨끗지.
흰꼬가지 ® 흰 골마지. 흰꼬가지는 살살 걷어 가매 장을 뜨거래이.
히끔히끔 ® 흘끔흘끔. 왜 남의 시험지로 히끔히끔 쳐다 보노.
히날 ® 희아리. 고추 다듬을 때 히날 다 골리 내라.
히다 ® 헤어지다. 오늘은 고마 여서 히고 낼로 다시 보시더.
히뜩히뜩 ® 흘끔흘끔. 아가 지가 잘못한 거를 아는동 자꾸 히뜩히뜩 눈치를 보이더.
히부움하다 ® 희붐하다. 이전에 손으로 모숭기 할 때는 히부움하기 전에 모를 다 찌가 놔야 됐디래.
히빗두딩이 ® 수렁. 차가 히빗두딩이에 빠져가 나오지를 모하이더.
히시놓다 ® 풀어놓다. 뭐를 이래 방에다가 모도 히시놓고 있노.
히재 ® 쭉정이. 올개는 나락이 히재가 나서 헛일이세.
히적거리다 ® 뒤적거리다. 반찬을 왜그리 히적거리고 먹노. 산짐승이 그랬는동 밭을 다 히적거리놨니더.
히죽하다 ® 그릇 따위가 넓다. 옴방한 것 말고 히죽한 거 갖고 온나.

히추먹다 동 호미씻이를 하다. 히추먹을 때가 잠깐 농사 짬이 나니더. / 나다리. 마당떼기. 망울지섬. 시무거리. 품꾼먹이. 초연. 초염먹다. 초염먹이. 푸꾸. 푸꾸래. 풀꾸. 함추. 꼼비먹다. 서리치묵다. 솜모둠먹다. 푸꾸먹다. 푸굿먹는다. 푸꾸매기하다. 초염먹다. 히추하다.

히추하다 동 호미씻이를 하다. 회관 앞에서 히추한다꼬 모도 오라디더. / 나다리. 마당떼기. 망울지섬. 시무거리. 품꾼먹이. 초연. 초염먹다. 초염먹이. 푸꾸. 푸꾸래. 풀꾸. 함추. 꼼비먹다. 서리치묵다. 솜모둠먹다. 푸꾸먹다. 푸굿먹는다. 푸꾸매기하다. 초염먹다. 히추먹다.

히필래 명 어떤 일을 하거나 무엇을 만들 때 의도한 바와 달리 쓰이는 것. 이 물건은 여분이 없으이 히필래로 쓰면 안된대이.

힌챙이 명 흰자위. 밤에 잠을 못 잤디만 힌챙이가 벌겋고 피곤태이.

경북북부방언의 음운과 문법*

서보월

1. 서론

언어는 끊임없이 변화하는데 그 모습은 분열과 통일의 양상으로 나타난다. 언어가 통일되는 결과가 표준어라면 분열 작용의 결과는 방언이다. 표준어가 인위적인 성격을 가지고 있는 반면에 방언은 자연적인 성격을 가지고 있다.

이러한 방언은 지역에 따라 차이가 나는 지역방언과 사회 계층, 집단에 따라 차이가 나는 사회방언으로 구분된다. 우리나라의 방언은 대부분 지역방언의 모습으로 나타나고 사회방언으로 나타나는 것은 많지 않다.

지역방언이 형성될 때는 자연적인 여건에 따라 이루어지는데 문명이 덜 발달한 과거로 올라갈수록 자연의 영향을 많이 받았다. 역사적·지리적 조건이 지역방언을 결정하는 데 중요한 역할을 한다. 예로 산이나 강 호수 등의 지리적 환경이 방언에 영향을 크게 미쳐 방언의 전파를 단절시키거나 소통시키는 역할을 하게 된다.

---

* 이 글은 『솔뫼어문논총』 9호(1997)에 게재된 논문의 일부를 수정하여 수록한 것이다.

사회방언은 사회적 요인 즉 사회계층, 세대, 성, 인종 등에 따라 다르게 형성된다. 국어에서 사회방언은 대체로 지역방언에 비해 드물게 나타난다. 경북 북부 지역에서 발견되는 양반계층과 서민계층 사이의 방언차가 사회방언의 전형적인 모습이라고 할 수 있다. 사회방언은 사회적 현실과 그 환경조건을 반영하는데 예로 농촌사회에선 농업에 관련된 방언이 다양하게 사용되고 어촌사회에선 어업에 관한 방언이 발달되어 있는 모습이 그것이다.

방언은 역사의 진전에 따라 생성(生成)·사멸(死滅)의 길을 걷는다. 이 과정으로 방언구획(방언권)이 형성되어 각 방언권은 저마다의 색다른 구조와 형태를 가지게 된다. 방언구획은 그 자체의 독자적인 기준 설정과 방언의 구체적 자료의 검토를 통해서 이뤄져야 한다.

현재 일반적으로 일컬어지는 우리 국어에 대한 방언권 구분에서 가장 상위 명칭은 도를 경계로 하여 강원도방언, 경기도방언, 경상도방언, 충청도방언, 전라도방언, 제주도방언, 함경도방언, 평안도방언 등으로 부르기도 하고 우리나라의 전체 지역을 동서남북으로 구분하여 중부방언, 동남방언, 서남방언, 서북방언, 동북방언 등으로 일컫기도 한다.

이 가운데에서 경북지역의 방언은 기본적으로 어법 면에서의 두드러진 특성을 기준으로 대구·경주 중심의 방언권, 상주·선산(구미) 중심의 방언권, 안동방언권 등 3개의 핵방언권으로 나뉜다1).

경북 북부 지역어의 특징을 살피는 것은 상위 방언의 차이의 정도를 추출하고 그 정도에 따른 상위 방언군의 구분의 실상을 파악하는 데 도움이 될 것이다. 이러한 상위/하위 방언군의 구분은 서로 상관성을 가지고 있다.

경북지역 방언권에서 안동을 주축으로 하는 경북 북부지역의 방언이

---

1) 천시권(1965), 이기백(1969)

그 독특한 면을 가진 지역어로 존재하므로 경북 북부지역이 가지는 일반성과 특수성을 연구함은 현대국어 전체의 성격을 파악하는 데 도움이 되며 지역 방언이 가진 보수성·전통성의 검토는 국어의 역사적 연구에도 기여할 것이다. 그뿐만 아니라 언어는 인간이 활동하는 데 없어선 안 될 기본 매개체로 존재하므로 지역 방언의 연구가 선행되어야 그 지역의 면모를 올바로 파악할 수 있다. 이러한 관점을 토대로 언어에서 가장 기초가 되는 음운·문법 체계에서 나타나는 경북 북부 지역어의 특성을 개략적으로 밝히는 것이 이 글의 중심 내용이다.

2. 음운

2.1. 음운체계

경북 북부 지역어에서의 자음은 'ㄱ, ㄴ, ㄷ, ㄹ, ㅁ, ㅂ, ㅅ, ㅇ, ㅈ, ㅊ, ㅋ, ㅌ, ㅍ, ㅎ, ㄲ, ㄸ, ㅃ, ㅆ, ㅉ' 등 표준어와 같이 19개가 존재한다. 경상도의 많은 지역에서 'ㅅ'과 'ㅆ'이 구분되지 않는데, 경북 북부 지역어에서는 이들이 중부지역의 방언과 같이 최소대립어를 형성하는 변별적인 기능을 하여 독립적인 음소로 존재한다. 대체로 경북 남부지역에서는 이 'ㅅ'과 'ㅆ'이 중화되어 변별적인 기능을 하지 못하기 때문에 'ㅆ'은 독립적인 음소로 존재하지 않고 'ㅅ'으로 실현되고 있다.

2.1.2. 단모음.

경북 북부 지역어의 단모음체계는 '이, 에, 으, 어, 아, 우, 오' 등 7개로 구성되어 있다. 경상도에서는 지역에 따라 '에'와 '애', '으'와 '어'의 쌍은 낱말을 구분하는 변별적 기능이 없어 독립적 음소로 변별되지 않는다. 독립적인 별개의 음운이던 것이 한 음운으로 실현되어 변별의 대립을 상실

하는 중화가 일어난 것이다.

경상도(동남)의 많은 지역에서 '에'와 '애', '의'와 '어'가 중화를 보이는데 비해 경북 북부 지역어는 '으'와 '어'는 중화되지 않고 '에'와 '애'는 중화된다. 예로 표준어에서 변별되는 '때(垢)'와 '떼(群)'가 경북 북부 지역어에선 같은 음성형인 [때]로 실현되어 변별되지 않는다. 이 중화에 의해 경상도방언은 지역에 따라 단모음이 6~8개로 차이가 난다.

표준어에서 단모음으로 존재하는 '위(y)'는 이 지역에서 이중모음 '위(wi)'나 단모음 '이(i)'로 실현되며, 중부방언의 단모음 '외(∅)'도 이 지역에서는 이중모음 '웨(we)'나 '에'(특히 자음 밑에서)로 실현된다. 따라서 표준어에서의 단모음 '위(y)'나 '외(∅)'는 경북 북부 지역어에서는 단모음으로 존재하지 않고 이중모음으로 실현된다고 보아야 한다.

중부방언에서 변별되는 '기(旗)'와 '귀(耳)', '시(時)'와 '쉬(蠅卵)'는 이 지역에서 표면형에 변별적으로 나타나지 않는데 그것은 경북 북부 방언의 이중모음 '위(wi)'가 자음 뒤에서 단모음으로 실현되기 때문이다.

자음 뒤에서의 '에'와 '외'도 이 지역에서는 변별되어 나타나지 않는다. 예를 들어 '떼(群)/뙤(윷놀이)'는 이 지역에서 같은 음성형으로([떼]-[띠]) 실현된다. 이중모음 '외'도 자음이 선행할 경우에는 '에'로 실현되고 자음이 선행하지 않을 경우에는 이중모음으로 실현되어 이 방언에서는 단모음 '외'가 독립적인 음소로 존재하지 않는다.

자음 뒤의 '외'는 이중모음 '웨'로 되었다가 자음 뒤에서 이중모음이 실현되지 않는 이 지역의 전반적인 제약에 의해 반모음이 탈락되어 [에]로 실현된다. 이 '예'는 때로 '에-이'현상이 수의적으로 적용되어 '떼'가 표면형 [띠]로 나타나기도 한다.

이 지역어의 단모음체계는 다음과 같다.

| (i)   ー(i)   ㅜ(u)
   ㅔ/ㅐ(E)   ㅓ(ə)   ㅗ(o)
                ㅏ(a)

2.1.3. 이중모음

국어의 이중모음은 반모음 'j, w'와 단모음이 결합하여 생성되므로 이론적으로 실현이 가능한 이중모음은 반모음 'j'와 단모음 'ㅣ(i), ー(i), ㅓ(ə), ㅔ(E), ㅗ(o), ㅜ(u), ㅏ(a)'가 결합하여 생성되는 '*ji, *jɨ, jə(ㅕ), jE(ㅖ), jo(ㅛ), ju(ㅠ), ja(ㅑ)'와 반모음 'w'와 이들 단모음이 결합하여 생성되는 'wi(ㅟ), *wɨ, wə(ㅝ), wE(ㅞ), wa(ㅘ), *wu, *wo'를 상정할 수 있다. 그러나 우리 국어에선 결합의 제약으로 인해 '*ji, *jɨ, *wɨ, *wu, *wo'는 실현되지 않는다.

경북 북부 지역어에서 이중모음 실현은 각 환경에 따라 다르게 나타나는데, 대체로 자음 뒤에서는 이중모음이 실현되지 못하고 단모음화되는 현상을 보인다. 자음 뒤의 이중모음이 단모음화되는 이러한 현상은 이중모음과 선행자음과의 통합관계로 일어나는 음운론적 과정들이 동시적으로 축적되어 공시적으로 나타난 결과이다. 이 이중모음은 크게 형태소내부에서와 형태소경계에 따라 다르게 실현되며, 또 선행자음의 있고 없음, 음절위치 등에 따라 다르게 실현된다.

표준어에서 단모음과 이중모음으로 실현되는 '위(j, wi)'는 이 방언에서는 이중모음 '위(wi)'만 실현되고, 자음 뒤에서는 이 이중모음이 나타나지 않는다(귀>가 쥐>지). 또 표준어에서 단모음과 이중모음으로 나타나는 '외(∅, we)'도 이 방언에서 이중모음으로만 실현되는데, 그것도 자음이 선행되지 않을 때만 이중모음 실현이 가능하다. 중부 방언의 이중모음 '의

(ij)'는 이 방언에서 이중모음 실현이 불가능하여 자음이 선행하지 않을 경우에도 불가능하다.

현대국어의 상향 j계 이중모음은 '여, 야, 요, 유, 예, 얘' 등 6개가 존재하지만 경북 북부 지역어엔 '여, 야, 요, 유, 예' 등 5개만 존재한다. 이것은 '에'와 '애'의 중화로 인하여 이중모음 '예'와 '얘'는 변별되지 않고 '예'로 중화되기 때문이다.

또 상향 w계 이중모음은 표준어엔 '워, 와, 웨, 왜, 위' 등 5개가 존재하나 경북 북부 지역어에선 '워, 와, 위, 웨' 4개뿐이다. 이는 표준어에서 '웨'와 '왜'가 변별되지만 이 방언에서는 단모음 '에'와 '애'의 이중모음 '웨'와 '왜'가 '웨(wE)'로 중화됨에 기인한다.

현대국어의 하향 이중모음 '의(ij)'는 그 자체가 불안정하여 자음과 결합되는 일이 별로 없다. 현대국어에 남아있는 유일한 하향 이중모음인 '의'는 중세국어에서는 그렇지 않았으나 근대국어로 오면서 음절두음으로서 자음을 갖지 못하는 제약을 받게 된 것으로 보인다. 음절두음으로 자음을 갖던 모든 '의'는 단모음 '이'로 바뀌었다.

다음 예와 같이 경북 북부 지역어에선 '의'가 거의 실현되지 않는다.

(1) 이논(의논), 수이(수의), 에이(예의), 띠우나(띠우다), 띠아라(띄워라), 이성(의성), 이복(의복), 이식(의식), 이사(의사), 히롱~시롱(희롱).

중부방언에서 구분되는 '의자/이자'는 이 지역에서 어두위치에서 이중모음 '의'가 [이]로 실현되기 때문에 변별적으로 실현되지 못한다. 이 지역에서 이중모음 '의'는 '이, 으, 에'로 실현된다. 표준어 '의'에 대응하는 경북 북부 지역어형은 어두음절과 2음절이하 위치에서 주로 [이]로 실현되고 간혹 [으]로 실현된다. 그러나 표준어 조사 '의'에 대응하는 경북 북부 지역 형은 [의]나 [에]로 실현된다.

경북 북부 지역어에 음소로 존재하는 이중모음은 '요, 예, 유, 여, 야, 와, 워, 위, 웨' 등 9개만 설정해야 된다. 이중모음은 형태소 내부에서 자음이 선행하지 않는 환경일 때 가능하며 형태소 경계에서나 선행자음이 있을 경우엔 그 이중모음 실현이 상당한 제약을 받는다. 형태소 내부에서 일어나는 이중모음은 통시적 변화를 겪은 것이다.

이 지역어는 운소로서 성조와 음장을 가지고 있다. 운소는 경북지역의 일반적인 현상과 같이, 성조에 고조와 저조가 있고 음장에 장음과 단음이 있어, 이 음장과 성조가 결합되어 나타나고 있다.

(2) 배(梨) [고조]   배(腹,船,布)[저단]   배: (倍) [저장]
    말(馬) [고조]   말(斗) [저단]   말: (語) [저장]
    손(客) [고조]   손(手) [저단]   손: (孫, 損)[저장]

2.2. 음운현상

2.2.1. 자음군단순화

음절말 자음군은 뒤에 자음이나 휴지가 오면, 자음군 중 한 개가 탈락되는 현상이 일어난다. 이것은 모음 사이에서 3개의 자음이 실현될 수 없는 국어의 표면 음성 제약과 음절말에서 2개의 자음이 실현될 수 없는 음절구조 제약에 의한 것이다. 반면에 모음 사이에서는 이 2개의 자음이 다 실현된다.

경북 북부 방언의 자음군 'ㄱㅅ, ㄴㅈ, ㄴㅎ, ㄹㅅ, ㄹㅁ, ㄹㅌ, ㄹㅎ, ㅂㅅ'에서 실현되는 자음군단순화 현상은 중부방언과 별 차이가 없으나 'ㄹㄱ, ㄹㅂ, ㄹㅍ'의 경우엔 다른 현상을 보인다.

어말 자음군 'ㄹㄱ'은 이 지역에서 뒤에 모음이 연결되면 'ㄹㄱ'이 다 실현되지만, 자음이나 휴지가 연결되면 표준어와 달리 'ㄱ'이 탈락하여 'ㄹ'만 실현되는 양상을 보인다. 이 경우에 'ㄱ'이 탈락한 후에 뒤 자음이 경음화 되는 현상이 나타난다.

자음군단순화가 일어나는 유형은 개구도가 작은 음이 실현되는 폐구조음의 원리에 의한 것과 울림도가 큰 음이 실현되는 울림도 원리에 따르는 것이 있다. 중부방언(표준어)에서 'ㄺ'이 [ㄱ]으로 실현되는 것은 개구도가 작은 음이 실현되는 폐구조음의 원리에 따른 것이고 이 방언에서 [ㄹ]로 실현되는 것은 울림도가 큰 음으로 실현되는 울림도 원리에 따른 것이다.

   (3) [까달](까닭), [말개](맑아), [말따](맑다)

어말 자음군 'ㄼ'도 모음이 후속하면 'ㄼ'이 다 실현되지만 자음이나 휴지가 오면 'ㅂ'이 탈락하는 현상을 보인다. 표준어에서 'ㄼ'은 [ㄹ]로 실현됨이 원칙이고 어형 '밟-'에서만 [ㅂ]이 실현되는데, 경북 북부 지역어에선 전부 [ㄹ]로 실현된다.

   (4) [발바](밟아), [발따](밟다), [발꼬](밟고), [짤바](짧아), [짤따](짧다), [짤꼬](짧고)

자음군 'ㄿ'에서도 'ㄼ'의 경우와 같이 [ㄹ]로만 실현된다. 말자음군 'ㄿ'은 표준어에서는 [ㅂ]으로 실현되어 폐구조음의 방향으로 실현되나 경북 북부 지역에선 [을쪼리다](읊조리다)와 같이 울림도강화 원리에 따라 [ㄹ]로 실현된다.

2.2.2. ㄹ탈락

표준어에서 'ㄹ'탈락을 일으키는 '들-니/-고/-으니까/-어/아(서), 살니/-고/-으니 까/-어/아(서)'형이 이 지역에서도 [들고, 드니~드이, 드소, 사니~사이, 사소, 사이끼네] 등으로 실현되어 'ㄹ'이 탈락되는 현상을 보인다. 여기서 [드니]와 [드이]가 수의적으로 실현되는데 이것은 이 지역에서 ㄴ이 특히 'ㅣ'모음 앞에서 탈락하면서 비음화를 일으키는 경향이 강하게 실현된 것이다. 또 [사니]~[사이]로 수의적 실현을 보이는 것도 'ㄴ'이 구개음화된 후에 탈락한 결과이다.

(5) 드니·드이(들+니), 사소(살+소)
    아고(알+고), 아지(알+지), 지다(길다 長)
    사고(살+고), 가고(갈+고 磨)

'들-', '살-'에 '-오/소'가 연결되는 환경일 경우에도 어휘에 관계없이 말자음 'ㄹ'이 전반적으로 탈락한다. 특히 표준어와 달리 [아고], [사고], [가고] 형이 실현되어 'ㄹ'이 탈락하는 음성적 환경이 아님에도 불구하고 'ㄹ'이 탈락하는 현상이 일어난다. 이같이 경북 북부 지역어에서는 어간말의 'ㄹ'탈락이 일반적 현상으로 나타나는데 특히 어미 '-고'가 연결될 경우에도 'ㄹ'이 탈락하는 현상을 보인다.

2.2.3. 활음화

독립된 음절이 제 기능을 발휘하지 못하고 비음절화가 되는 현상은, 어간과 어미가 연결될 때 일어나는 것으로, 활음 형성, 활음 삭제, 이중모음의 단모음화, 이중모음의 축약 등에 의한 결과이다. 용언의 어간말모음 'ㅣ, ㅗ, ㅜ'가 어미두음 'ㅓ/ㅏ'와 결합할 때 'ㅣ'는 반모음 'j'로 'ㅗ'와

'ㅜ'는 반모음 'w'로 바뀌는 활음화 현상이 이 지역의 방언에 두드러지게 나타난다. 이 같은 활음 형성은 어간말모음과 어미두모음의 연결에서 2개의 모음이 독립적인 음절로 실현될 수 없는 제약에 의한 것이다. 여기서의 활음 형성은 어간의 음절수에 관계없이 전반적으로 나타난다.

(6) 이+어서→여서~이서(載), 지+어서→저서(負), 찌+어서→쩌서(蒸), 시+어서(쉬+어서 休)→시이서, 내리+어서(除)→내레서, 모이+어서→모에서, 때리+어서→때레서

어간말모음 '이'에 '-어(서)'가 결합되는 경우에 (6) '이'는 반모음 j로 변한 후에 자음 밑에서 반모음이 탈락하여 단모음이 실현된다. 즉 /지+어서/는 '져서'가 된 후에 [저서]로 표면형이 나타난다.

(7) a. 보+아서→바서(봐서), 오+아서→와서
    b. 꾸+어서→꺼서(꿔서 夢), 추+어서→처서, 주어서→조서' 싸우+어서→싸와서, 배우+이사~배아서(學)

어간말모음이 'ㅗ'인 경우에도 활음형성이 일어난다(7a). '보+아(서)'는 활음 형성으로 '봐서'로 된 연후에 자음 뒤의 활음 'w'의 탈락으로 단모음화된 결과로 표면형 [바서]가 실현된 것이다.

어간말모음 'ㅜ'에 어미두음 'ㅓ/ㅏ'가 연결될 때 이 'ㅜ'는 반모음 'w'로 된다(7b). 따라서 이 'ㅜ'는 독립적인 음절로 존재하지 못한다.

자음이 선행할 때 이중모음의 반모음이 탈락하는 것이 일반적인데, 자음이 선행하지 않아도 반모음이 탈락하는 수의적 현상을 보여 [띠와라~디아래로 표면형이 실현된다.

이렇게 용언의 활용에서 나타난 반모음 'j, w'는 앞에서 본 바와 같이

자음 뒤에 이중모음이 실현될 수 없는 이 지역 방언의 음운적 제약에 의해 탈락된다. 이 경우에 자음이 선행하지 않을 때도 수의적으로 반모음이 탈락되는 현상이 일어난다.

2.2.4. 모음축약

용언의 활용에서 반모음화로 생성된 이중모음은 축약이 되기도 하는데, 이것은 어간말모음 'ㅣ'와 어미두모음 'ㅓ'가 연결되어 형성된 이중모음 'ㅕ'가 'ㅔ'로 축약되는 현상과 어간말모음 'ㅜ'와 어미두모음 'ㅓ'가 연결되어 형성된 이중모음 'ㅝ'가 'ㅗ'로 축약되는 현상의 2가지 종류가 있다.

그러나 체언에서 모음축약이 실현되는 현상은 이들 2가지뿐만 아니라 'ㅑ'가 'ㅔ'로, 'ㅛ'가 'ㅔ'로 축약되는 특이한 경우도 있다.

(8) a. 베실~비실(벼슬), 몍~밎(몇), 베락(벼락), 네렉(내력), 딩게~둥게(등겨), 비네(비녀), 걍벤(강변), 셍에~셍이(상여), 라멘(라면)
 b. 양념(양념), 놀민서(놀면서), 지민서(쥐면서), 께빙(꾀병)
 c. 내라+어서→네레서, 모아+어서→모에서, 때라+어서→떼레서, 마사+어라→마세라~ 마시라, 비바+어라→비베라~비비라

[베실~비실](벼슬), [몍~밎](몇) 등과 같이 어두 음절에서 선행 자음이 순자음일 경우엔 'ㅕ'가 'ㅔ'로 축약되는 강한 현상이 나타난다.

이 현상은 특히 체언에서 두드러지게 실현된다. 2음절에서의 'ㅕ'가 'ㅔ'로 축약되는 현상은 순자음뿐만 아니라 다른 자음 'ㄴ, ㄹ' 뒤에서도 잘 실현된다. 특히 선행자음이 없는 경우에 이 현상이 실현되기도 한다(/상여/가 [셍에]~[셍이]로 실현). 'ㅕ'가 'ㅔ'로 축약되는 것은 어두음절 위치에서 뿐 아니라 비어두 음절위치에서도 나타나므로 음절위치에 관계없이 실현되는 음운현상이다.

활용에서 축약이 실현되는 것은 '비비+어라'에서 볼 수 있는데 먼저 반모음 형성으로 '비벼라'가 된 뒤에 '벼'의 '여'가 '에'로 축약되어 표면형 [비베라]가 나타난다. 이러한 [비베라]는 때로 '에→이'현상에 의해 [비비래]와 같은 표면형이 수의적으로 나타나기도 한다. [비베라]는 축약과정을 겪은 결과이고, [비비래]는 축약이후에 '에→이'까지 겪은 결과이다.

형태소 내부에서도 'ㅕ'가 'ㅔ'로 축약된다. [양님, 놀민서, 지민서]는 'ㅕ→ㅔ' 축약이 적용되어 중간단계인 '양넴, 놀멘서, 지멘서'가 형성된 후에 '에→이'가 적용된 결과이다. '-민서(-면서)'도 어미이므로 형태소내부에서 이 축약이 일어난 환경이다.

이중모음 'ㅟ'는 대체로 'ㅓ' 또는 'ㅟ'로 표면형에 나타나지만 때로 'ㅗ'로 축약되는 경우도 있다(9). 'ㅟ'가 'ㅗ'로 되는 축약은 경상도방언의 특이한 현상으로 형태소내부(9b)뿐만 아니라 형태소 경계에서도(9a) 일어난다.

(9) a. 주+어서→조서(授), 두+어서→도서(置), 눕+어서→노서(放尿)
    b. 꽁(꿩), 곤투(권투)

[주서]는 '주-'의 활용인 '주+어서'가 '줘서'로 된 후에 'ㅈ' 뒤의 이중모음 '워'가 '오'로 축약된 결과이다. 이 축약은 어간이 1음절인 '꾸, 두, 쑤, 주, 추' 등 특정 어휘에서 강하게 일어나는 특수한 현상이다. 이중모음 '워'는 자음 뒤에선 대체로 반모음이 탈락하여 '어'로 실현된다.

이중모음 'ㅑ(ja)'가 특정 어형에서 'ㅔ'로 축약되는 현상이 있다(10a). 'ㅑ(ja)'는 대체로 반모음 'j'가 탈락하여 'ㅏ'로 단모음화가 되나 극소수의 경우에 'ㅑ'가 'E'로 축약되는 현상이 일어나기도 한다.

(10) a. 게롬하다~제롬하다(갸름하다)
   b. 묘~메~미(묘), 뻬쑥이~삐죽이~뽀죽이(뾰족이)

이중모음 'ㅛ(jo)'도 선행자음이 없으면 이중모음의 실현이 가능하지만 선행자음이 있으면 단모음으로 된다. 이 'ㅛ'는 (10b)와 같이 음운환경에 따라 간혹 'ㅔ(E)'로 나타나기도 하는데 (묘→메), 이것은 'ㅛ'가 '요>외>웨>에'의 과정을 겪은 것이다. 이러한 현상은 특히 순음 뒤에서 강하게 실현된다. 이것은 축약으로 볼 수 있는 특이한 현상이다.

'요(jo)'가 '외(∅)>웨(wE)>에(E)'의 과정을 거쳐 나타난 '에'는 때로 '이'로 고모음화되는 수의적 현상을 보인다. [미]는 '묘>뫼>뭬>메>미'의 과정을 밟은 것이다.

반모음화로 생성된 이중모음은 자음 뒤에서 표면형에 실현될 수 없는 음운론적 제약에 의해, 활음이 반드시 탈락하거나 축약에 의해 단모음으로 실현된다. 이러한 반모음탈락과 이중모음의 축약은 선택적인 현상으로 경북 북부 지역어에 존재한다.

2.2.5. 모음조화

어간형태소와 어미형태소의 연결에서 나타나는 모음조화는 현대국어에서 부사형어미의 변이형태, 명령형, 접속형, 과거형 등에서만 지켜지고 있는데 이 같은 부사형어미 '어/아'를 포함한 어미에서의 모음조화 현상은 이 지역방언의 일부에서 독특한 양상을 보인다.

대체로 모음조화가 나타나는 환경에서 부사형어미 '어/아'는 어간형태소의 음운환경, 즉 어간말모음이나 어간음절 수에 따라 다르게 실현된다. 어간말모음이 'ㅣ, ㅐ, ㅔ, ㅡ, ㅓ, ㅏ, ㅗ'인 경우엔 표준어와 차이가 없다. 그러나 어간말모음이 'ㅜ'인 경우엔 표준어와 다른 현상을 보여 모음조화가 더욱 파괴되는 모습으로 나타난다. 국어의 모음조화상 어간말모음이 'ㅜ'인 경우에는 부사형어미가 'ㅓ'로 나타나는 것이 일반적이지만 이 지역에서는 다른 특이한 모음조화를 보인다.

어간말 모음이 'ㅜ'일 때, 어간이 1음절일 경우와 어간말에 자음이 있는 경우엔 어간음절수에 관계없이 부사형어미가 '어'로 나타나는 것은 국어의 일반적인 모음조화와 같다(11a). 그러나 어간이 2음절 이상이면서 어간말자음이 없는 경우에는 부사형어미 '아'가 실현된다.

(11b)에서 보듯 경북 북부 지역어의 모음조화는 어간의 음절수에 따라 다르게 나타난다.

(11) a. 꾸+어서→꺼서(夢), 굶+어서→굶어서(飢),
　　　　죽+어서→죽어서(死)
　　 b. 배우+어서→배아서(學), 얼어서→얼가서(氷), 가나+어서→가까서, 띠우+어서(띄우+어서-띠와서~띠아서, 뿌수+어라(부수+어라→뿌사라), 낮추+어서→낮자서, 싸우+어서→싸와서, 치우+어라→치아라, 피우+어라→괴아라

형태소 경계에서 'ㅘ'가 나타날 수 있는 환경은 어간말모음이 'ㅜ'인 2음절 이상의 어간인 경우이다. [가까서](가꾸+어서)는 선행자음이 있기 때문에 반모음 'w'가 삭제되어 단모음 'ㅏ'만 실현되고, [싸아서](싸우+어서)는 자음이 선행하지 않기 때문에 이중모음 실현이 가능한 경우이다. 그러나 이 방언에서는 [배와서]~[배아서], [띠와서]~[띠아서] 등과 같이 자음이 선행하지 않더라도 활음이 삭제될 수 있는 특이한 현상을 보여준다. 그러나 1음절 어간에서는 이 같은 수의적 현상이 일어나지 않고 반드시 이중모음으로만 실현된다.

2.2.6. 전설고모음화

전설고모음화는 형태소 경계에서 어간말 치찰음 뒤에 오는 어미 'ㅡ'가 'ㅣ'로 되는 현상을 말한다.

(12) a. 안지소(앉+으시오), 나지만(낮+으면)
    b. 업시만(없+으면), 이시이(있+으니)
    c. 씨고(쓰+고 書), 씰고(쓸+고 掃), 씨고(쓰고 書)
    d. 모리고(모르+고), 가리고(가르+고 分)
    e. 써라(쓰+어라), 담가라(담그+어라)
    f. 주그만(죽+으면), 날만(날+으면), 짚으만-지푸만(깊+으면 深)

어간말음이 치찰음일 때 뒤에 연결되는 어미 'ㅡ'는 'ㅣ'로 전설고모음화된다(12a, b, c). 그러나 치찰음이 아닌 (12f)에서는 전설고모음화가 일어나지 않는다. 전설고모음화가 일어나는 것은 일종의 자음과 모음 사이의 동화이다. 모음체계에서 약모음으로 존재하는 'ㅡ'는 치찰음의 전방성 [+ant]에 동화되어 'ㅣ'로 변한다. (12c)에서와 같이 용언 활용에서 말음의 'ㅡ'가 전부 탈락하는 것은 'ㅡ'가 약모음이기 때문이다. 순음 뒤에서 'ㅡ'가 원순모음으로 되는 것도 'ㅡ'가 약모음인 증거이다(12f). 이같이 'ㅡ'는 음운현상에 있어 강도가 약한 모음이기 때문에 전설고모음화가 일어난다.

(12c)에서의 전설고모음화는 동사의 어간 모음 자체에 나타난 것으로 공시적 변동의 음운현상이 아니다. 이것은 형태소 내부에서 일어난 통시적 변화이다. (12d)도 형태소내부에서 일어나는 전설고모음화로 임의적으로 실현되는 통시적 변화이다.

2.2.7. 원순모음화

어간말 순음 뒤에 연결되는 어미 'ㅡ'모음이 선행 모음에 동화되어 나타난다. 그러나 'ㅜ'로 실현되는 원순모음화가 경북 북부 지역어에 나타난다.

(13) a. 지푸만(깊+으면), 노푸만(높+으면), 조부만(좁+으면), 너무만(넘+으면)
   b. 가트만(같+으면), 주그만(죽+으면)
   c. 아푸다(아프다), 고푸다(고프다)

(13a)와 같이 어간말음이 순음일 때는 뒤에 연결되는 어미의 'ㅡ'가 'ㅜ'로 원순모음화된다. 그러나 (13b)와 같이 순음이 아닐 경우엔 원순모음화가 일어나지 않고 'ㅡ'가 그대로 실현된다. 이 같은 원순모음화는 동화작용으로 모음체계에서 약모음로 존재하는 'ㅡ'가 선행자음인 순음의 원순성[+round]에 닮아 'ㅜ'로 되는 현상이다. 이와 같은 'ㅡ'의 약한 특성은 앞에서 본 바와 같이 전설고모음화 'ㅡ'탈락 등에서도 일어난다.

(13c)는 공시적인 변동이 아니고 통시적으로 굳어진 것이다. 동시적으로 원순모음화를 겪어 어간이 재조정된 것으로 재어휘하이 에이다.

2.2.8. ㅔ→ㅣ

경상도방언에서 보편적으로 나타나는 'ㅔ'가 'ㅣ'로 되는 현상은 이 지역에서도 강하게 실현된다. 이 현상은 통시적으로 굳어진 것(14a)과 공시적인 변동(14b)이 있다.

(14) a. 비다(베다伐), 시다(세다强), 니(네汝), 기헥(계획), 기시다(계시다), 양념(양념), 놀민서(놀면서), 지민서(쥐면서), 께빙(꾀병)

b. 내리+어라→내레라~내리라, 잇+어서→여서~이서(載), 모이+어서
      →모에서~모이서, 때리+어서→때레서~때리서, 마시+어라→마세
      라~마시라

   (14b)는 용언의 활용에서 어간모음이 활음화되어 생성된 이중모음 'ㅕ'가 'ㅖ'로 축약된 후에 이 'ㅖ'가 'ㅣ'로 되는 현상이 일어난 것이다.
   이것은 어간의 음절수에 관계없이 모음축약에 의해 나타난 'ㅖ'가 'ㅣ'로 된 것이다. 경북 북부 지역어에서는 [여서]와 같이 활용에서 어간 모음 'ㅣ'가 반모음 'j'로 활음화되어 생성된 이중모음 'ㅕ'가 선행자음이 없을 경우엔 그대로 실현될 수도 있지만, [이서]와 같이 이중모음 가 축약도 가능하므로 축약이(ㅕ→ㅖ) 일어난 후에 '에→이'가 나타난다. 이 경우의 'ㅖ→ㅣ'는 수의적 현상이다.
   /마시+어라/는 활음화로 중간과정 '마셔라를 거쳐 [마세라]가 실현된다. 이 /마시+어라/에서 [마시라]가 수의적으로 실현되기도 하는데, 이것은 [마세라]에서 '에→이'가 적용된 결과이다. 이 현상은 동남방언에서 전반적으로 나타나는 현상으로 '애'와 '에'의 중화 이전에 원래의 기저형이 '에(e)'인 경우에만 '에→이' 현상이 가능하다.
   (14a)의 [양님, 놀민서, 지민서] 등은 중간단계인 축약을 거친(양넴, 놀멘서, 지멘서) 뒤에 '에→이'가 적용된 것이다. (14a)의 [기사], [기헥]은 j탈락으로 '에'가 된 후 이 '에'가 '이'로 된 결과이나, 이것은 어간이 재조정된 것이다. 경북 북부 지역어에서 '지수'가 실현되는데, 이것은 계수가 구개음화, j탈락(단모음화), '에→이'의 과정을 차례로 겪은 것이다(계수→제수→제수→지수).

3. 문법

어휘, 형태는 음운, 음성에 비해 큰 단위로 언어 인식에 있어 분명함을 보여 주어 방언을 구별하는 데 두드러진 요소로 나타난다. 언어에서 특히 고정적으로 사용하는 어미, 조사는 말의 차이를 더욱 명백히 해 준다. 어휘, 형태 중에서 방언을 가장 확연히 들리게 하는 것은 종결어미이다.

3.1. 종결어미

용언이 문법적 기능을 수행하기 위해 어형변화를 하는 활용에서 나타나는 어미는 여러 가지가 있다. 이 어미는 문법적 기능에 따라 '종결법어미/연결법어미/전성법어미'로, 분포와 서열에 따라 '선어말어미/어말어미'로, 어미의 양태에 따라 '이중양태어미/단일양태어미'로 나누어진다. 여기에서는 이들 어미 중 경북 북부 지역어에서 특이하게 실현되는 어미류만을 검토한다.

방언구분은 음운, 문법, 의미 등의 언어내용 전반에 나타나지만 가장 표면적이고 가시적인 차이는 종결어미에서 두드러지게 나타난다.

문장을 끝맺는 데 사용되는 종결어미는 서법에 따라 서술법, 의문법, 명령법, 청유법, 감탄법 등으로 나뉜다. 이러한 서법형태는 화자, 청자, 제3자 사이의 대우관계가 형성되어 다양한 계층에 따라 다르게 실현되므로, 이 대우계층에 따라 종결어미를 검토해야 한다. 실제로 종결어미는 대우법의 선어말어미와 함께 나타나므로 이것을 함께 다루어야 한다.

3.1.1. 서술법

경북 북부 지역어에서 해라체(평칭. 하칭 아주낮춤)의 서술 종결어미는 '-(ㄴ)다, -(이)ㅅ따, -(이)레, -(이)라, -ㄹ라, -(으)ㄹ따, -(으)ㄹ레, -(으)ㄹ껄,

-더라(꼬), -데이, -라이, -이, -ㄹ란다, -젤레라, -ㄴ겠다' 등의 다양한 어형이 사용된다. 해라체는 청자를 가장 낮추는 경어법이다

다음 예와 같이 일반적인 종결 서술법에는 '-(ㄴ)다'가 주로 사용되지만, 체언 아래에는 '-(이)시레'가 쓰이는 독특한 양상을 보인다.

또 체언과 '아니다'의 서술 어미로 '-(이)레'가 사용된다.

(15) 그래 노으이 다 머라고 근다(뭐라고 한다).
　　 이게 책잇따.(책이다) 내 아 아닛따(아니다).
　　 집이레(집이다), 아이레(아니다)

추측과 가능을 나타내는 것으로 '-(으)ㄹ따, -께레/-끼레, -로레'가 사용된다. 이 어미에서의 '-ㄹ-'은 선어말어미로 미래, 추정, 의도 등을 나타낸다. '-ㄹ따'는 고형으로 현대 표준어에선 거의 사용하지 않는데 경북 북부 지역어에서는 상존하고 있다.

(16) 내가 갈다(가겠다)
　　 될께레(될 것이다), 있으께레(있을 걸)
　　 나도 몰레(모르겠다), 나도 남아 이실레(있겠다)

하게체(등칭, 예사낮춤)의 서술에 사용되는 어미로는 표준어에서 전형적인 어형은 '-네, -세, -데'가 사용되는데 경북 북부 지역어에선 '-(이)에, -(이)ㄹ세/-(으)ㄹ세, -(으)ㅁ세, -(으)ㄹ께레, -(이)ㄹ레(라)' 등의 다양한 어형이 사용된다.

'-(이)네, -(이)ㄹ세/-(으)ㄹ세, -데' 등은 표준어와 동일하나 '-(으)ㅁ세, -(이)ㄹ레' 등이 특별히 경북 북부 지역어에 사용된다. '-(으)ㅁ세'는 추측, 의도의 서술로 사용된다. 서술어미로 '-(이)로레'가 사용되는데 이것은 표

준어의 '-데'와 같은 용법으로 사용된다.

(17) 이걸 줌세(주겠네), 내가 봄세(보겠네), 걱정이레/걱정일레(걱정이던데)

해체(두루낮춤)에는 '-아/-어, -지, -지러/-지로, -제' 등이 사용되는데 '-지러/로, -제'가 표준어의 '-지'에 대응되는 어미로 사용된다. 특히 '-지러/-지로'는 '-지'형에 '-로/러'가 덧붙는 형식으로 사용된 것이다.

(18) 갔지로(갔지), 왔지러(왔지)
    이게 좋제(좋지)

하오제(상칭, 두루높임)와 합쇼체의 서술어미로 '-아요, -지요, -데요, -니더/-이더, -시더, -ㄹ게니더, -ㄹ게시더, -디더, -겻니더' 등이 사용된다. 표준어의 하오체와 합쇼체에서는 독립된 체계를 가지나 경북 북부 지역어에선 하오체와 합쇼체에서 서술 종결형이 명확히 구분되지 않는다. 따라서 합쇼체가 없는 것으로 분석하기도 하는데 이것은 경북 방언의 칭자 대우의 등급은 중부 방언의 그것과 동일한 기준으로 설정할 수 없는 독특한 점이 있기 때문이다[2].

이들 가운데 '-아요, -지요, -데요' 등은 표준어와 같으나 '-니더, -시더/-ㄹ시더, -ㄹ게니더, -ㄹ게시더, -디더, -겻니더' 등은 경북 북부 지역 특유의 어미이다.

---

[2] 서재극 외(1991: 103), 이상규(1991:60)

(19) 가니더(갑니다), 보니더(봅니다), 먹니더(먹습니다), 고마우이더(고 맙습니다), 아니시더(아닙니다), 사람이시더(사람입니다), 몰시더(모르겠습니다), 좋을시더(좋겠습니다), 볼게니더(보겠습니다 볼 것입니다), 볼게시더(볼 것입니다), 갈라니더(가겠습니다), 말하디더(말하데요). 가디더 (가데요), 집이래요(집입니다), 와곗니더(와 계십니다), 가시니이더(가십니다)

'-니더'는 '-니다'에 대응되는 것으로 'ㅏ/ㅓ'의 모음교체(ablaut)로 인해 나타나는 어형이다. 이 같은 모음교체는 '넘 (남, 他人)'과 같은 체언에서도 존재한다. '가니더'는 '갑니다'와 비교해 보면 모음교체와 'ㅂ'탈락으로 실현된 것이다. 즉 '갑니다 갑니더(모음교체)→가니더(ㅂ탈락)'의 과정을 겪은 것이다. 이러한 어미의 모음교체는 경상도의 많은 지역에서 나타나는데 '-ㅂ니다'에 대해 모음교체된 어형 '-ㅂ니더'가 사용된다. 경상도의 다른 지역에선 대부분 이 '-ㅂ니더'가 사용되지만 유독 경북 북부 지역에선 '-(으)ㅂ, 습-'이 탈락된 형태인 '-니더'형이 사용된다.

현대국어에서 '-(으)ㅂ, 습-'은 상대(청자)존대를 나타내는 선어말어미인데 경북 북부 지역어에서는 이러한 형태가 없고 대신에 '-니-'가 그 역할을 한다고 볼 수 있다.

'-니-'는 중세어에서 '니이다, 니잇가'와 같이 상대존대 '이'와 함께 쓰인 점, 그 뒤 근대 국어에 와서도 상대존대 선어말어미 '이'와 함께 쓰인 점 등을[3] 고려하면 경북 북부 지역어의 '-니-'는 상대존대와 깊은 관련이 있는 것으로 볼 수 있다. '-니더' 대신에 때로 '-이더'가 사용되기도 한다 (고마우이더).

경북 북부 지역어의 '-시더'를 주체존대 선어말어미 '시'가 들어간 것으로 볼 수 있으나, 경북 북부 지역어에선 화자의 행동주체를 높일 의도로

---

3) 이현규(1994:119)

이것을 사용되지 않기 때문에 '-시더'는 주체존대와 아무런 관계가 없다. '-시더'는 [아니시더]와 같이 모음 뒤에서 나타나고, 자음 뒤에서는 [사람이시더]와 같이 '-이-'가 조음소로 삽입되어 사용된다. '-ㄹ시더'는 추측의 의미를 가지고 있다.

'-ㄹ게니더, -ㄹ게시더'는 추측, 의도를 나타낸다. '-디다'는 표준어의 '-데요'와 같은 용법으로 사용되는 어미로 회상을 나타낸다. '-레요'는 '-입니다'를 나타내는 현재 서술형으로 사용된다. '-것니더'는 '계시다'의 의미로 사용된다.

'-니이더'는 '-니더'보다 높임말로 사용되는데 '-니더'에 상대 존대를 나타내는 '-이-'가 삽입되어 형성된 것으로 경북 북부 지역어에서 서술형으로 가장 존대하는 어미로 사용된다. 이것은 중세어에 사용된 '-니이다'에 대응되는 것인데 고형이 모음교체되어 잔존하는 형태이다.

경북 북부 지역어의 높임을 나타내는 어미를 볼 때 표준어의 아주높임에 존재하는 상대존대의 선어말어미 '-(으)ㅂ/습니-'가 나타나지 않는다. 즉 경북 북부 지역어의 어미에는 국어에서 일반적으로 설정하는 아주높임(합쇼체, 최상칭)이 독립된 체계로 발달되어 있지 못하다. 단지 '-니이다'가 아주높임에 해당하는 어미로 존재할 뿐이다.

3.1.2. 명령법

경북 북부 지역어에서 명령법 어미는 해라체, 하게체, 하오체, 합쇼체에서 다 나타난다. 해라체(하칭, 아주낮춤) 명령법으로는 '-아/-어+라, -거라, -너라'와 '-레, -레이, -ㄴ나, -ㄴ내이' 등이 사용된다. '-레, -레이'는 '-라'에 대응되는 어형으로, '-ㄴ나, -내이'는 '-너라'에 대응되는 어형으로 특이하게 나타난다.

(20) 가보레(가 봐라), 하레이(하여라), 온나(오너라)

하게체(등칭)와 해체(두루낮춤)의 명령 어미는 표준어와 같이 각각 '-게', '-아/-어'가 사용된다. 하오체(중칭)는 '-소, -오, -이소'가 사용되는데 '-소'가 널리 쓰이고 '-오'는 간혹 쓰인다.

(21) 빨리 가쇼(가오), 이거 보소(보오), 나 좀 보오

'-이소'가 사용되기도 하는데 '-하시오'에 대응되는 것으로 사용된다. '-이소'는 존대를 나타내는 선어말어미 '-이'가 '-소' 앞에 삽입된 것이다
두루높임 어미로 '-아/-어+요, -레요'가 사용되는데 이것은 중칭과 상칭에 두루 나타난다.

(22) 혼자 하이소(혼자 하시오), 어서 오이소(오시오)
    가 바요.(봐요), 잡사 보레요(보세요)

명령법의 '-시소'는 경북 북부 지역어에선 하오체인지 합쇼체인지 분간하기 힘들어 하오체/합쇼체에 다 사용하는 것으로 본다. 이 '-시소'는 '-소'에 존대 선어말어미 '-시'가 삽입 된 것이다. '-시소'를 강신항(1976)에선 상칭(합쇼체)으로 보나 서재극 외(1991)는 하소체로 보는데 '시소'를 합쇼/하소체로 구분함은 곤란하다. 이것은 화자가 행동주체를 높일 의도가 있을 때 즉 주체존대로 '시'를 개입하는 것으로 상대(청자)대우와는 관계가 없다.
'-시소'보다 더욱 존대하는 어미로 '-시이소'가 있는데(가보시이소) 상칭의 '-시소'에 상대 존대를 나타내는 '-이'가 삽입 되어 형성된 어미이다. 이것은 명령형에서 가장 높은 경우에 사용된다.

(23) 여기 좀 보시소(잘 좀 보십시오), 노시소(노십시오), 가보시이소(가보십시오)

3.1.3. 청유법

경북 북부 지역어에서의 청유법 어미에는 '-자, -지, -제, -제이, -세, -까, -시더, -시데이, -ㅁ시더' 등이 사용된다. 해라체(하칭, 아주낮춤)로 '-자, -지' 등이 사용되고 특이형으로 '-제, -제이'가 사용된다. 이 '-제, -제이'는 경상도의 많은 지역에서 사용되는 청유형이다.

하게체(등칭)로 '-세, -까'가 사용되는데 '-까'는 원래 의문법어미로 사용되나 청자의 의향을 떠 보는 의미가 포함된 청유법어미로 사용된다.

(24) 같이 가제이(같이 가자), 이제 가까(가자)

경북 북부 지역어에선 종결법과 명령법이 하오체와 합쇼체로 명확히 구분되지 않는 것처럼 '-시더'가 청유법에서 하오체와 합쇼체의 구별 없이 사용된다. 때로 정중하게 표현할 때는 '-ㅁ시더'가 사용되기도 한다.

(25) 같이 가시더(갑시다), 지금 가입시더(집시나), 낭숭에 봄시더(봅시다)

3.1.4. 감탄법

명령법, 청유법, 허락법, 약속법은 동사에만 쓰이나, 감탄법은 서술법, 의문법과 마찬 가지로 동사, 형용사, 체언의 서술격조사에서도 나타난다.

감탄법어미로 해라체에 '-다, -라, -구나, -ㄴ가' 등은 표준어와 같지만 경북 북부 지역어에선 '-데이, -ㄹ다(ㄹ따), -(더)레이' 등의 특이한 어미가 있다. '-ㄹ다'는 '-ㄹ-'이 포함되므로 미래·추측의 의미를 가지고 있다. '-레이'는 때로 회상 선어말이미 '-더-'와 함께 나타난다.

26) 니 기림 잘 기린데이!(너 그림 잘 그리는구나), 그 생선 맛 좋을따!
(좋겠구나)
아이고 욕 뺐을따!(보았겠구나), 기림 잘기리더레이!(그리더구나)

하게체(등칭·예사낮춤)로 '-(이)네, -(이/으)ㄹ세'가 사용된다. '-(이)네'는 국어 전반적으로 사용되는 공통형이나 '-(이/으)ㄹ세'가 이 지역의 특이형이다. 하오체엔 '-소'가 있다.

하오체(중칭)/합쇼체(상칭)에 '-니더'가 사용된다. 종결법, 명령법, 감탄법에서 하오체와 합쇼체가 명확히 구분되지 않는 것과 같다

27) 모씰 사람일세!(몹쓸 사람이구나), 그게 옳을세!(옳겠구나)
보고 있소!(있구나), 참 존(좋은) 경지 보니더!(보는군요)

3.1.5. 의문법

의문법 어미로 '-카/고, -나/노, -(이)라/로, -(으)ㄹ까/ㄹ꼬, -(이)레, -ㄹ따, -(으)ㄹ라/ㄹ로, -(으)ㄹ레, -ㄴ가/ㄴ고, -(느)ㄴ강/ㄴ공, -오, -니꺼/이껴/니며, -쟌니껴, -곗니껴, -시오, -ㄹ라니껴' 등의 다양한 형태가 사용된다.

해라체(하칭, 아주낮춤)의 의문법 어미는 '-가/고, -나/노, -라/로, -(으)ㄹ까/ㄹ꼬, -(이)레, -ㄹ따, -(으)ㄹ라/로, -(으)ㄹ레' 등이 사용된다.

'-가/고'는 체언 아래에서만 쓰이는 의문형으로 표준어의 '-ㄴ가'에 대용되는 어형이다. 경북 북부에서는 현재형의 '-ㄴ'이 없이 '-가/고'만 실현된다. 경상도 방언에서 일반적으로 '-가/고, -나/노, -다/토, -라/로' 등은 문장에서 의문사의 있고 없음에 따라 다르게 나타난다. 의문사가 있는 경우엔 '-고, -노, -도, -로'형이 실현된다. 따라서 'ㅏ'형과 'ㅗ'형이 의문사의 유무에 의한 차이로 실현되는 의문 서술어미로 규정된다. 다음 예와 같이

'-고'는 의문사가 있는 경우에 나타난다.

'-ㄹ까/ㄹ꼬'는 '-가/고'형에 '-ㄹ-'이 삽입되어 의도, 추측, 가능, 진행 등을 표시하는데 'ㄹ'이 생략되는 수도 있다. '-ㄹ꼬'는 의문사가 있는 경우에 실현된다.

(28) 너 엄마가?(엄마인가?) 이 아가 자네 손주가? 이 아가 누 손주고?(손자인가)
오늘은 어디로 가꼬?(갈까) 머 머꼬?(먹을까) 철수는 지금 어데 가꼬?(가고 있을까)

'-니/노'가 용언 아래에 쓰이는데 '-냐'는 국어에서 전반적으로 사용되나, '-노'는 경상도 지역에서 사용되는 어미이다. 경북 북부 지역어에서 -나는 제약 없이 사용되나 '-노'는 의문사와 함께 사용된다.

'-다/도'는 체언과 용언에 다 쓰이며 회상을 나타낸다. '-고/노'처럼 '-도'는 의문사와 함께 나타난다. '-ㄹ따'는 '-다'에 '-로-'이 삽입되어 의도, 추측, 가능을 표시한다. 이 '-ㄹ따'는 앞에서 본 바와 같이 서술어미로 사용되기도 한다.

(29) 언제 집에 있노?(있나) 학교 언제 가노?(가나)
그거 장난감이다?(장난감이더냐) 가 머 먹도?(그가 무엇을 먹더냐)
그 사람 누구도?(누구냐) 내일 갈따?(가겠느냐) 내일 먹을따?(먹겠느냐)

'-라/로'가 체언 아래에 쓰인다. '-가/-고, -나/-노, -다/-도'의 제약과 같이 '-로'는 의문사와 같이 나타난다. '-ㄹ라/-ㄹ로'는 '-ㄹ-'이 삽입되어 추측, 가능, 의도를 나타낸다. '-ㄹ로'는 의문사와 같이 나타난다.

(30) 이게 밥이라?(밥이냐) 그게 머로?(무엇이냐)
이게 머언 책이로?(무슨 책이냐)
차가 있을라?(있겠나) 내가 그거 할라?(하겠나)
니가 머 할로?(무엇을 하겠느냐) 그게 멋일로?(무엇일까)

'-레'는 해라체인지 하게체인지 구별하기 힘든 것으로 체언 뒤에 나타난다. 해라체의 '-ㄹ레'는 '-레'형에 '-ㄹ'이 삽입되어 있으므로 의도, 미래, 추측을 나타낸다. '-ㄹ라꼬'는 대체로 용언 어미로 쓰이며 청자의 의도를 물을 때 사용한다.

(31) 내일 갈레?(가겠느냐) 머라카먼 어앨레?
누 꺼레?(누구 것이냐) 누 소레?(누구소냐?)
니가 밥 먹구 갈라꼬?(가겠는가) 그걸 다 잡을라꼬?(잡겠는가)

하게체(등칭)에 사용되는 '-ㄴ가/-ㄴ고'는 체언, 용언 뒤에 다 나타나는 일반형으로 표준어의 '-가'에 해당하는 어미이다. 이 어미도 'ㅏ/ㅗ'의 대응형으로 '-ㄴ고'는 의문사와 같이 나타난다. '-ㄴ강/-ㄴ공'이 사용되는데 이것은 '-ㄴ가/-ㄴ고'에 'ㅇ'이 첨가되어 형성된 것으로 의심, 추측의 뜻을 나타낸다. '-ㄹ라는가/-ㄹ라는고'는 '-ㄹ-'이 첨가된 어형으로 용언 뒤에 쓰이며 상대의 의도를 물을 때 사용된다.

(32) 이게 먼고?(무엇인가) 자네 머 하는고?(무엇을 하는가)
저게 사람인강?(사람인가) 저게 어느 마을인꽁?(마을인가)
자네도 거어 갈라는가?(거기 가겠는가)

반말체(두루낮춤)에 사용되는 '-아/어, -지'는 서술법과 마찬가지로 하칭과 등칭에 두루 쓰여 국어의 일반 용법과 차이가 없다. 서술법 어미로도 사용되는 낮춤(반말)의 의문법 '-(이)제'는 표준어의 '-지'와 같은 용법으로 사용되는데, 경상도지역에서 많이 실현되는 것으로 용언과 체언에 다 쓰인다. '-(는)데'는 의문사와 같이 나타난다.

(33) 이 사람 자네 동생이제?(동생이지) 자네 어른 아직 살아기시제?(계시지)
니 뭐하는데?(뭐하나)

하오체와 합쇼체(아주높임)로 '-니껴, -니꺼, -이껴, -잔니껴, -디껴, -ㄹ라니껴' 등이 있다. 경북 북부 지역어의 의문 종결형에서도 하오체와 합쇼체가 명확히 구분되지 않는다4).

'-니껴/-니꺼/-이껴'형은 경북 북부 지역어를 가장 두드러지게 하는 형태이다. 경북 북부 지역어의 '니꺼'는 중부방언의 '니까'에 대응되는 것으로 'ㅏ/ㅓ'모음 교체로 인해 '니까/니꺼'의 대비가 나타나는 어형이다. '니꺼/니껴'를 비교하면 '니꺼'에서 앞 어형 '-니'의 'ㅣ'모음의 영향으로 나타나는 'ㅣ'모음 순행동화에 의해 뒤 어형 'ㅓ'가 'ㅕ'로 변한 것이 '니껴'이다. 경상도 방언은 전반적으로 자음 뒤에 이중모음이 오는 것을 꺼리는데 자음 'ㄲ' 뒤에서 이중모음 'ㅕ'가 실현되는 것은 이런 경상도 방언의 보편적 특징에서 벗어나는 매우 특이한 경우이다. '갑니까→갑니꺼(모음교체)→가니꺼(ㅂ탈락)→ 가니껴(ㅣ모음 순행동화)'의 과정으로 형성된다. 실제 경상도의 많은 지역에서 '-ㅂ니까'와 모음교체된 어형 '-ㅂ니꺼'가 사용되고 있다.

대체로 '-니껴'는 용언 뒤에 쓰이고 '-이껴'는 체언 뒤에 사용되나 꼭

---

4) 이들 어미들에 대해 강신항(1978)은 상칭으로 설정하나 서재극 외(1991)에선 하소체로 본다.

그렇지는 않다. '-니껴'와 '-니꺼'는 반촌어(-니꺼)와 민촌어(-니꺼)를 구별
짓는 가장 중요한 요소 중의 하나였지만 현재는 '-니꺼'보다는 '-니껴'가
주로 사용된다.

    (34) 이제 오니껴/오니껴/오이껴?(옵니까)
          지금 가니껴/가니껴/가이껴?(갑니까)
          그게 머니껴/머이껴/머니꺼?(무엇입니까)
          이거 아니껴/아이니껴/아이껴?(아닙니까)
          지금 가시니껴?(가십니까) 언제 오시니껴?(오십니까)

'-니껴'에 존대 선어말어미 '-시-'가 개입된 어형 '-시니께'가 쓰이는데
주체를 존대하는 경우에 사용된다. '-지 아니껴'의 축약형으로 사용되는
'-잔니껴(잖니껴)'는 용언과 체언 뒤에 다 사용된다. 이것은 청자의 동의를
구하는 반어법으로 많이 쓰인다. '겻니껴'는 서술법의 경우와 마찬가지로
'-제시-'와 동일한 기능의 '-것'을 개입시켜 한층 더 높일 경우에 쓰인다.

    (35) 저기 오시잔니껴?(오시지 않습니까)
          그게 깨끗하잔니껴?(깨끗하지 않습니까)
          언제 와겻니껴?(와 계십니까)

'-디껴'는 용언, 체언에 관계없이 다 쓰이며 의문사의 이것은 회상을 나
타내는 '-더'와 '-이껴'가 결합된 어형이다.
  '-ㄹ라니껴'는 하칭의 '-ㄹ라꼬', 등칭의 '-ㄹ라는가/-ㄹ라는고'와 같은
유형으로, 하칭의 '-ㄹ라'와 '-니껴'가 결합한 어형이다. 하칭의 '-ㄹ라'가
의도, 추측, 가능을 나타내는 '-ㄹ-'이 삽입되어 있으므로 '-ㄹ라니껴'도
의도, 추측, 가능을 나타낸다. '-ㄹ라'와 결합하면 미래 시제이면서 상대의

의향을 묻는 의문문이 된다.

(36) a. 그 사람 오디껴?(오던가요) 왔디껴?(왔던가요)
어디 갈라니껴?(가겠습니까) 머 할라니껴?(하겠습니까)
이거 줄라니껴?(주겠습니까)
b. 어데 갔다 오시나요? 디기 춥지요/춥제요? 머 하꼬요? 집에 갈레요?

두루높임에는 '-아/어요, -지요/제요, -까요/꼬요, -ㄹ레요' 등이 사용된다(36b), 이들 어형들은 해라체(아주낮춤 하칭)의 '-까/꼬, -ㄹ레'형이나 두루낮춤의 '-아/어,-지/제' 형에 존경 첨사 '-요'가 붙은 것이다.

3.2. 조사

조사는 매우 다양하게 나타나는데 여기에서는 표준어와 달리 특이하게 실현되는 어형을 중심으로 살펴본다.

(37) 돈이 ~ 돈이가(돈-이/가), 사램이(사람-이/가), 코이(코-이/가), 모이(모-이/가)
어멤가(어머니가), 아뺍가(아버지가), 아지뺌가(아주버니가)

주격은 표준어에서 선행체언이 모음으로 끝나면 '-가', 자음으로 끝나면 '-이'가 사용되는데 경북 북부 지역어에서는 모음 뒤에서 '-이'가 선택되는 특이한 경우가 있다. 예로 '코-이/가'에 있어 이것은 체언이 모음으로 끝나기 때문에 주격은 '-가'가 오는 것이 국어의 일반적 현상인데, 경북 북부 지역어에서는 특이 하게 모음 뒤에 '-이'가 선택되어 '코-이'형이 또 '모-이/가'에서 '모-이'형이 나타나기도 한다.

경북 북부 지역어에서는 특이 하게 중첩된 주격 조사인 '-이가'가 사용되는데 이것은 주격 '-이'와 '가'가 결합된 어형으로 일부 경상도방언에서 사용되고 있다. 예로 '돈이'에 대응되는 어형이 [돈이], [돈이개]로 실현되고, '사람-이'가 [사람이~사램이], [사람이가~사램이가]로 실현되어 주격이 중첩되는 현상이 나타나기도 한다. 이 경우에서 [사램이], [사램이가]는 움라우트(ㅣ모음 역행동화)에 의한 것이다

  선행 체언 말음이 자음일 때 주격으로 '-이'가 오는 것이 국어의 일반적 현상인데 경북 북부 지역어에서는 자음 뒤에 주격 '-가'도 사용되는 특이한 현상을 보인다(어멤가, 아뱀가, 아지뱀가).

  표준어의 소유격 '의'는 경북 북부 지역어에서는 '으(어), -우'가 실현된다(38). '-우'는 '너무(남의)'에서와 같이 선행말자음 순음 뒤에서 사용된다. 이 '너무'는 기저형 '넘(남他)-우(의)'에서 연음화되어 실현된 것이다. (38)의 '누, 지, 니, 내'와 같이 대명사에서는 소유격이 대부분 탈락되어 기본형이 소유격을 대신한다.

  (38) 자석의/어(자식의), 너무 말(남의 말)
      누/누구(누구): 누꺼로?(누구 것인가?) cf. 누구로, 누구한테, 누한테
      지, 저어(자기의): 지꺼라? 저어 집이라? cf. 지가(자기가)
      니(너의): 니꺼라?(네 것이라), 너어(너희의), 너어꺼라? cf. 니가, 니를, 너어가
      내(나의): 내 책 cf. 내가, 나는
      지(저의) : 지꺼시더(제 것입니다) cf. 지가(제가)

  표준어 '-을/를'에 해당하는 경북 북부 지역어의 목적격은 '-이', '-로'와 같은 특이한 형태가 사용된다(39). 때로 이 격을 생략하기도 한다.

(39) 대지로~대지(돼지를), 너로(너를), 물로(물을),
그런 말이(말을) 안 하이더

여격 '-에게'에 해당하는 경북 북부 지역어는 '-한테, -인데, -떠러(더러)'가 사용된다. '-한테'는 현대국어에서 구어 표현으로도 일부 사용되고 있다. '-인데', '-떠러'는 경상도 지역에서 전반적으로 사용된다.

(40) 지한테(저에게), 너어한테(너희에게), 사람한테(사람에게)
내한테(나에게), 니인데(너에게), 니떠러(너에게)

호격은 일반적으로 '-아/-야'가 사용되는데 강조할 때는 '-애이/-얘이'가 쓰인다. 높임(존대) 호격은 '-요'가 사용된다([할아버지요]).

(41) 영석아! 호동애이!(호동아!) 할아버지요!

공동격조사 '-와/과'에 대응되는 경북 북부 지역의 어형으로는 하가가 사용된다(42a). '하고'는 경북에서 일반적으로 사용되지만 '-하가'는 이 지역의 특이형이다. 특히 '하가'가 마지막 체언에까지 나타나는 특이한 모습을 보인다. 중세어에선 이러한 마지막 체언에 공동격을 사용하였다. 이것으로 보아 경북 북부 지역어가 고형을 잘 유지하고 있다고 볼 수 있다. 또 표준어 '-랑'에 대응되는 공동격조사로 '-캉'이 경북 북부 지역어에서 사용된다.

(42) a. 나하고(나와), 쌀하가(살과) 보리하가(보리와) 고추하가(고추와)
생강하가(생강과) 무하가(무우와) 넣은 게 식혜라.
b. 쌀캉(쌀이랑) 돈캉(돈이랑) 장만해서

비교를 나타내는 부사격조사가 다음 예와 같이 나타난다 '가문'은 표준어 '보나'에 대용되고 '-매로, -맨치로'는 '-처럼'에 대용되는 것으로 사용된다. 이들 조사들은 경상도의 많은 지역에서 사용된다.

(43) '-카문(-보다)' 금카문(금보다) 옥이 낫다.
    '-매로(-처럼)' 모두 내매로(나처럼) 따라 해 바라.
    '-맨치로(-처럼)' 너도 내맨치로(나처럼) 해 바라.

(44)는 보조사가 실현되는 경우이다. '-꺼짐, -꺼정'은 표준어의 '까지'에 대응되는 것으로 도급(미침)을 나타내는 보조사이다. '-이사'는 '-이야'에 대응되는 것으로 특별함을 나타내는 보조사로 사용된다. '-캉이'는 고사(그만두기)를 나타내는 '-커녕'에 대응되는 보조사이다.

(44) '-이사(-이야)' 사람이사(사람이야) 그럴 수가
    '-따나(-나마)' 밥 없으만 죽인따나(죽이나마)
    '-캉이(-커녕)' 주기는캉이(주기는커녕) 달라더라

4. 결론

특정 지역을 이해하기 위해서는 그 지역을 형성하는 여러 하위 구성요소에 대한 연구가 선행되어야 한다. 이러한 구성요소 가운데 방언은 그 지역민이 활동하는 데 가장 중요한 역할을 한다.

방언은 지역특징의 기본 요소로서 지역성의 전승과 발달에 영향을 미치는 결정적인 도구가 된다. 인간이 언어를 통해서 그 사회 전체를 습득할 수 있고 그 사회의 모든 것이 언어에 투영되어 나타나는 것으로 볼 때 방언의 연구가 선행되지 않고서는 인간의 모든 활동을 올바로 파악할 수

없다

　방언을 표준어에 비해 열등한 것으로 또는 저속한 것으로 받아들이고 있으나 이런 편견은 지양해야 한다. 한 나라의 국어는 표준어와 그 나라의 방언을 모두 지칭하는 것으로 표준어가 인위적인 것임에 비해 방언은 현장성을 가지고 살아 있는 구제적인 모습으로 나타난다. 방언은 우리가 쉽고도 자연스럽게 이용하며 인간 자신과 같이 느낄 정도로 편한 것이다. 이는 같은 방언을 사용하는 사람들 사이에는 친밀도가 강하여 타향에서 우연히 같은 방언을 쓰는 사람을 만날 때 반가움과 동질감을 느끼는 것을 보아도 알 수 있다. 이같이 인간이 언어를 통해 민족의 문화, 사고, 얼 등을 습득하듯이 그 지역의 방언을 통해 소속집단의 문화, 사상, 감정, 문화 등을 부지불식중에 갖게 된다.

　방언은 지리적/사회적 요인에 의해 분화되어 독자적인 생성과 변화를 거치는 사이에 그 차이가 한층 벌어진 결과로 나타나 각 언어집단에 따라 다르게 형성된 변종이다. 방언이 가지고 있는 이런 본질적인 모습을 이해하여 구체적으로 한 지역방언의 모습을 검토하는 것은 매우 의의 있는 일이다. 방언의 본질과 기능을 기초로 이 글에서 경북 북부 지역어의 몇 가지 특징을 살펴보았다. 국어를 가꾸고 발전시킴에 있어 경북 북부 지역어가 실제 어떤 역할을 할 수 있는가는 앞으로 더욱 연구가 되어야 할 것이다.

　특정 방언에 대한 연구는 고어 연구나 국어 발달사 연구에 도움이 될 뿐만 아니라 이를 바탕으로 현대국어 연구에 이바지한다. 방언의 보수성과 전통성은 국어의 고어형 유지와 관련되므로 국어사적으로 중요한 역할을 한다. 방언을 앎은 살아있는 말을 느끼고 즐기는 언어유희에도 도움이 된다. 그것은 방언에서 정감을 느낄 수 있고 친숙한 즐거움을 나눌 수가 있기 때문이다.

그 지역의 말을 이해하는 것은 부수적으로 다른 분야(문화, 민속, 사상, 역사 등)를 알거나 연구하는 데 도움이 된다. 예로 마을 이름(지명)을 살피는 것은 그 마을의 유래와 풍습, 전통을 아는 데 보탬이 된다. 방언 검토는 이같이 지역을 이해하고 그 지역의 독특함을 살리는 데 일조를 한다.

국어를 폭넓게 하는 데 반드시 방언을 적절히 이용할 필요가 있다. 표준어에 없는 어휘를 보충하고 새로운 외국어에 대용되는 어휘를 만드는 데 방언을 되살려 쓸 수 있다. 각 지역 방언을 면밀히 검토하여 현대 표준어로 되살려 사용할 수 있도록 온 힘을 기울일 때 우리말을 다양하게 하고 더욱 발전시킬 수 있을 것이다.

■ 참고문헌

강신항(1978), 「안동방언의 서술법과 의문법」, 『언어학』 3, 한국언어학회.
_____(1979), 「안동방언의 명령법·약속법 등」, 『성균관대 논문집』 26집, 성균관대.
김덕호(1995), 「컴퓨터를 이용한 광역 언어지도 작성법」, 『국어학』 26, 국어학회.
서보월(1984), 「안동방언의 음운론적 연구」, 『안동문화』 5, 안동문화연구소.
_____(1988), 「경북 북부지역의 방언」, 『경북북부지역의 전통문화』, 경상북도.
서재극 외(1991), 「옹천 지역어의 연구」, 『한국학 논집』 18집, 계명대 한국학 연구원.
이기백(1969), 「경상북도의 방언구획」, 『동서문화』 3, 계명대 동서문화연구소.
이상규(1991), 「경북 방언의 경어법」, 『새국어 생활』 1-3호, 국립국어원.
이현규(1994), 「형태」, 『신국어학』(김종택 외 공저), 형설출판사.
정 철(1982), 「음운자질의 흡수현상-일부 경북지방에서-」, 『방언』 6, 한국정신문화연구원.
천시권(1965), 「경북지방의 방언구획」, 『어문학』 13, 한국어문학회.
최명옥(1989), 「동남방언의 연구와 특징에 대하여」, 『국어생활』 7, 국어연구소

한국문화사 방언학 시리즈
경북 북부지역 방언사전

1판 1쇄 발행 2019년 6월 3일

지은이 | 서보월 외
펴낸이 | 김진수
펴낸곳 | 한국문화사
등 록 | 1991년 11월 9일 제2-1276호
주 소 | 서울특별시 성동구 광나루로 130 서울숲 IT캐슬 1310호
전 화 | 02-464-7708
팩 스 | 02-499-0846
이메일 | hkm7708@hanmail.net
웹사이트 | www.hankookmunhwasa.co.kr

ISBN 978-89-6817-774-3 93710

· 이 책의 내용은 저작권법에 따라 보호받고 있습니다.
· 잘못된 책은 구매처에서 바꾸어 드립니다.
· 책값은 뒤표지에 있습니다.